24/7
TOMOWAKA

PIE International

24/7
TOMOWAKA

Author   TOMOWAKA
Design   Yuji Nojo(buku)
Translator   Pamela Miki
Editor   Yuka Tsutsui

PIE International Inc.
2-32-4 Minami-Otsuka, Toshima-ku, Tokyo 170-0005 JAPAN
international@pie.co.jp
www.pie.co.jp/english

ISBN978-4-7562-5945-5 (outside Japan)
Printed in Japan

PREFACE

この度は作品集をお手に取っていただきありがとうございます。初めての商業作品集を出版することができ、とても感慨深いです。

タイトルの「24/7 (Twenty-four Seven)」は英語のスラングで「『24時間』『7日間』休まず営業中」という「年中無休」の意味があります。曜日感覚のないフリーランスの自分にぴったりのタイトルで、しかも私の誕生日が「7/24」ということもあり、アイデアを出してくださった編集の筒井さんには脱帽しました。

また、本書では主に2018年〜2024年前半に描いたオリジナル作品とお仕事で描かせていただいた作品をまとめており、タイトルの「7」に因んで、7つの章に分かれた構成となっています。

タイトルも含め、とっても素敵な1冊にしていただきました。

楽しんでいただければ幸いです。

ともわか

Thank you for choosing this book. It's my first collection of commercial work, so very exciting for me.

The title "24/7 (Twenty-four Seven)" is of course English-language slang for 24 hours a day, seven days a week, being open for business every day of the year. As a freelancer to whom the day of the week means little, it suits me perfectly. Plus my birthday is also on the 24th of July. Kudos to Tsutsui-san of the editorial team for coming up with the idea.

This book covers mainly original works of my own plus those for clients, drawn between 2018 and the first half of 2024, and is divided into seven chapters, a nod to the "7" of the title.

Including that title, it has turned out a wonderful book, and I hope you will enjoy it.

TOMOWAKA

CONTENTS

24/7
TOMOWAKA

Chapter

1

PORT

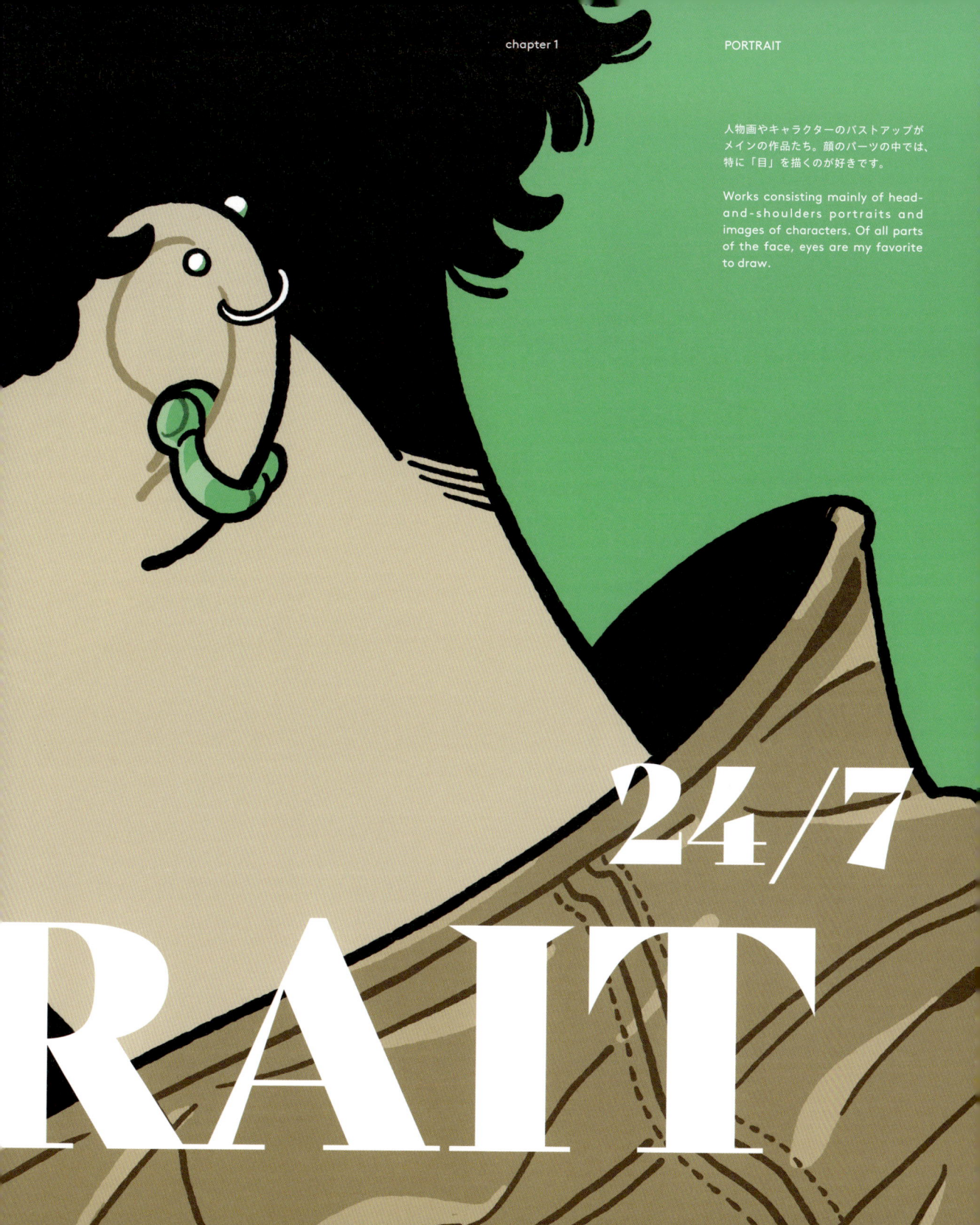

PORTRAIT

人物画やキャラクターのバストアップが
メインの作品たち。顔のパーツの中では、
特に「目」を描くのが好きです。

Works consisting mainly of head-
and-shoulders portraits and
images of characters. Of all parts
of the face, eyes are my favorite
to draw.

24/7

RAIT

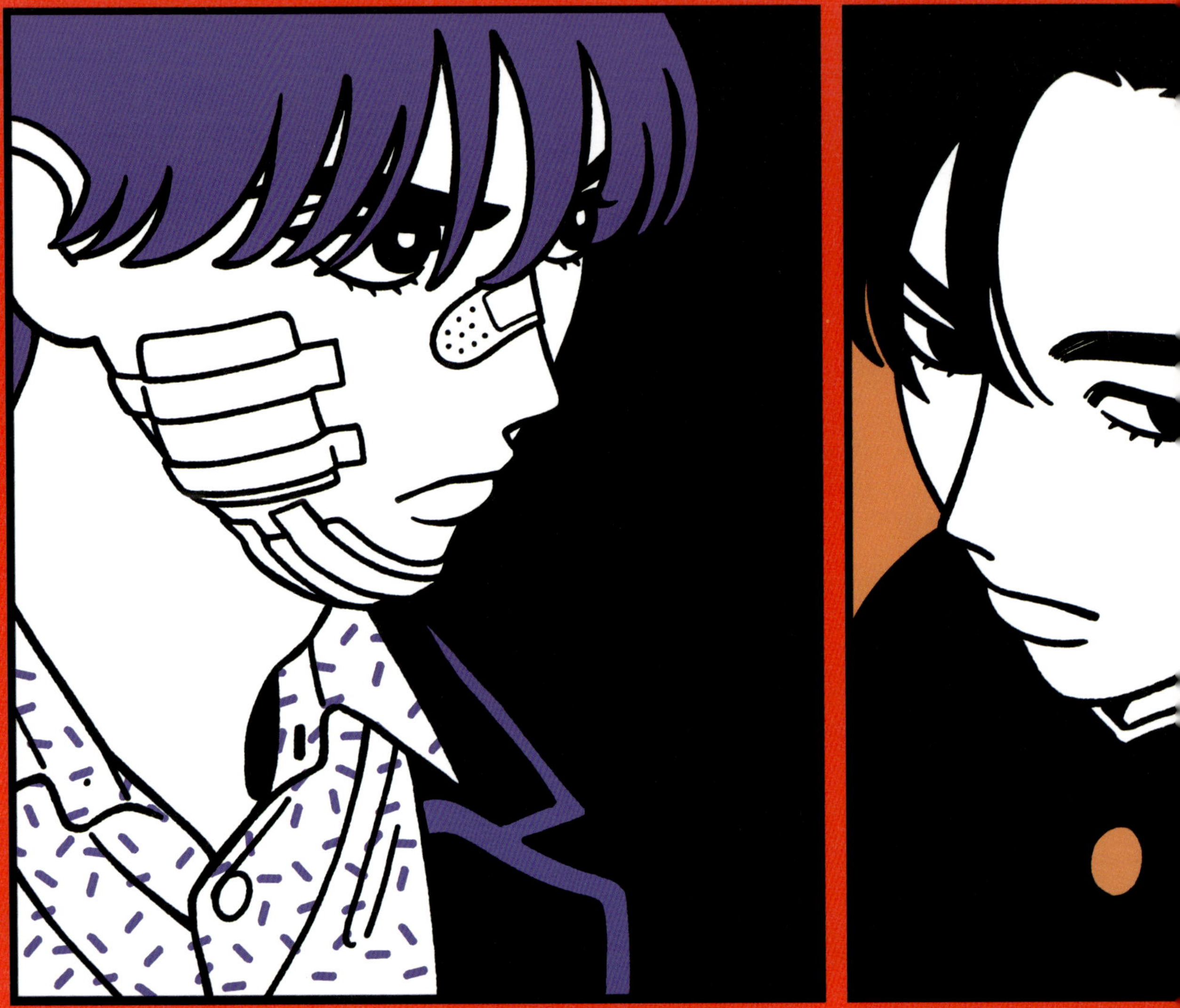

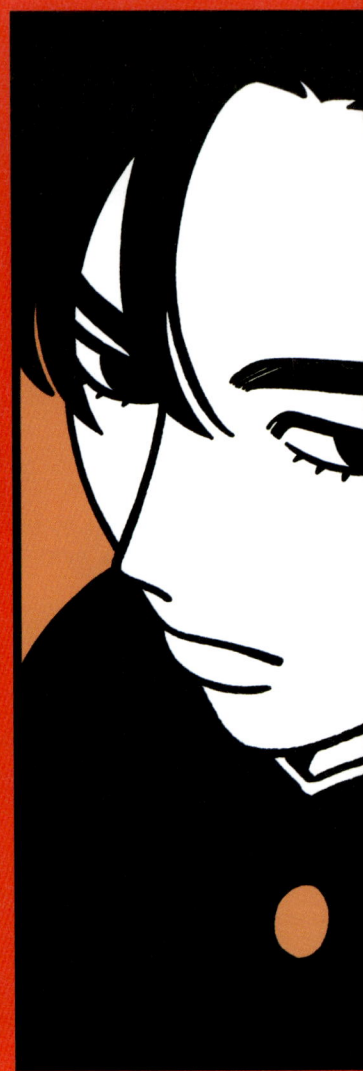

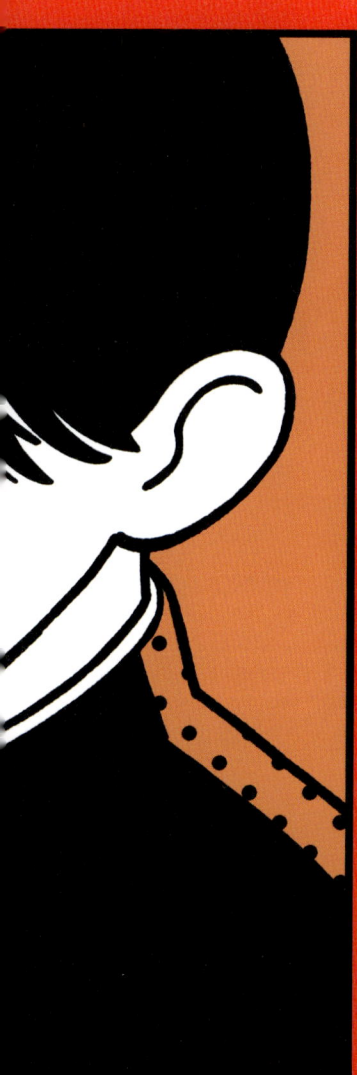

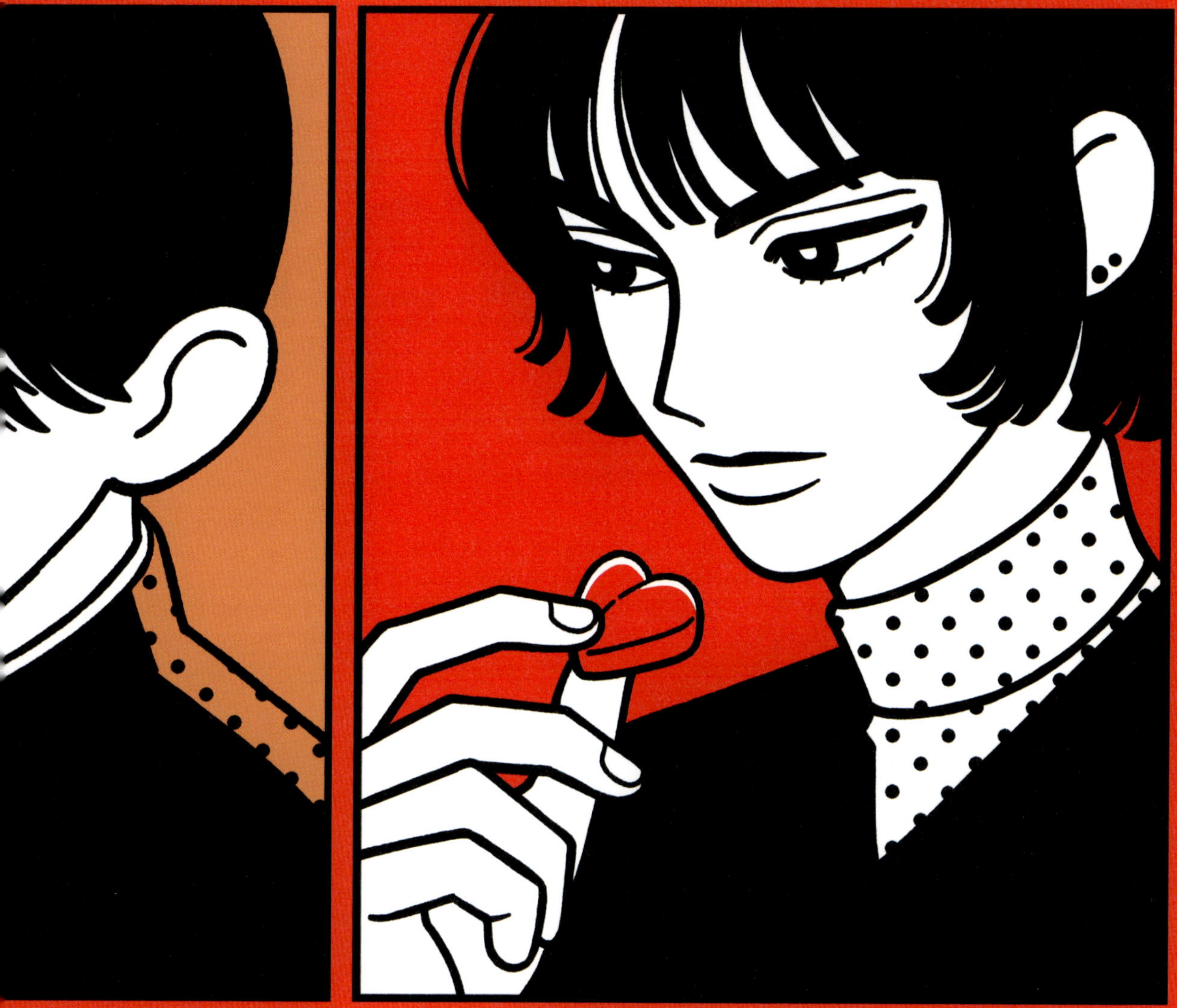

5
"めがね" 2019

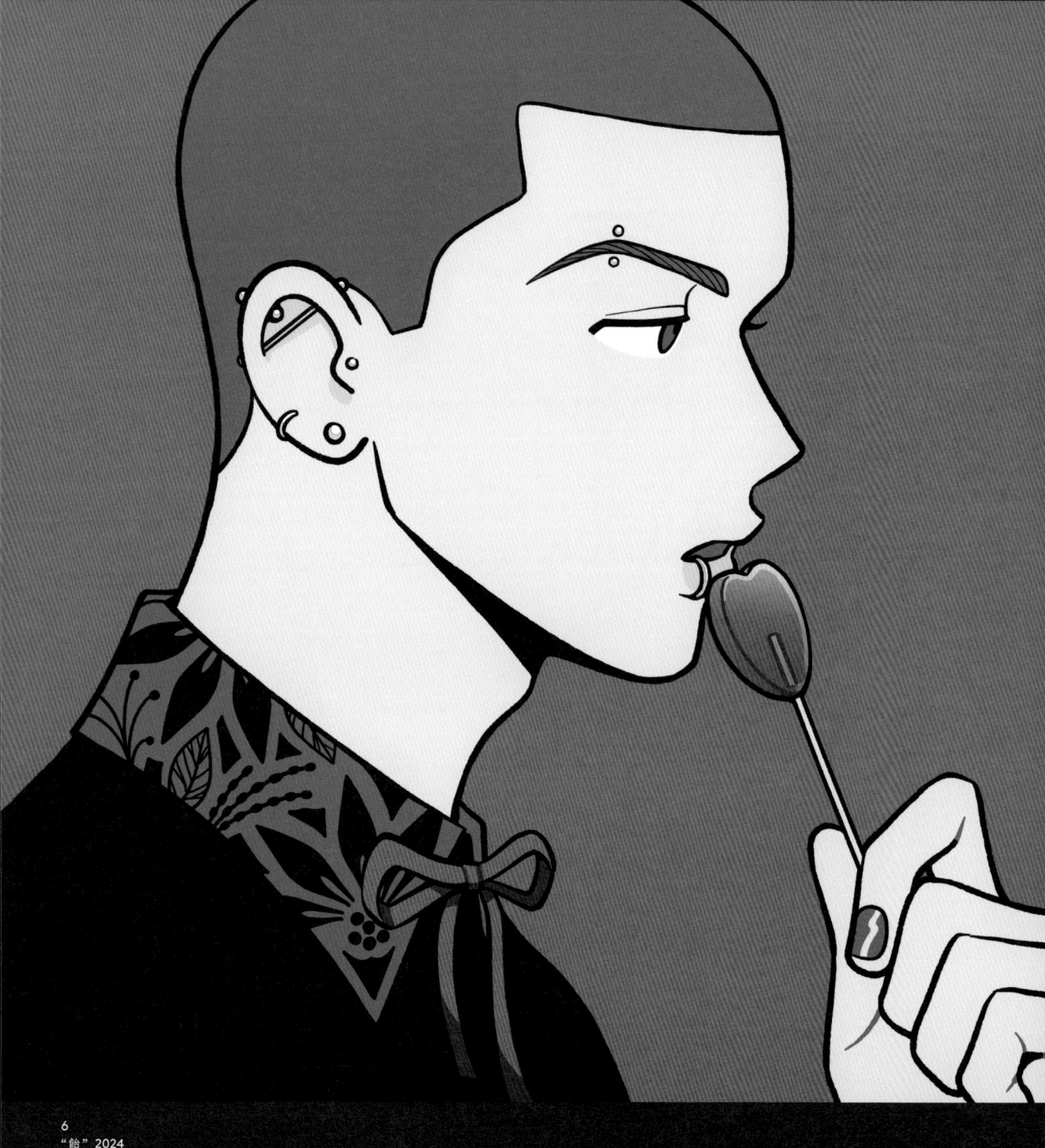

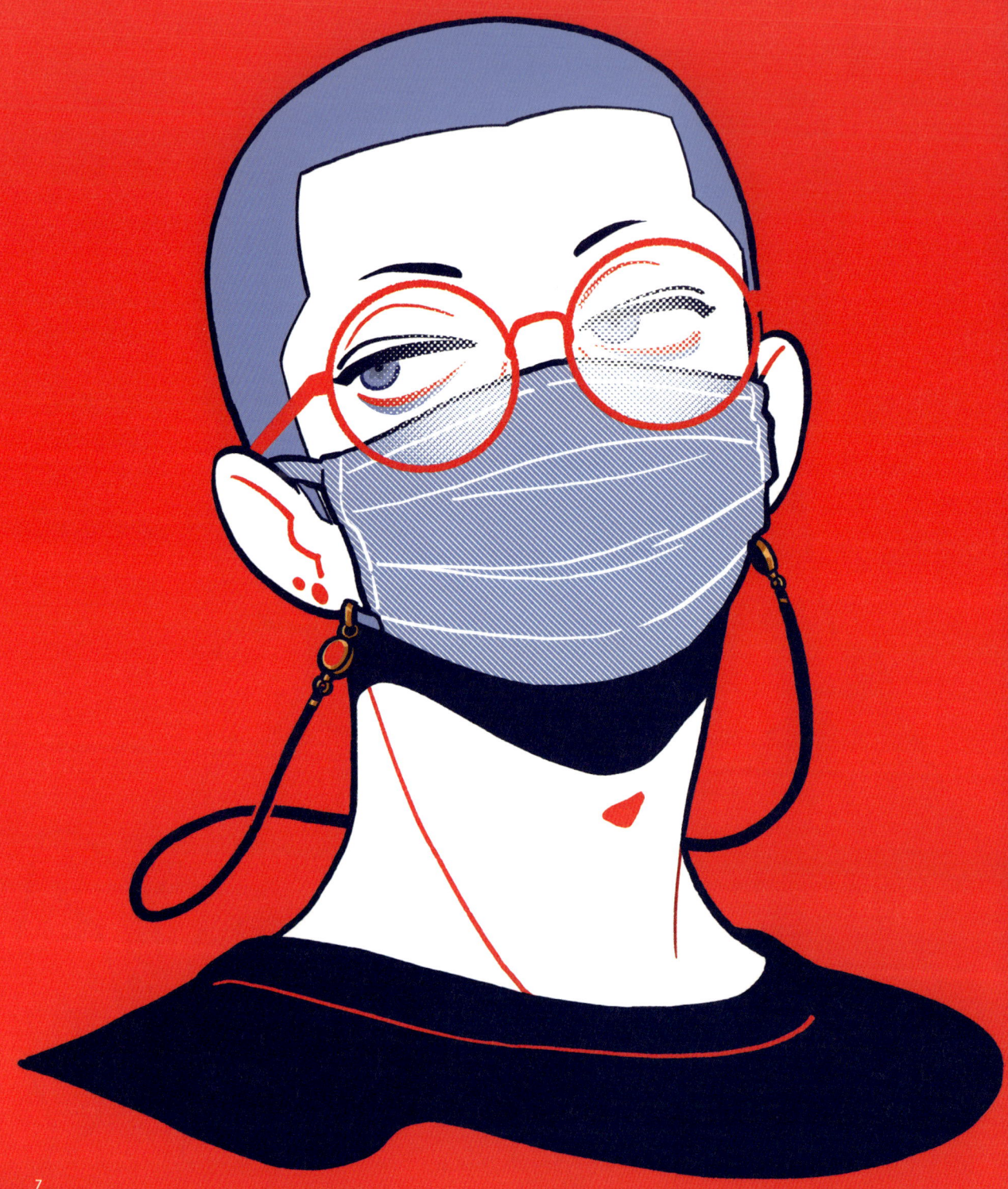

"mask" 2021

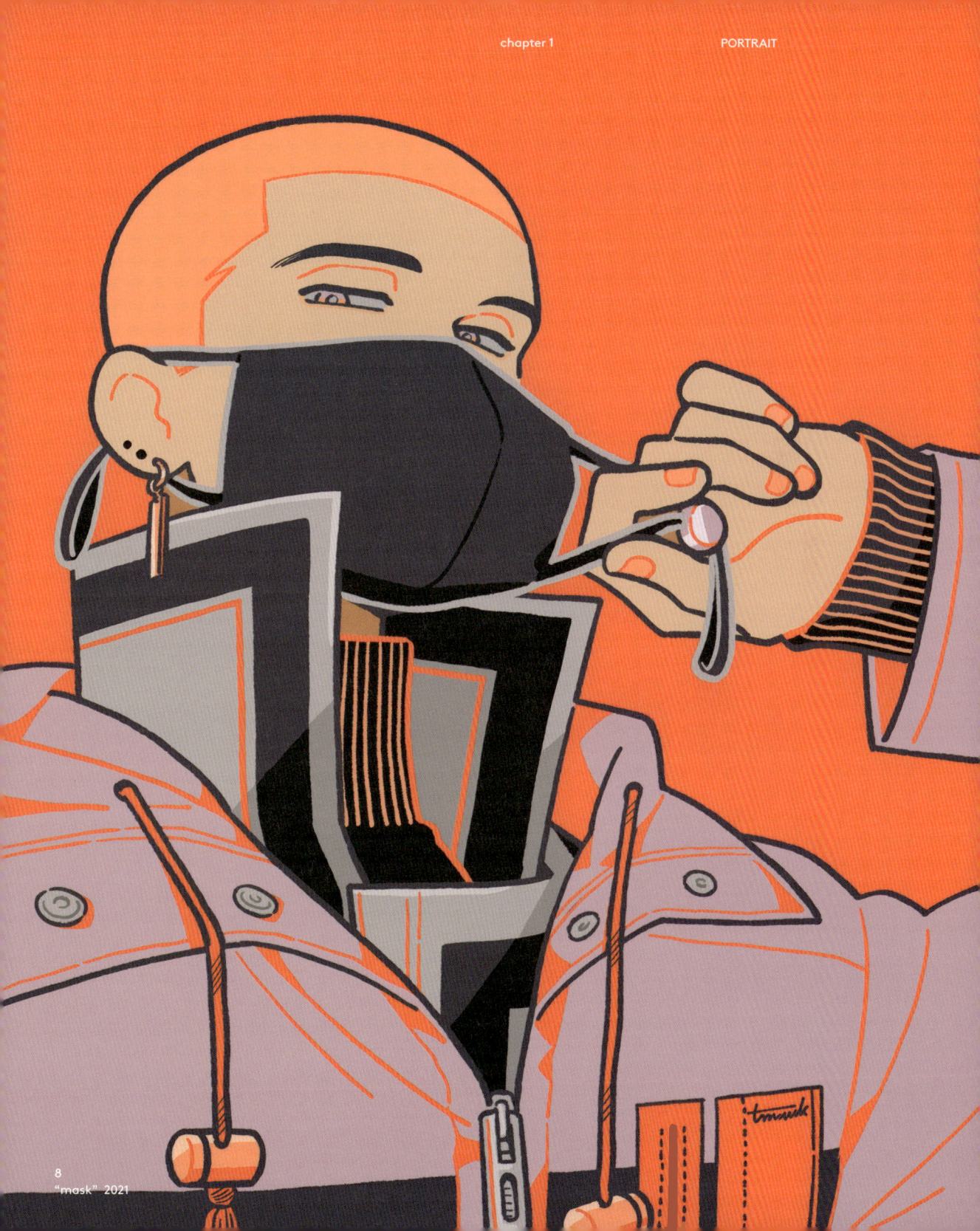

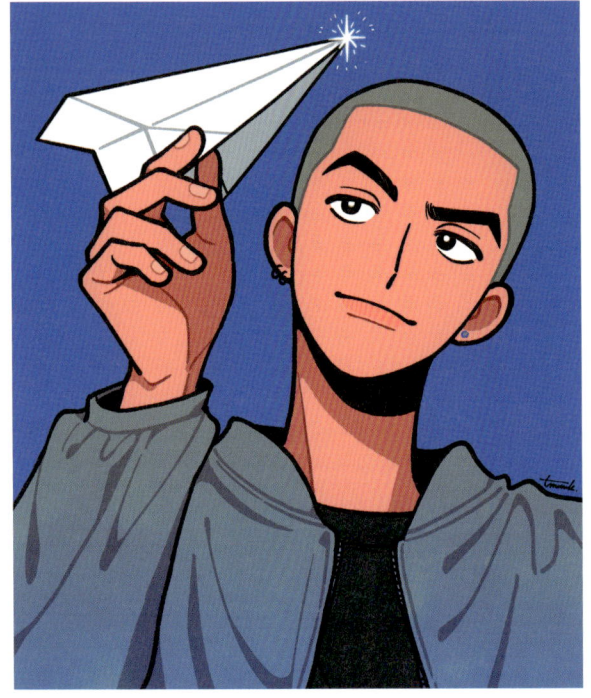

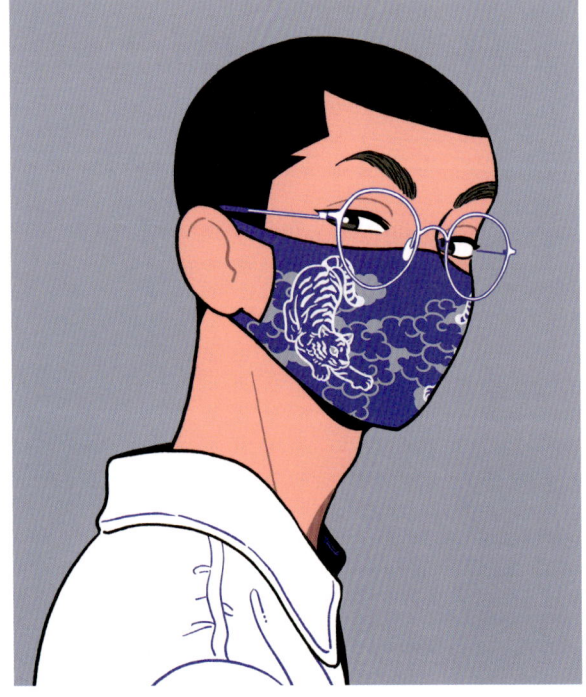

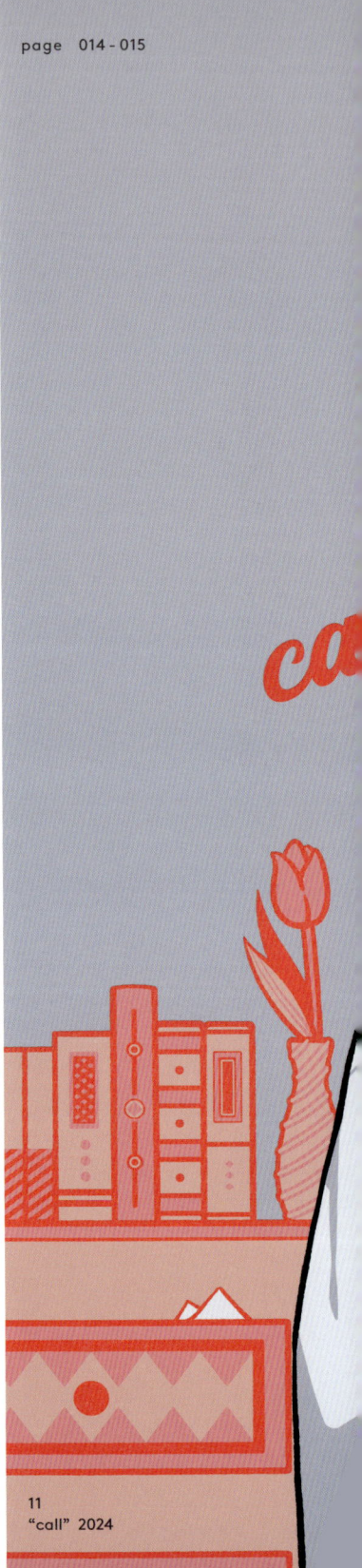

9
"紙飛行機" 2023

10
"mask" 2022

11
"call" 2024

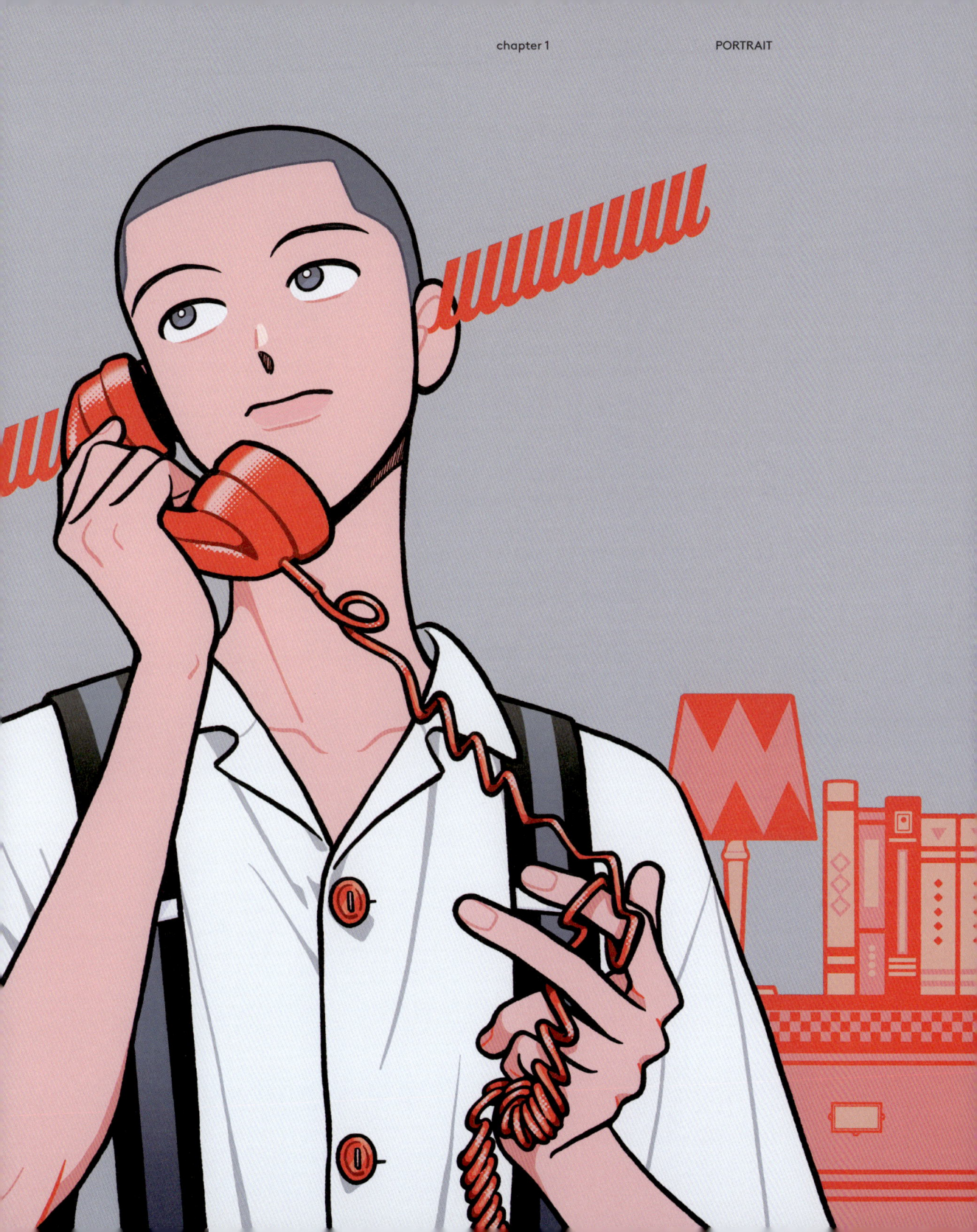

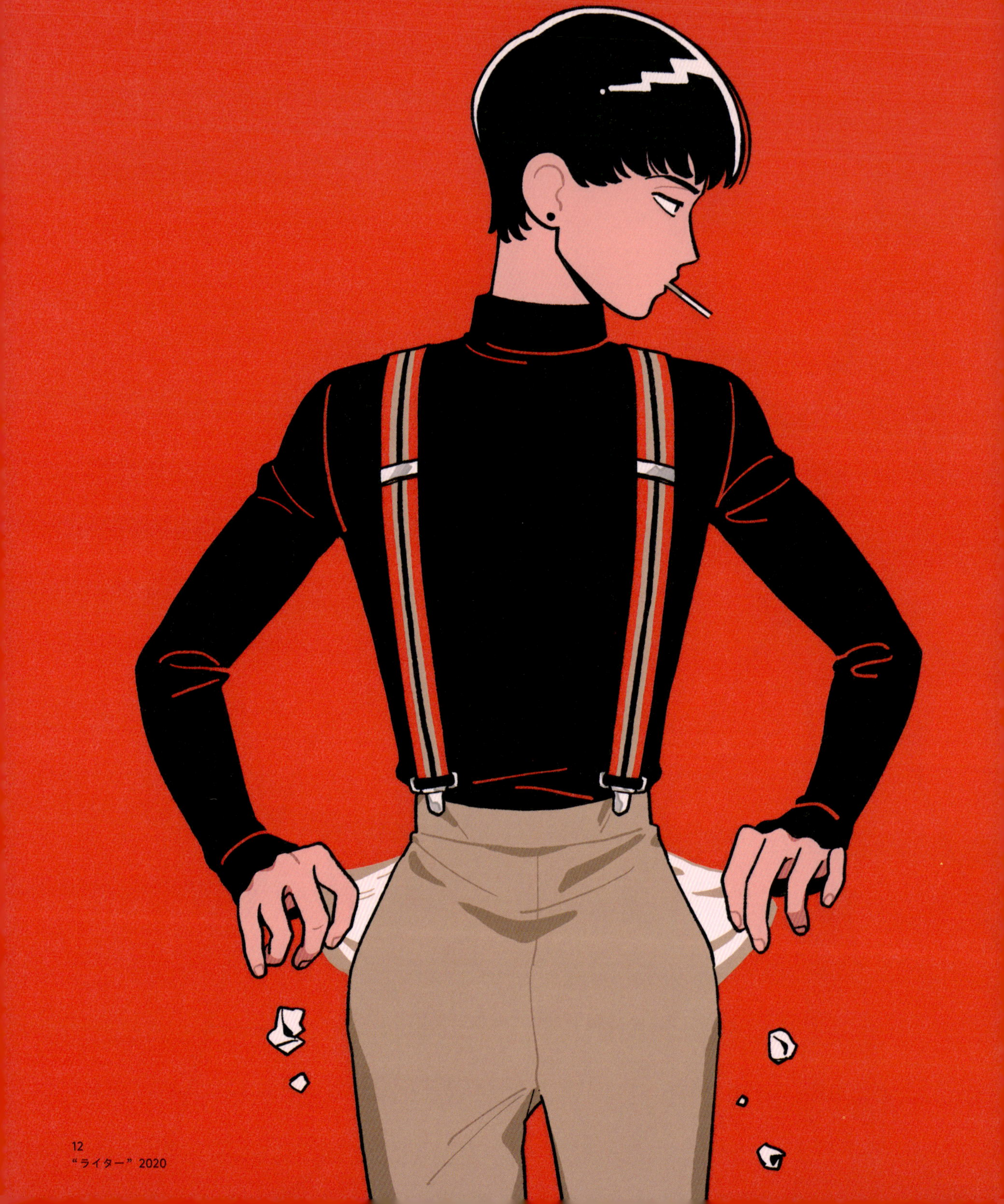

12
“ライター” 2020

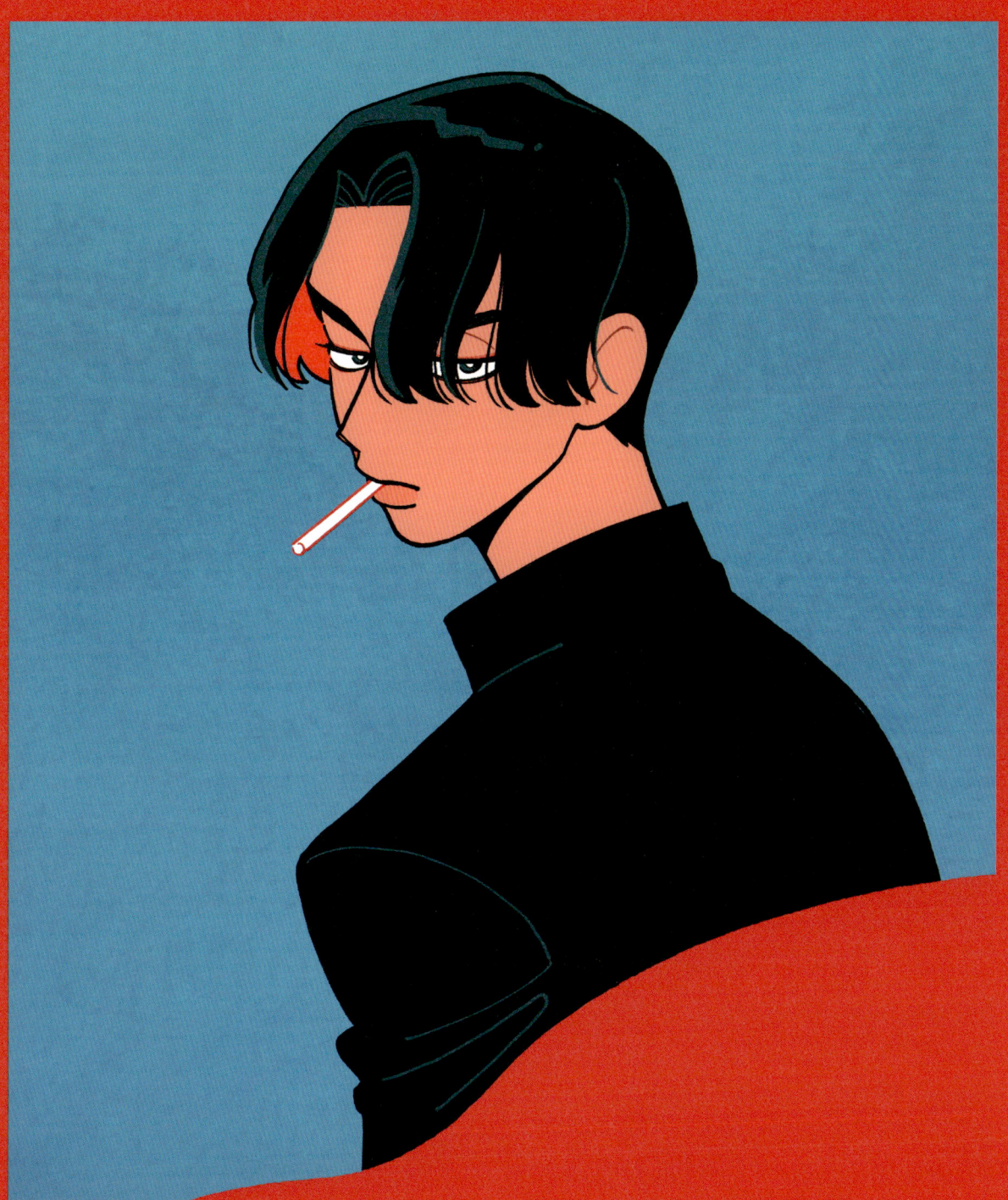

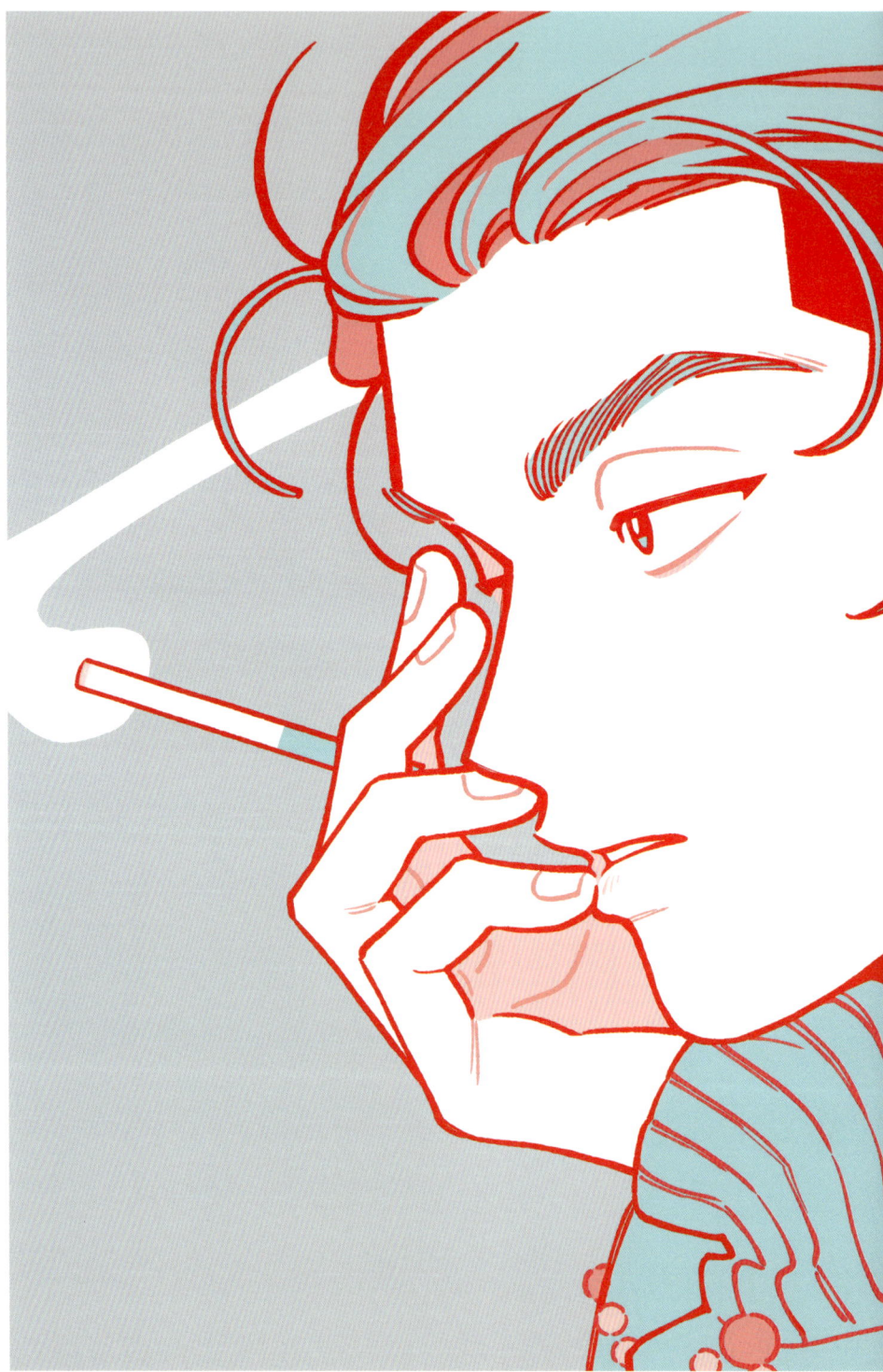

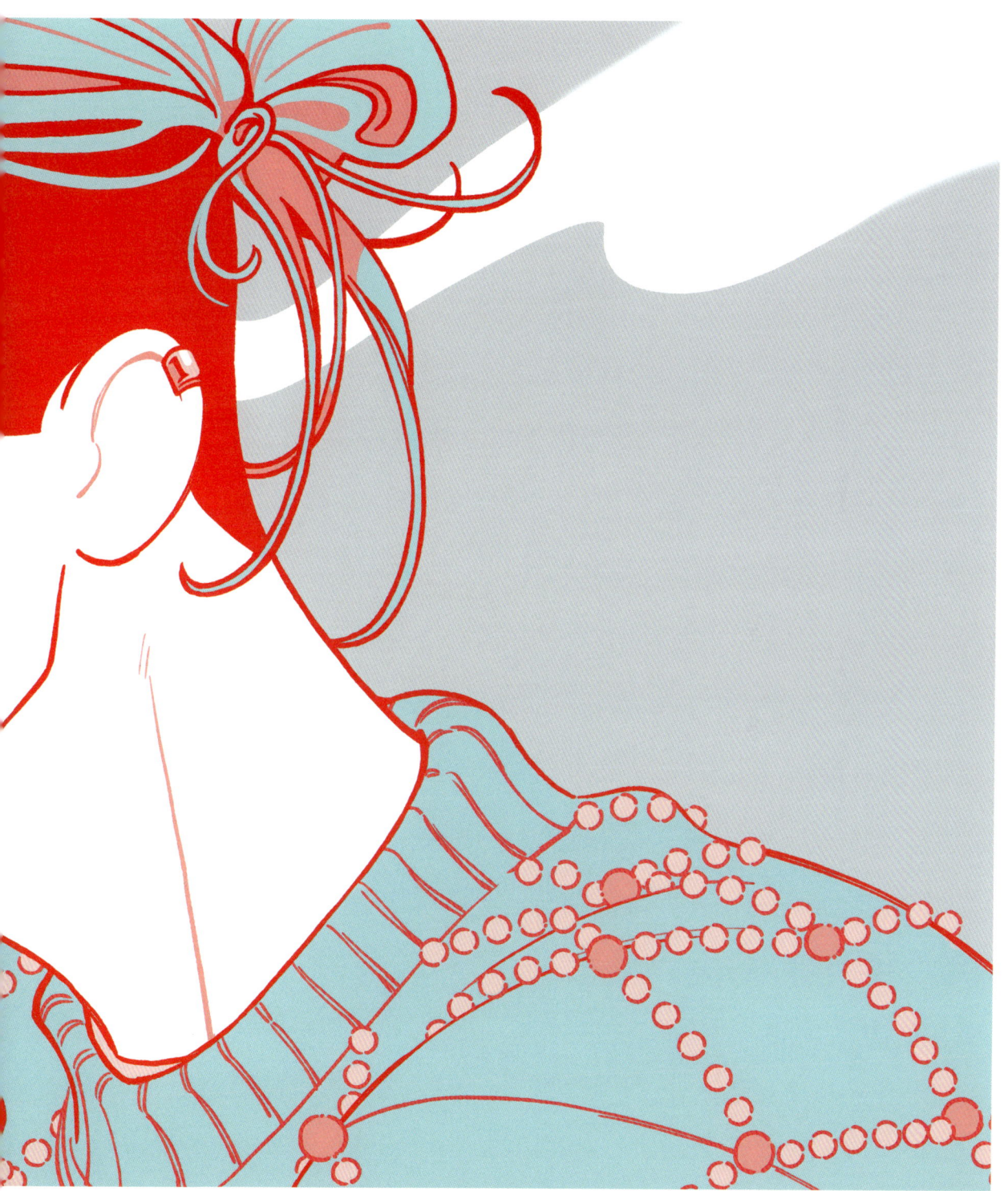

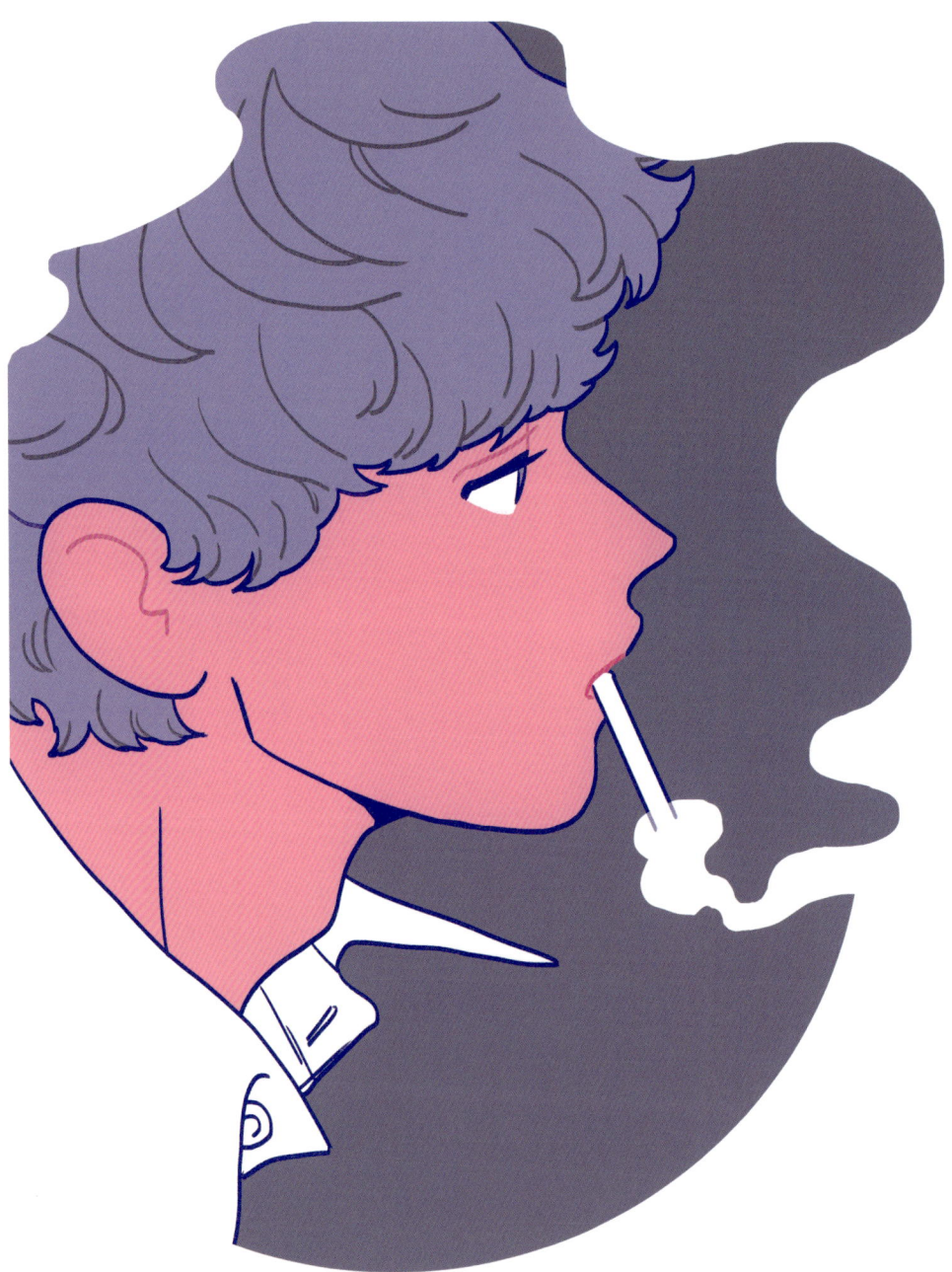

15
"smoke" 2019

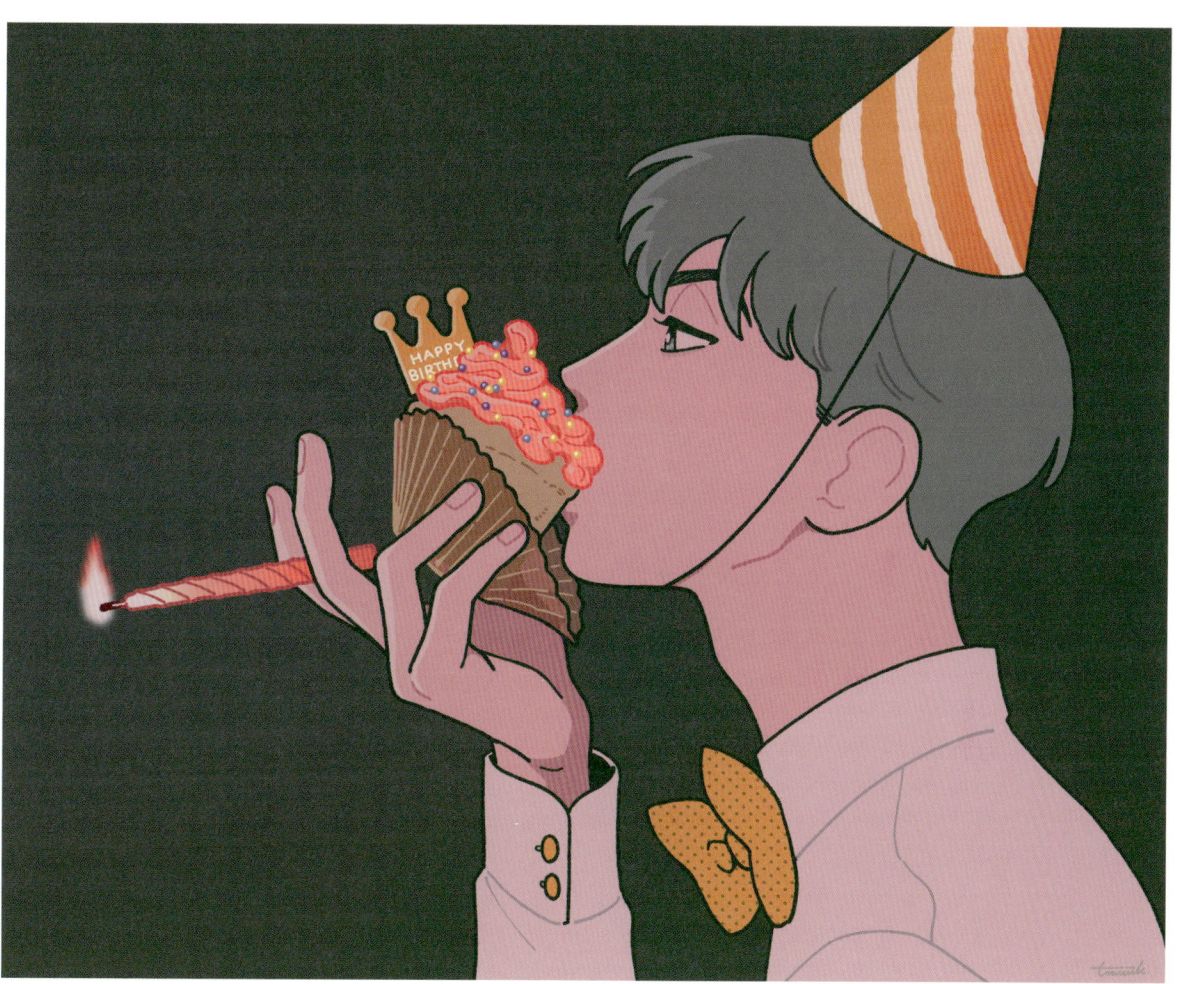

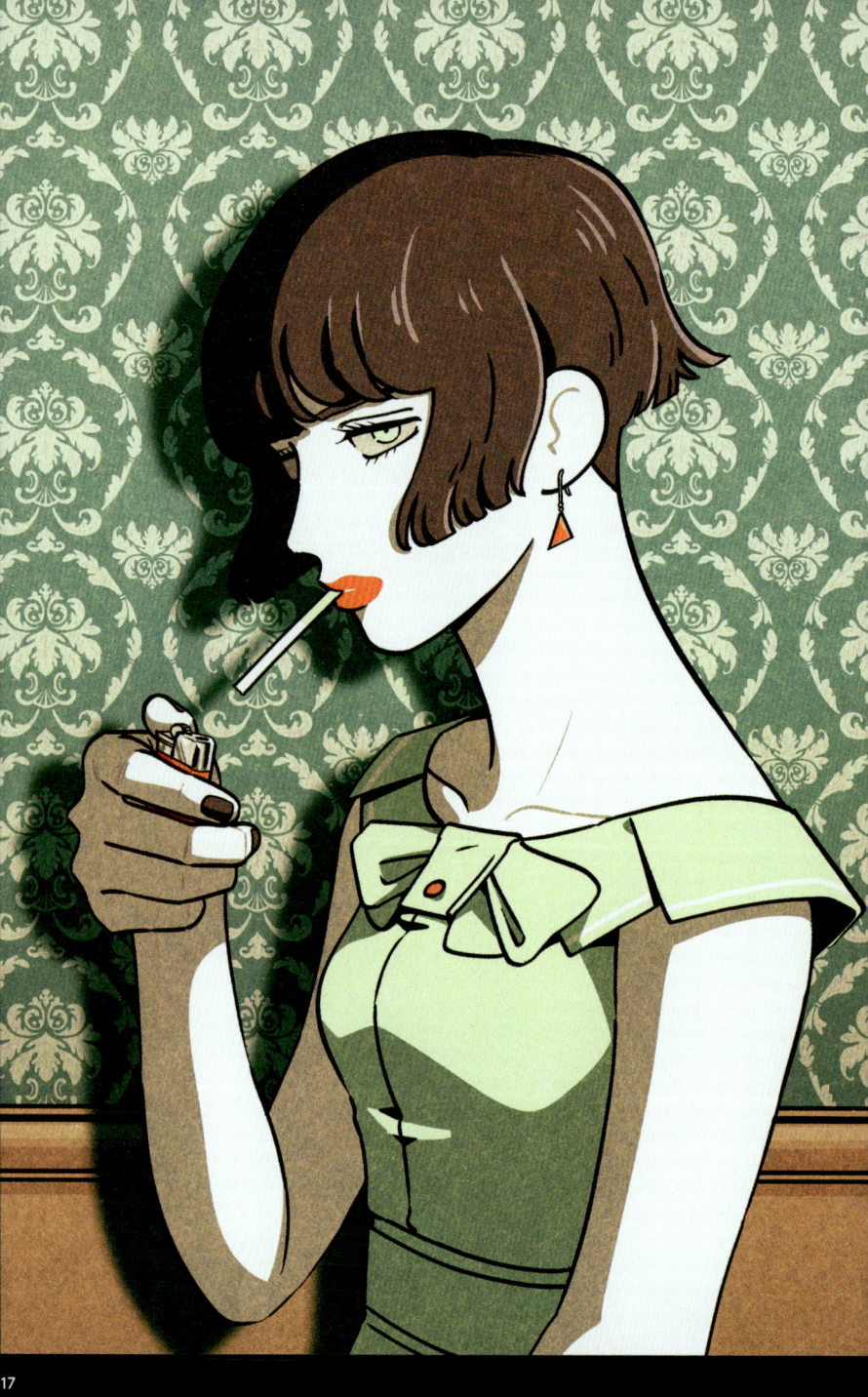

"朝" 2019

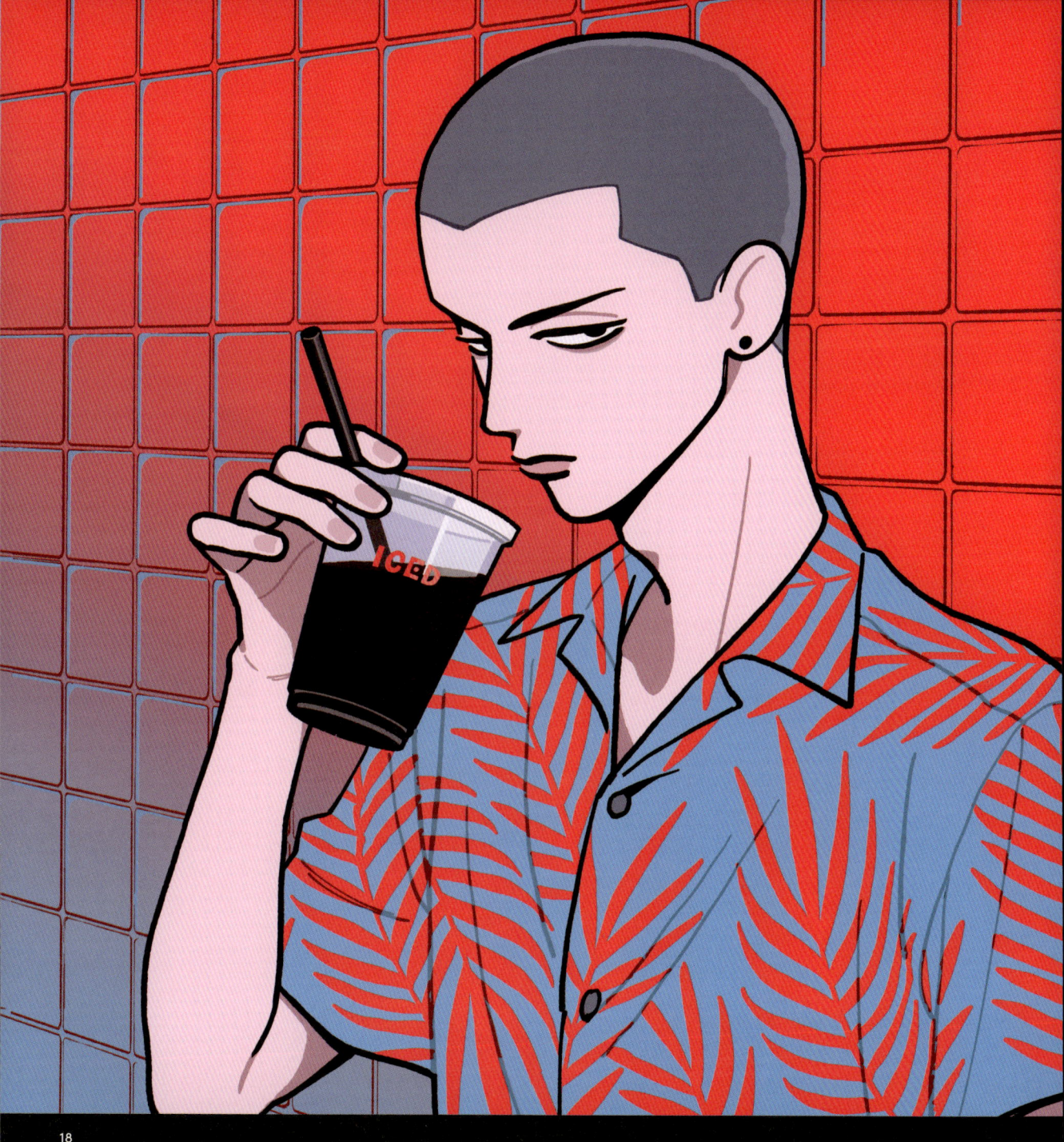

"アイスコーヒー" 2021

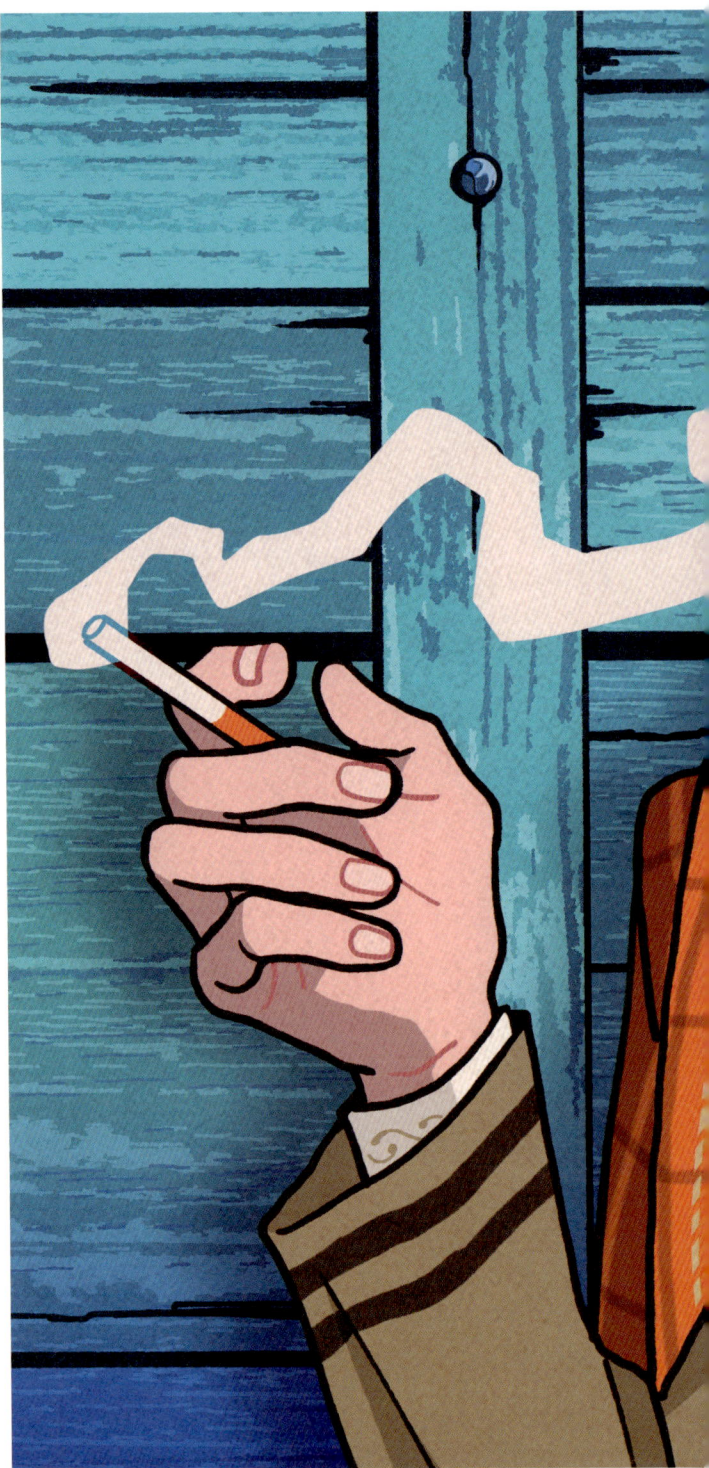

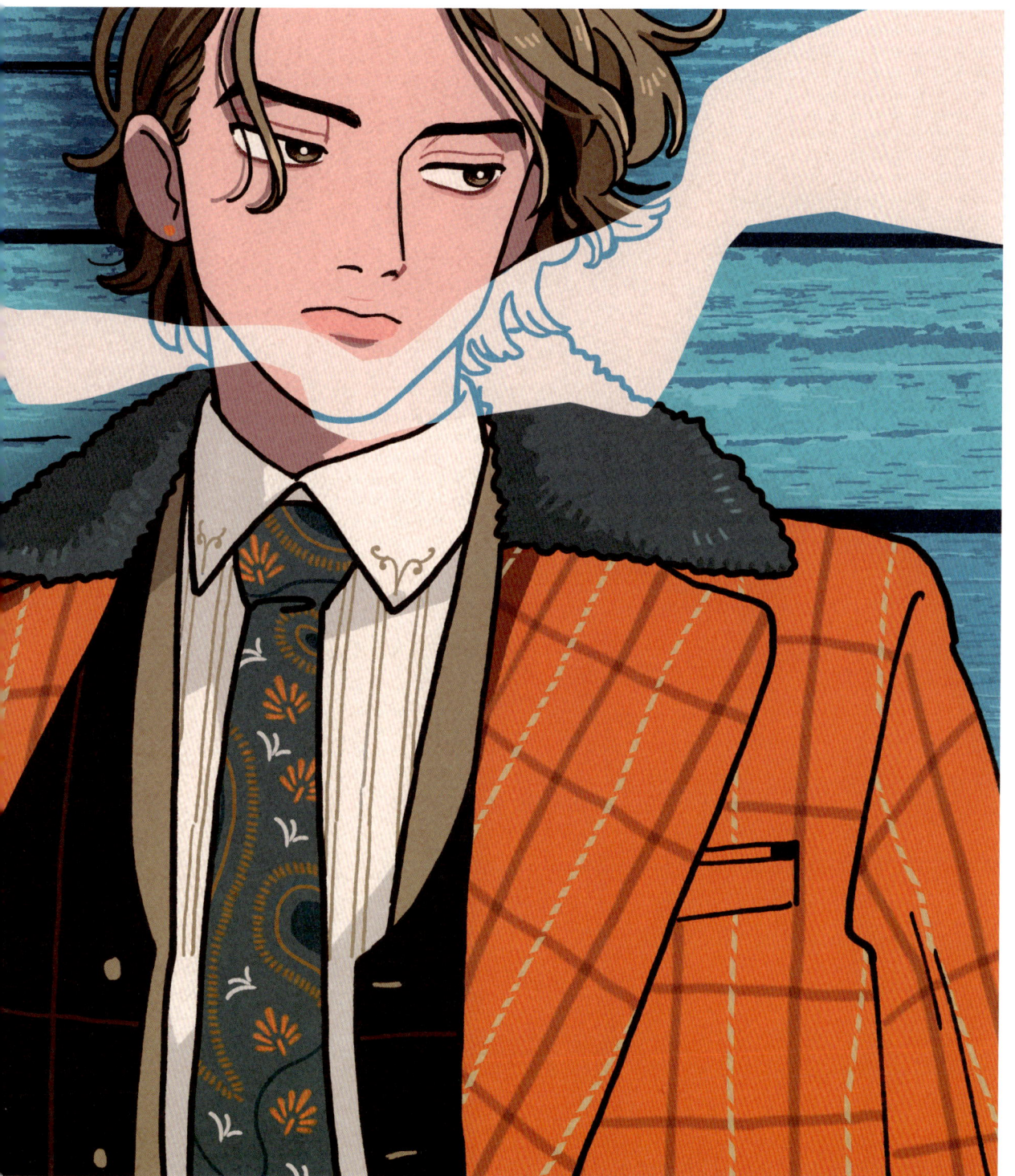

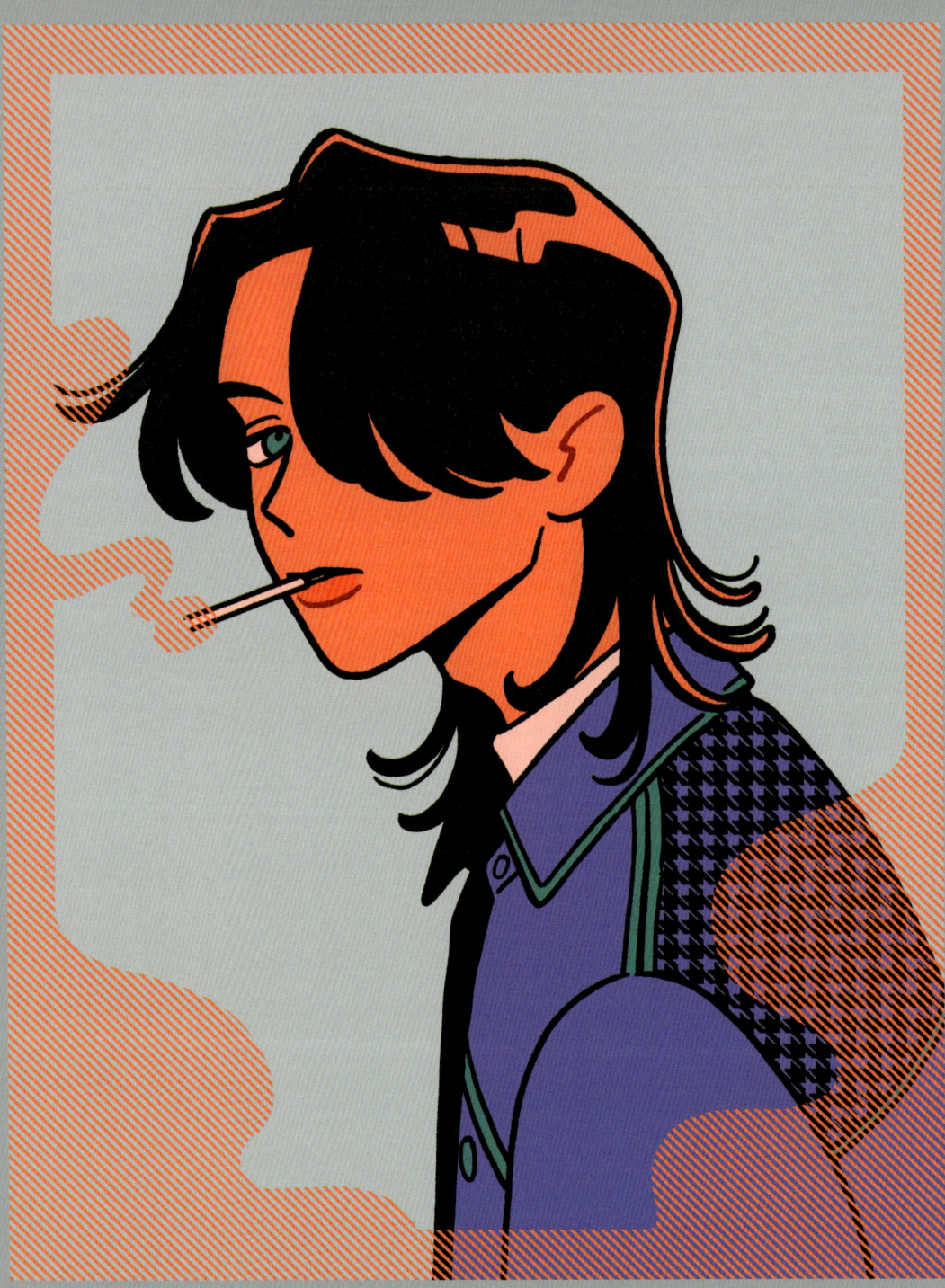

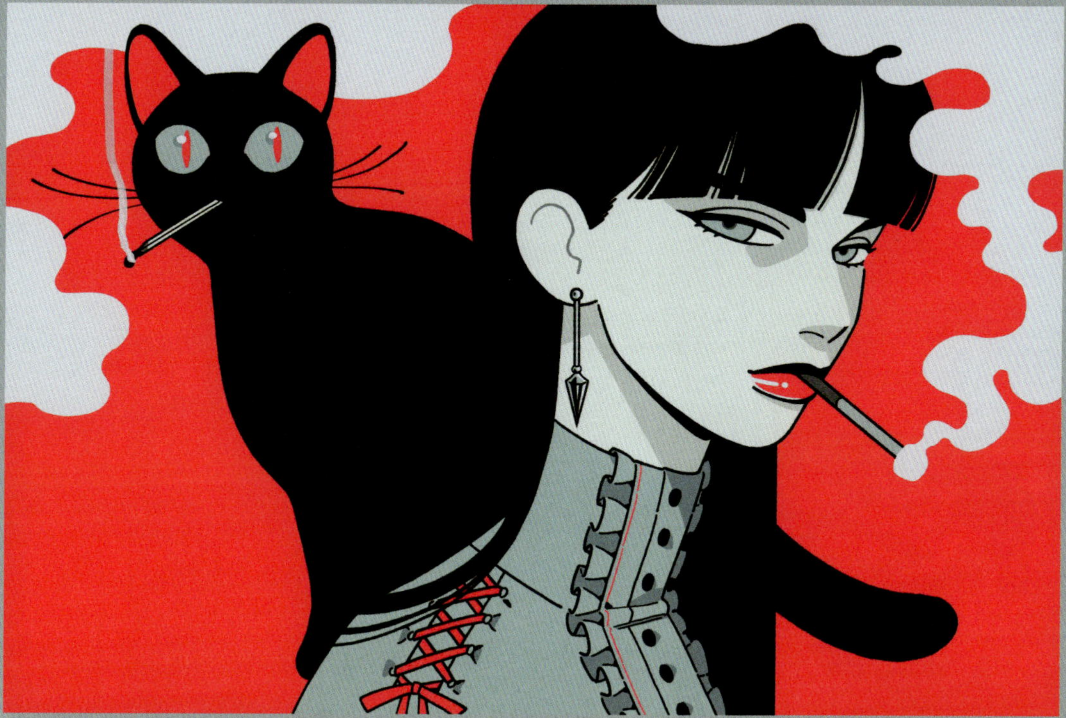

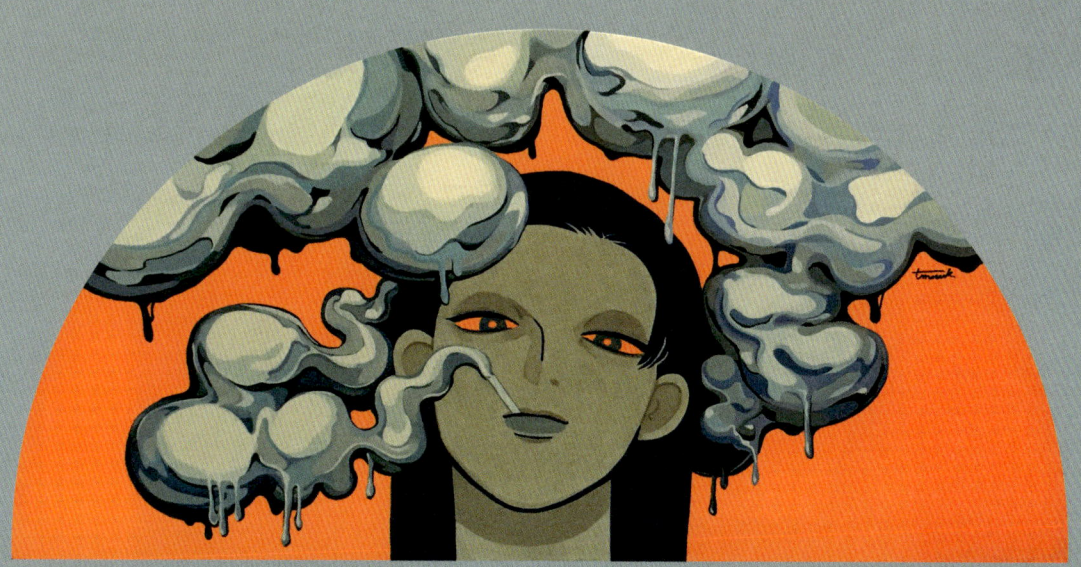

21
"猫と煙草" 2020

22
"無題" 2019

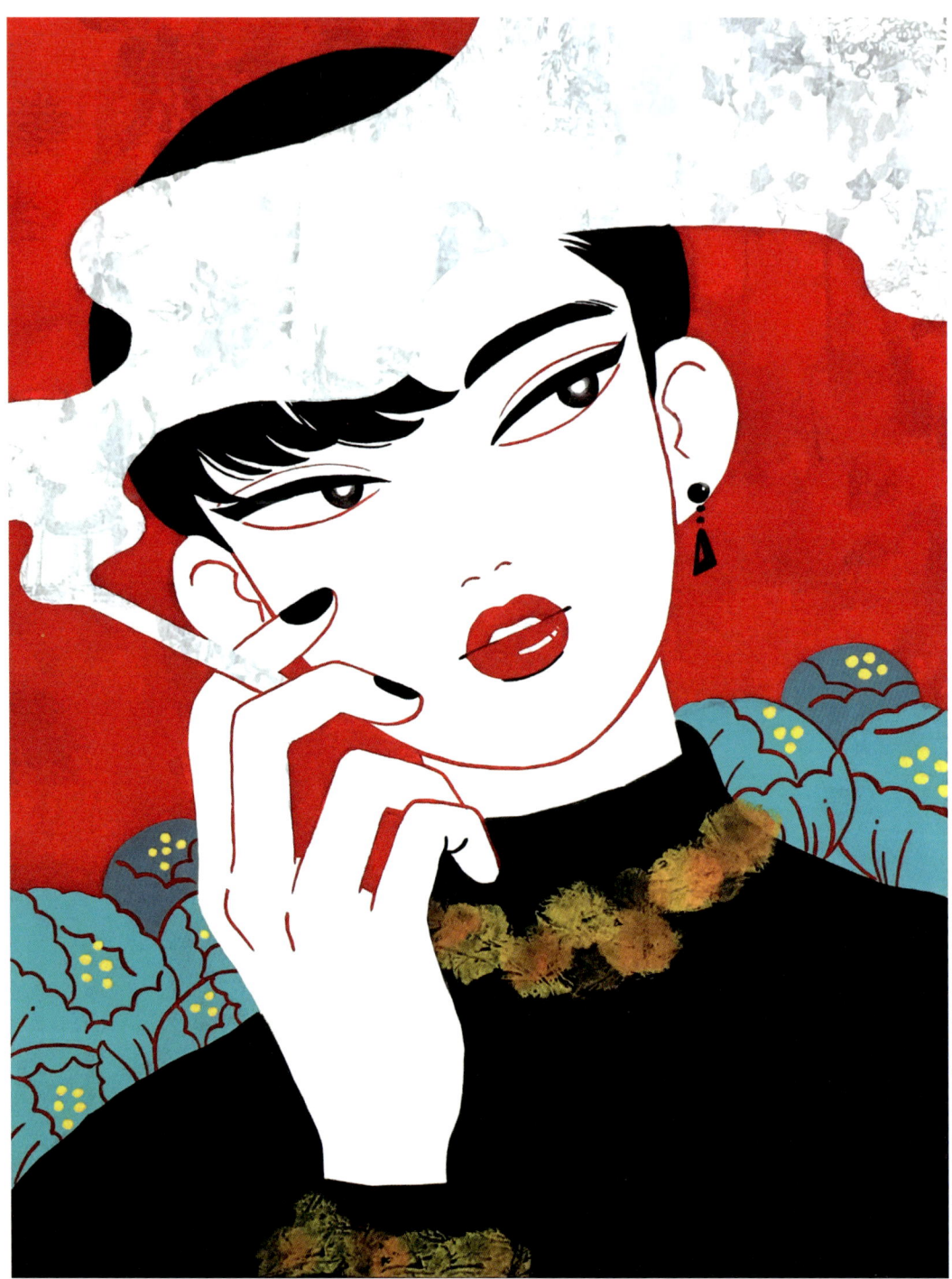

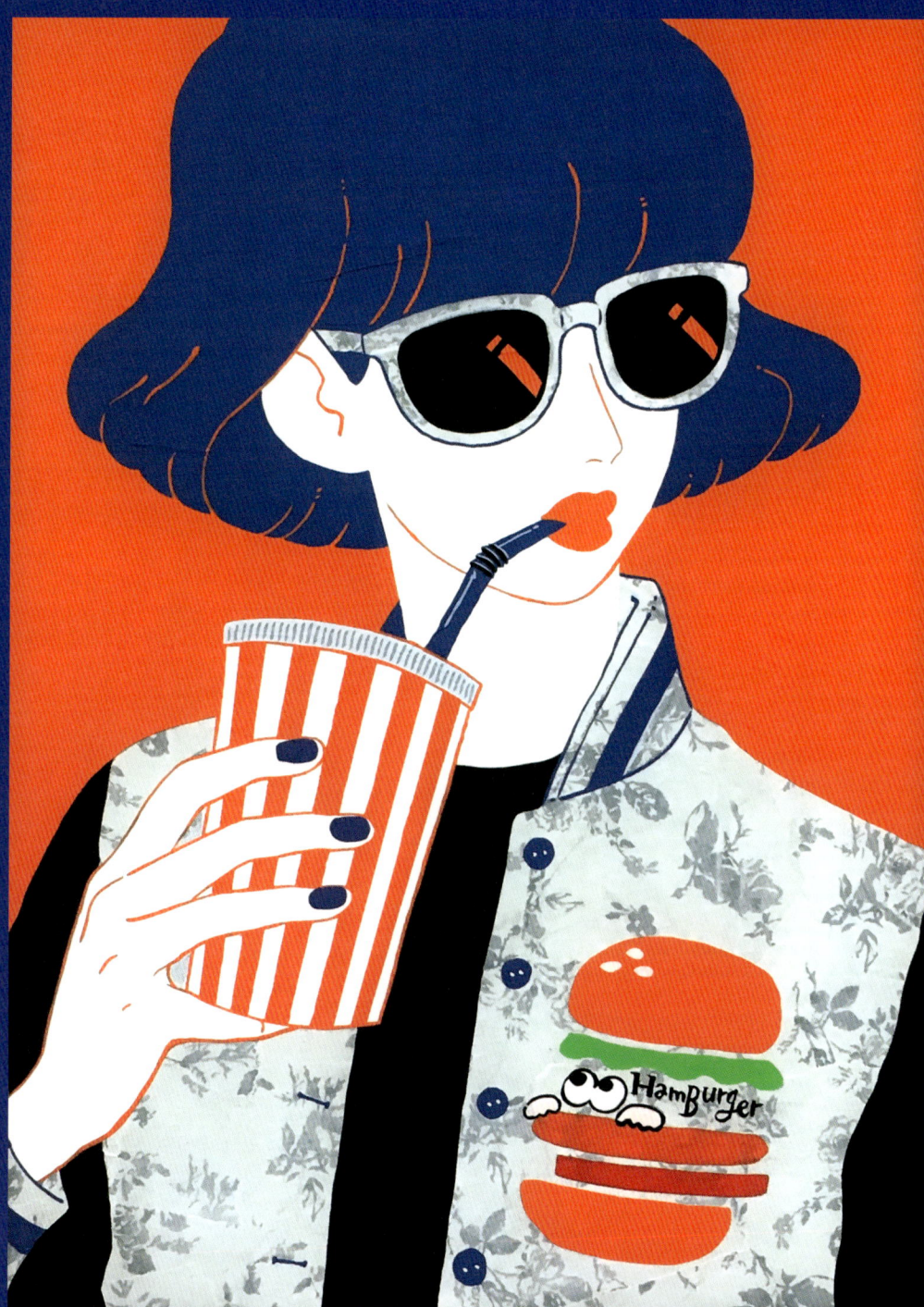

24/7
TOMOWAKA

Chapter

2

季節を感じる作品たち。こうしてまとめ
ると夏のイラストが多かった。夏の暑さ
は苦手ですが、夏は彩度の高い色が合う
ので描くのは好きです。

Works with a seasonal flavor.
Compiling them here, I found
summer illustrations to be most
common. I struggle with the heat,
but enjoy drawing this season
because it suits vibrant colors.

SEAS

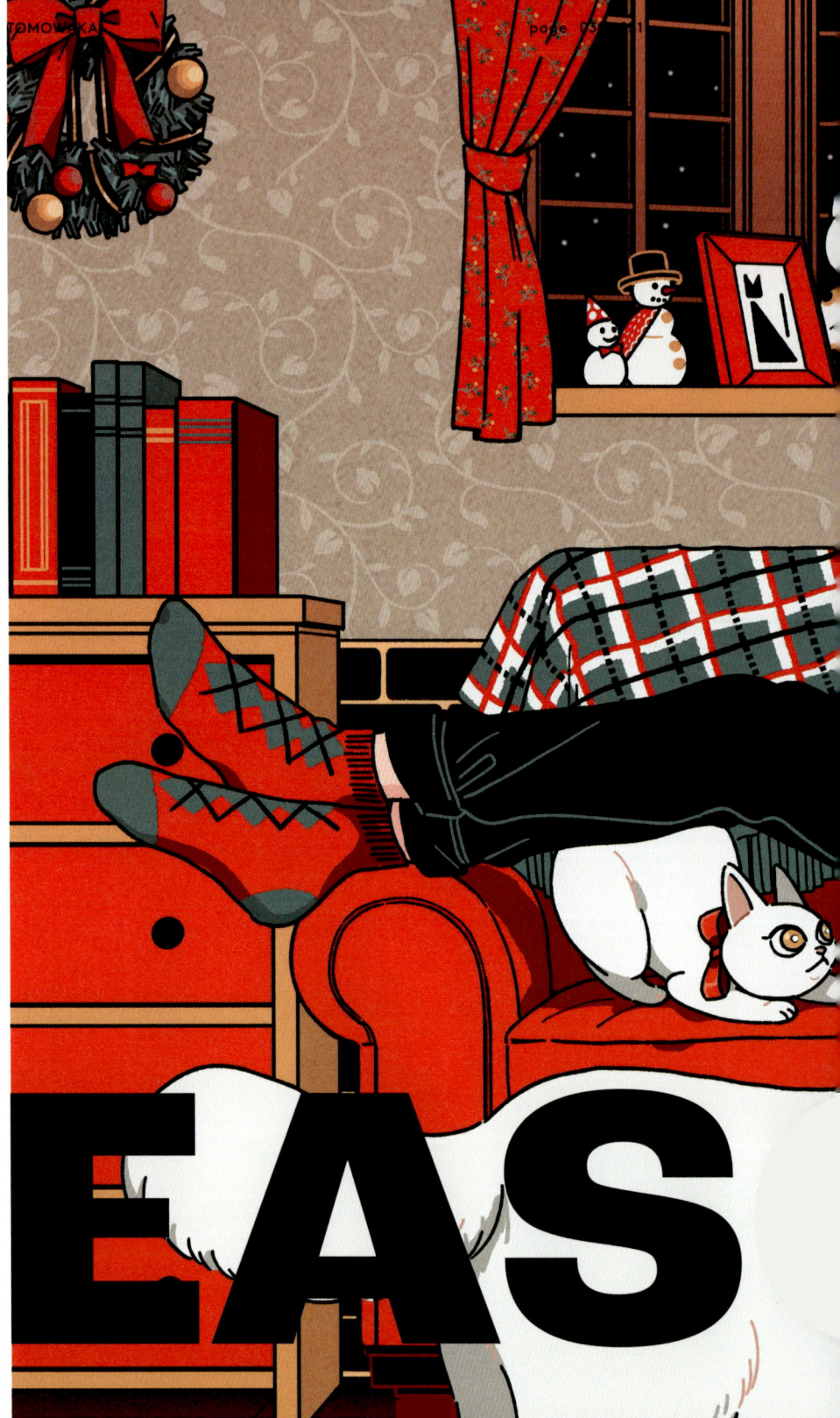

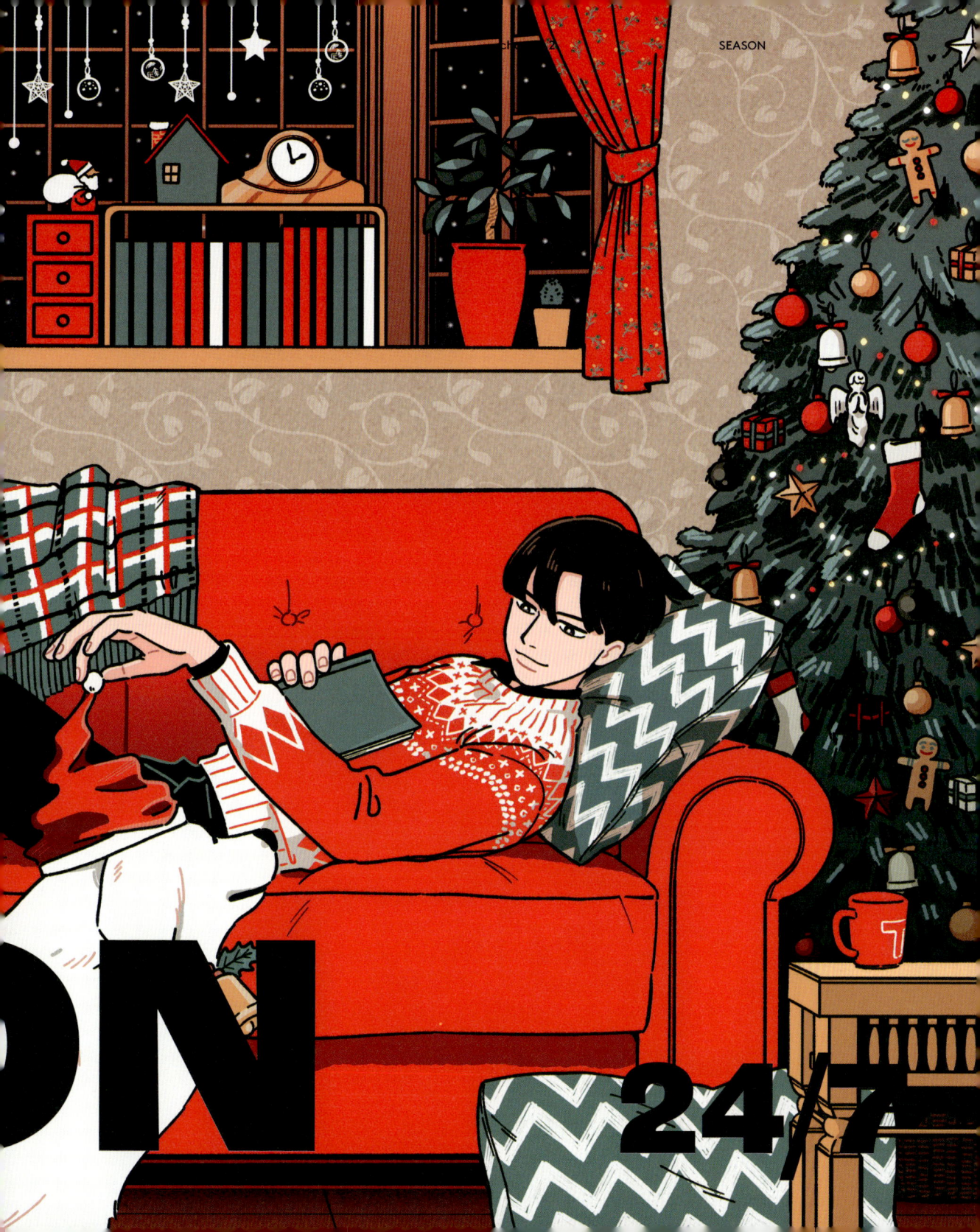

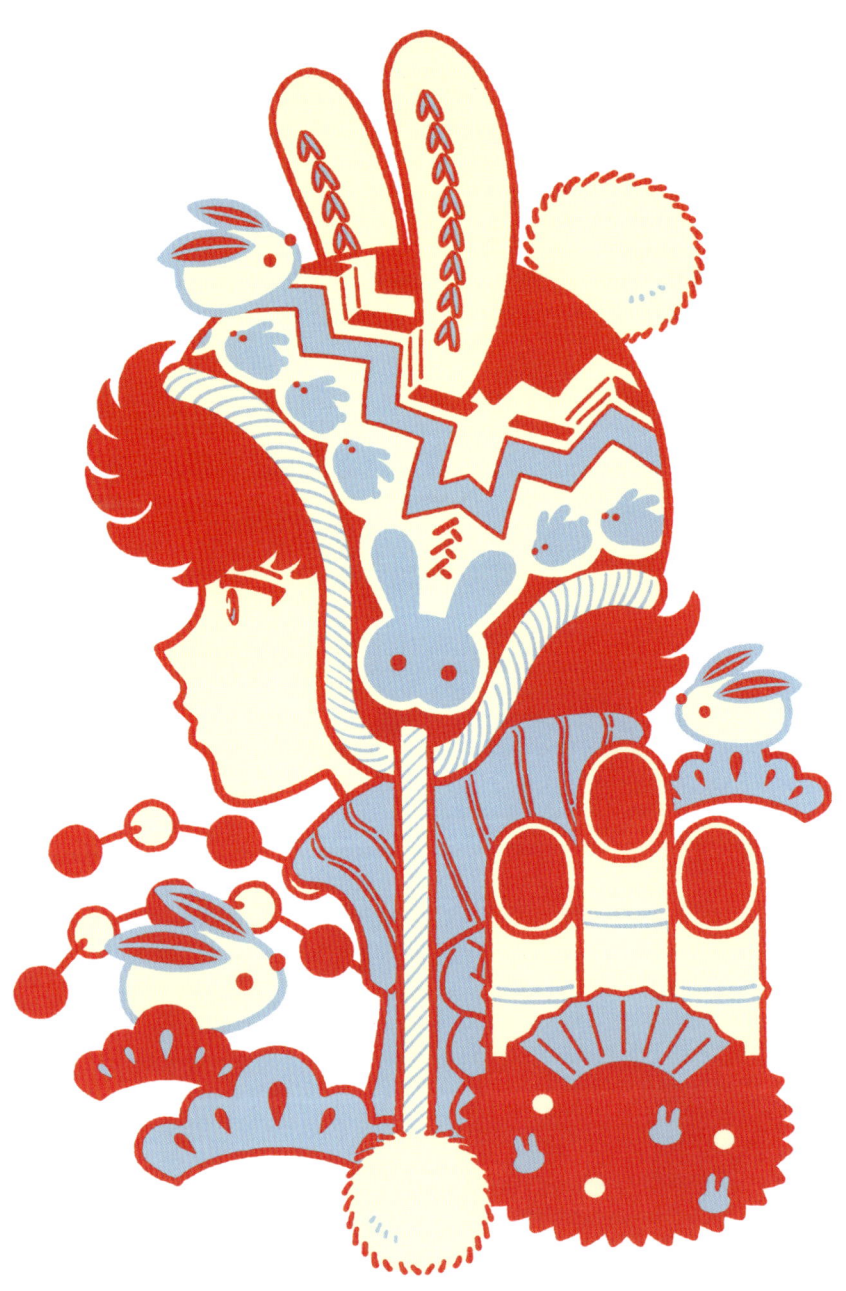

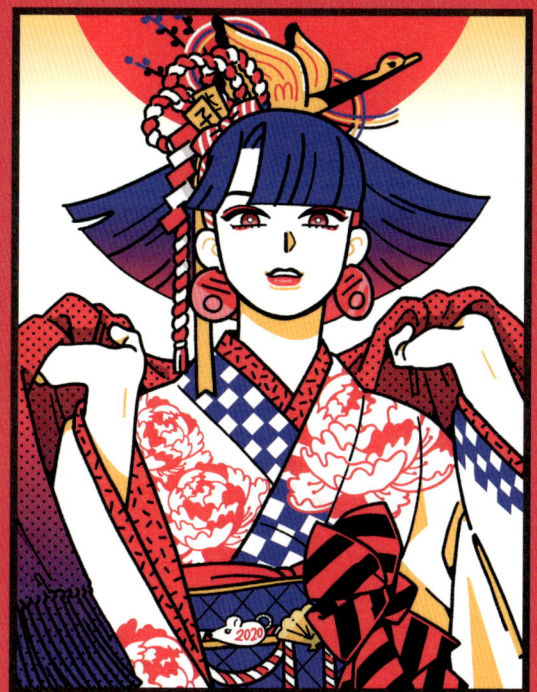

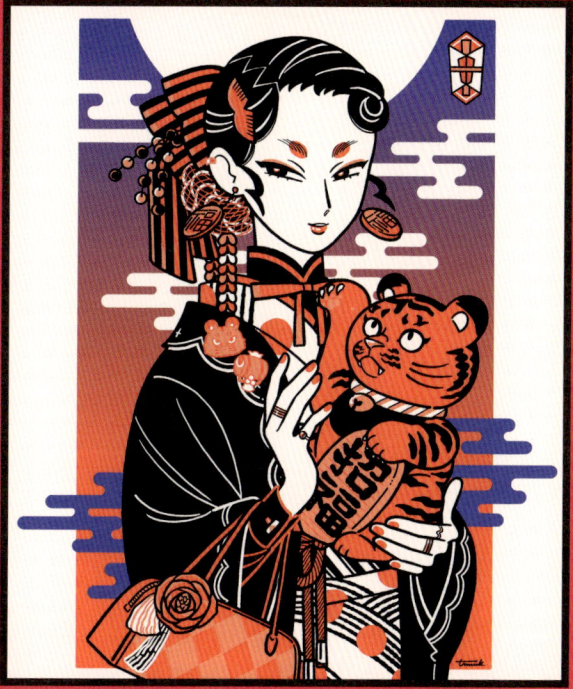

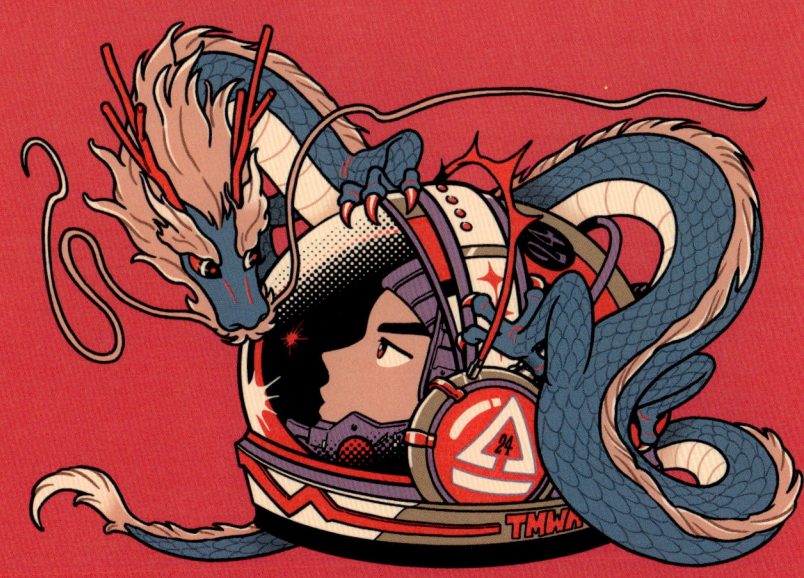

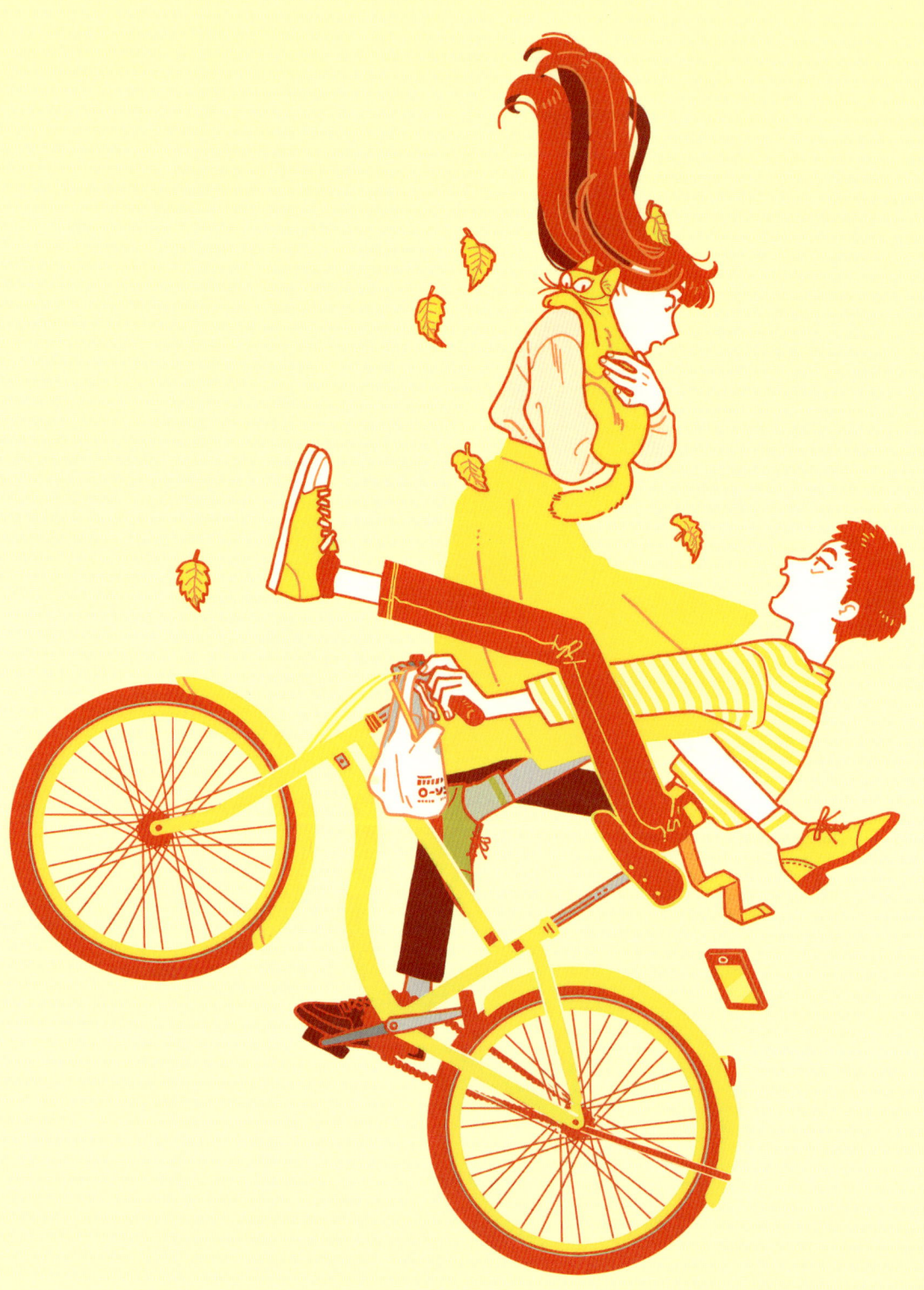

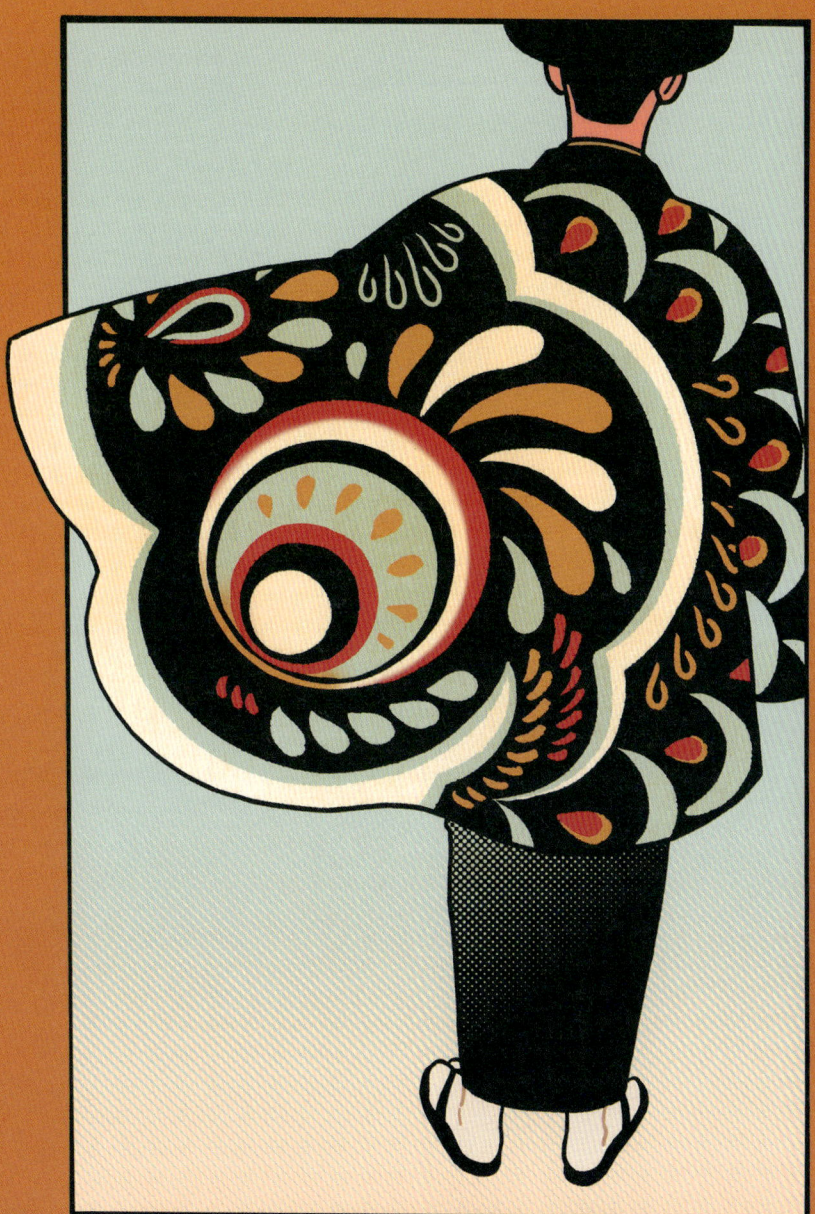

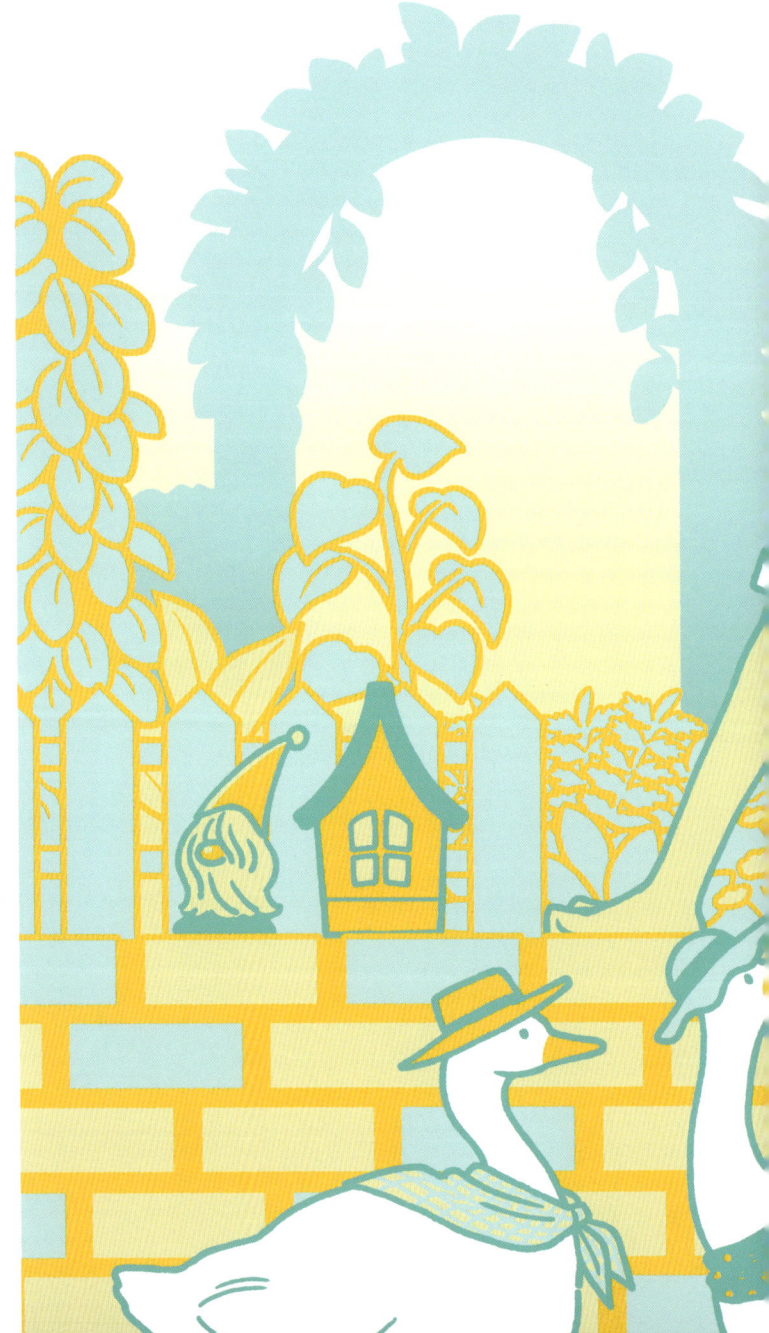

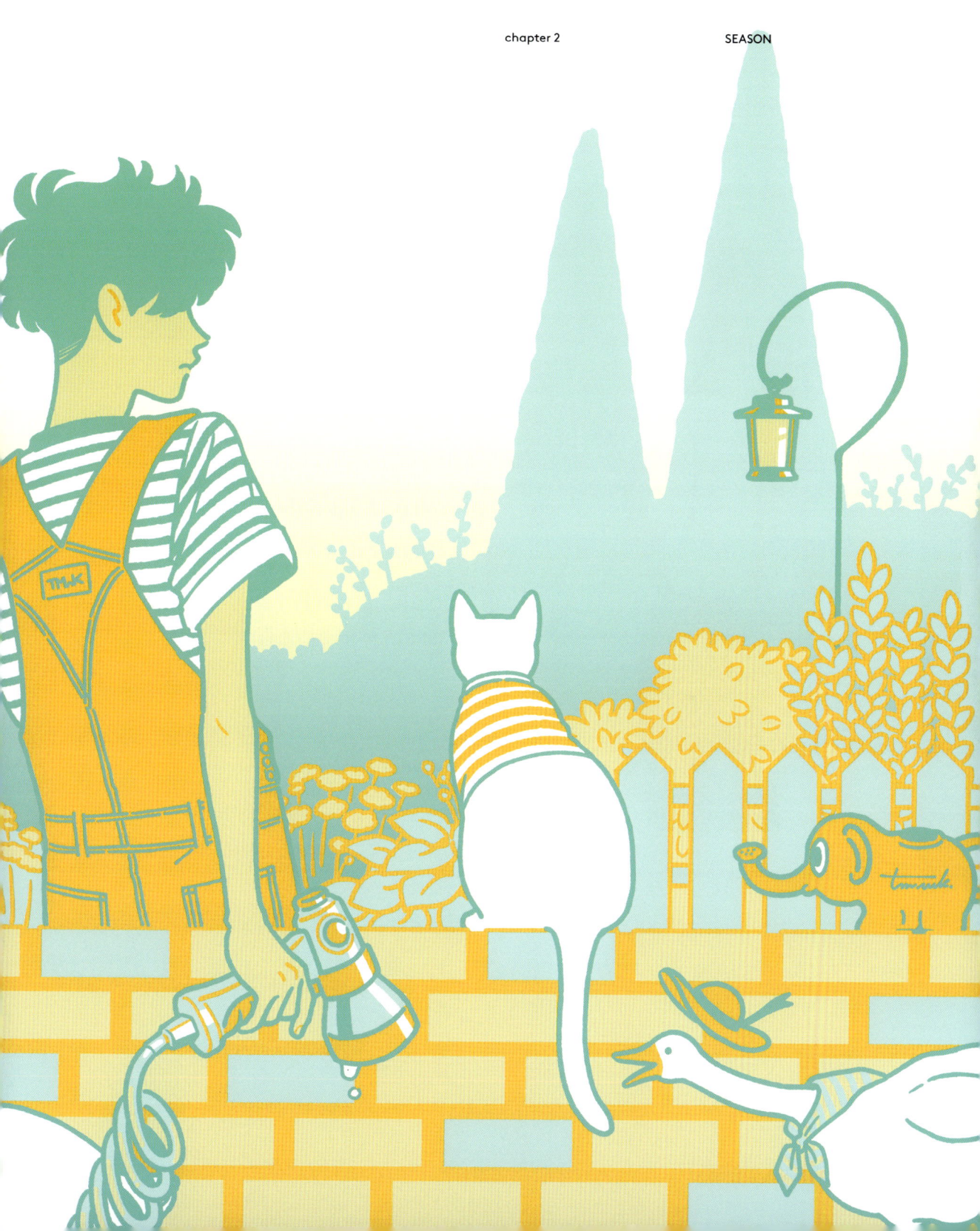

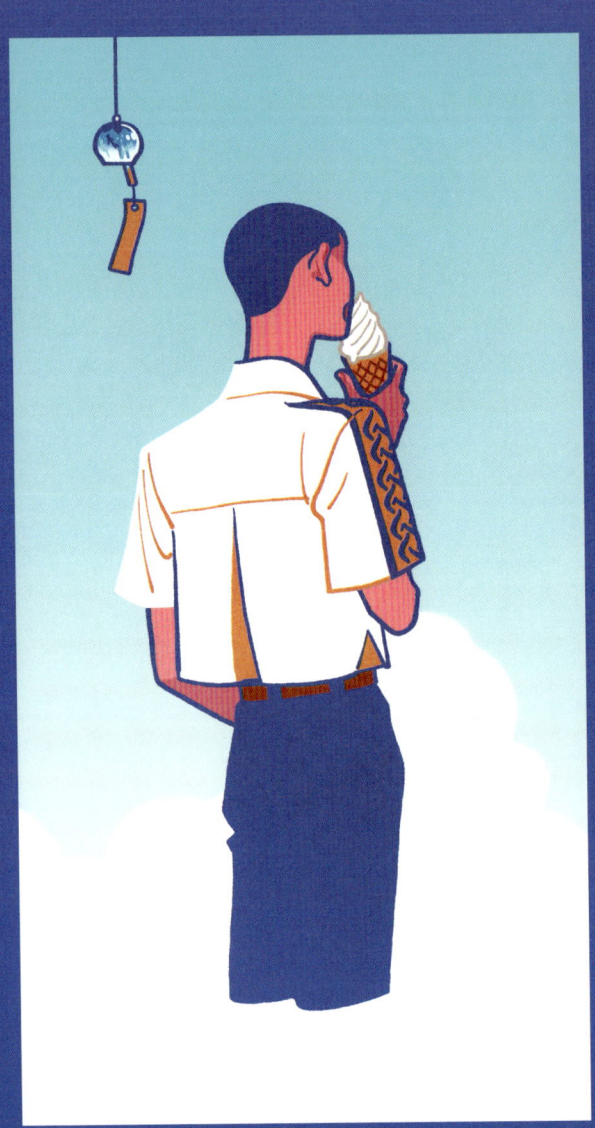

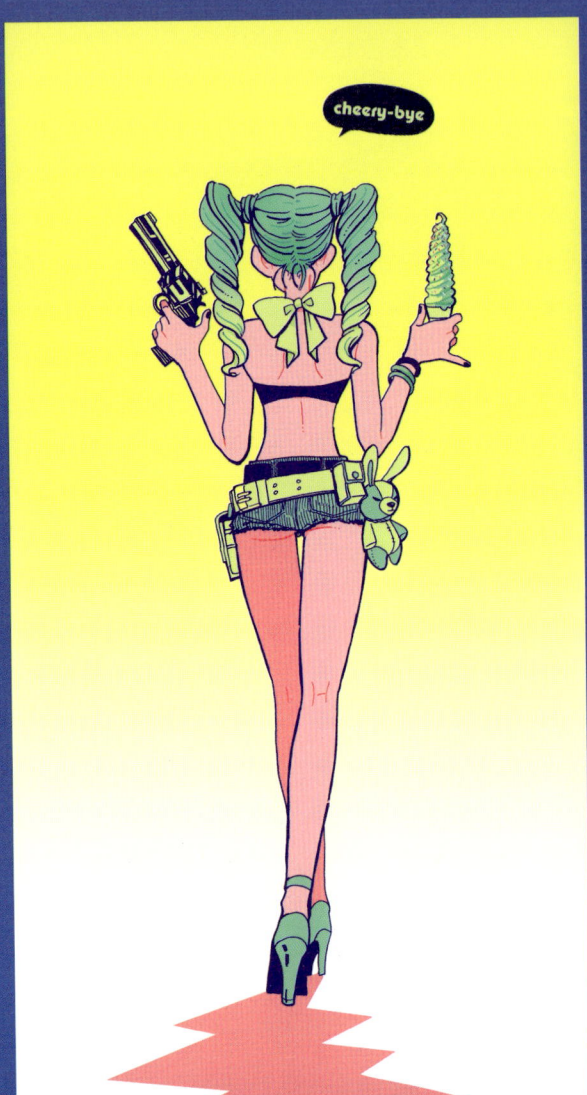

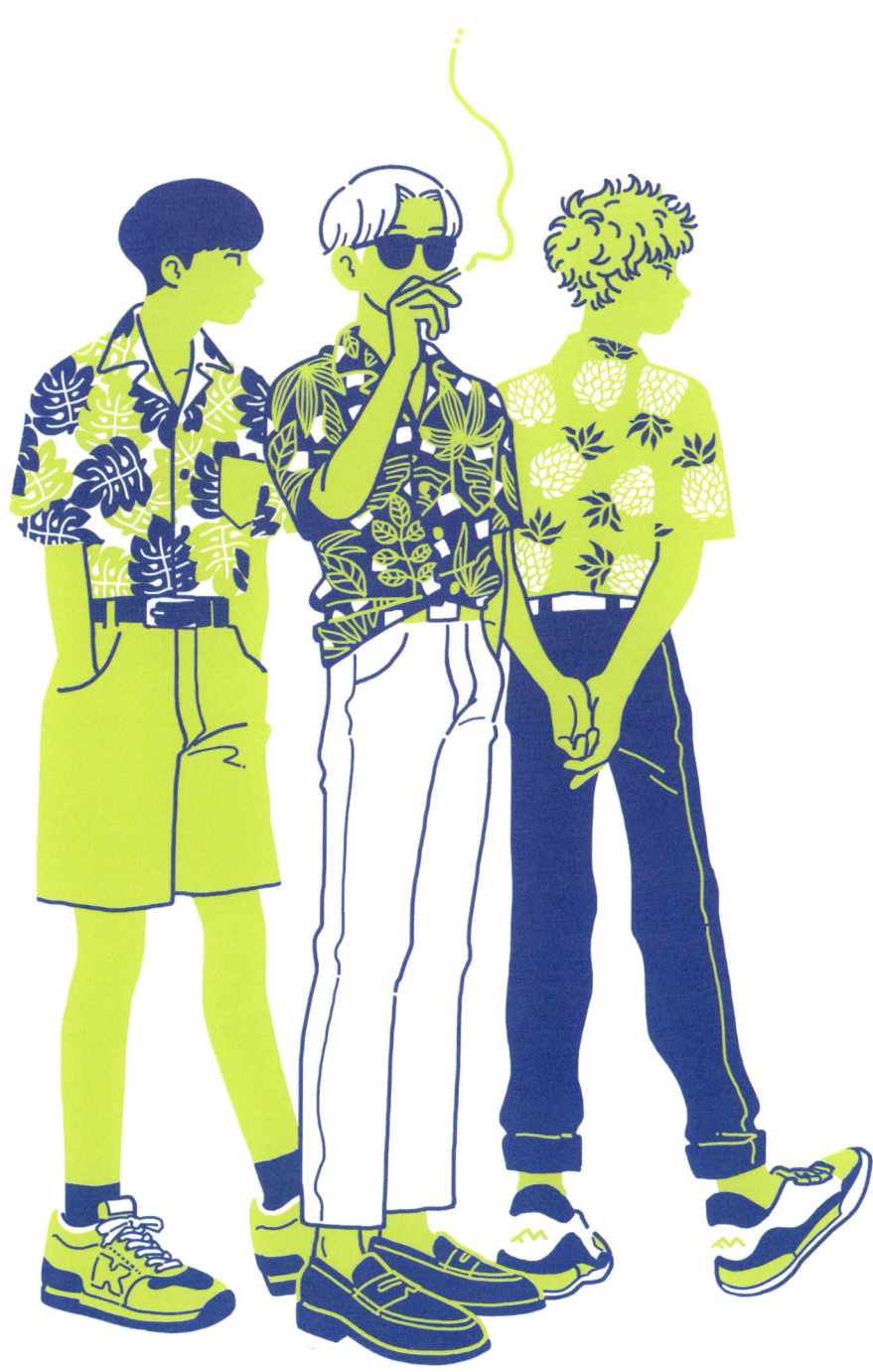

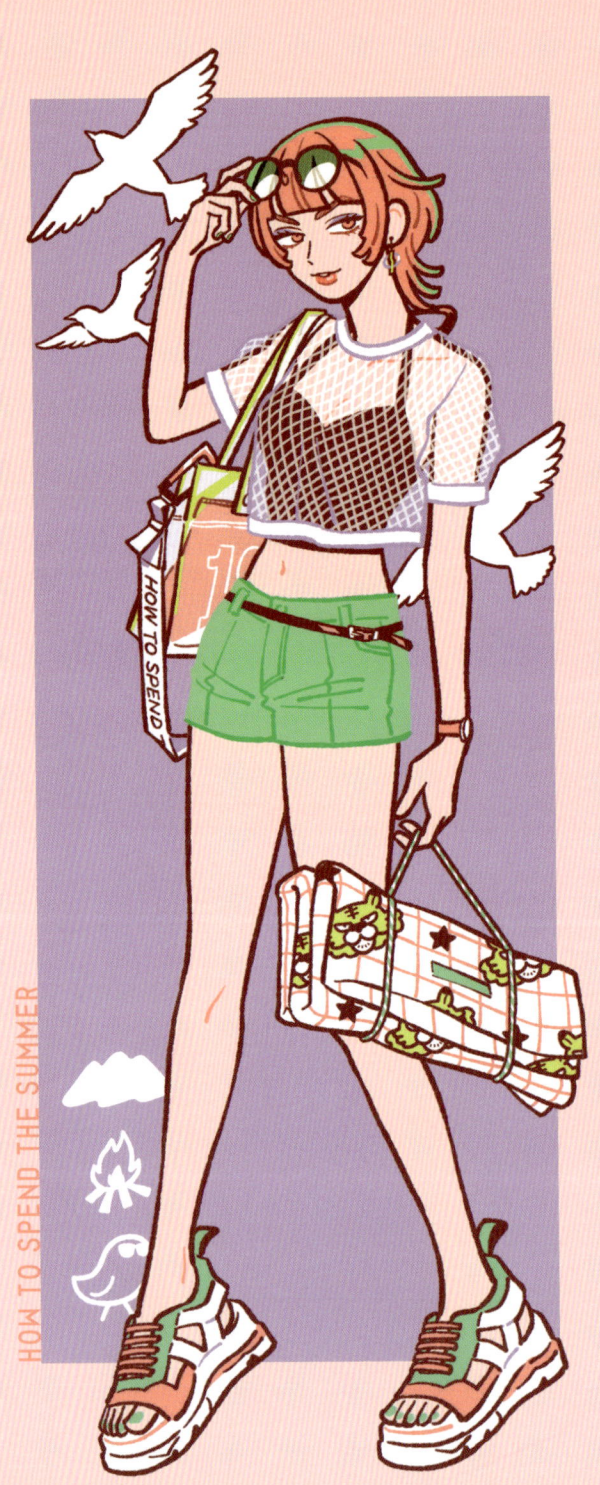

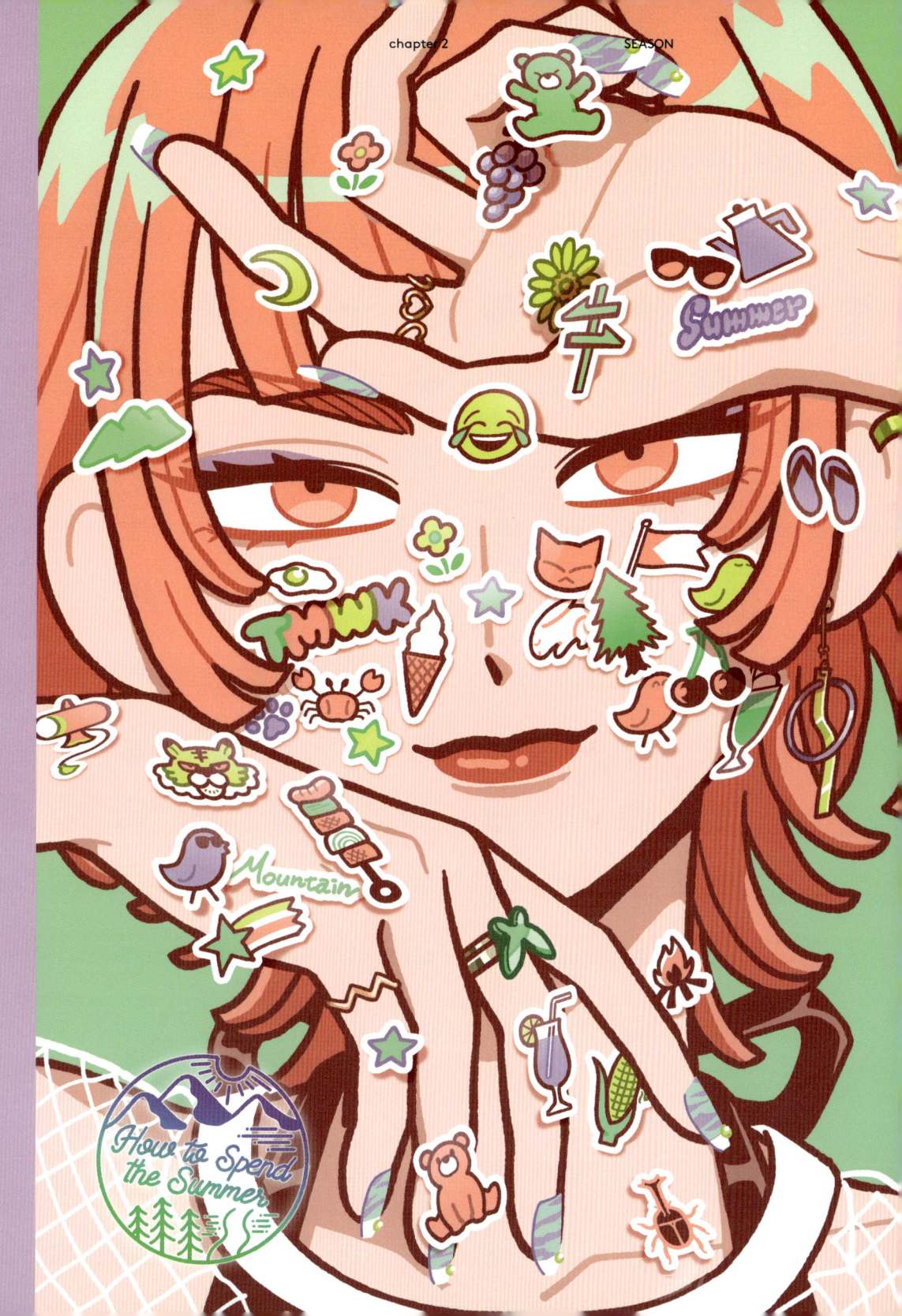

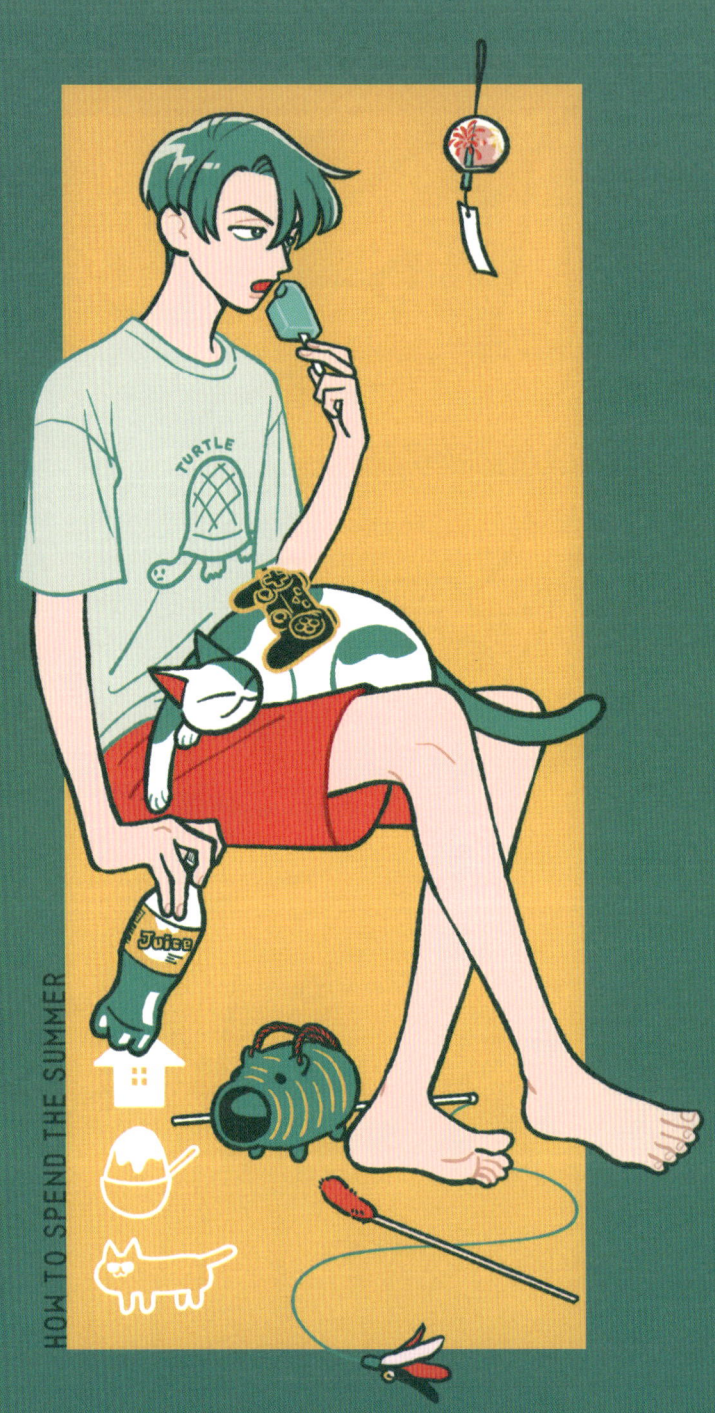

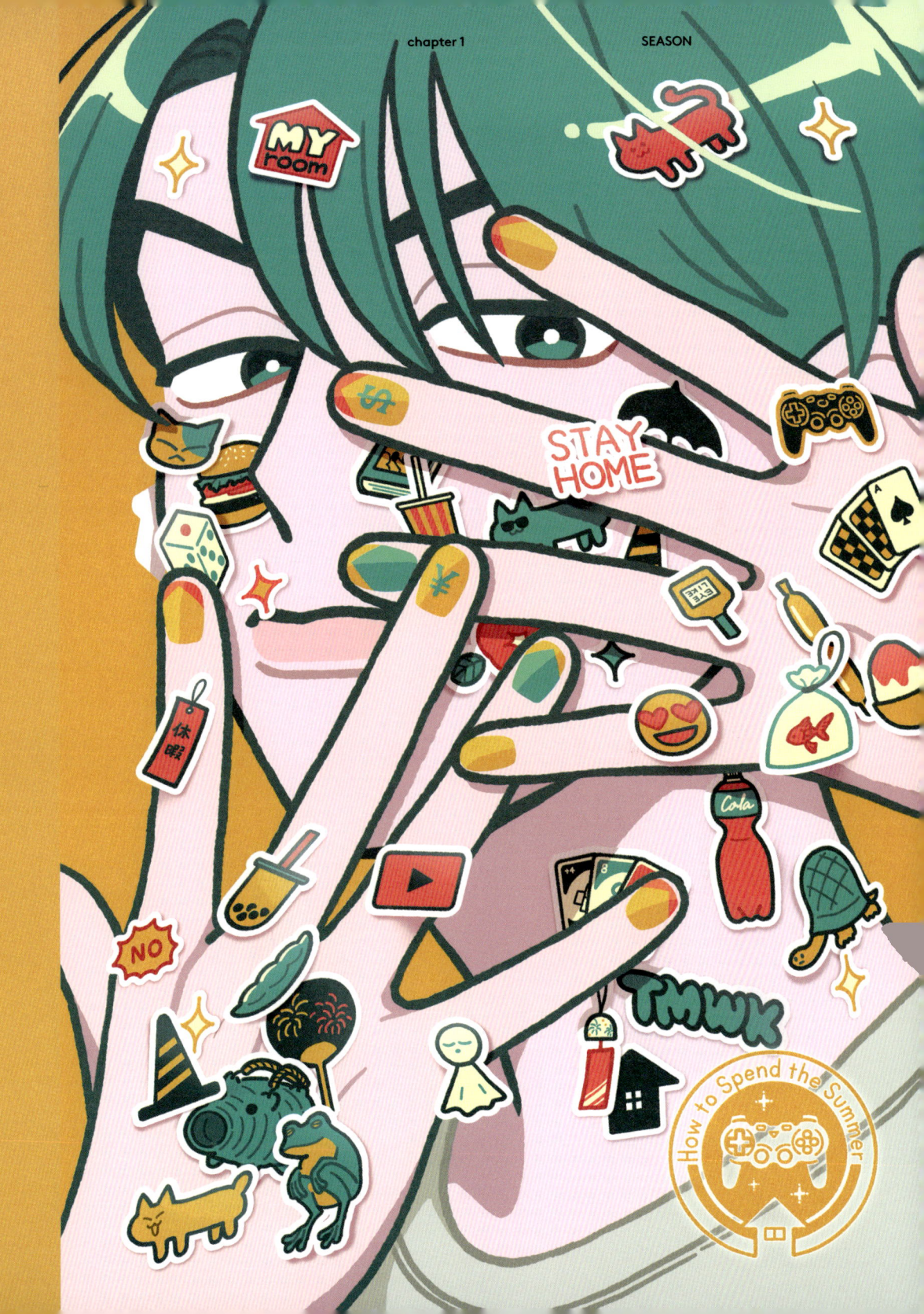

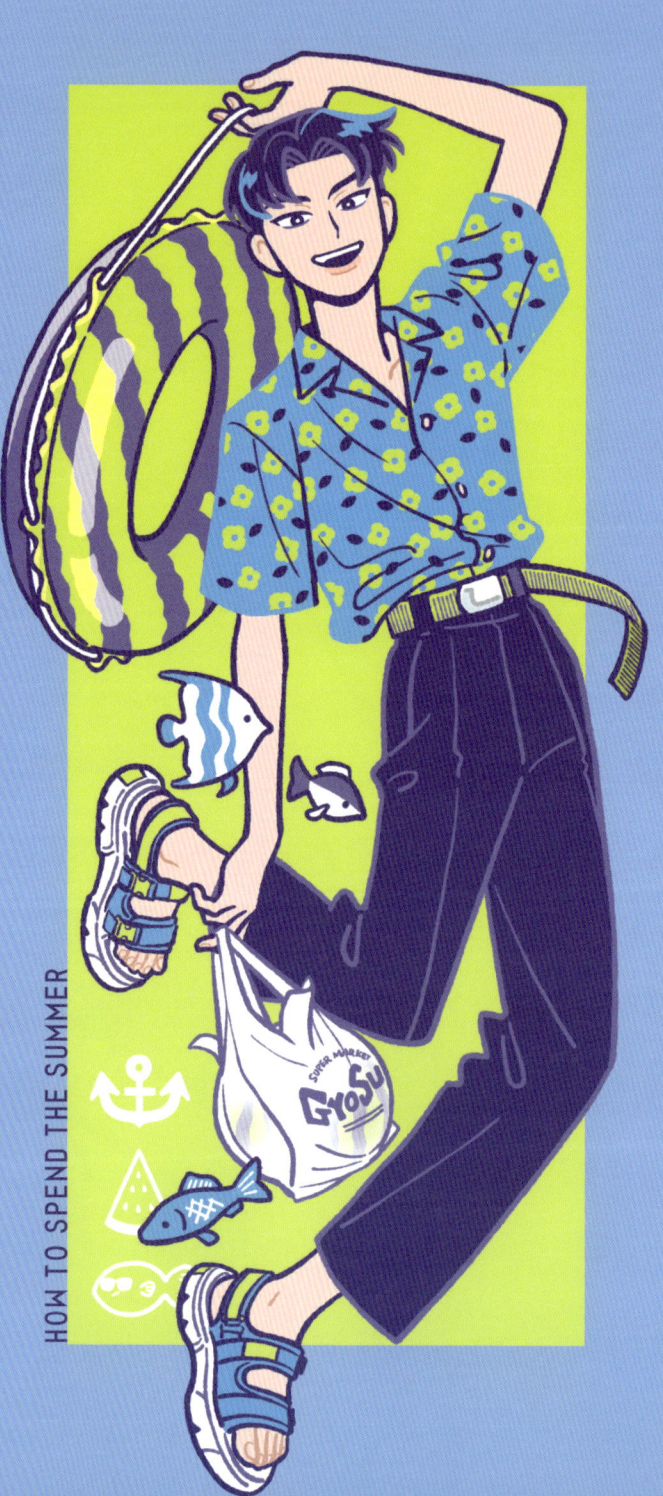

HOW TO SPEND THE SUMMER

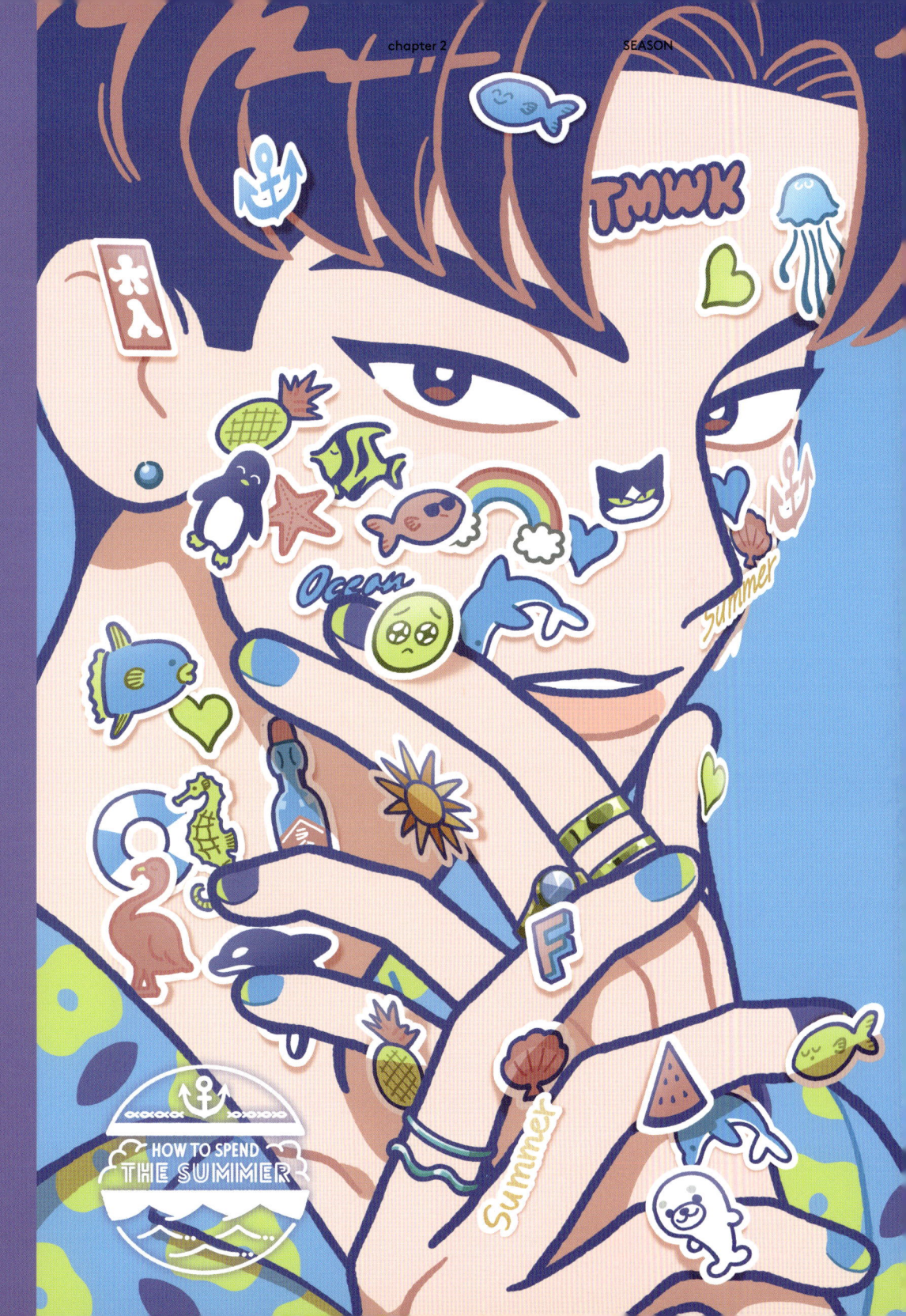

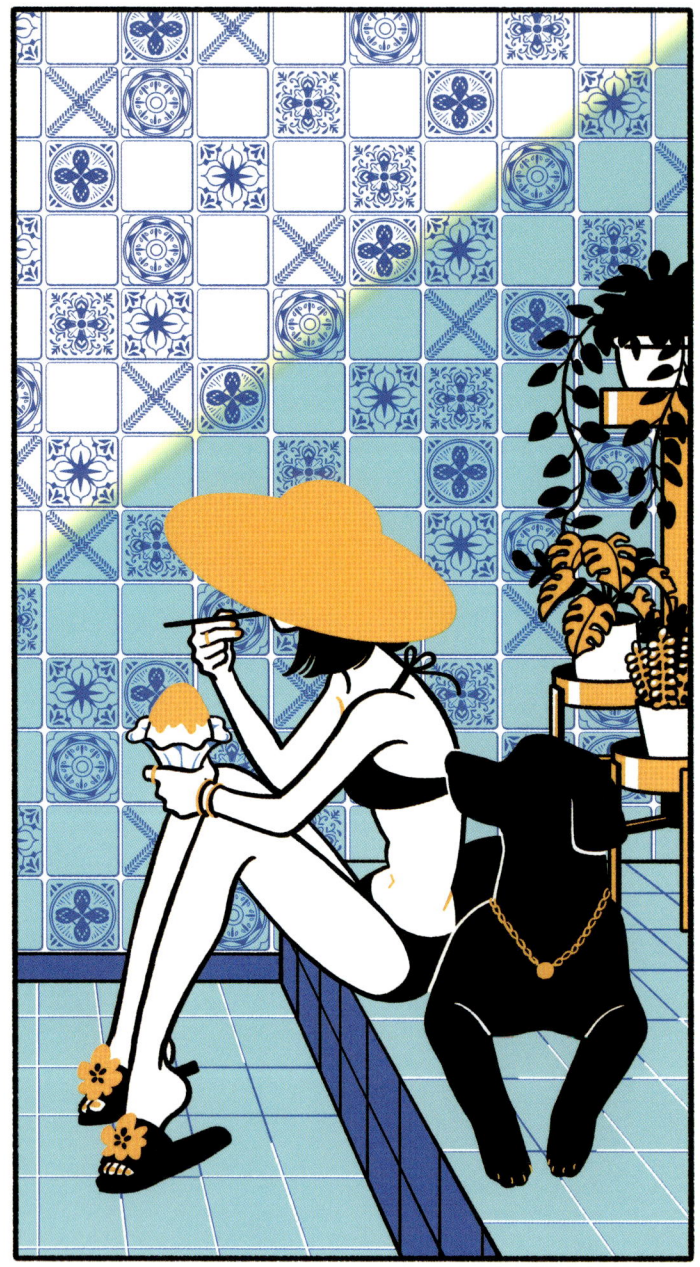

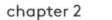

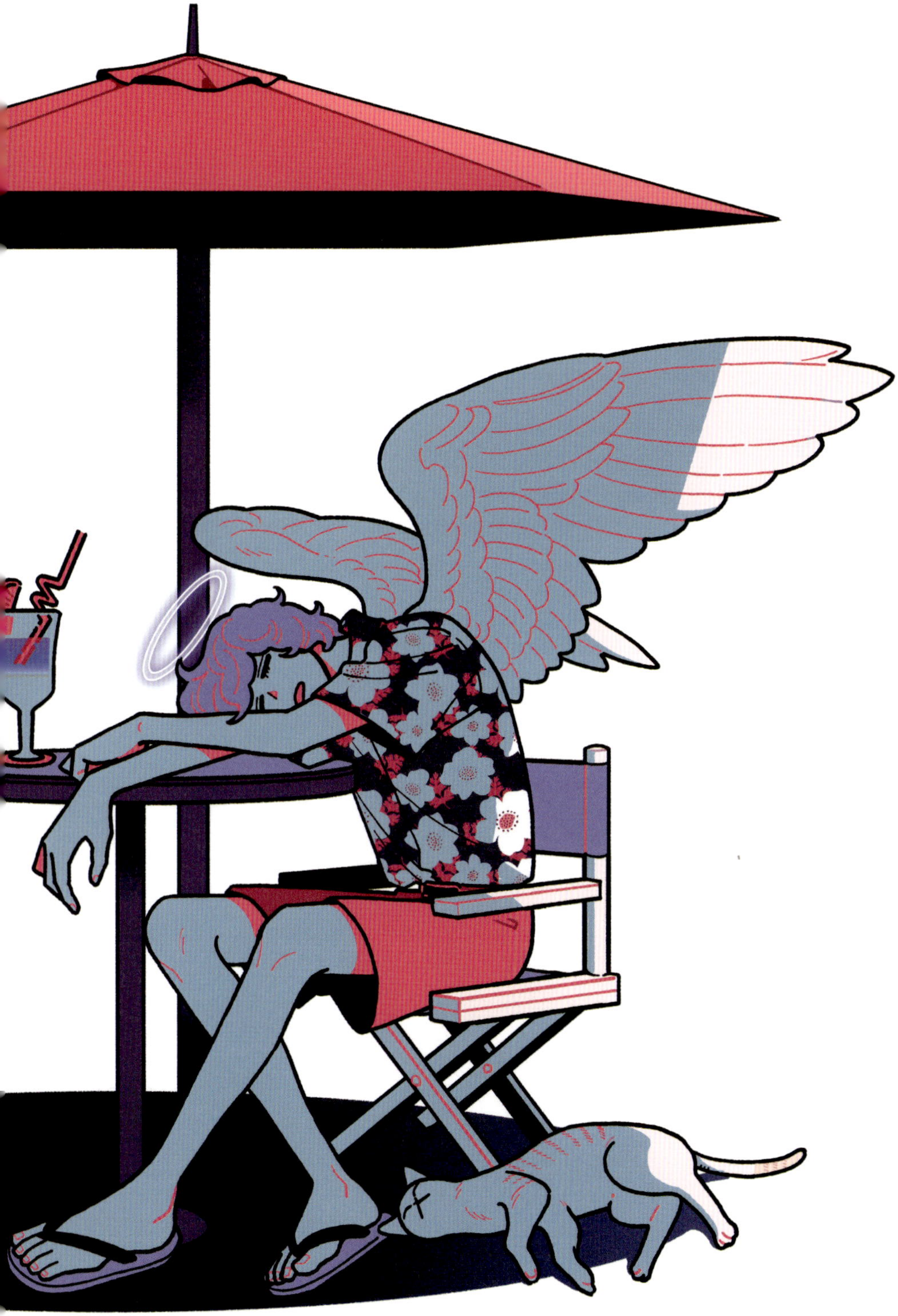

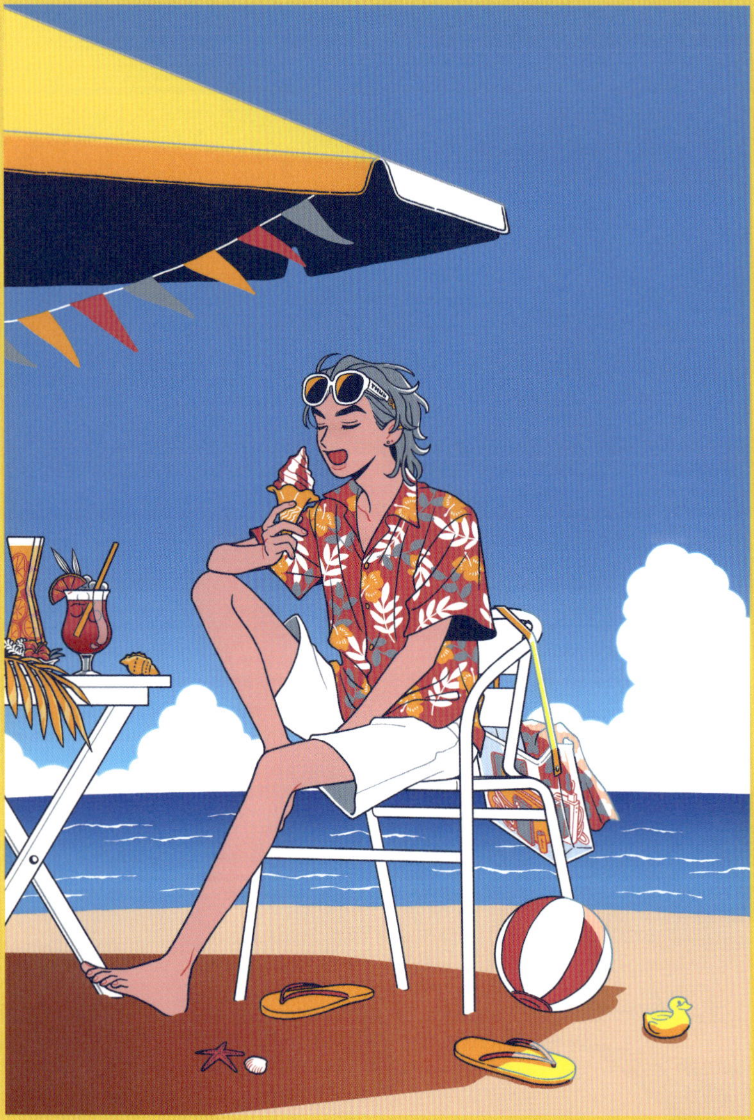

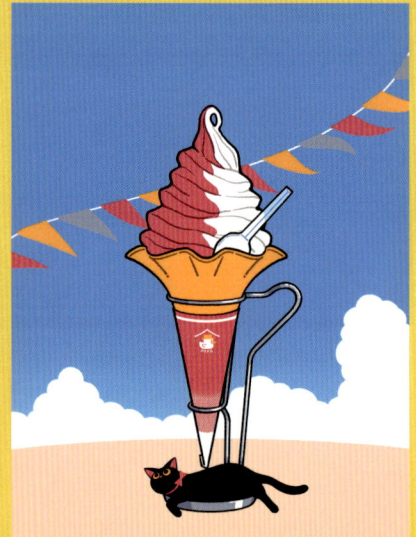

44
"SUMMER TIME" 2023

45
"SUMMER CREAM" 2023

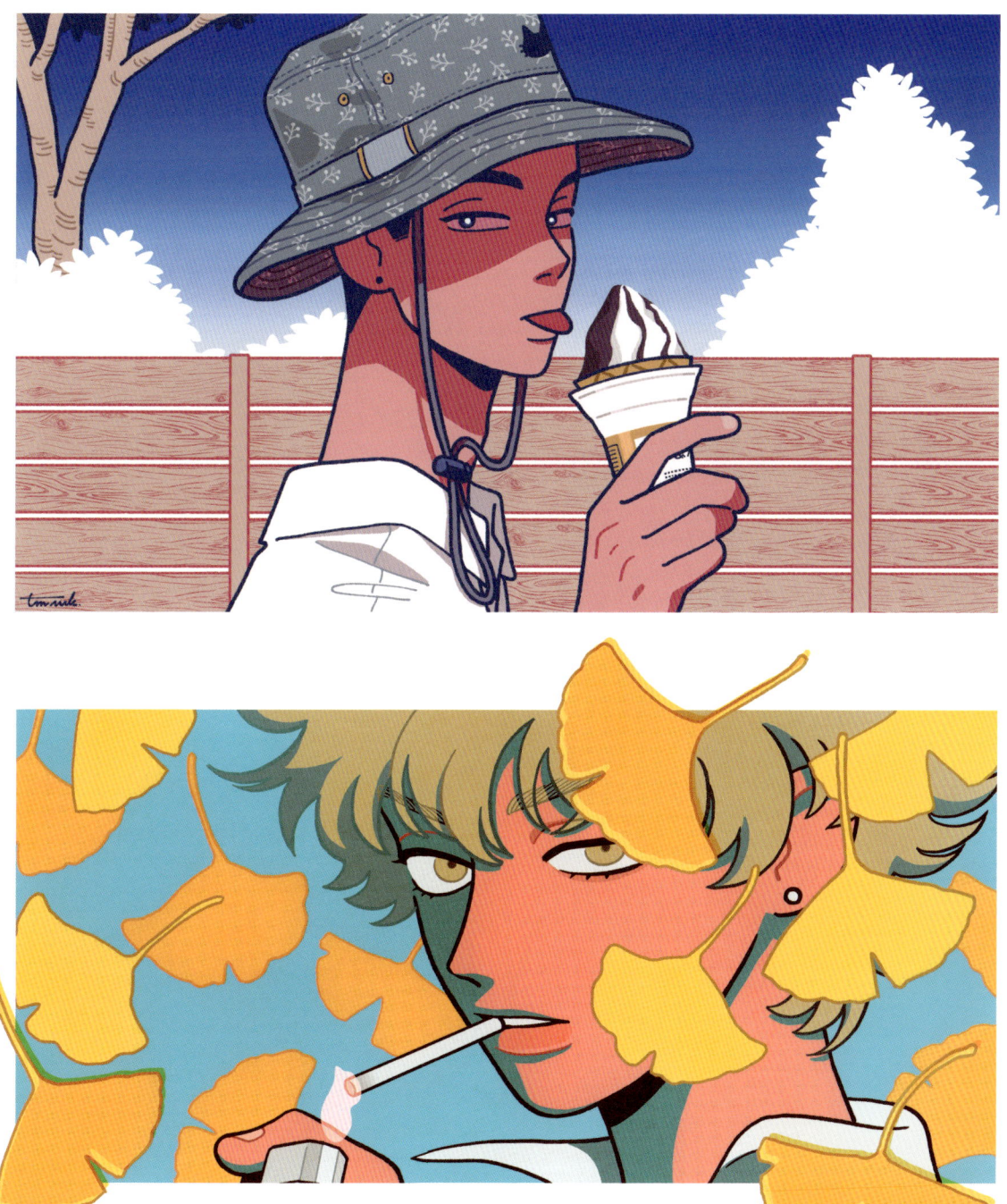

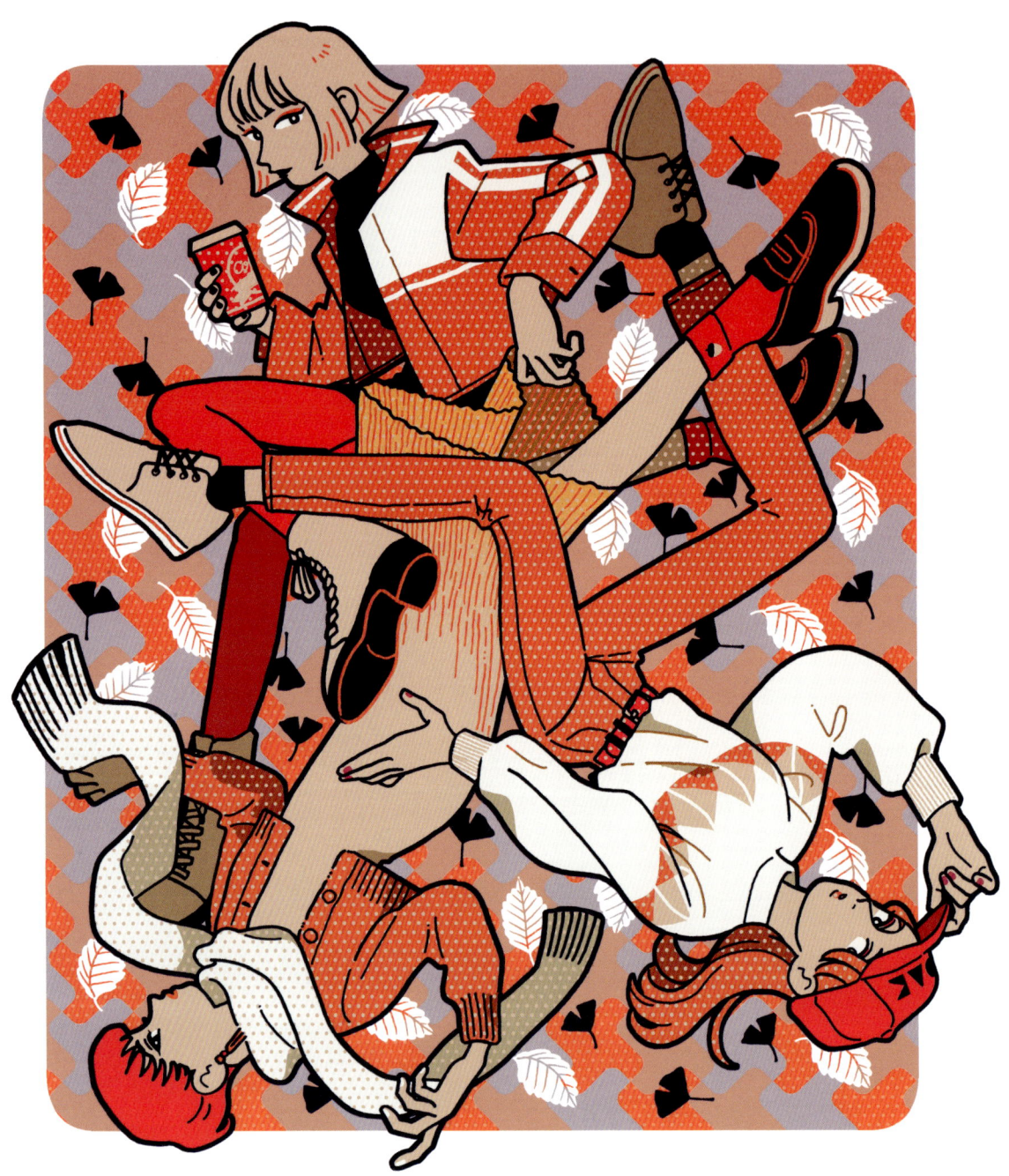

"autumn girls" 2018

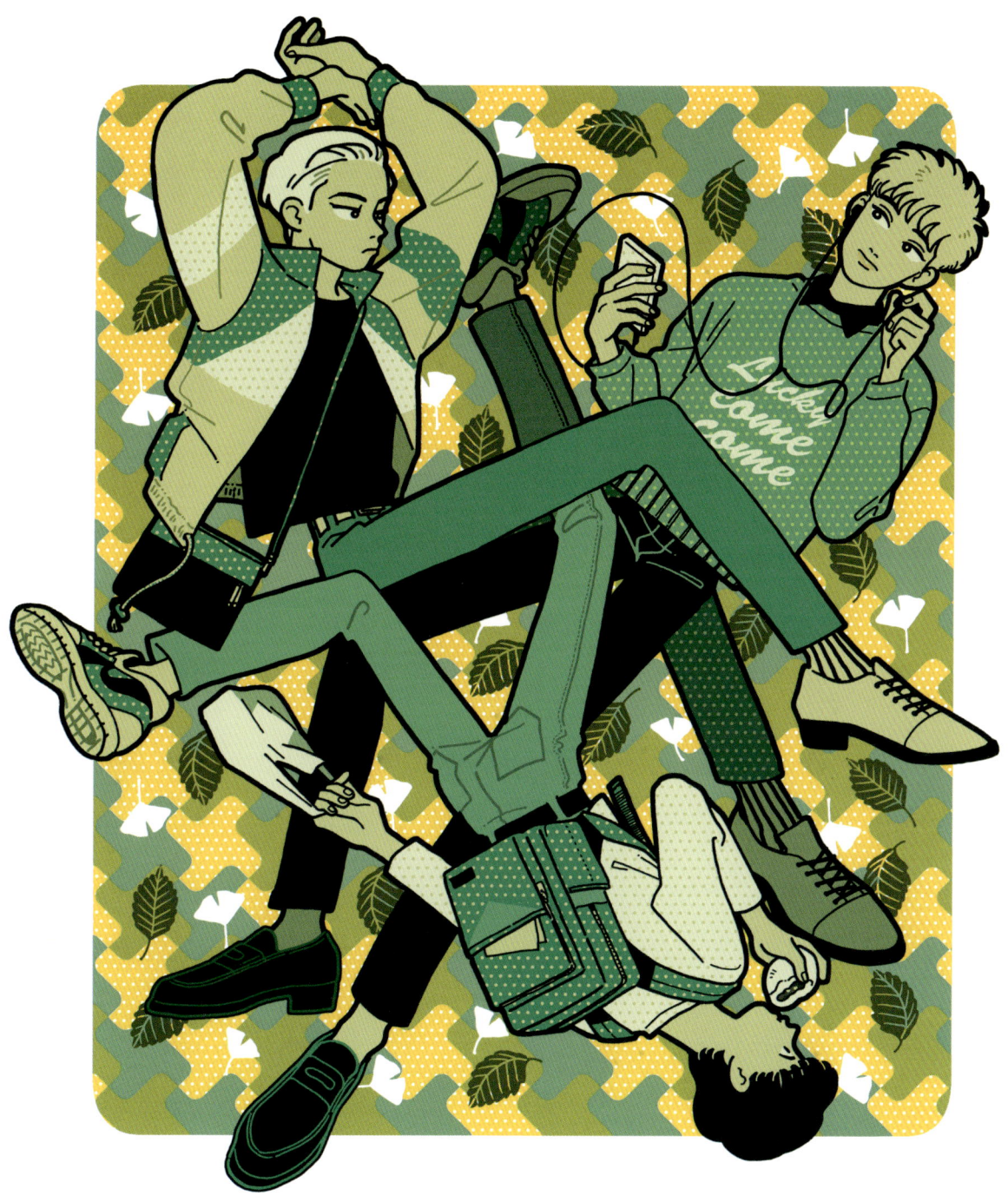

"autumn boys" 2018

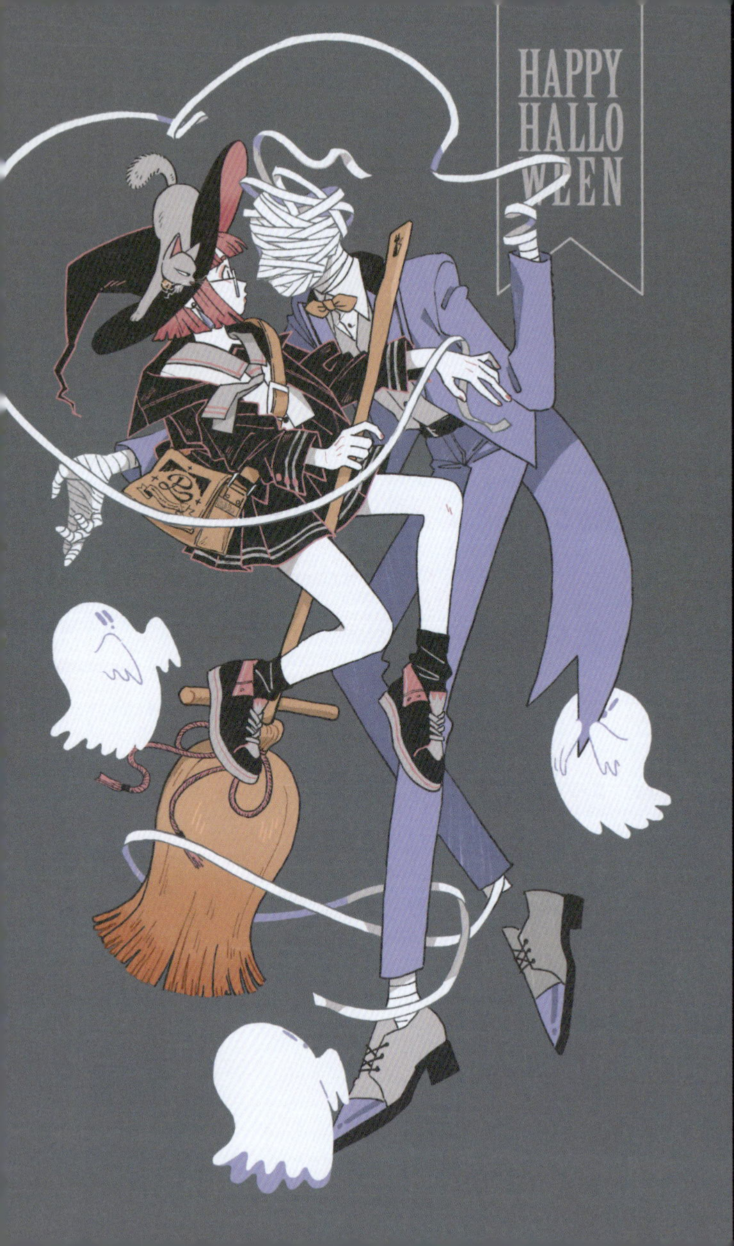

HAPPY
HALLO
WEEN

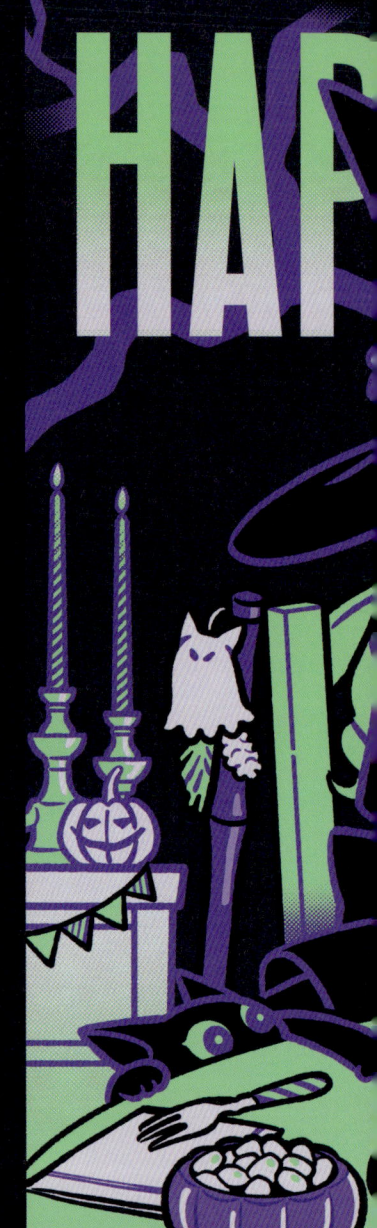

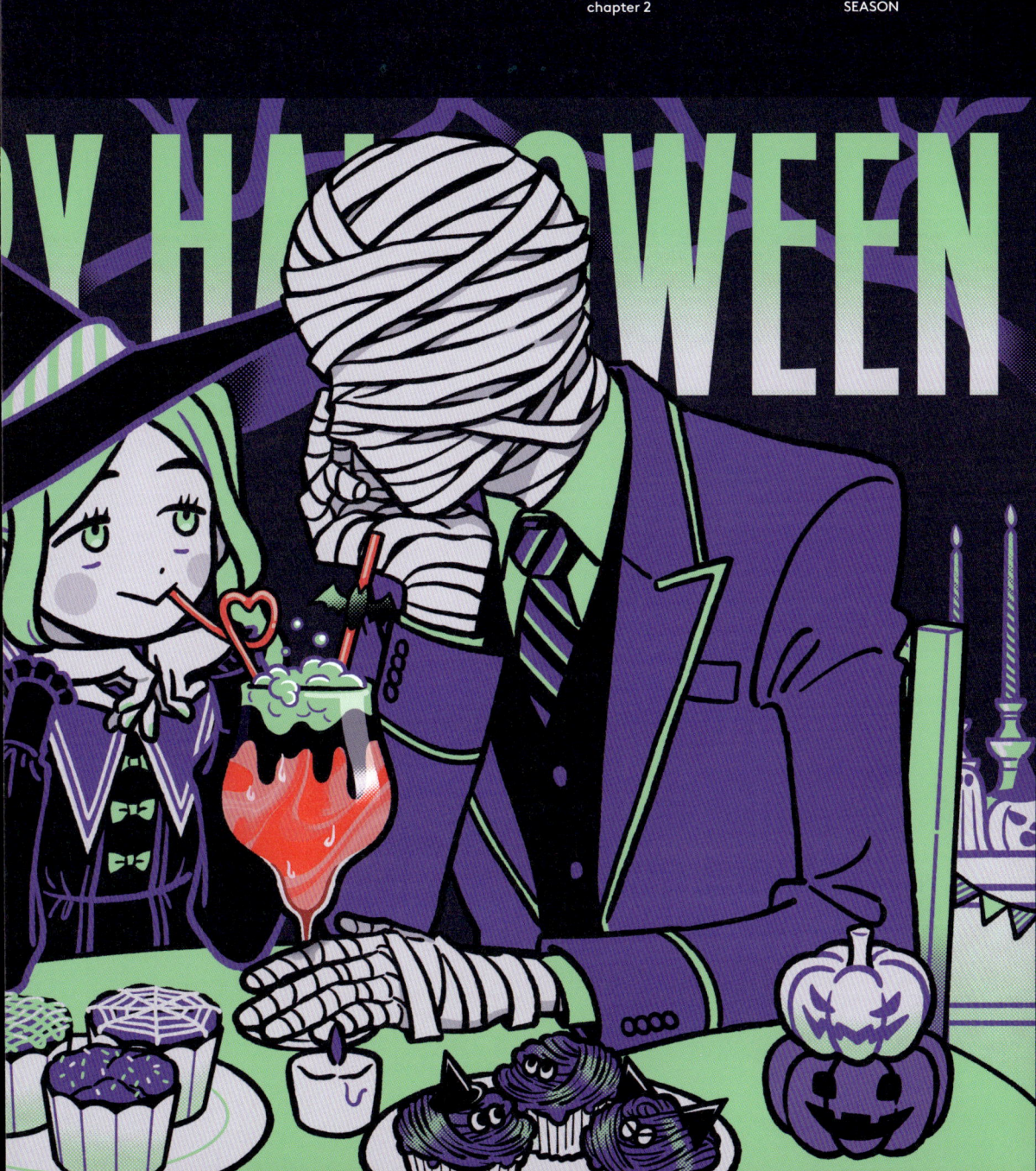

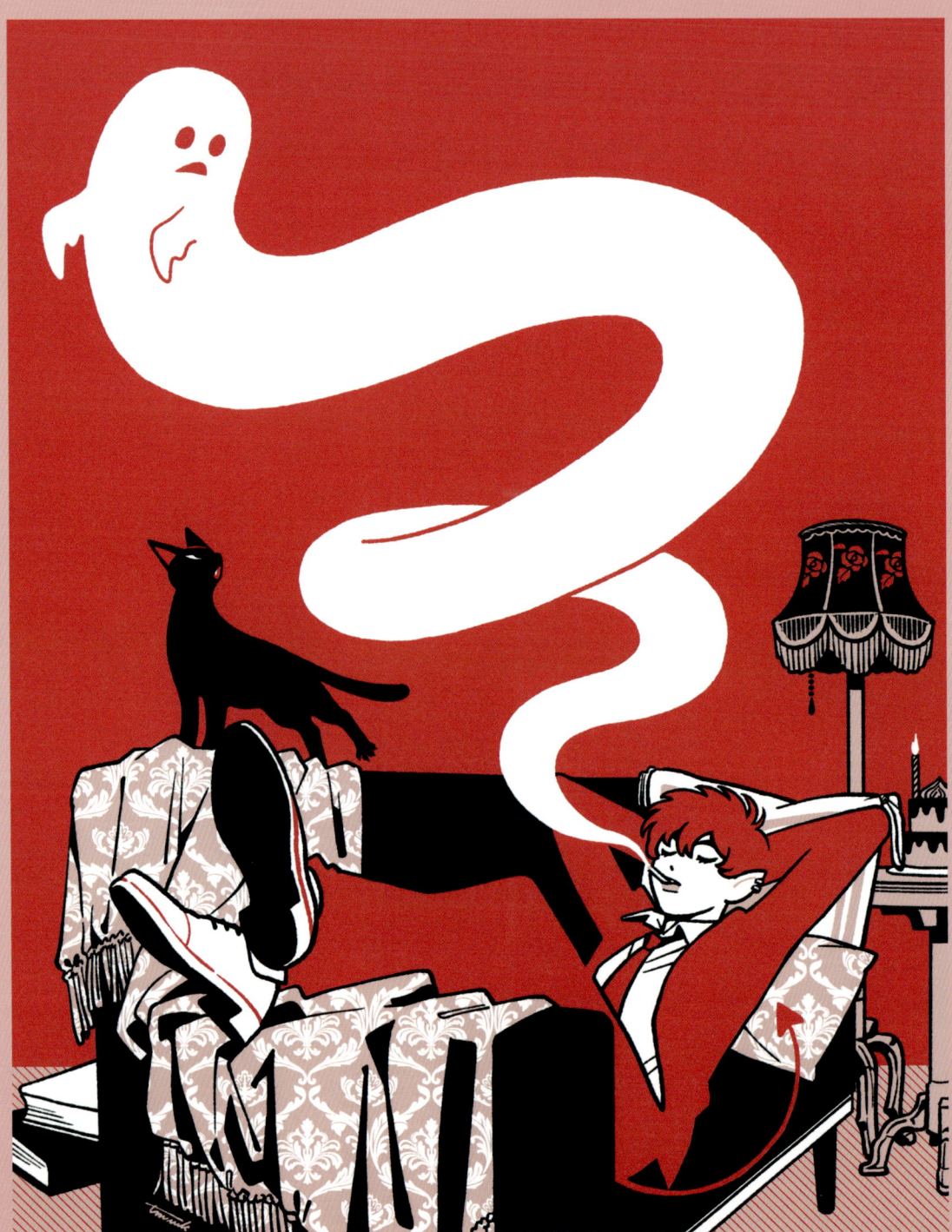

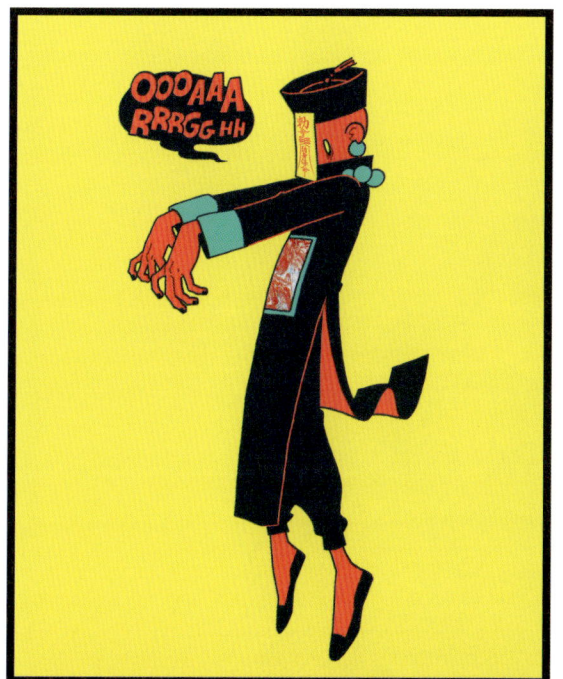

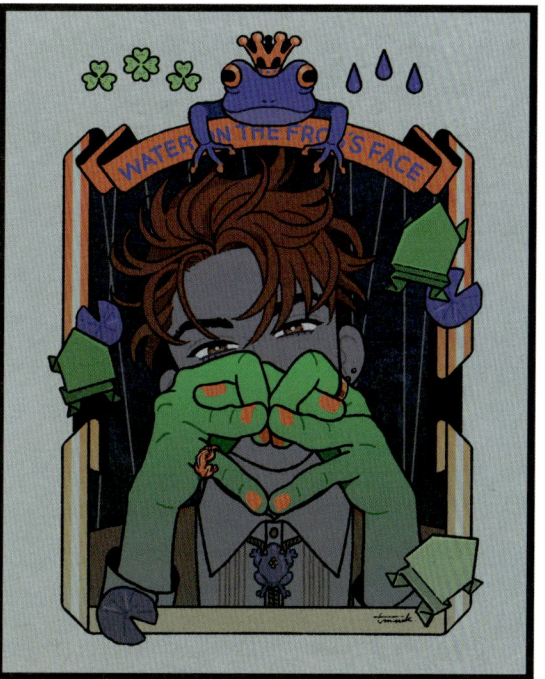

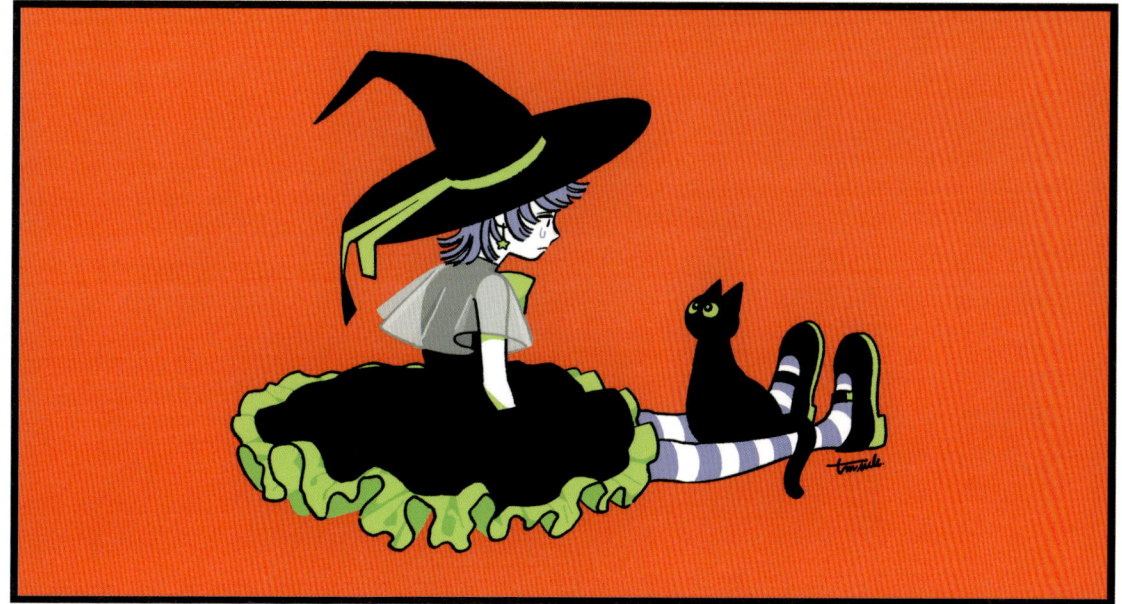

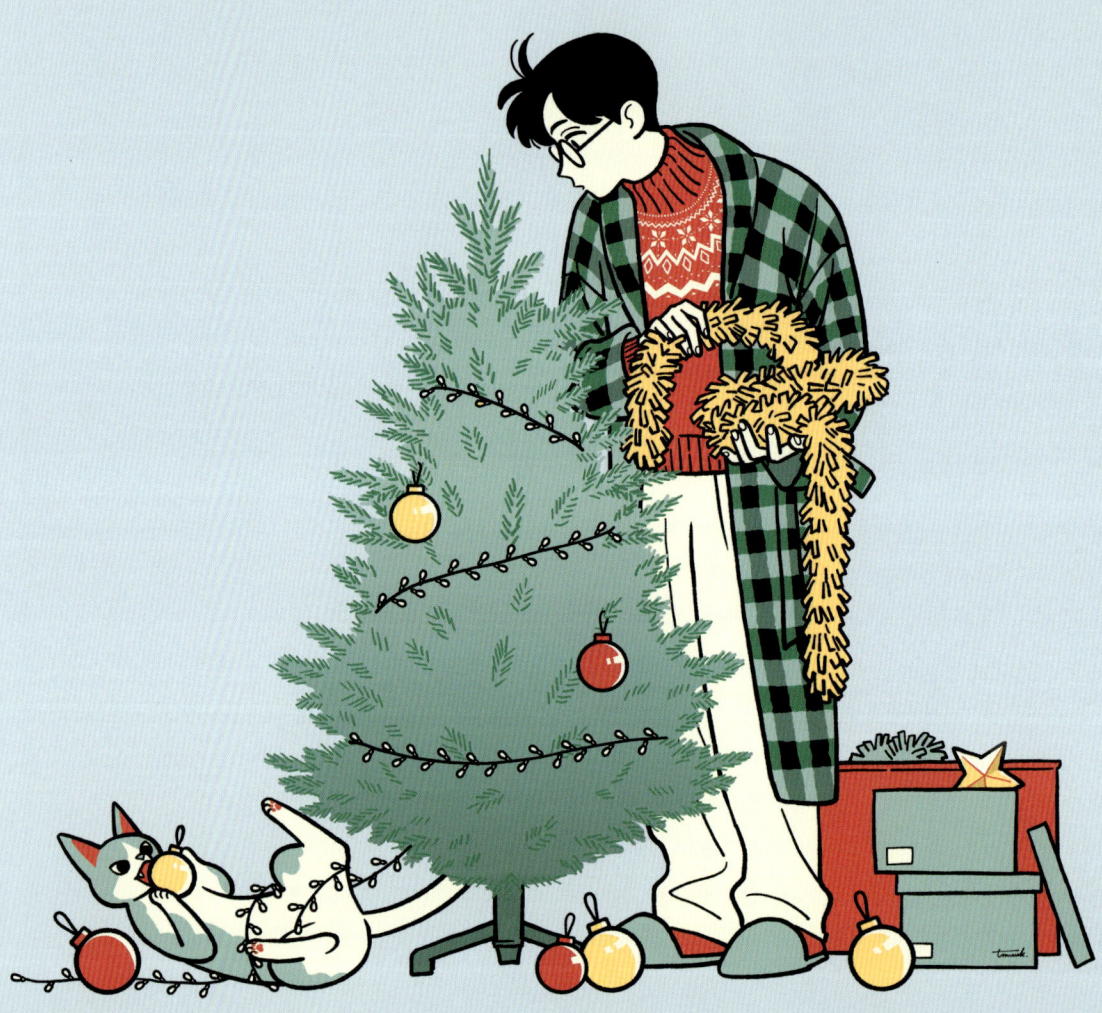

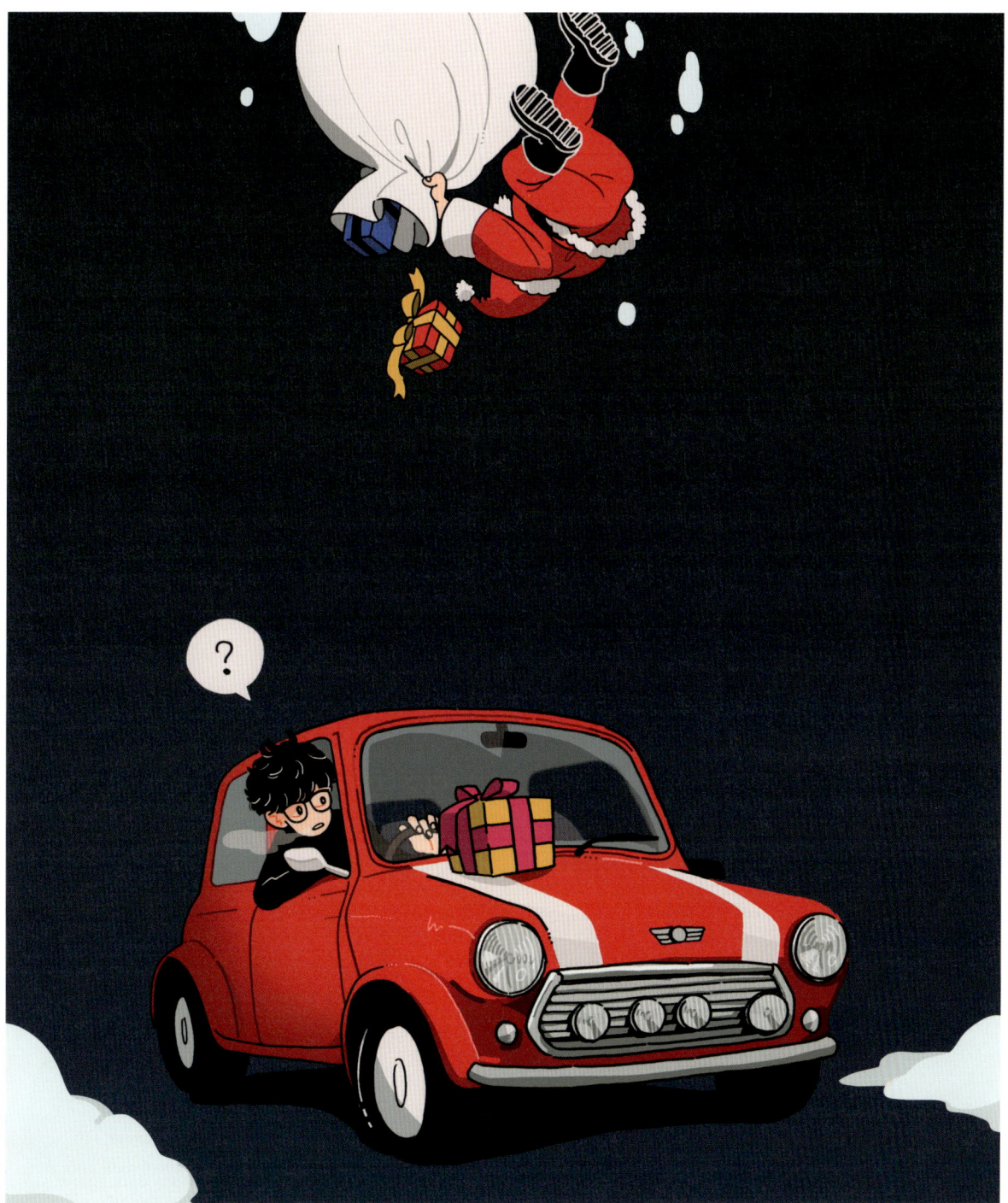

"MERRY CHRISTMAS" 2016

24/7
TOMOWAKA

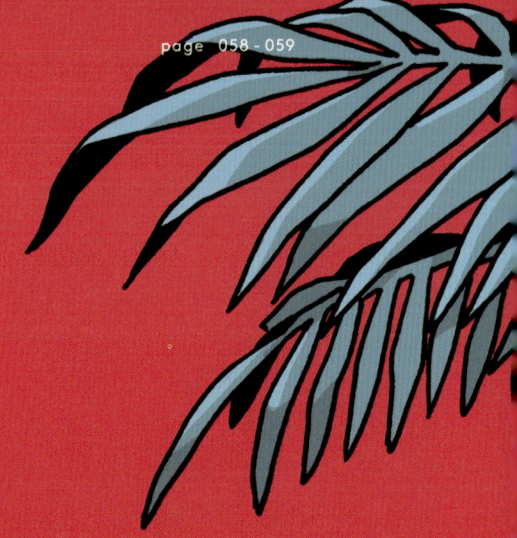

Chapter

3

物語を感じる作品たち。「どんなキャラク
ターがどこで何をしているのか」より、
「どんな構図で描くか」を考えるほうが多
いです。風景よりも、家や店の中を描く
のが楽しいです。

Works with a narrative quality.
Instead of "what kind of character
is doing what where" my approach
is usually to think about the
composition. The interiors of
houses, shops and so on are more
fun to draw than scenery.

SITU

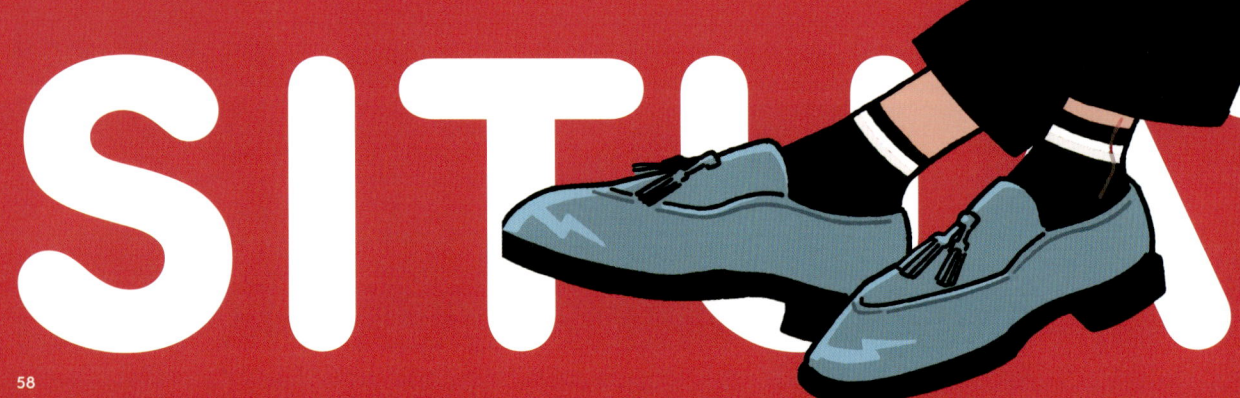

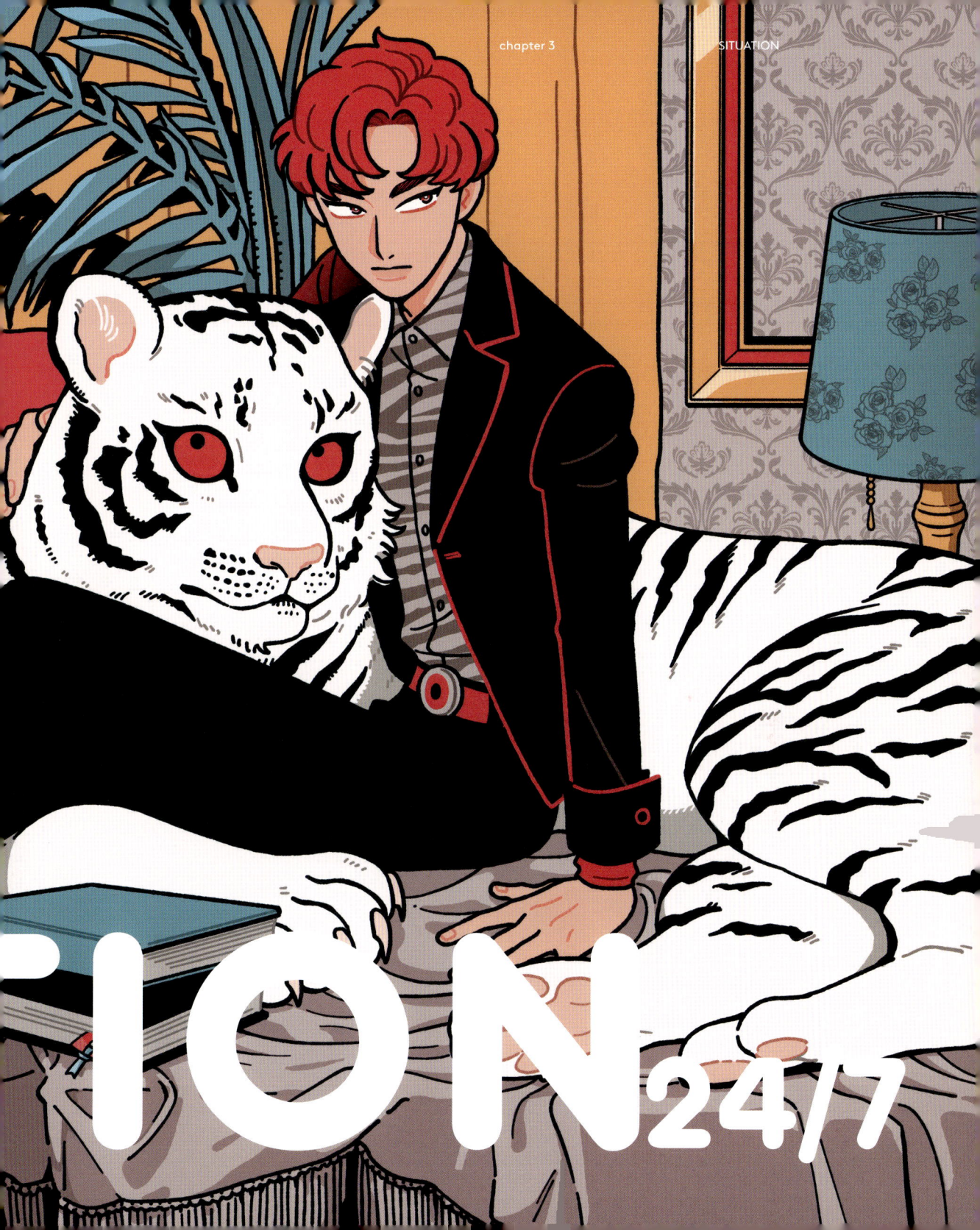

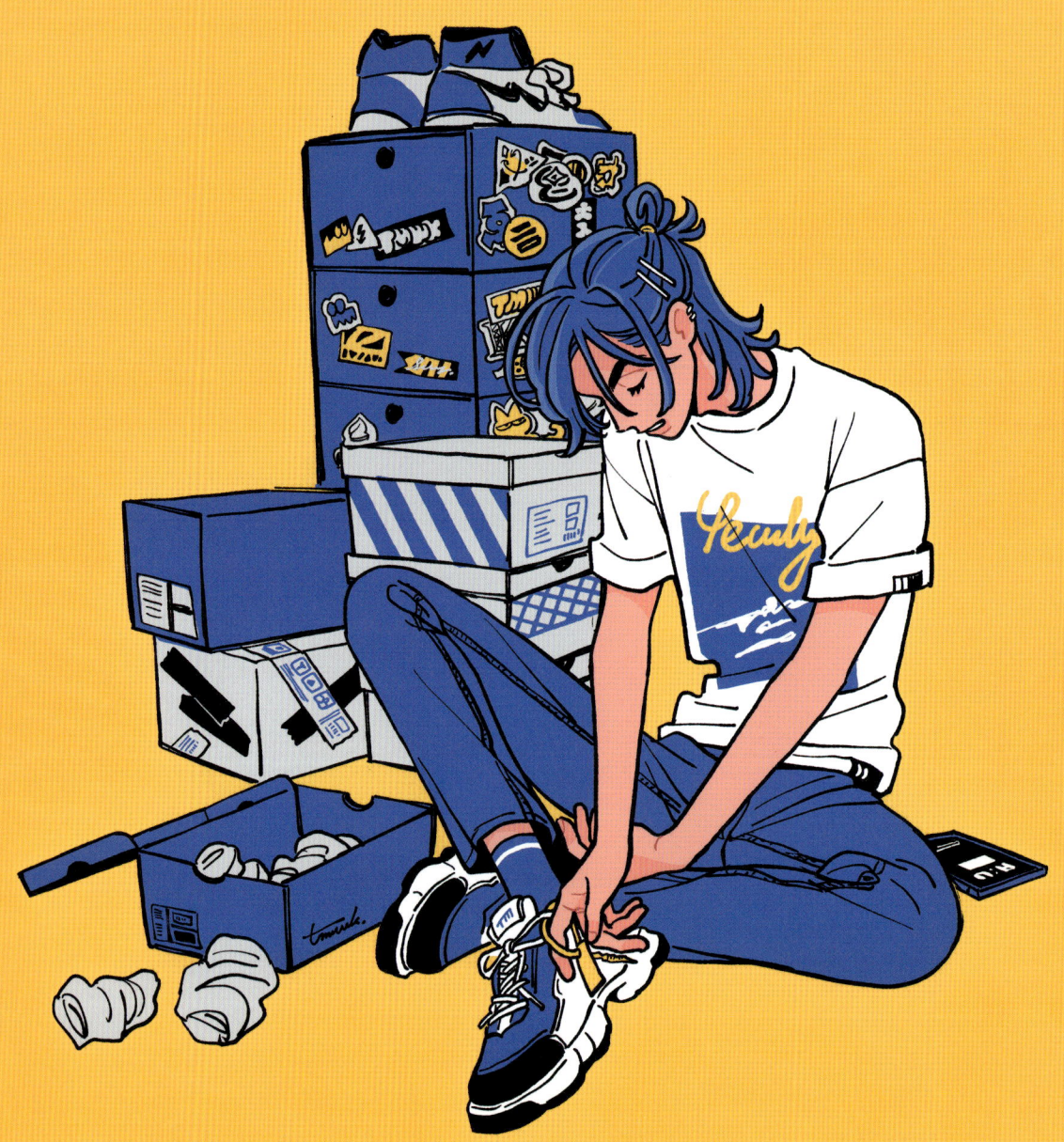

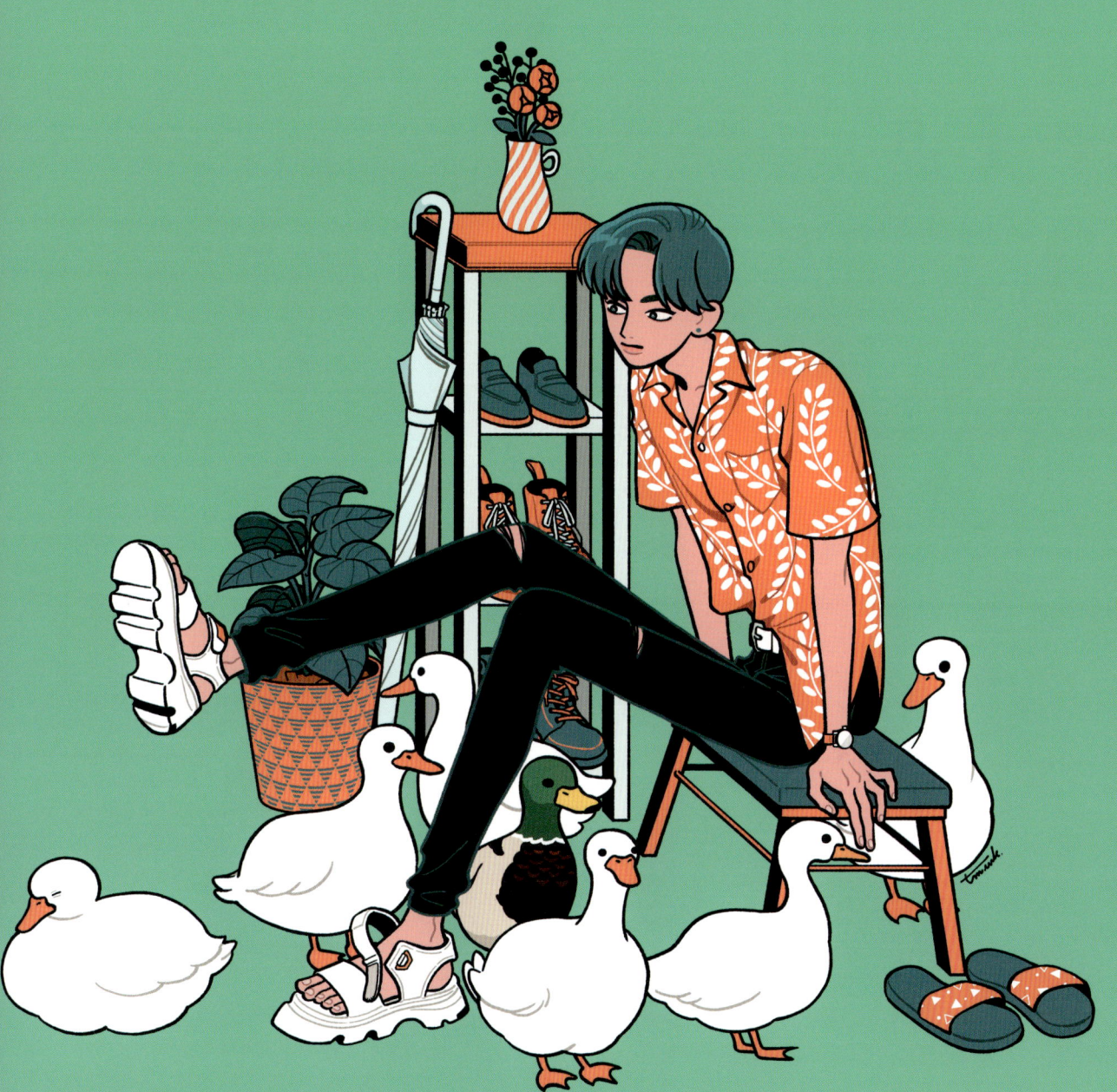

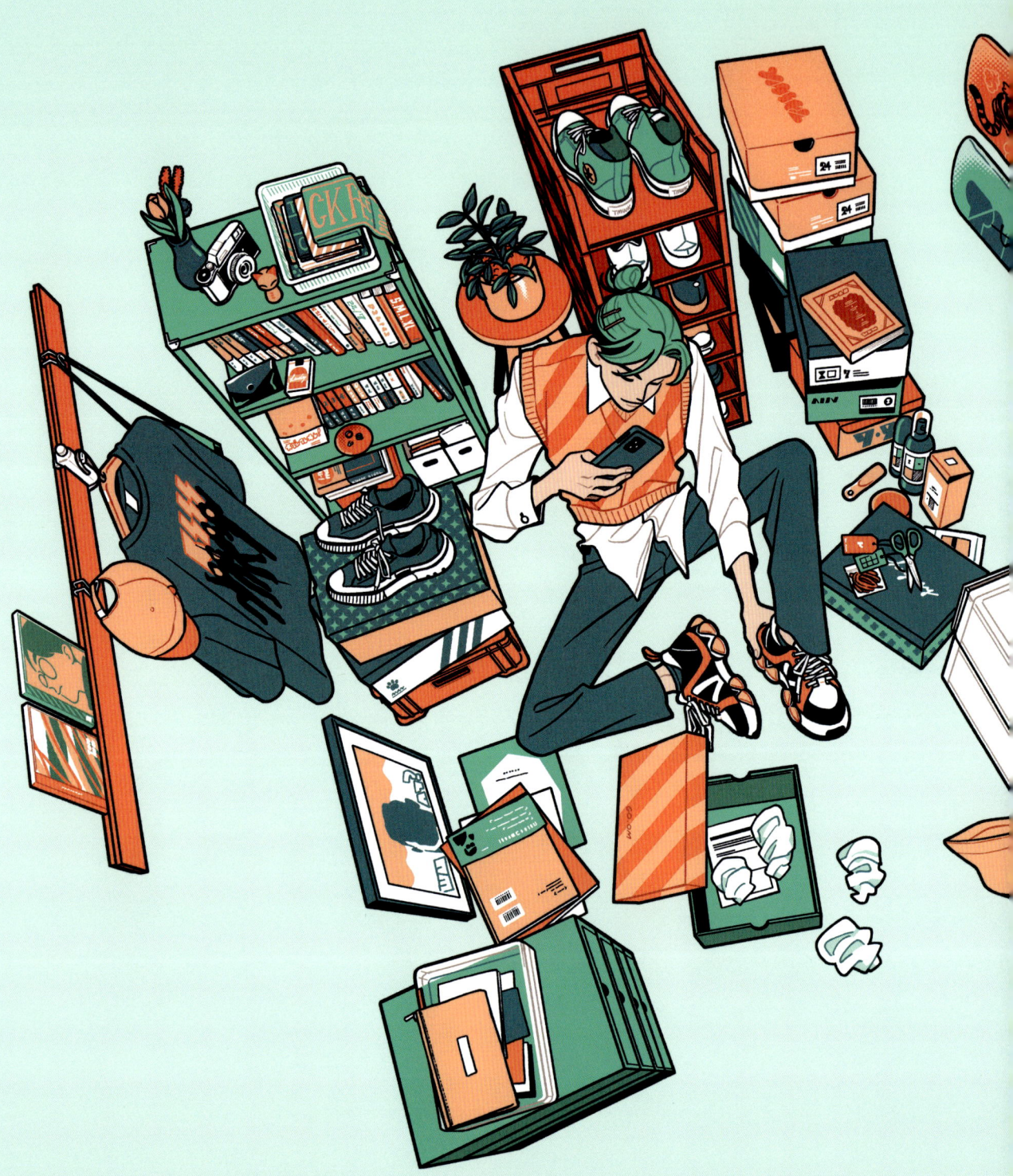

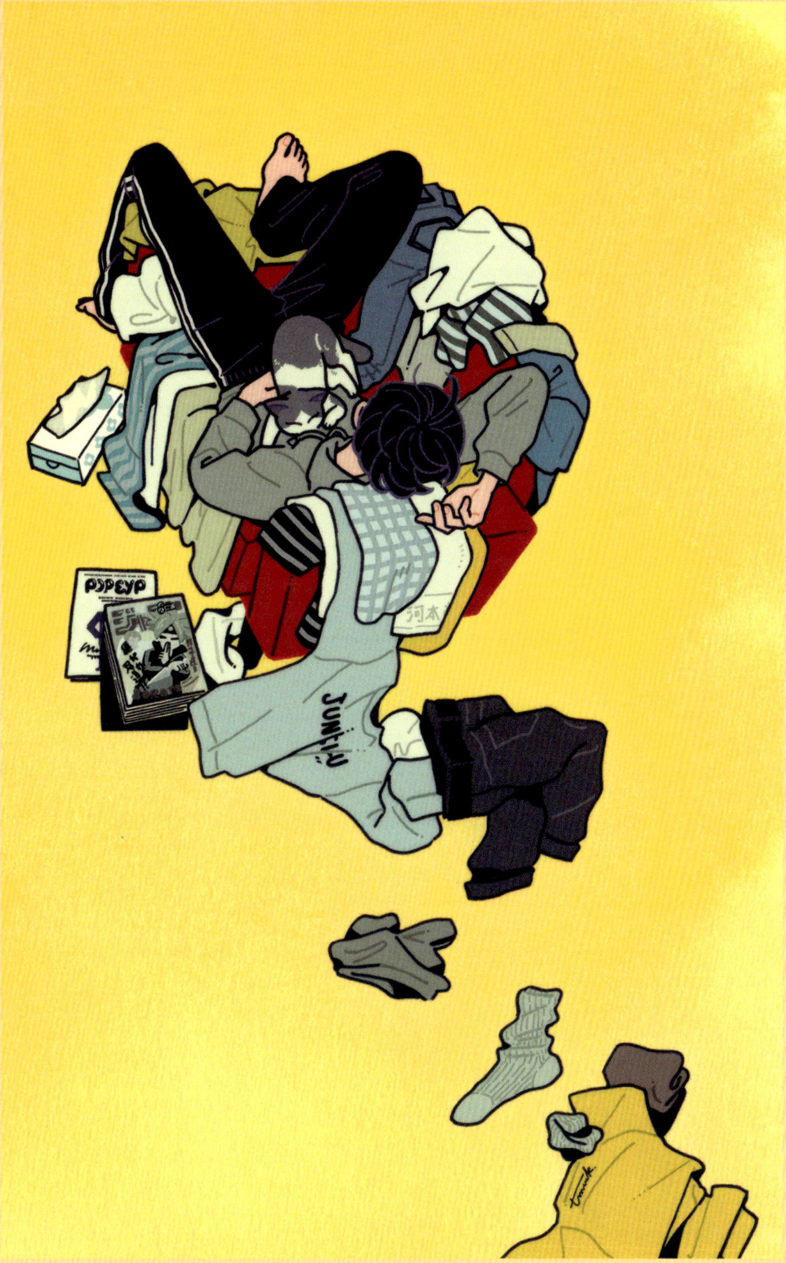

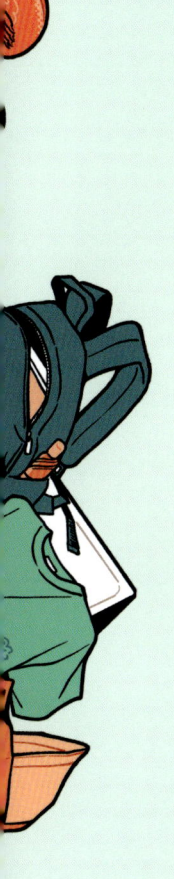

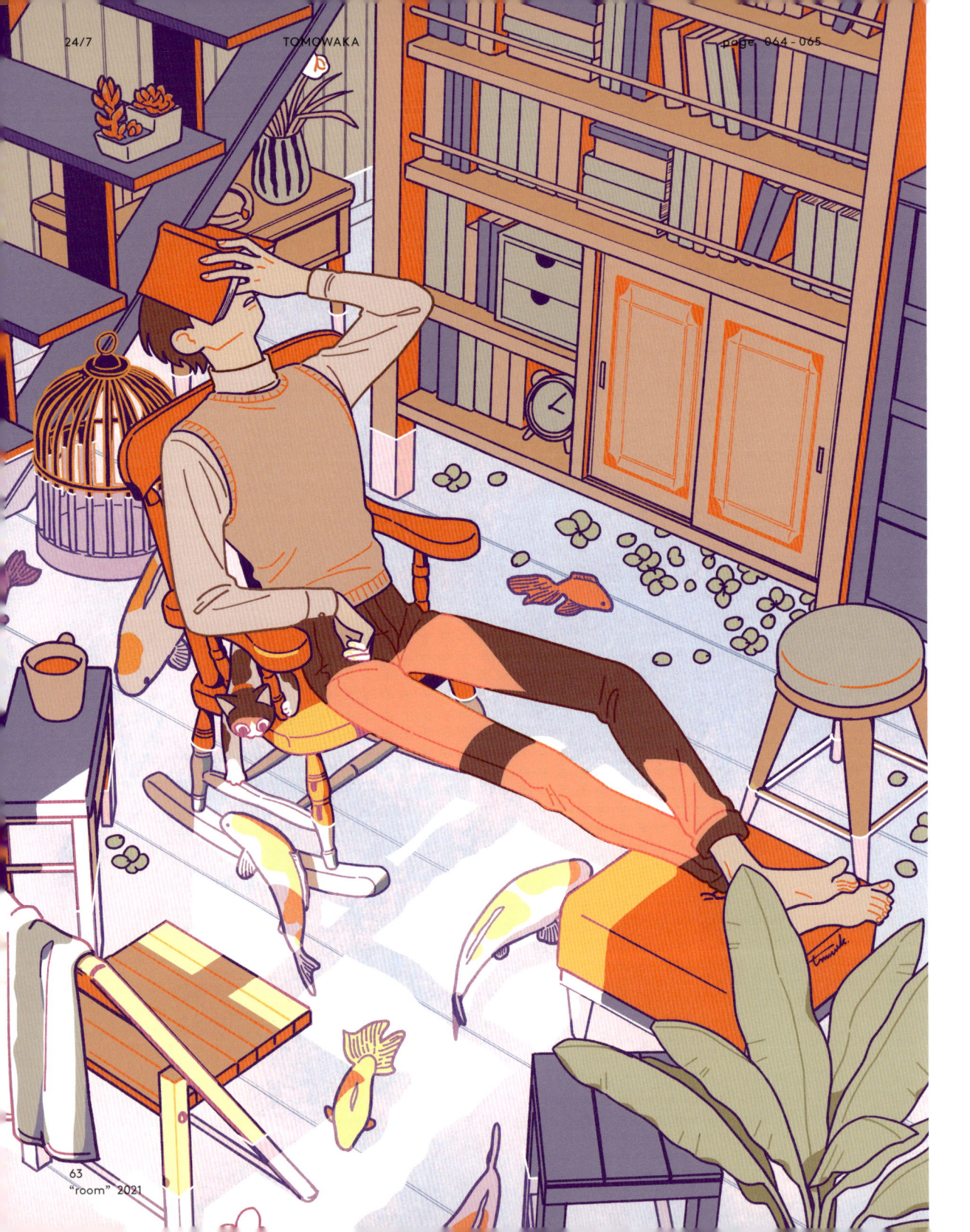

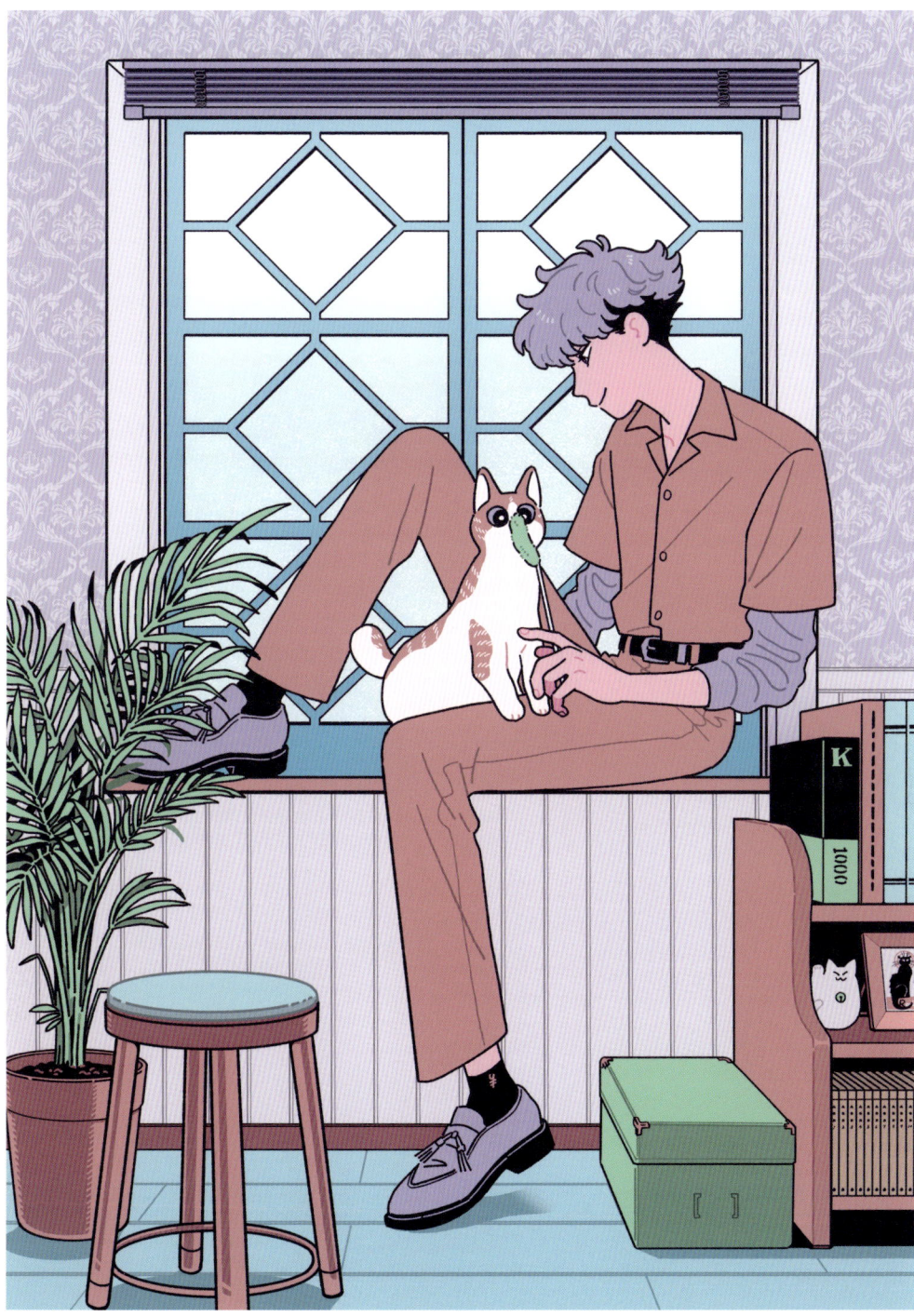

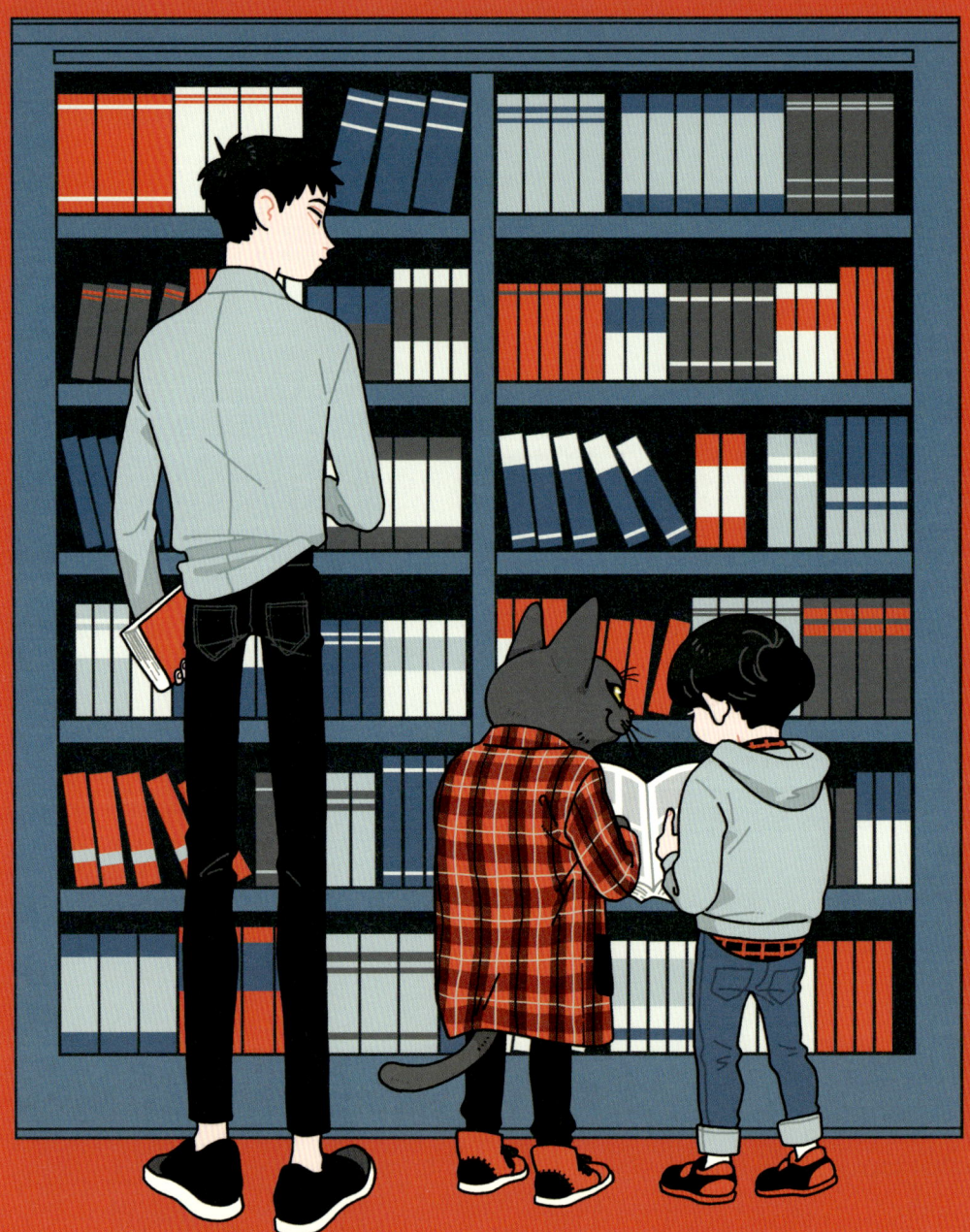

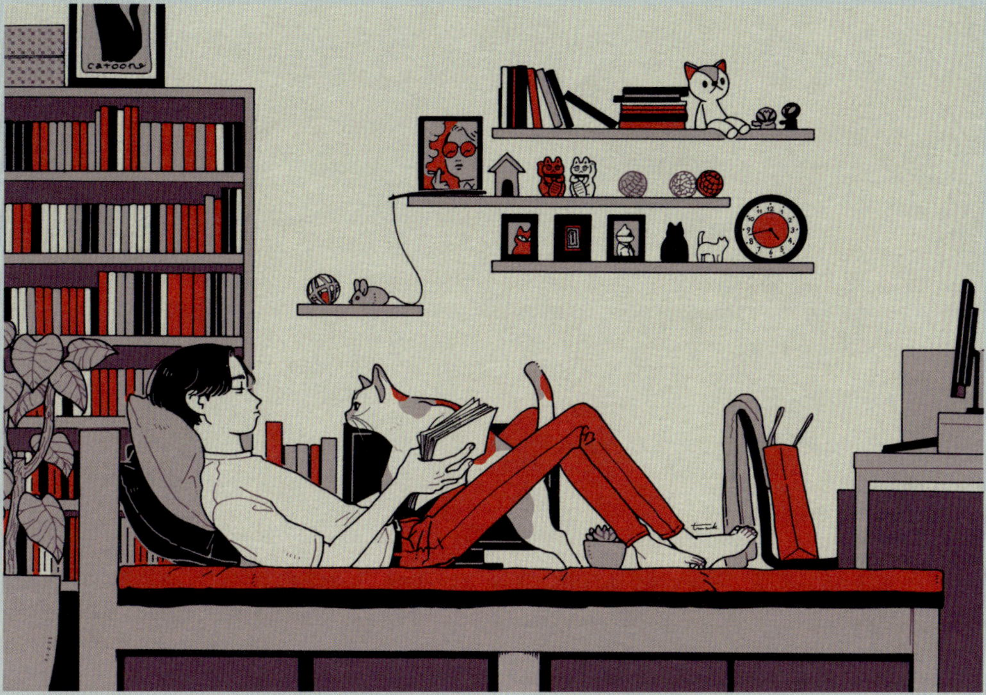

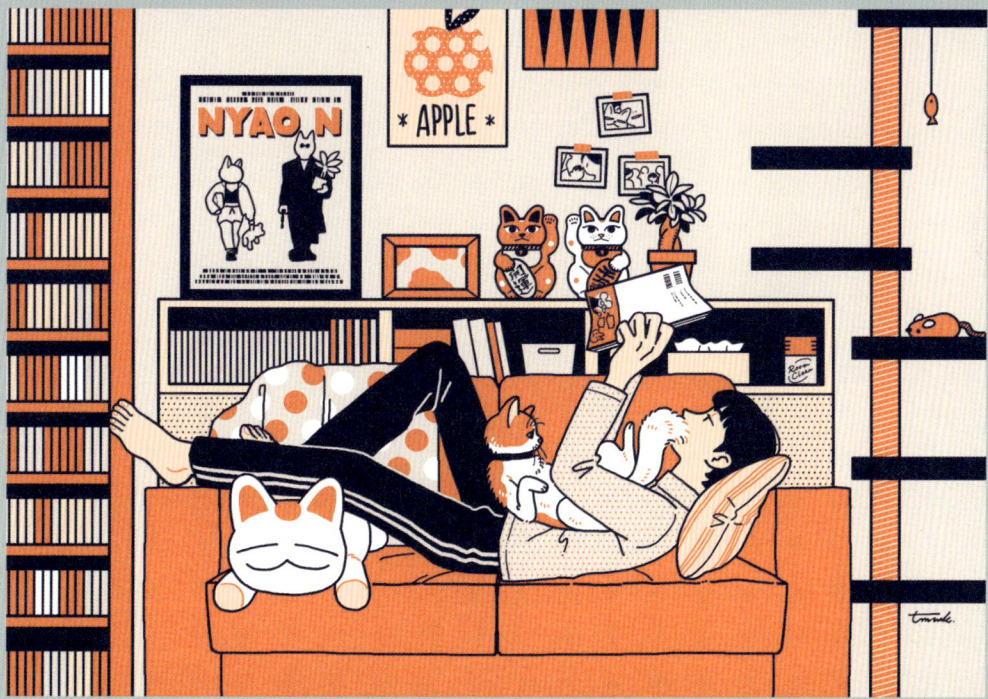

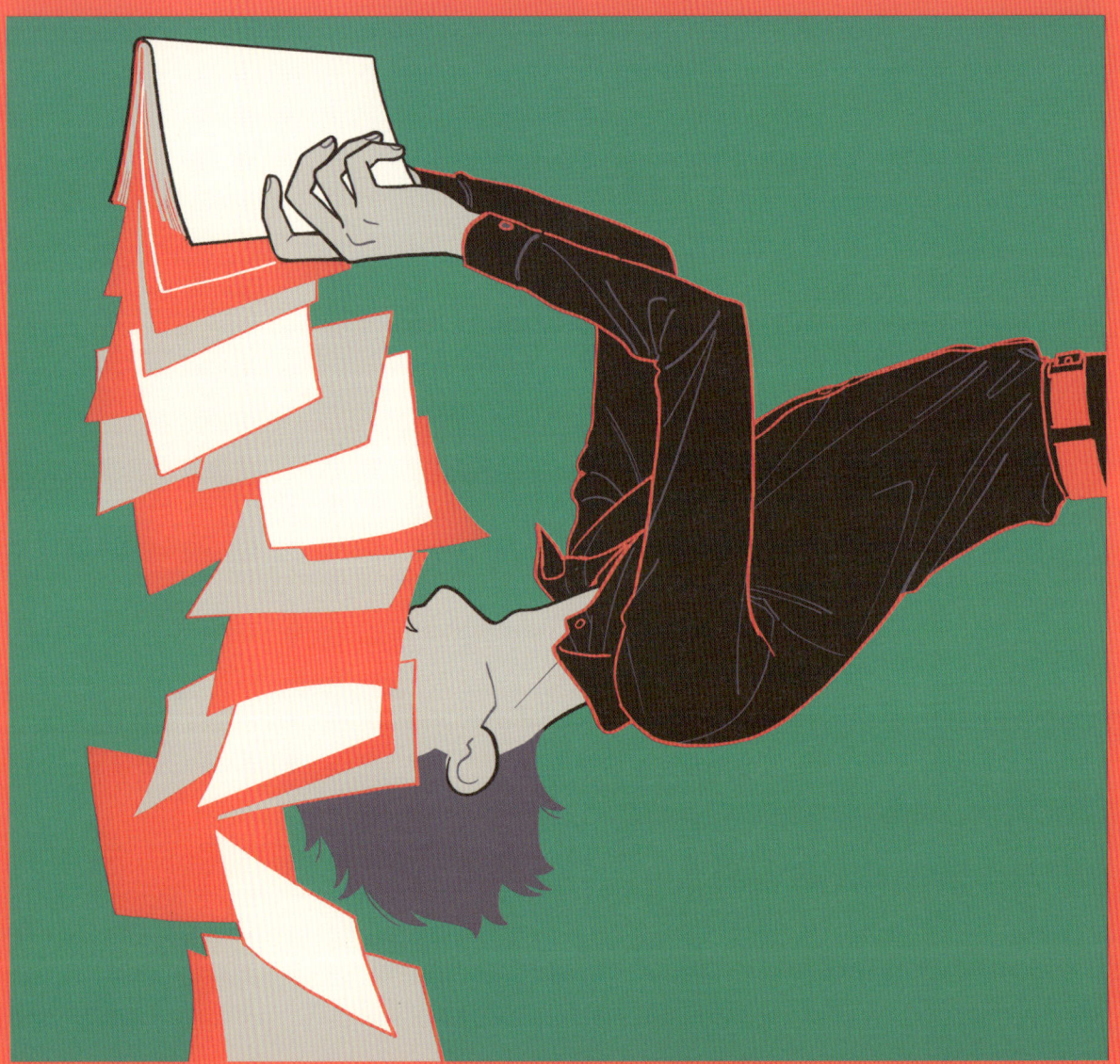

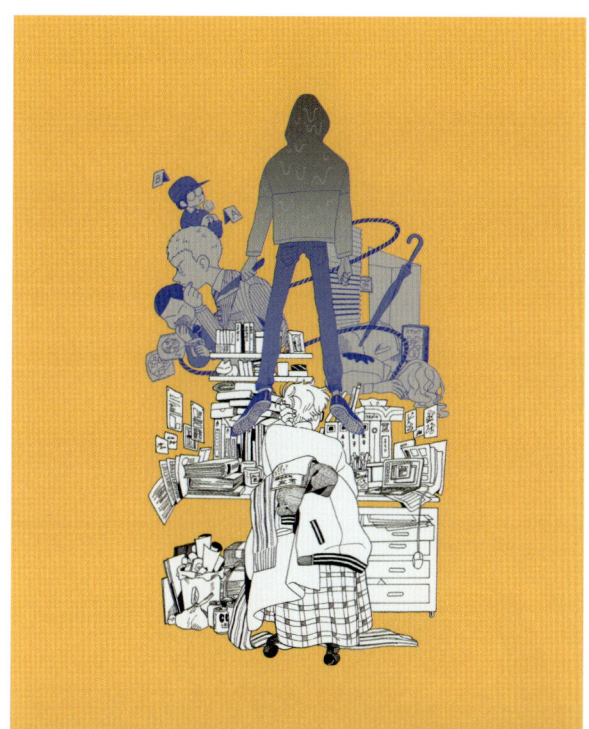

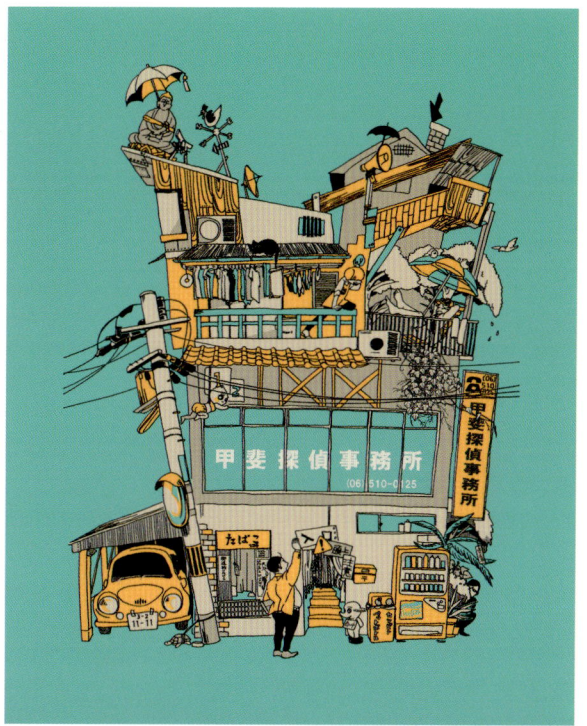

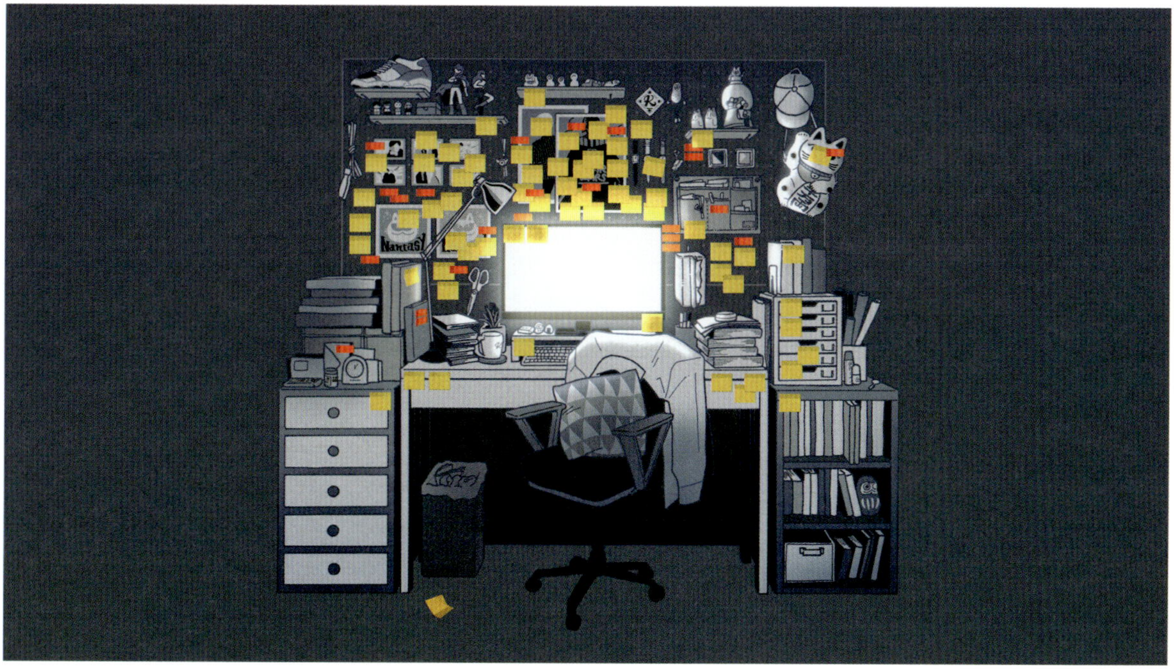

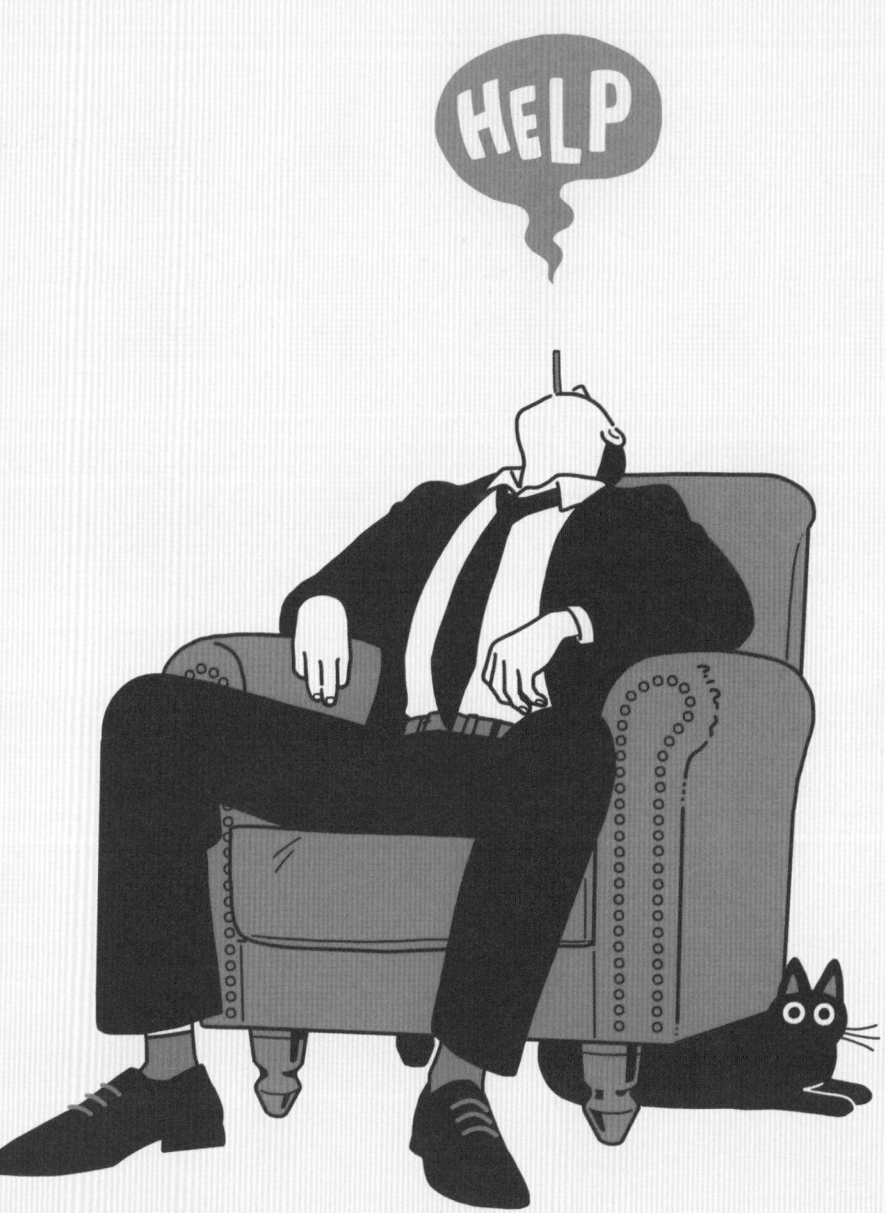

"HELP" 2019

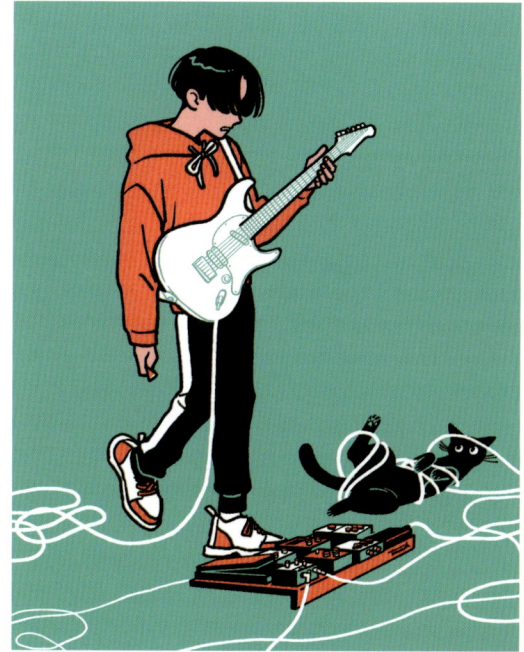

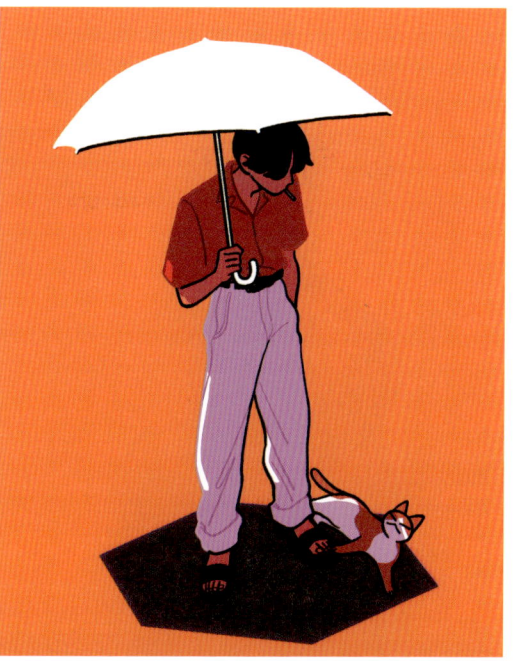

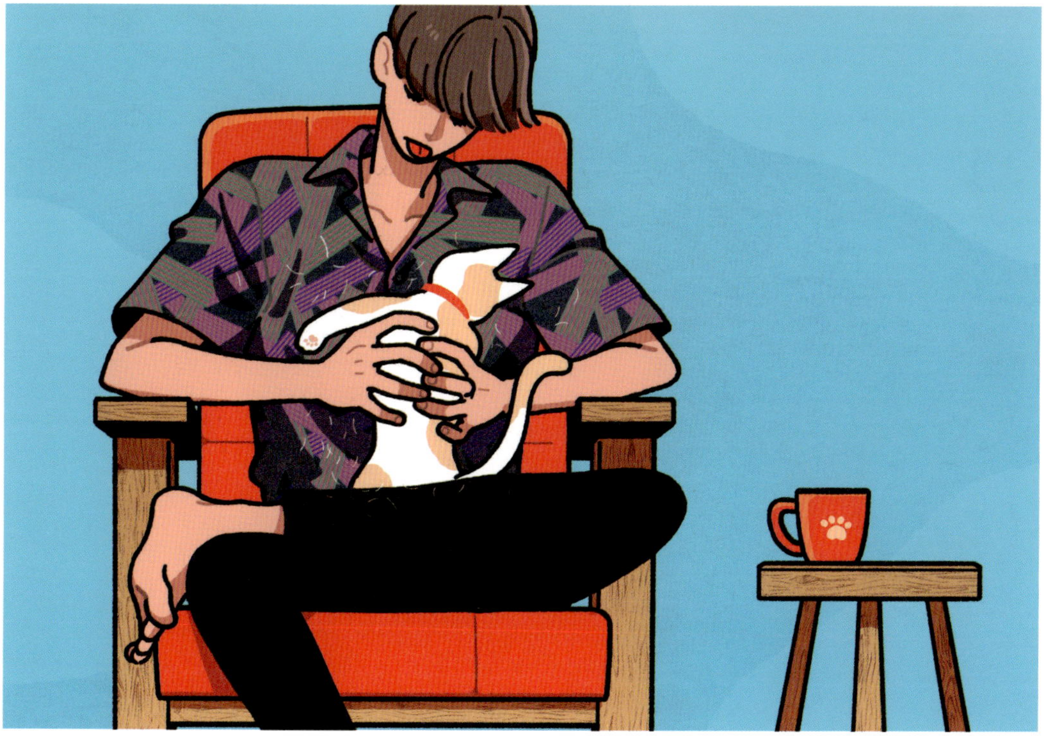

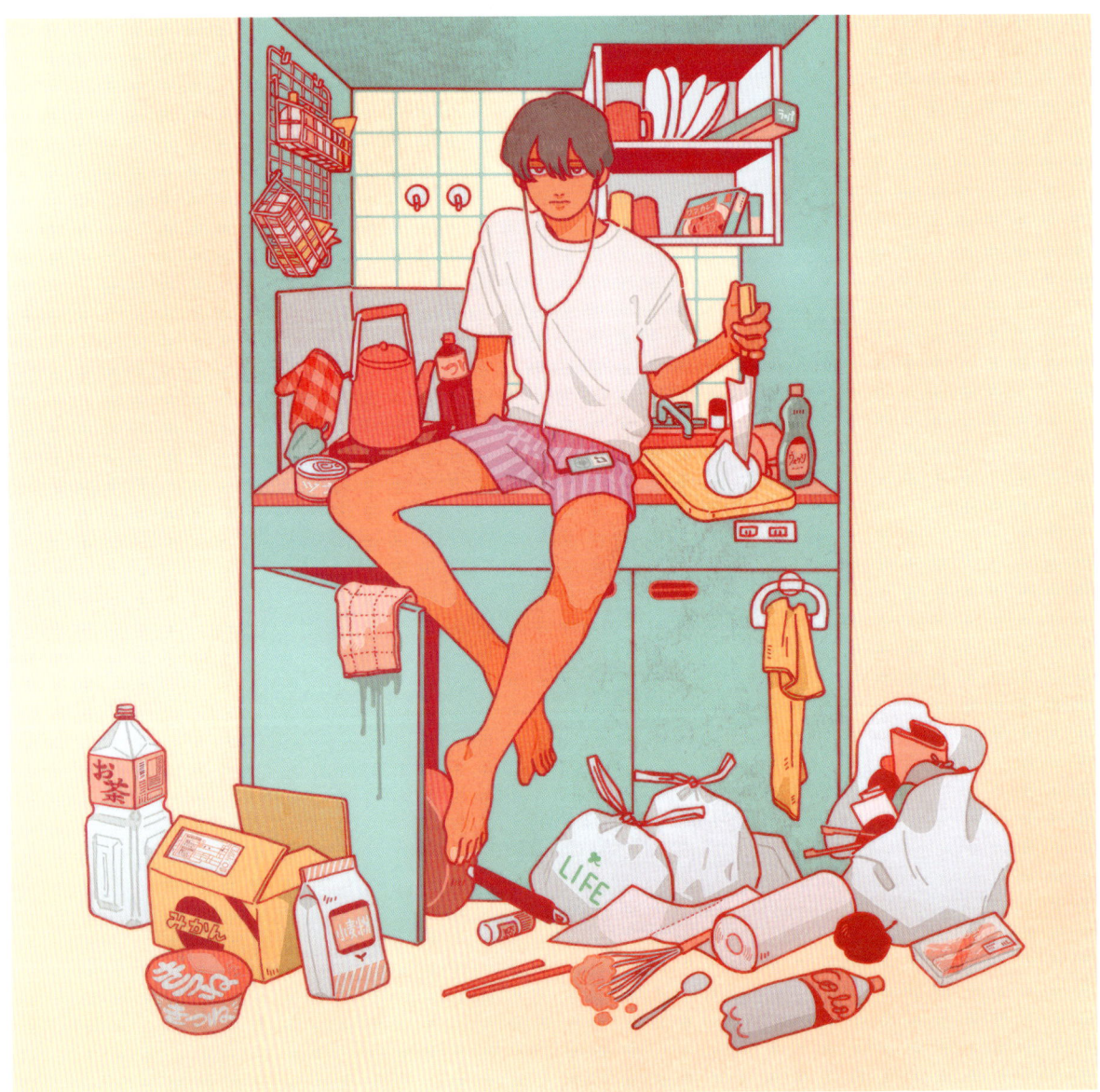

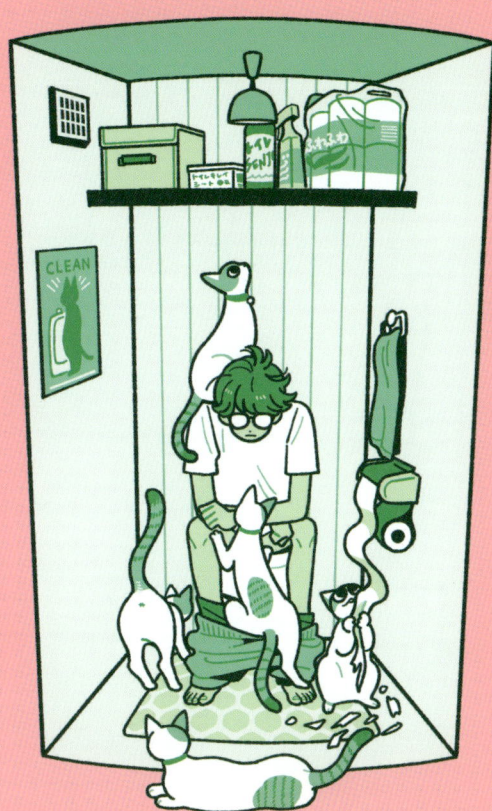

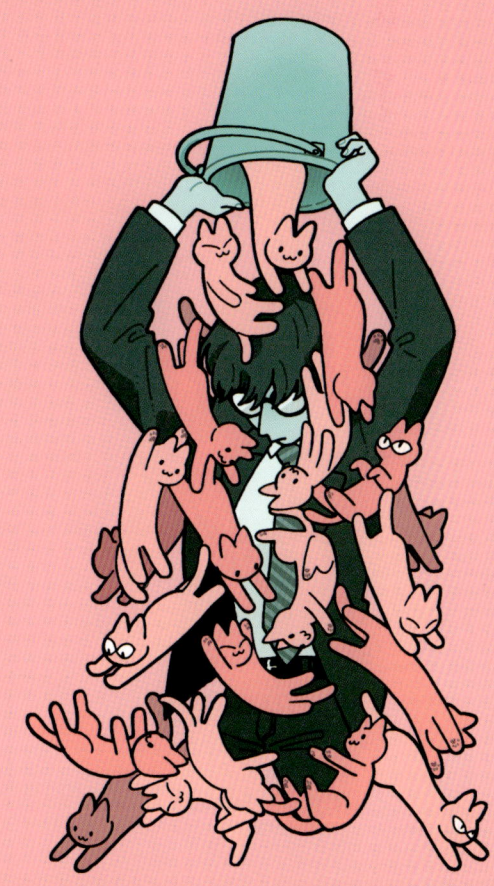

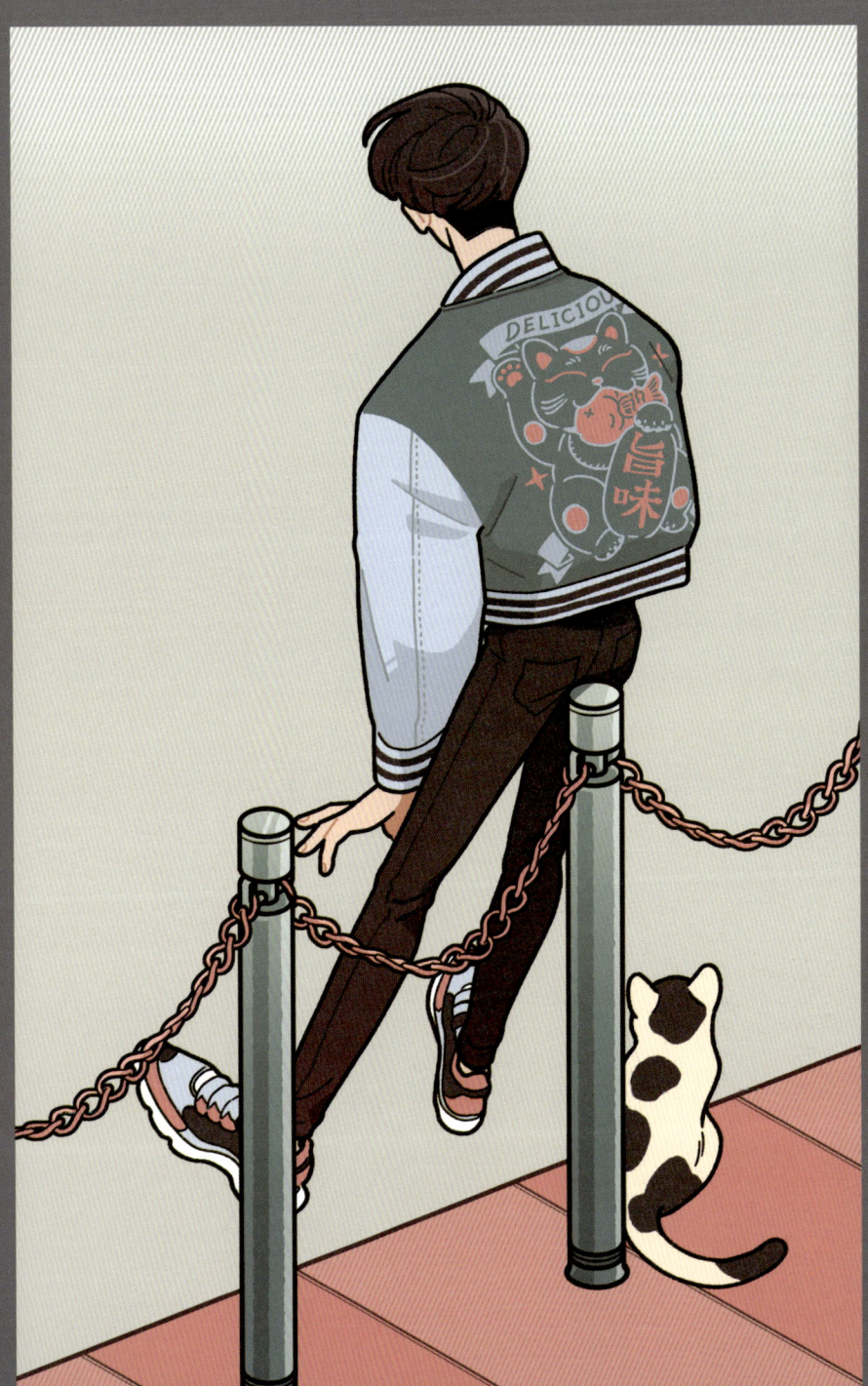

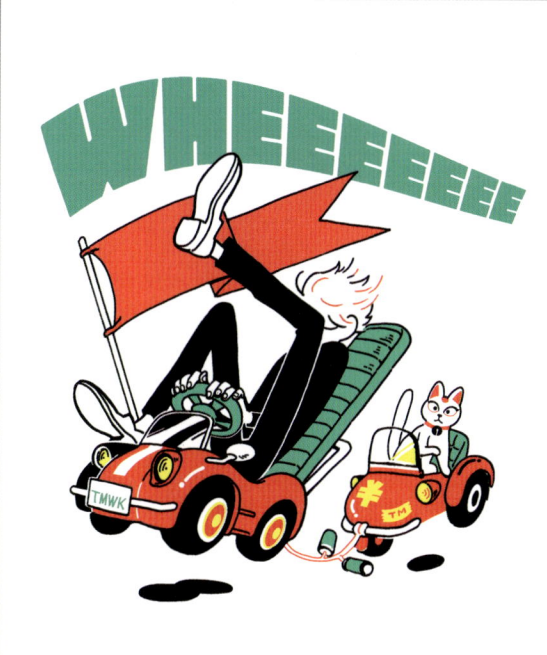

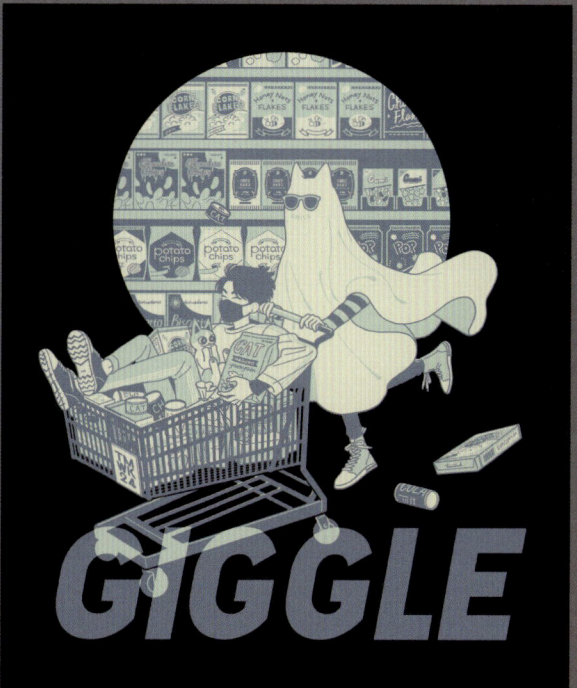

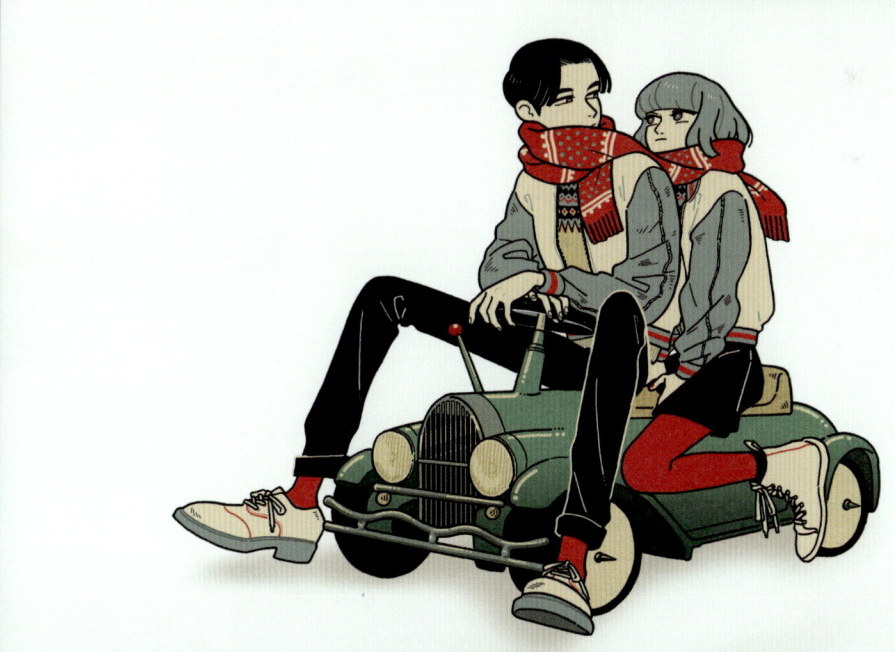

80
"WHEEE" 2016

81
"GIGGLE" 2021

82
"どこ行く？" 2017

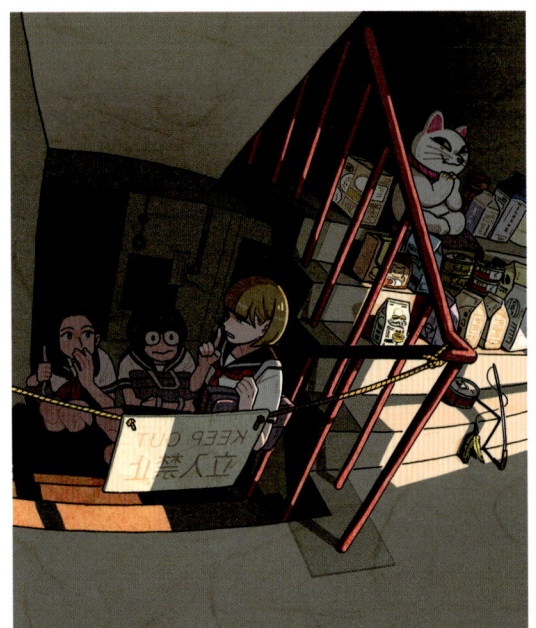

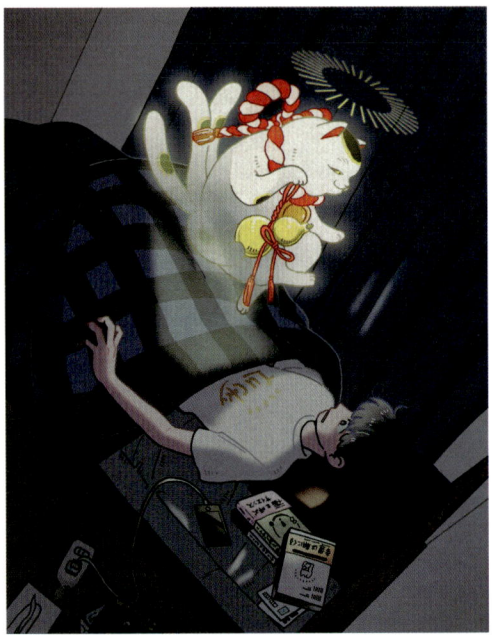

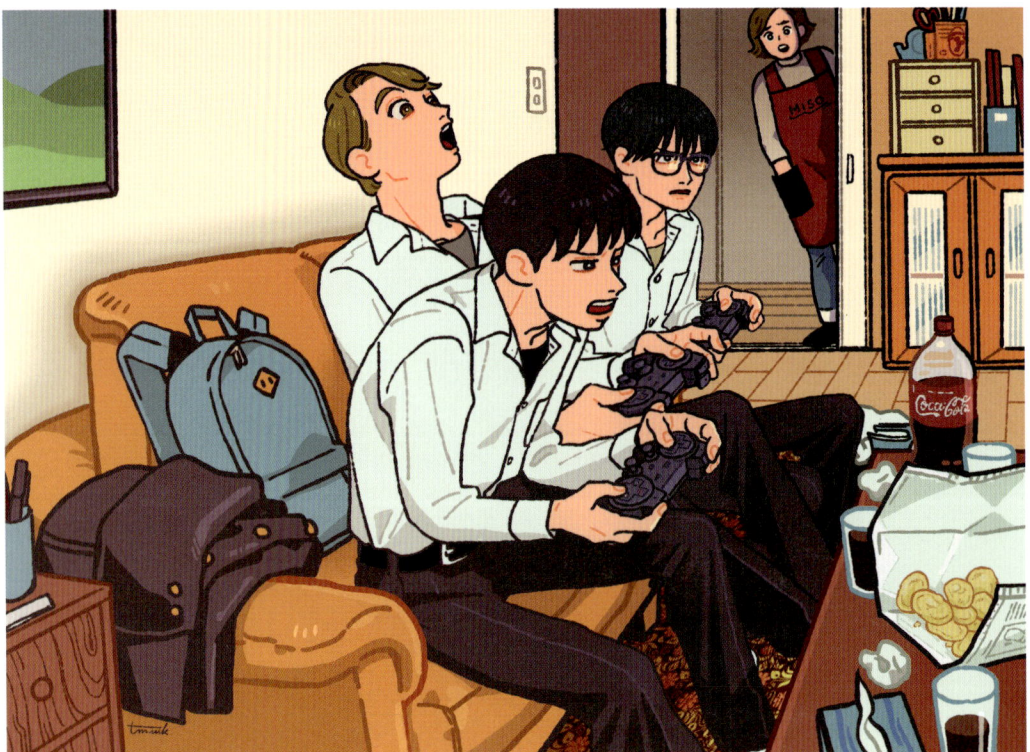

83
"猫アパート" 2017

84
"猫神様" 2017

85
"テレビゲーム" 2019

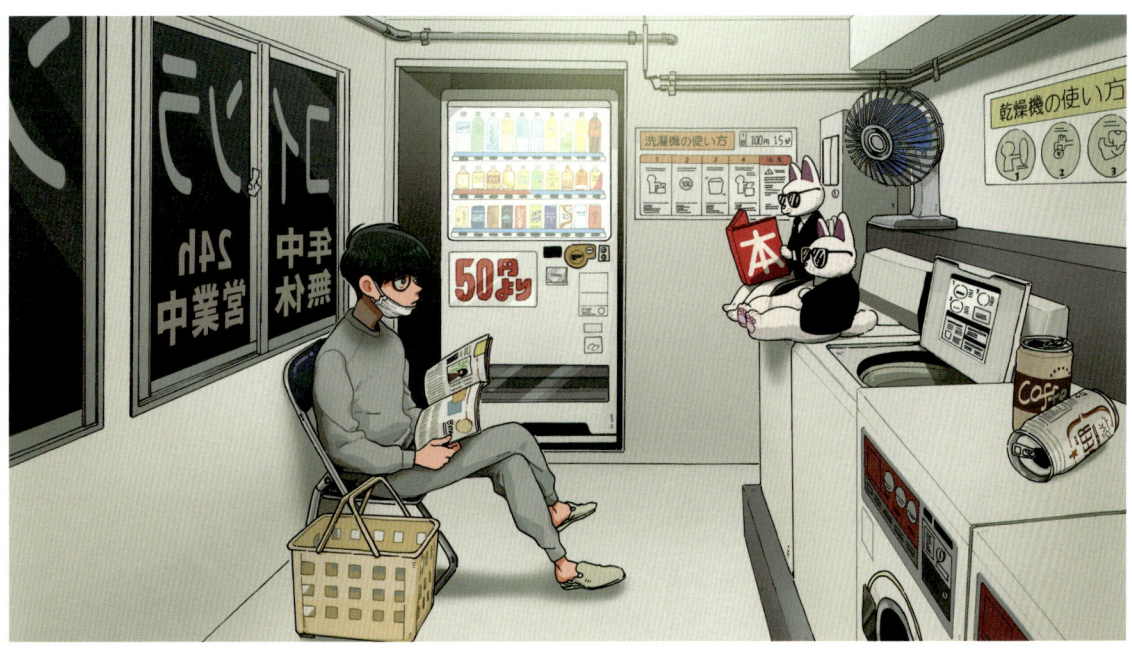

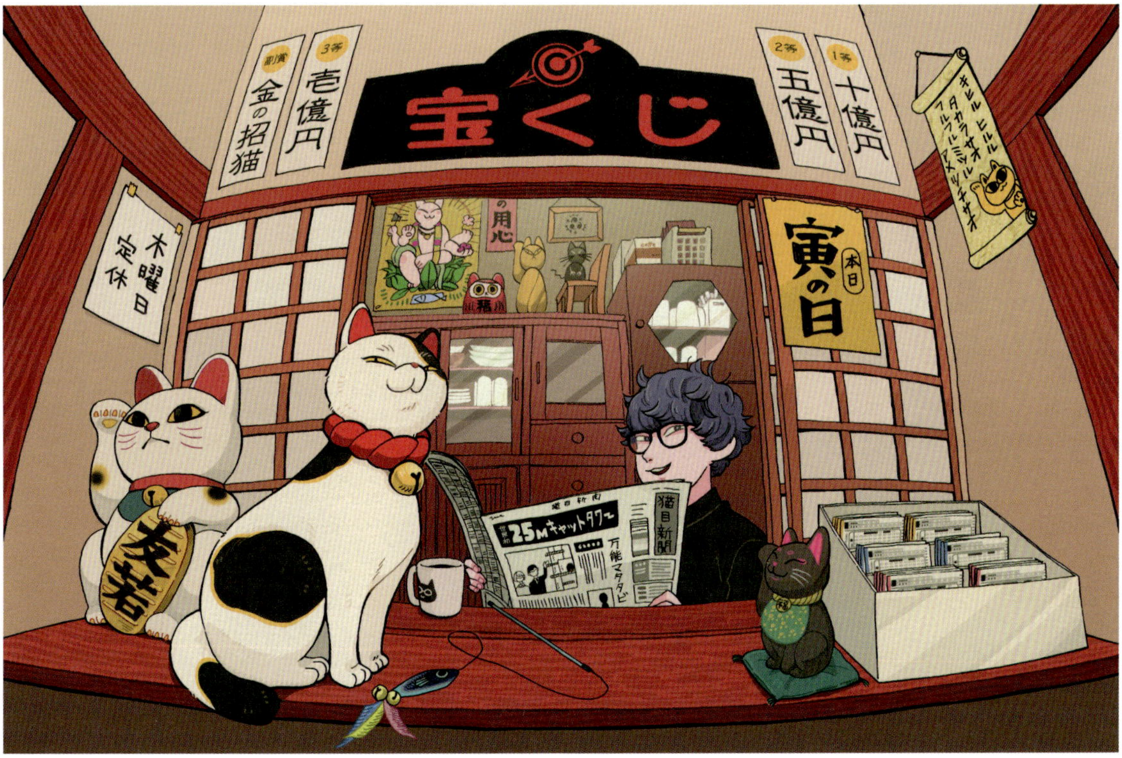

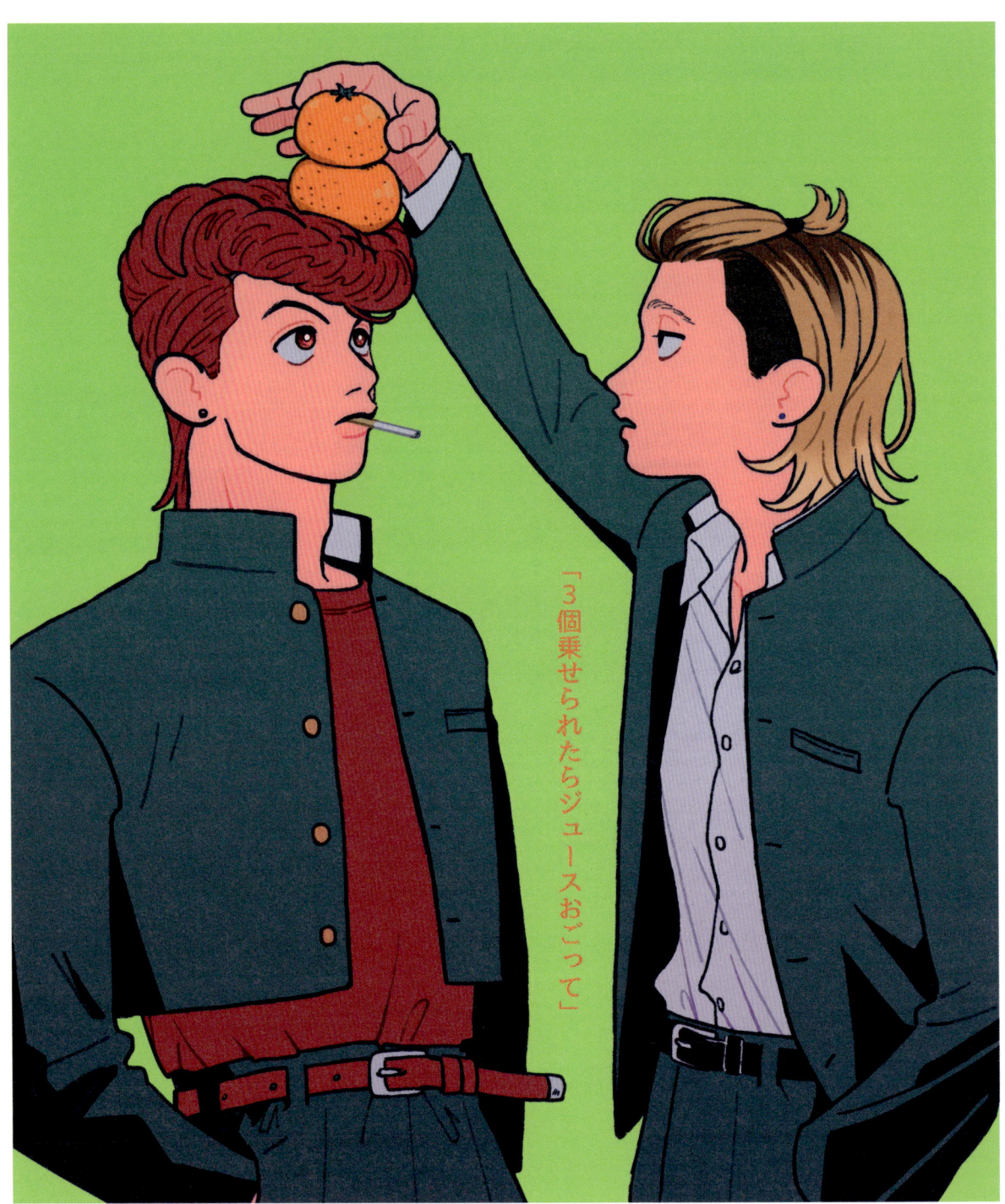

「3個乗せられたらジュースおごって」

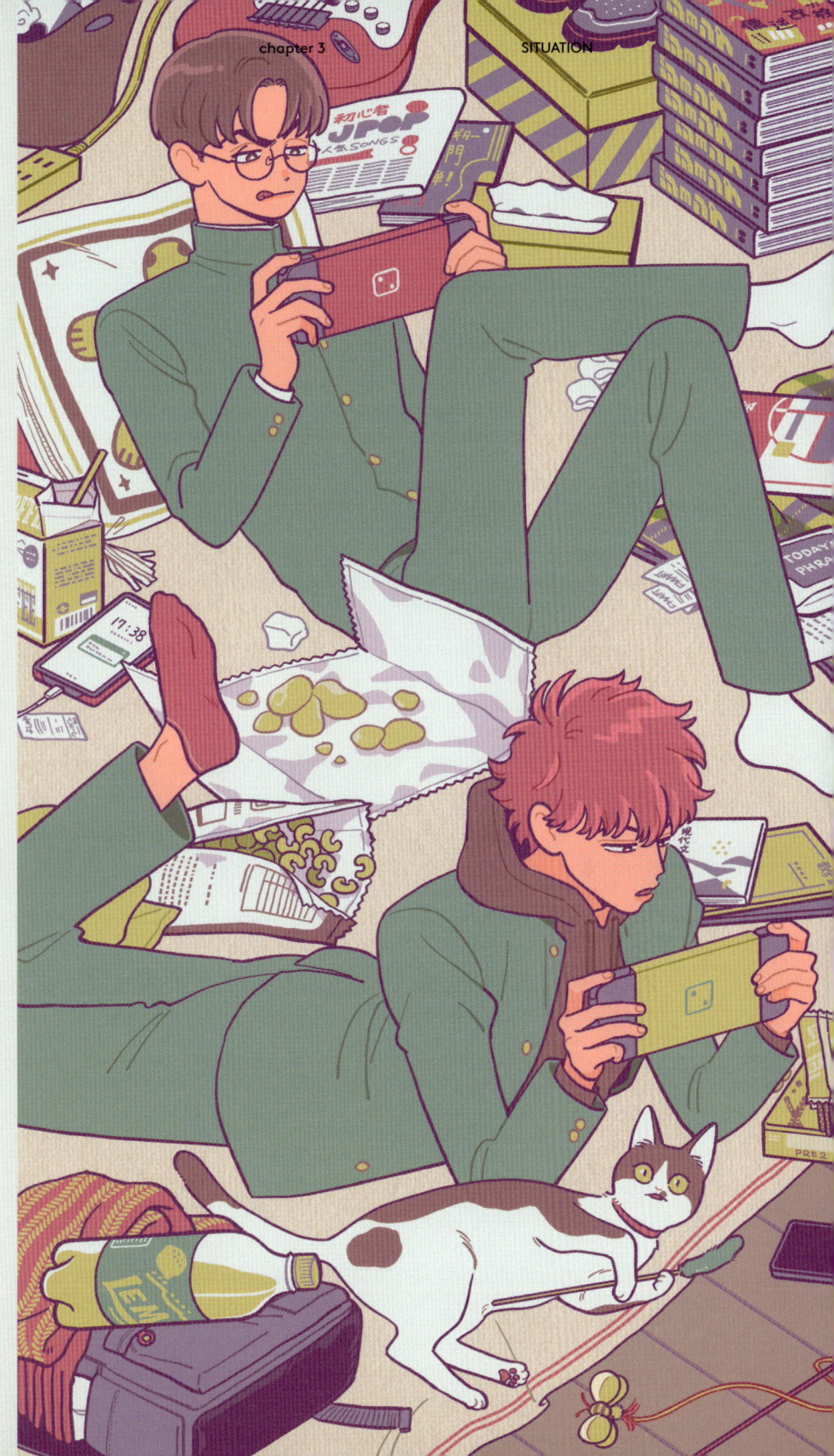

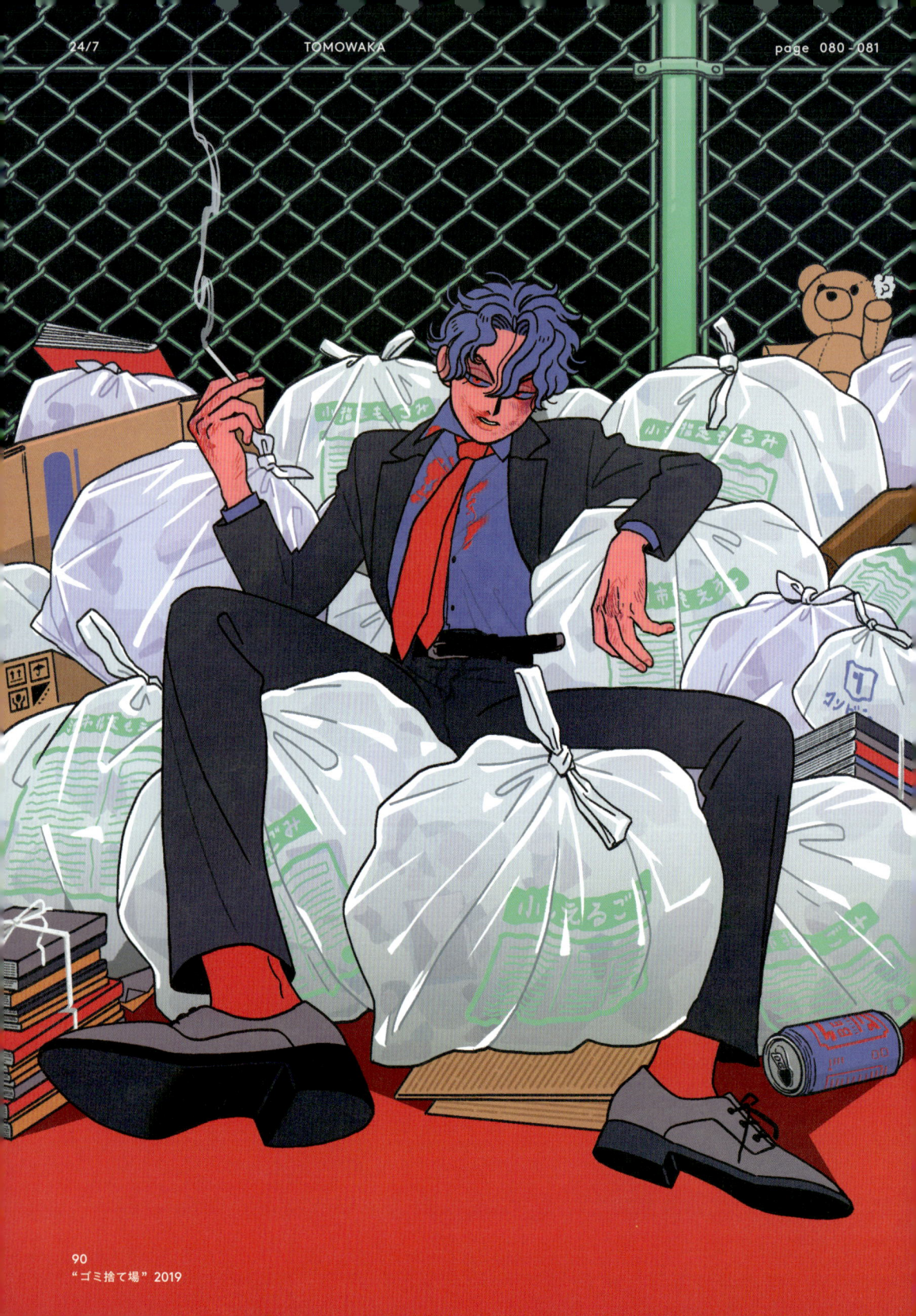

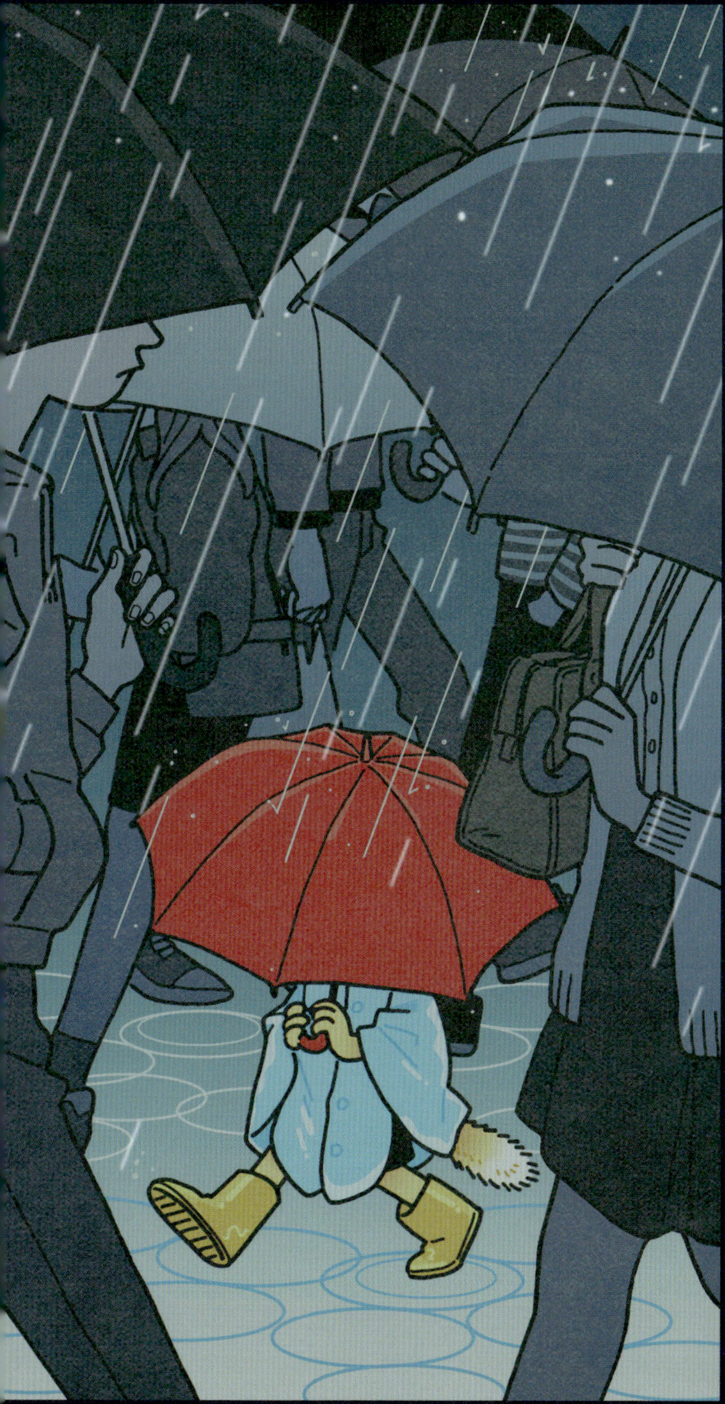

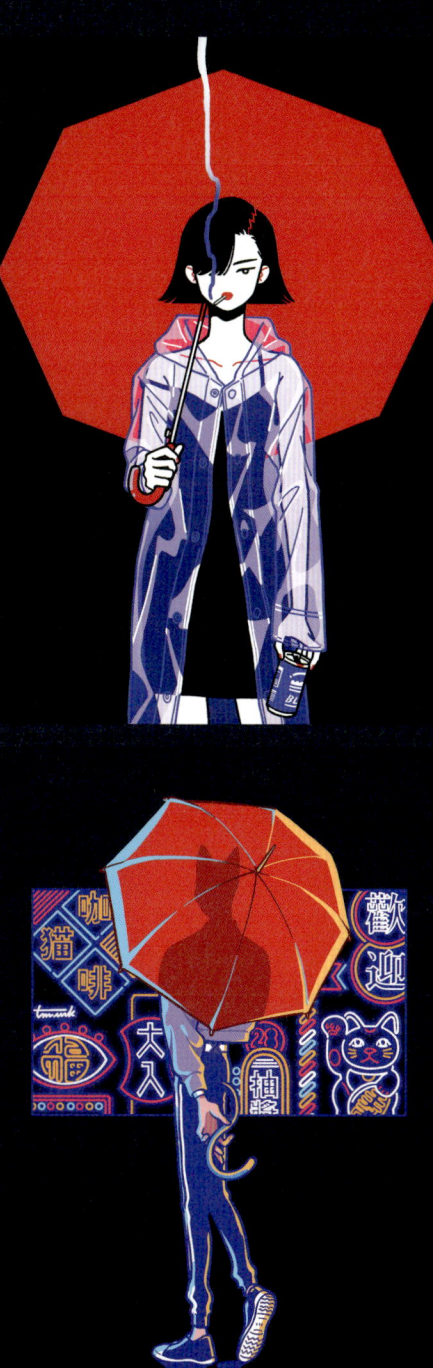

91
"umbrella" 2018

92
"umbrella" 2021

93
"nyaon" 2021

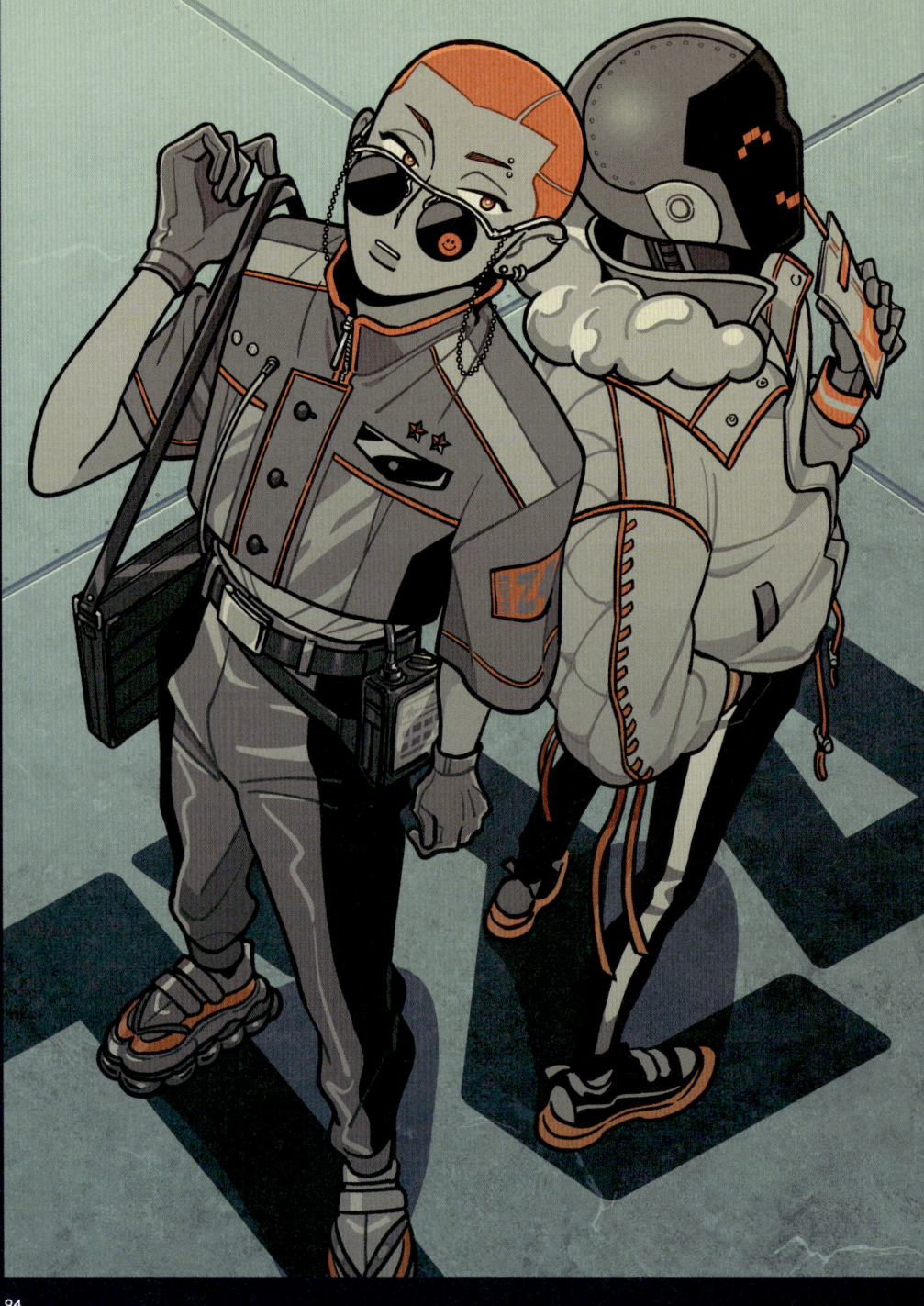

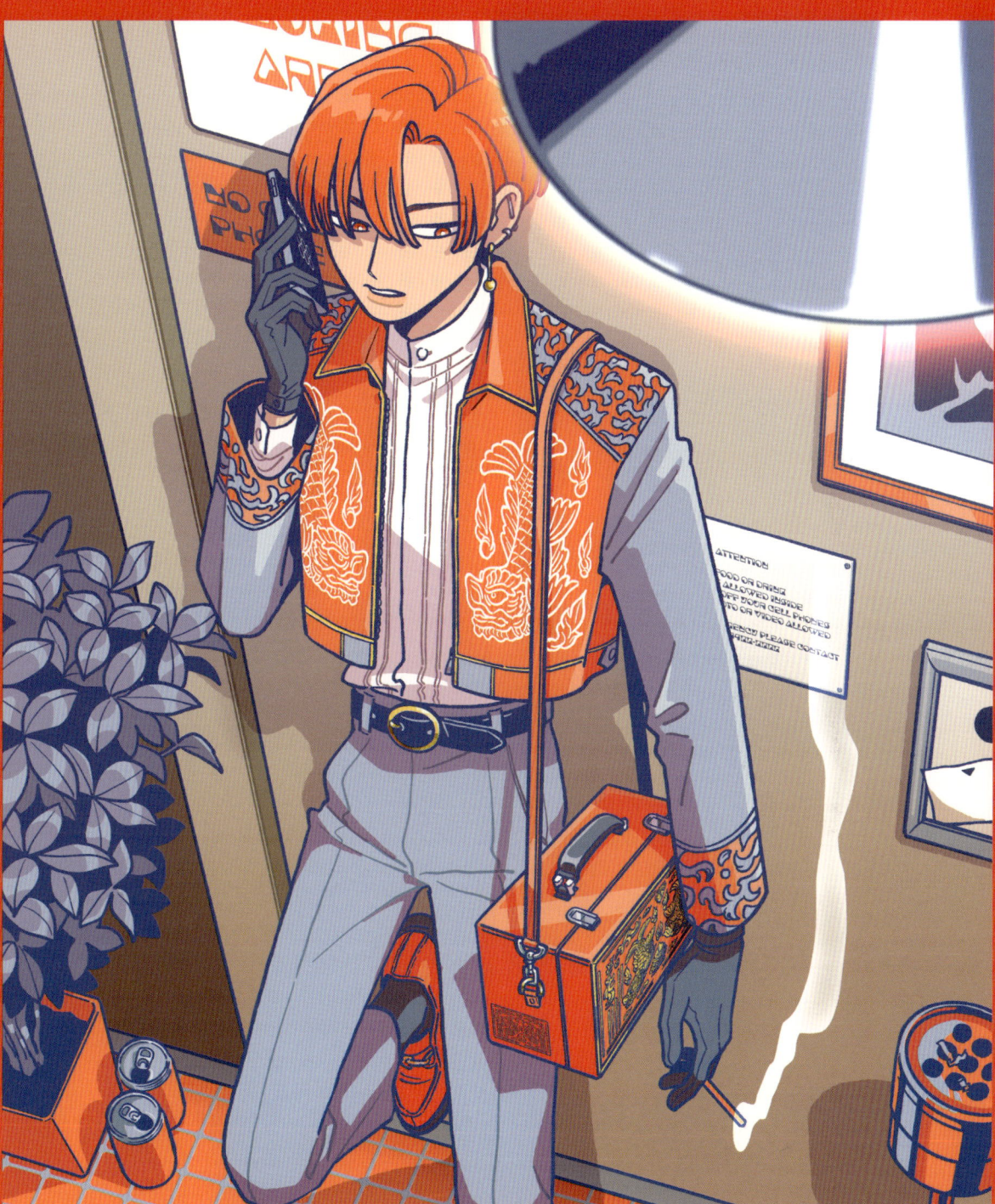

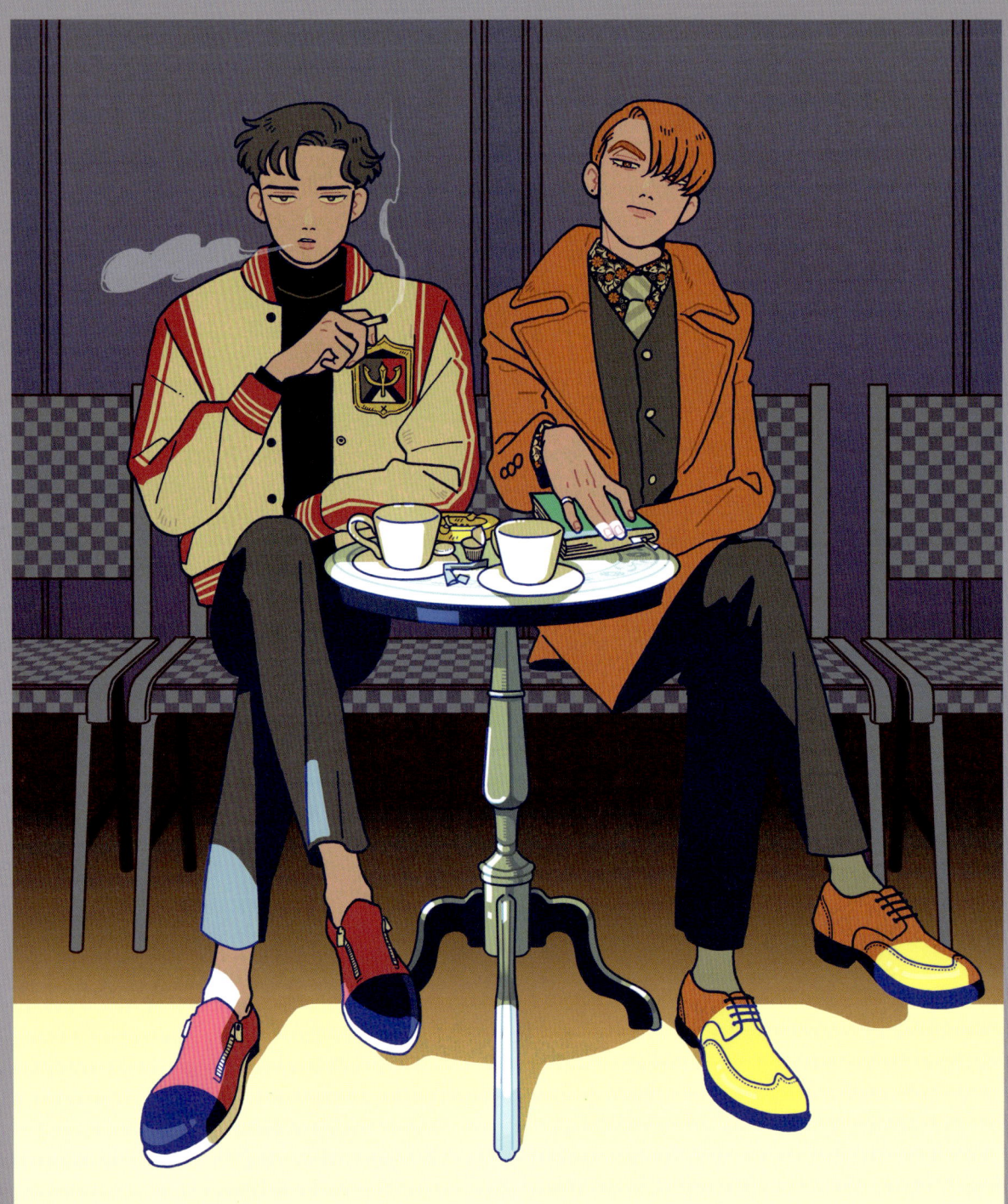

96
"待ち合わせ" 2018

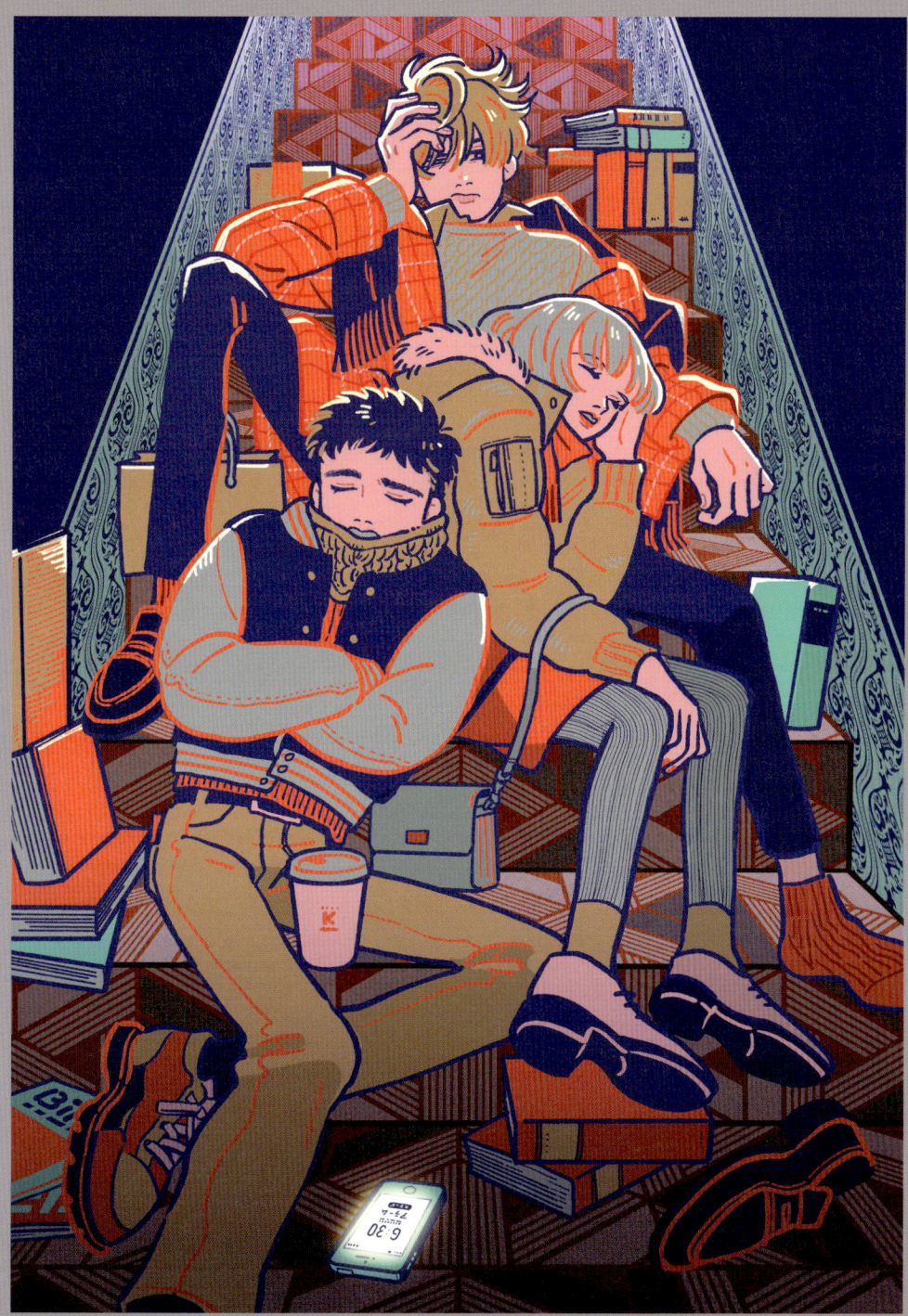

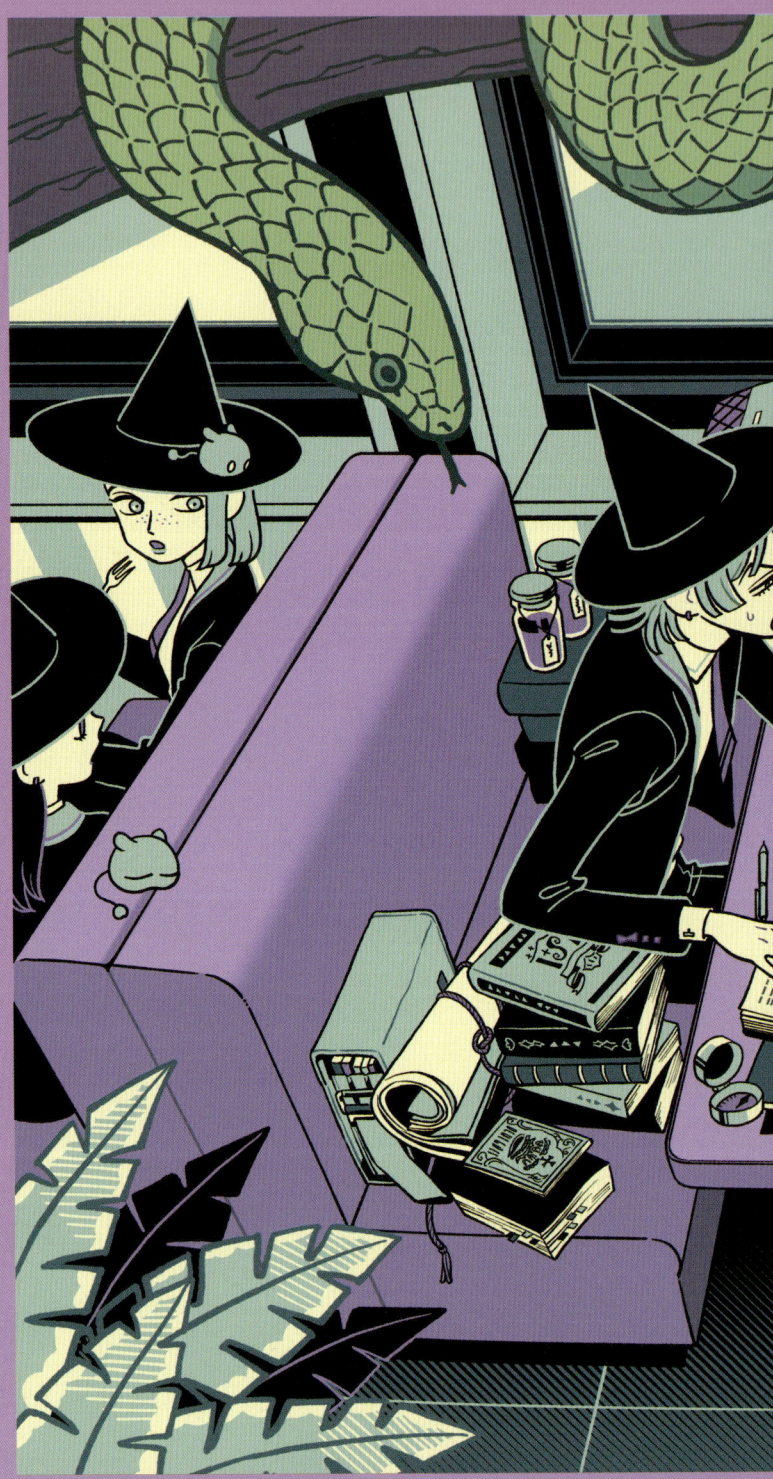

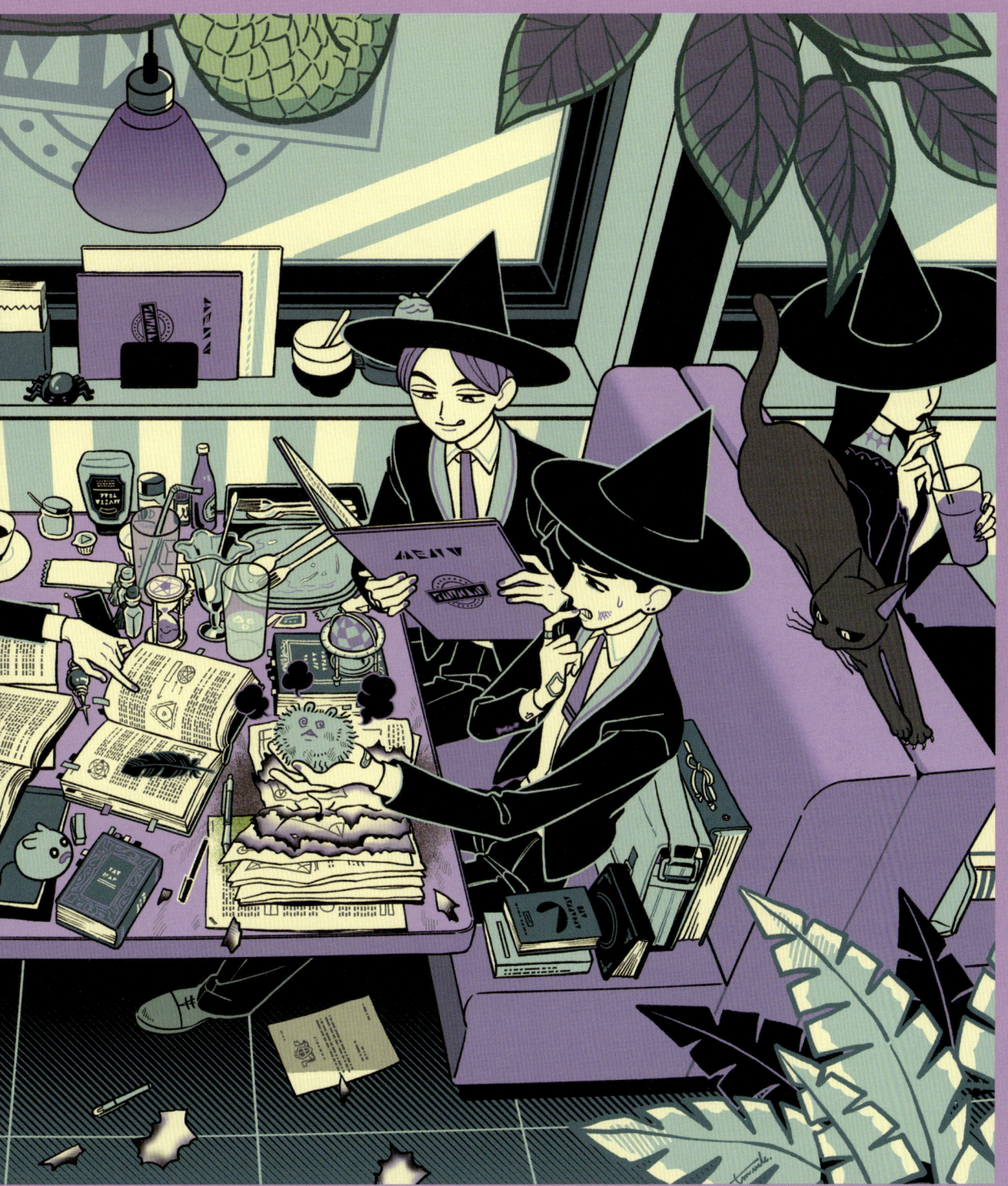

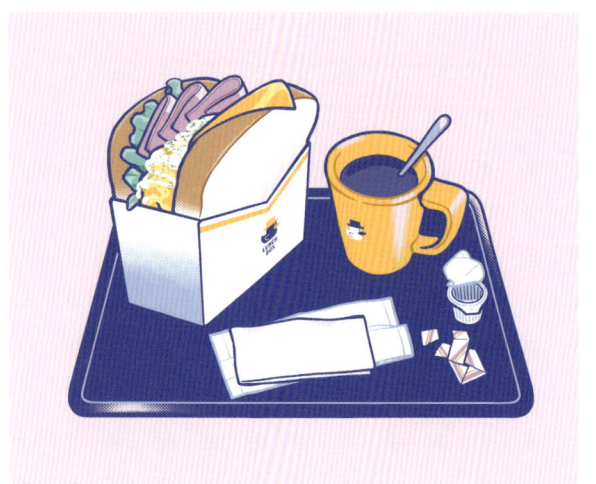

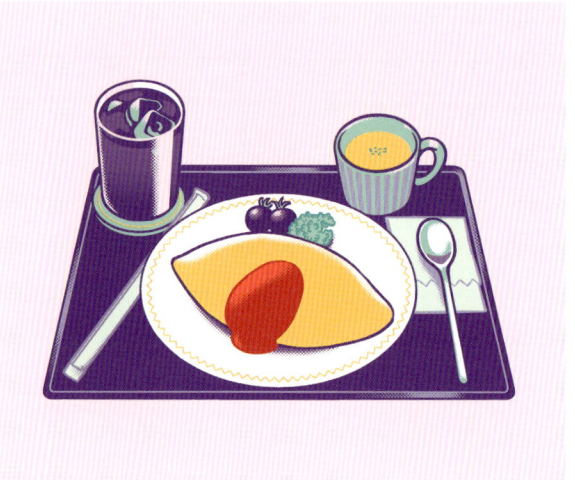

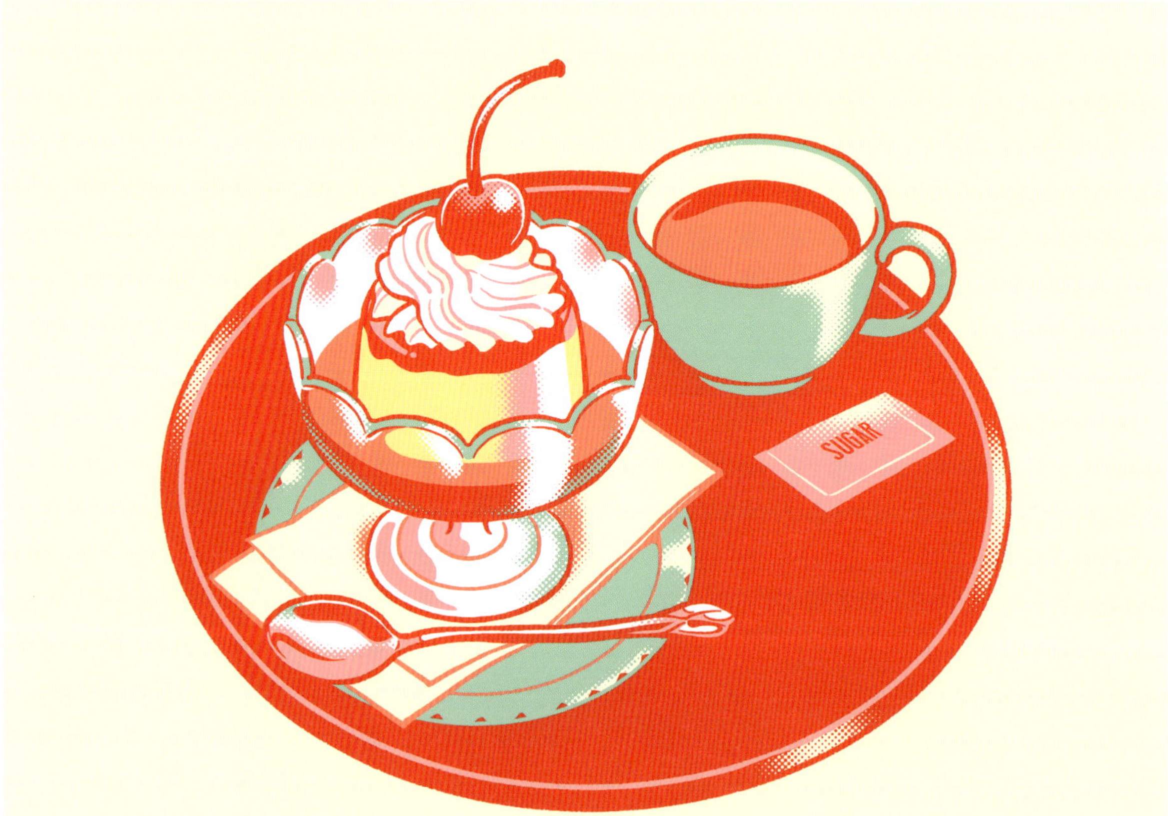

99
"サンドイッチ" 2024

100
"オムライス" 2024

101
"プリン" 2024

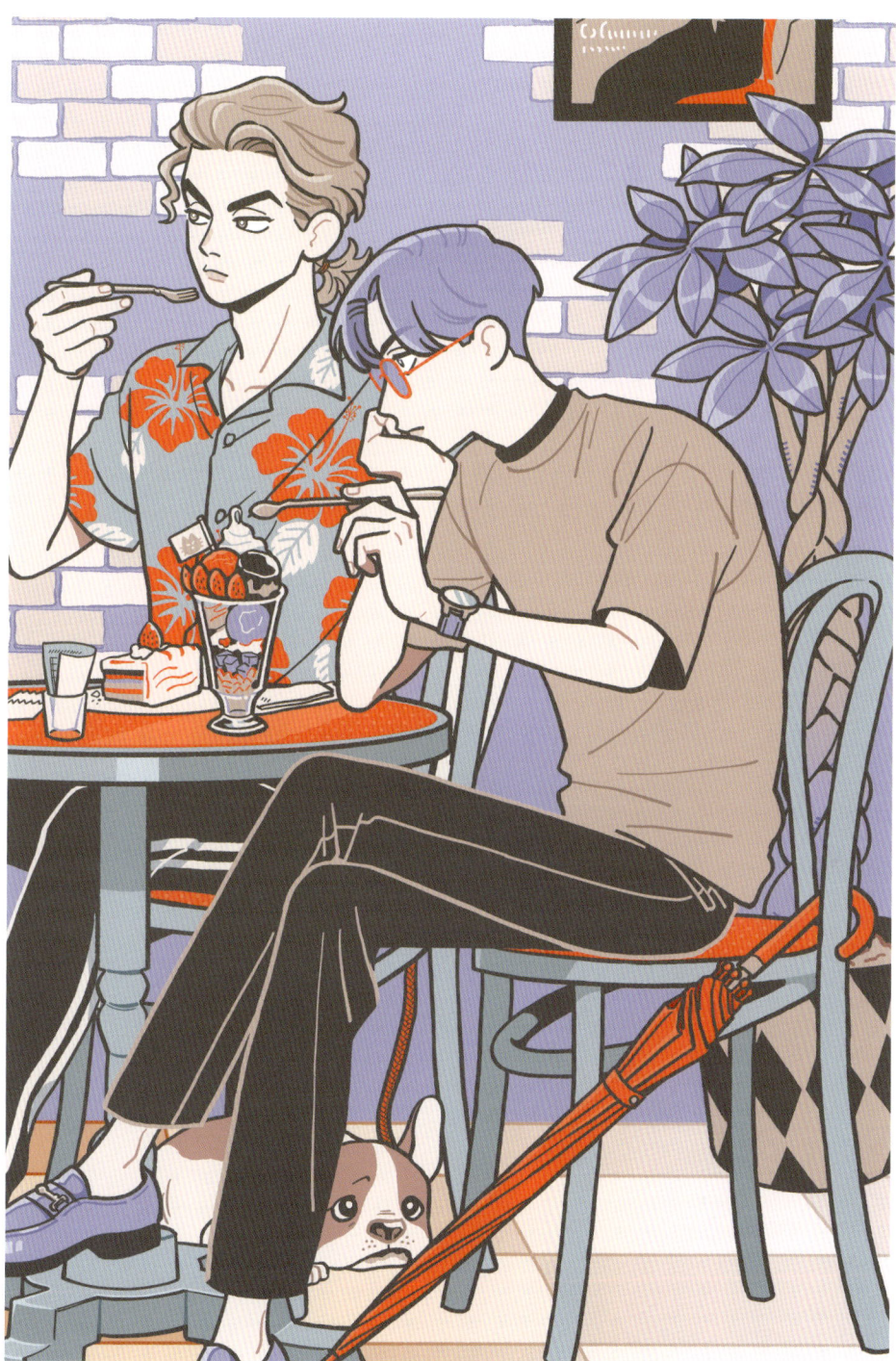

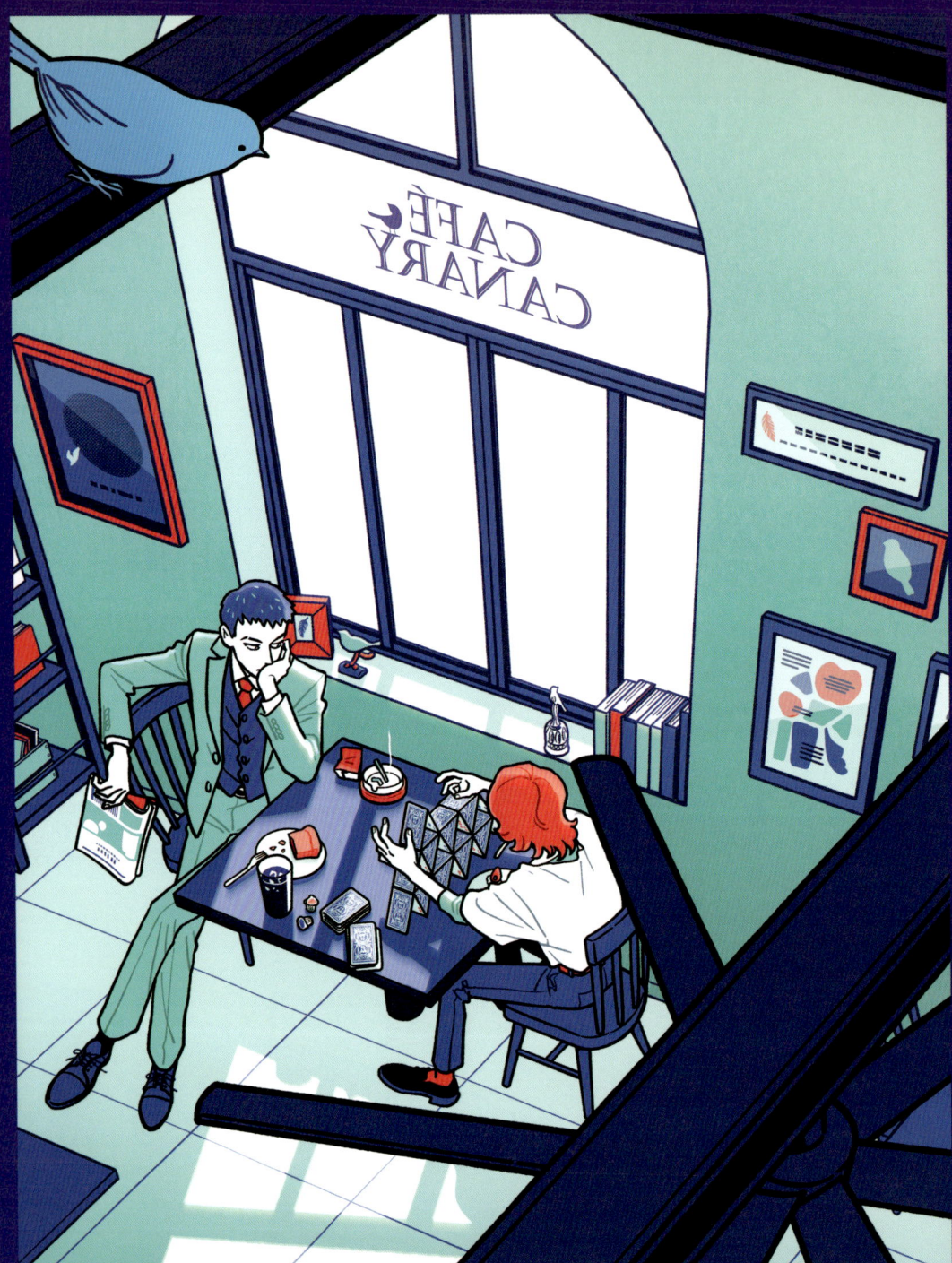

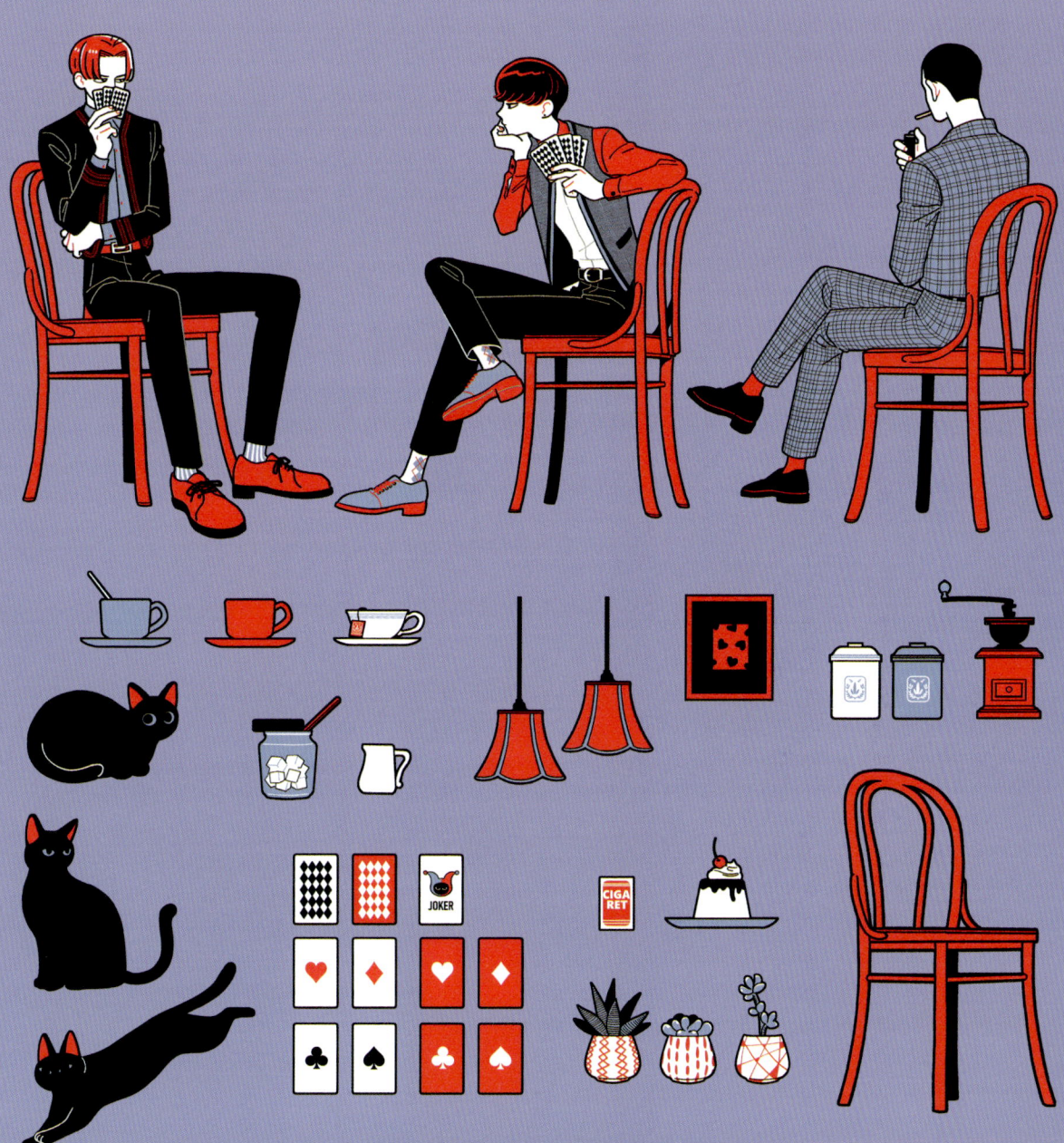

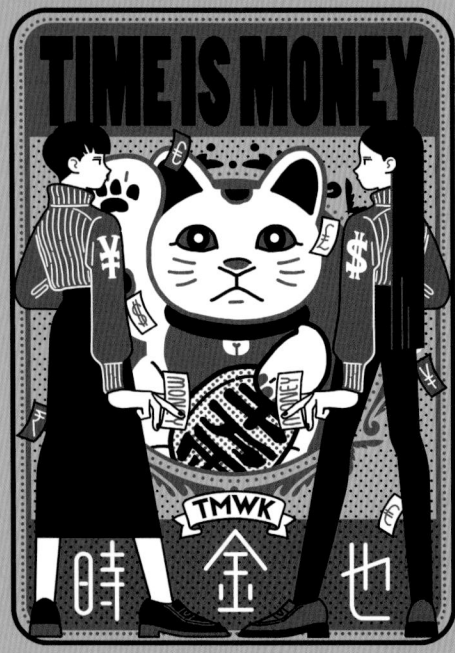

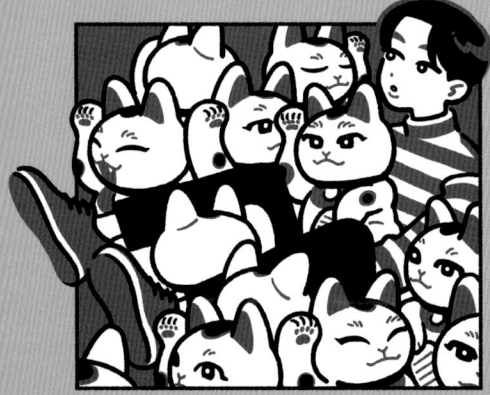

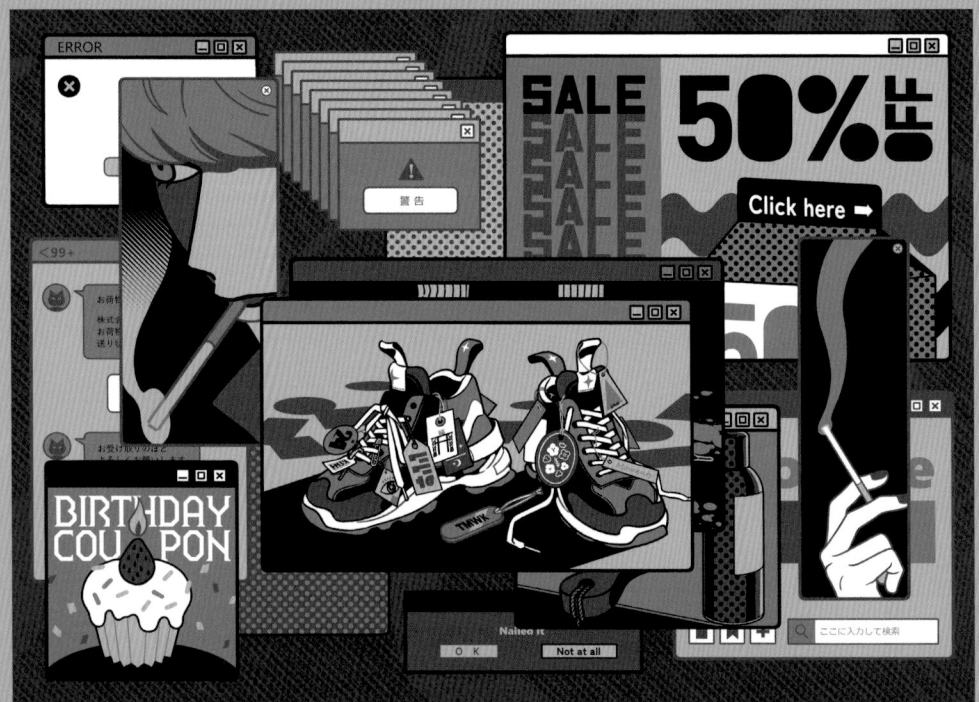

105
"時は金なり" 2019

106
"招き猫" 2023

107
"popup" 2024

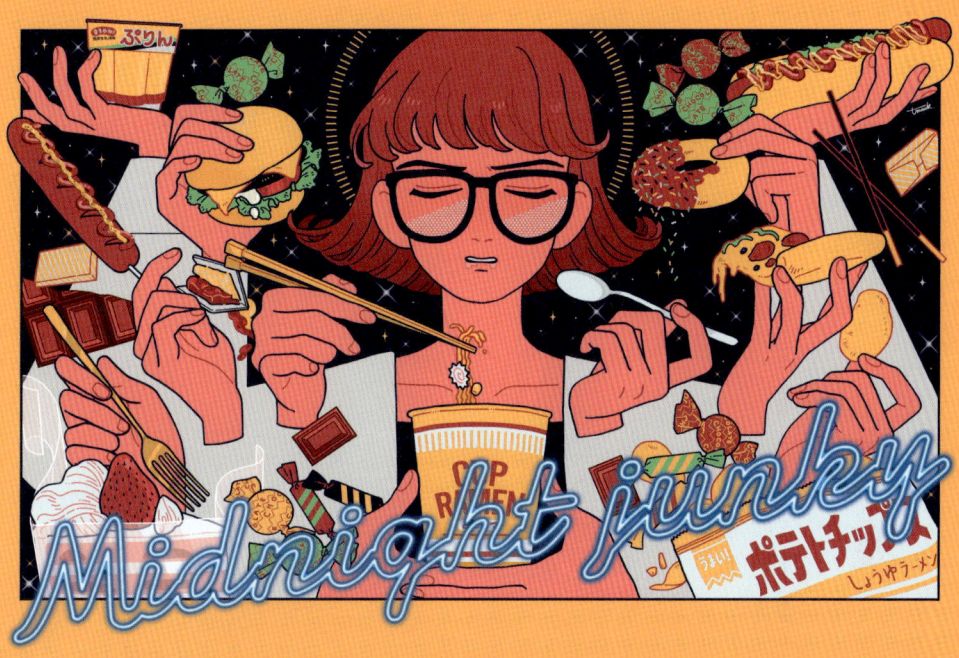

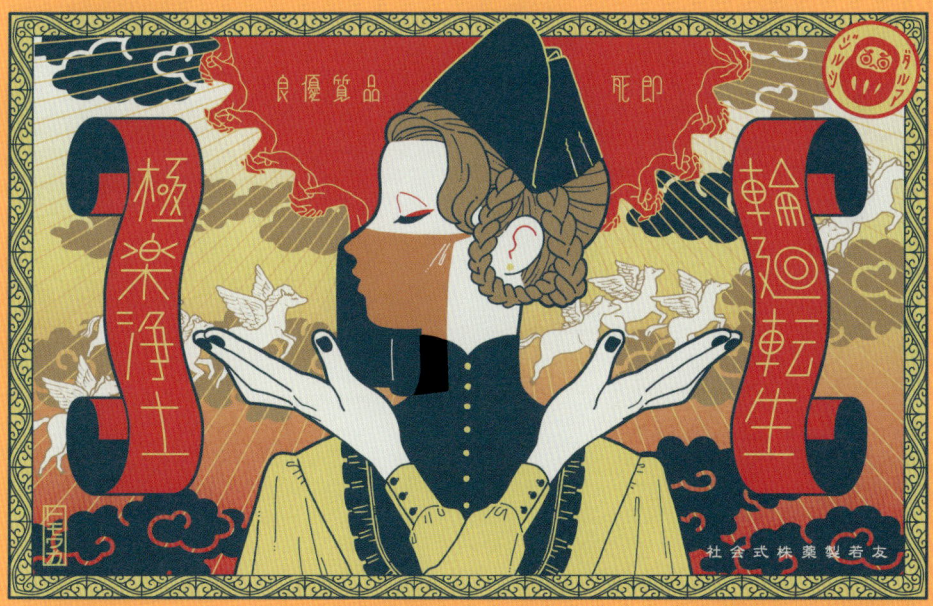

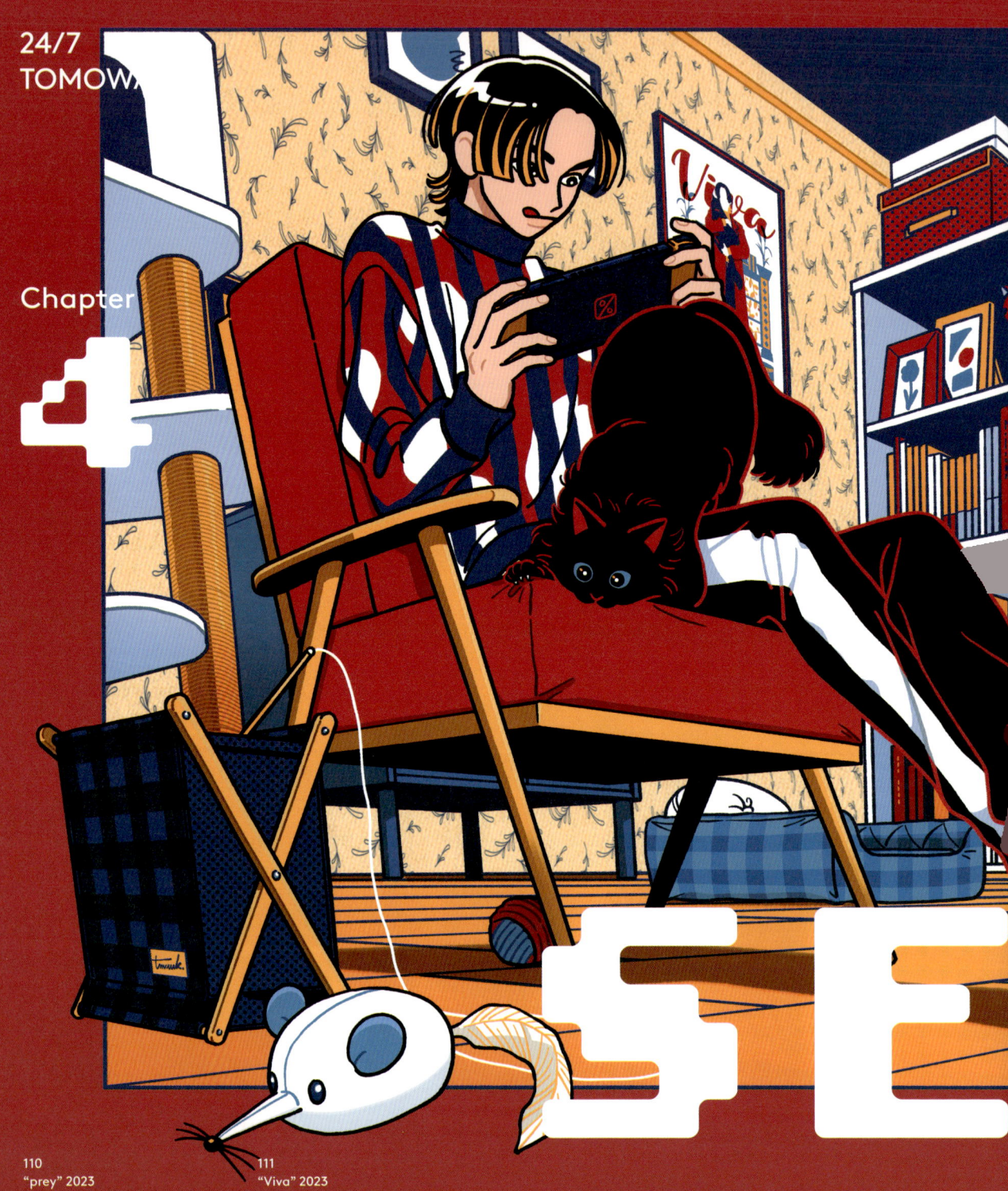

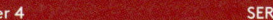

「boy meets cat」シリーズ。猫が好き
で、ファッショナブルな男子を描くのも
好き。両者を合わせれば一挙両得である
と気づきました。

The "boy meets cat" series. I like
cats, and also like drawing fashion-
conscious males. Combining them,
I realized, gives the best of both
worlds.

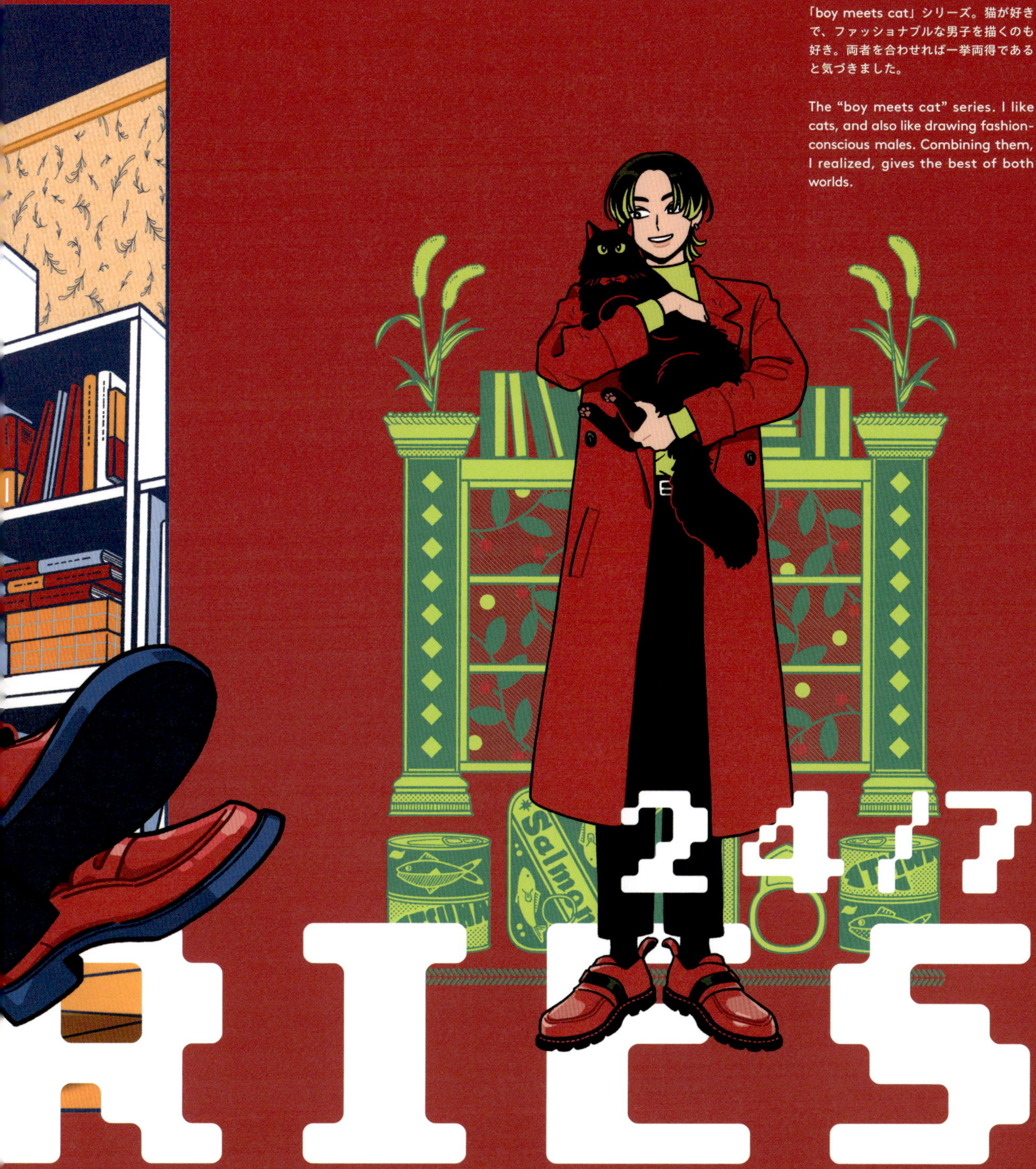

boy meets

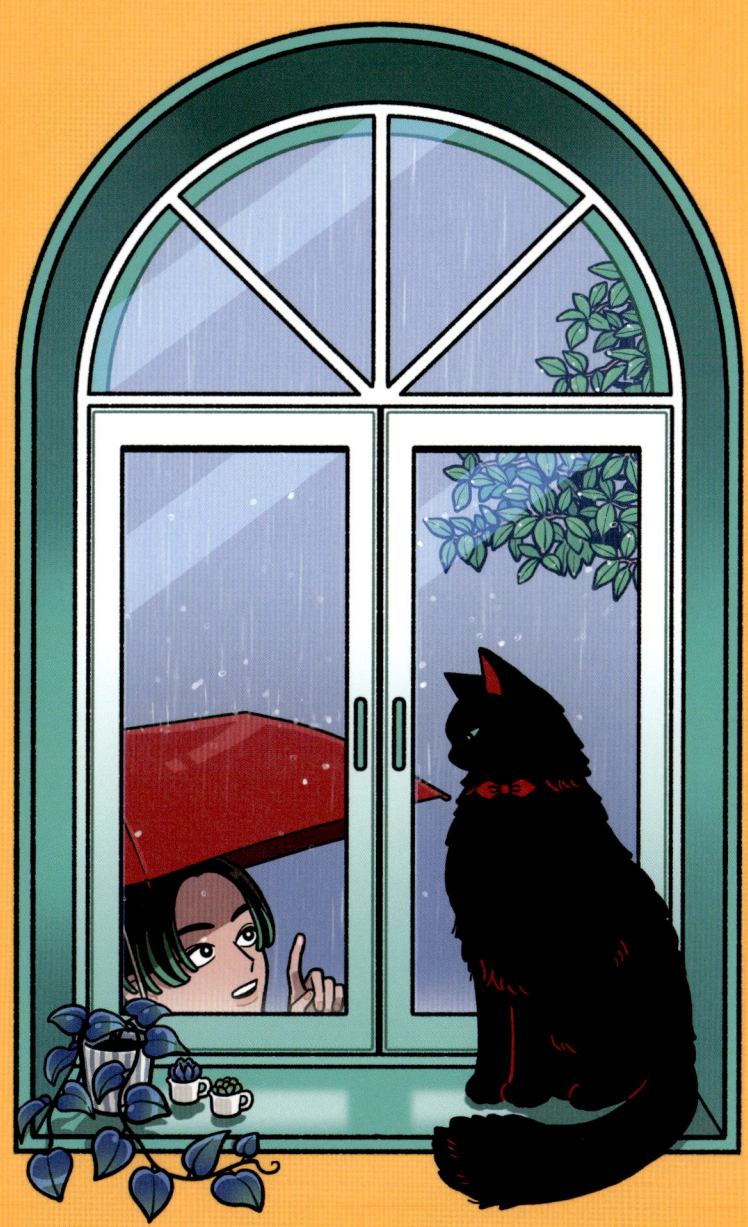

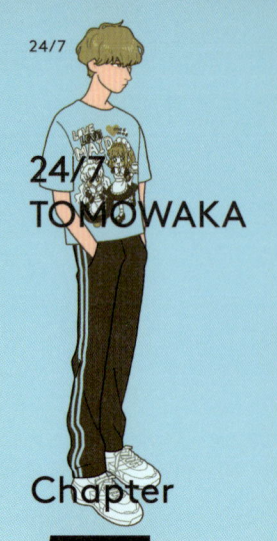

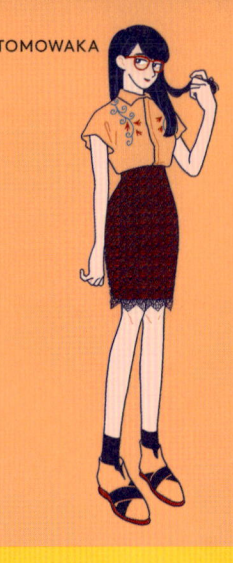

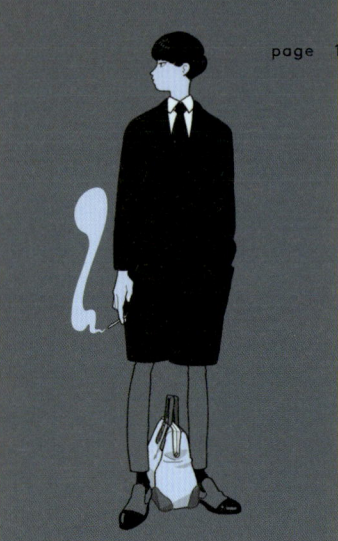

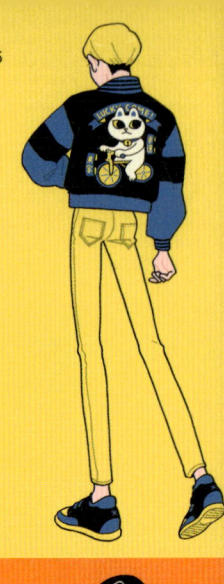

24/7
TOMOWAKA

Chapter

5

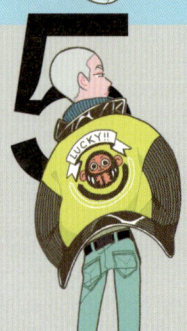

自分が着る服にはわりと無頓着ですが、ファッションを描くのは好きです。購買意欲を描画意欲に変換しているのかもしれません。

I'm fairly careless with my own dress, but like drawing clothing. I suppose any interest I might have had in buying trendy gear has been channeled into drawing it.

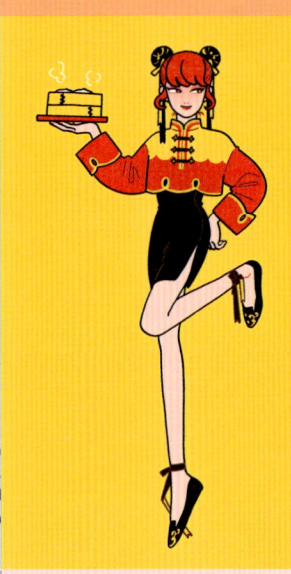

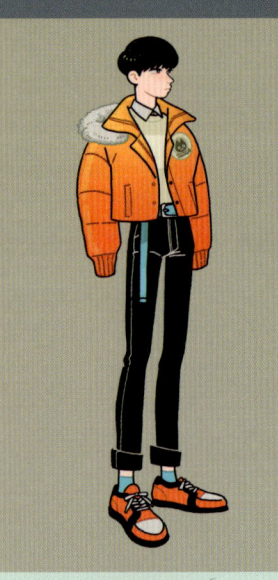

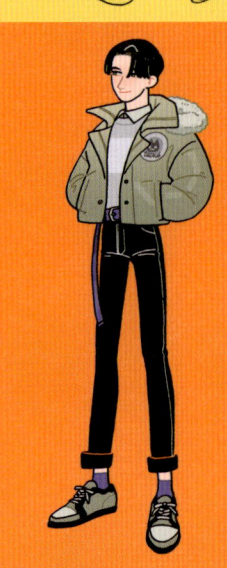

FASHI[N]

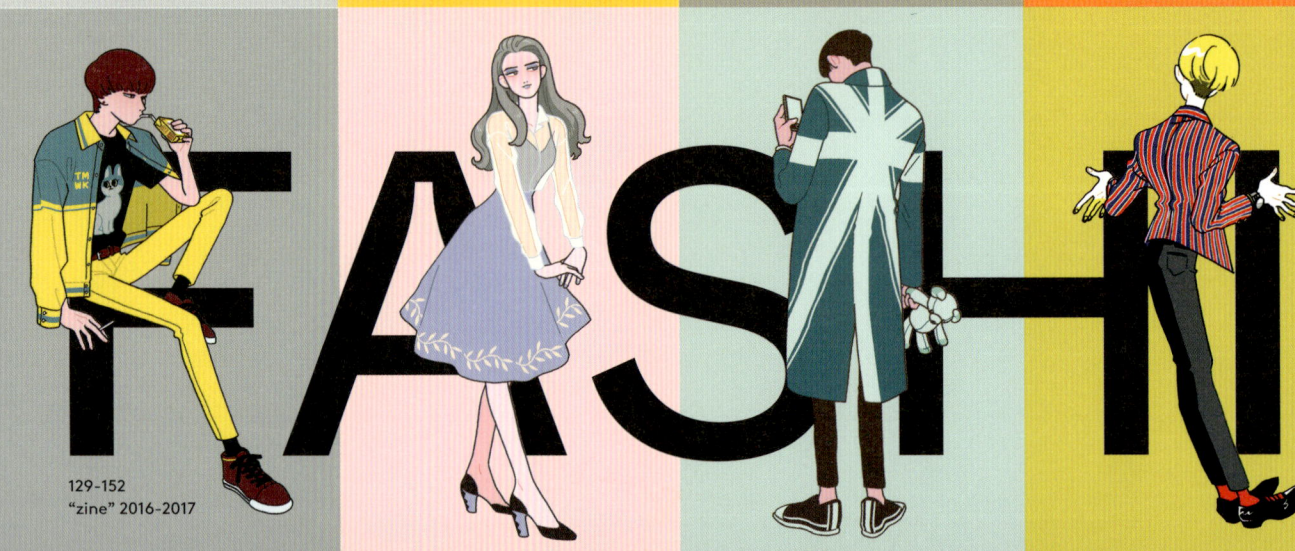

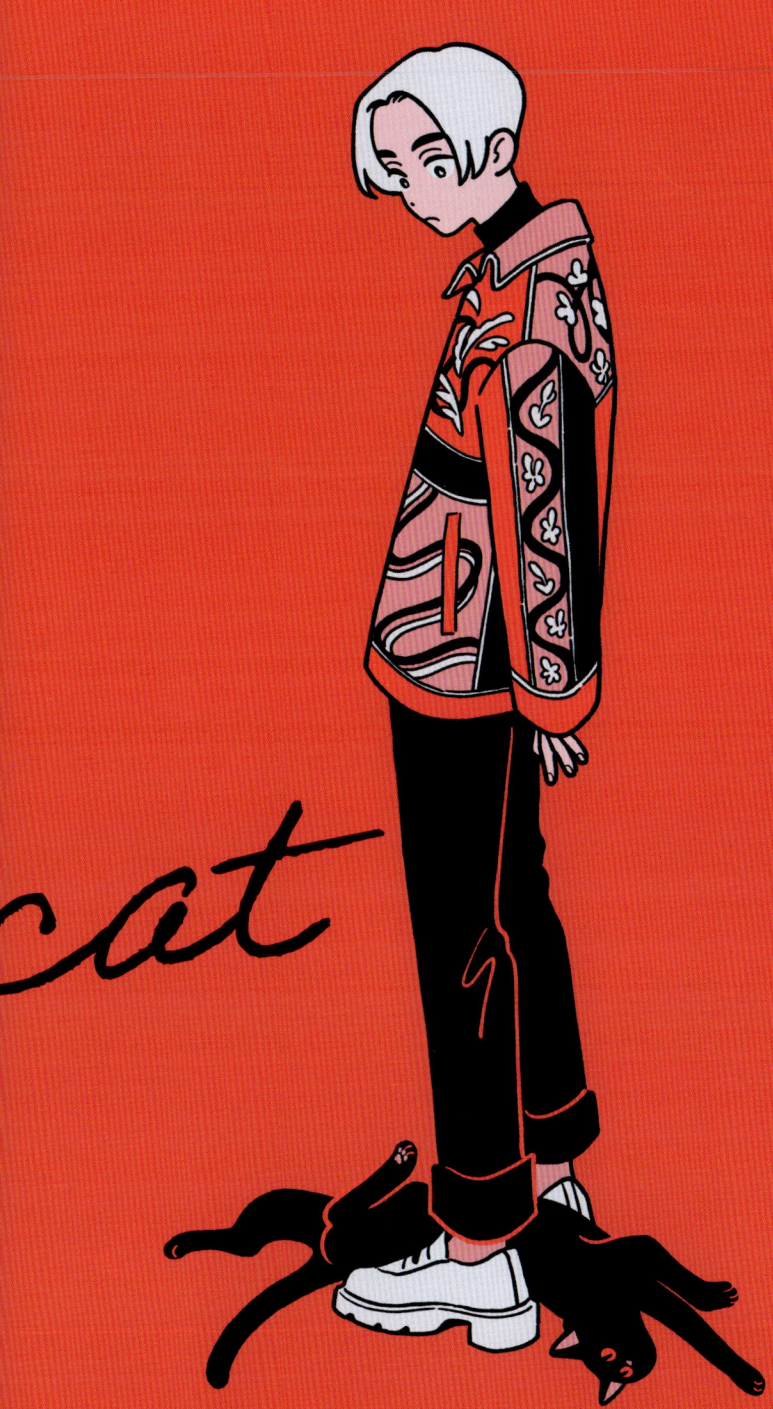

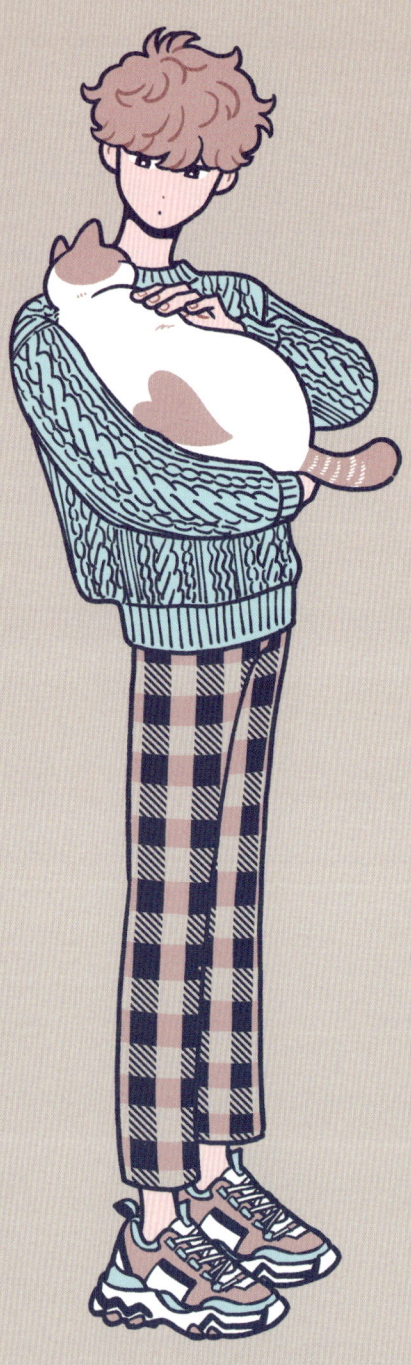

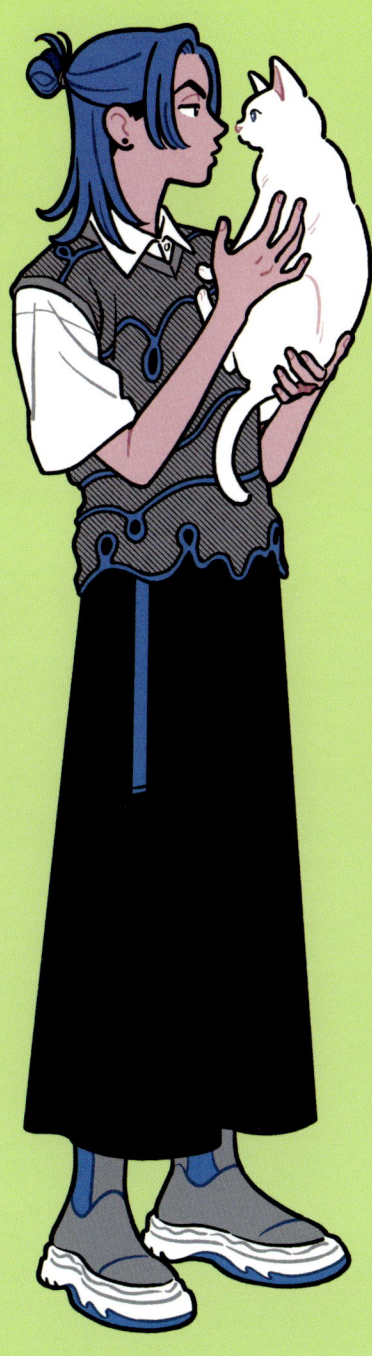

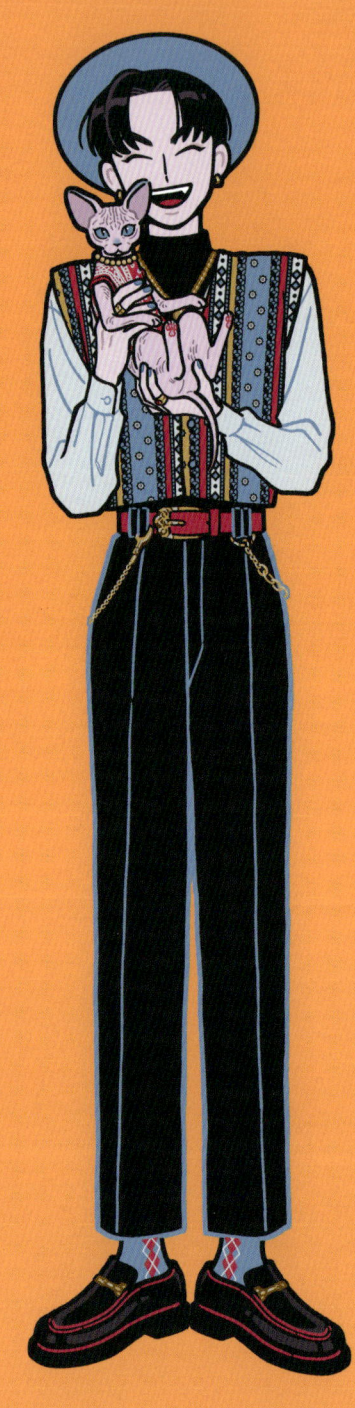

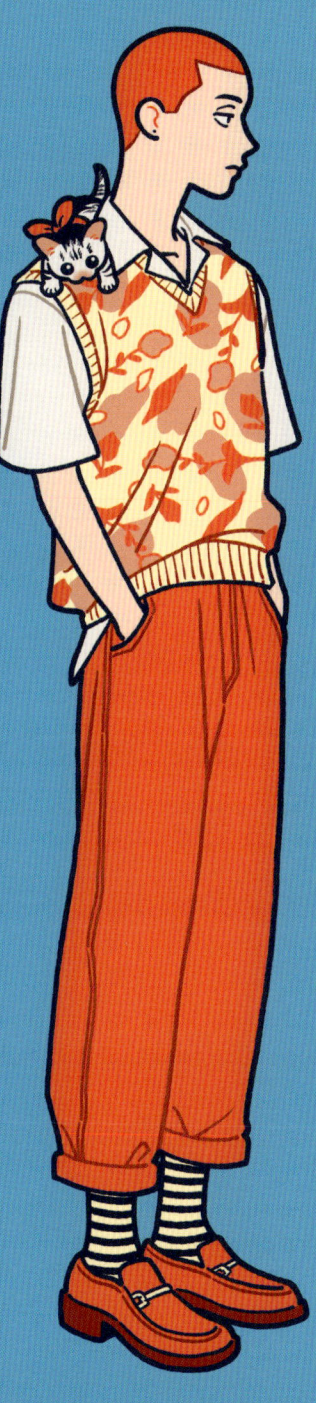

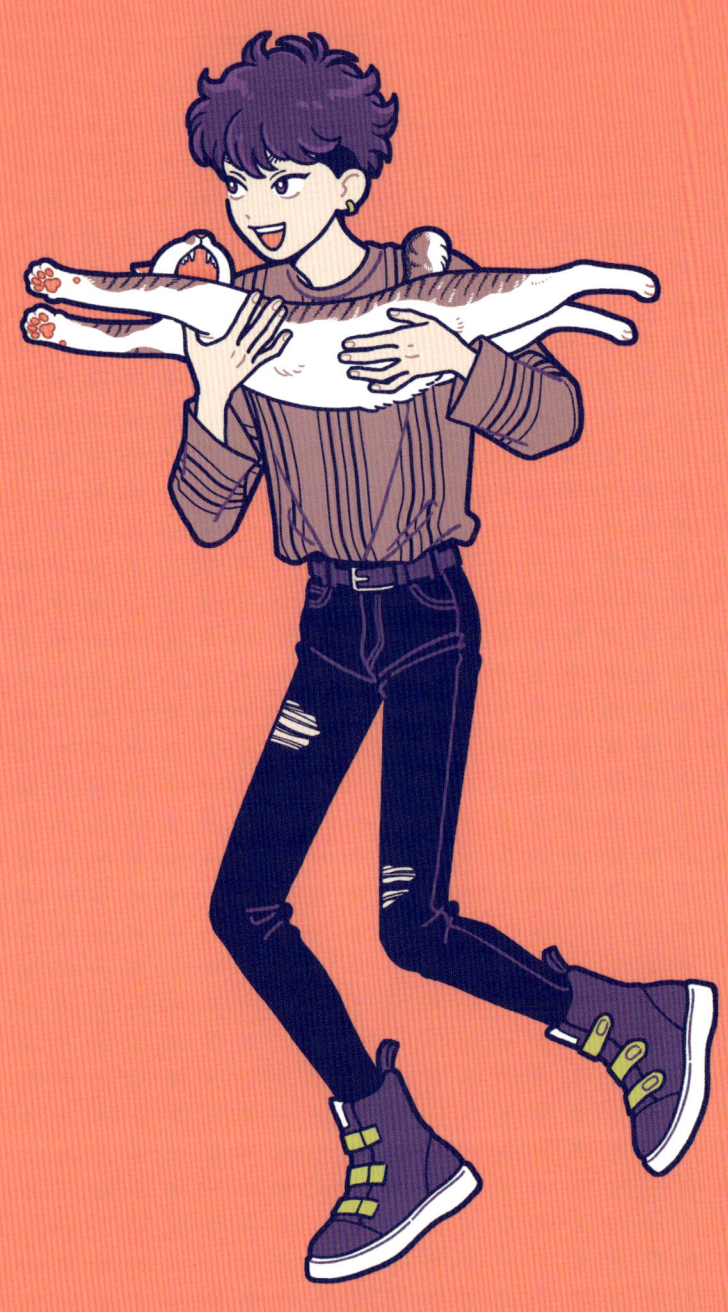

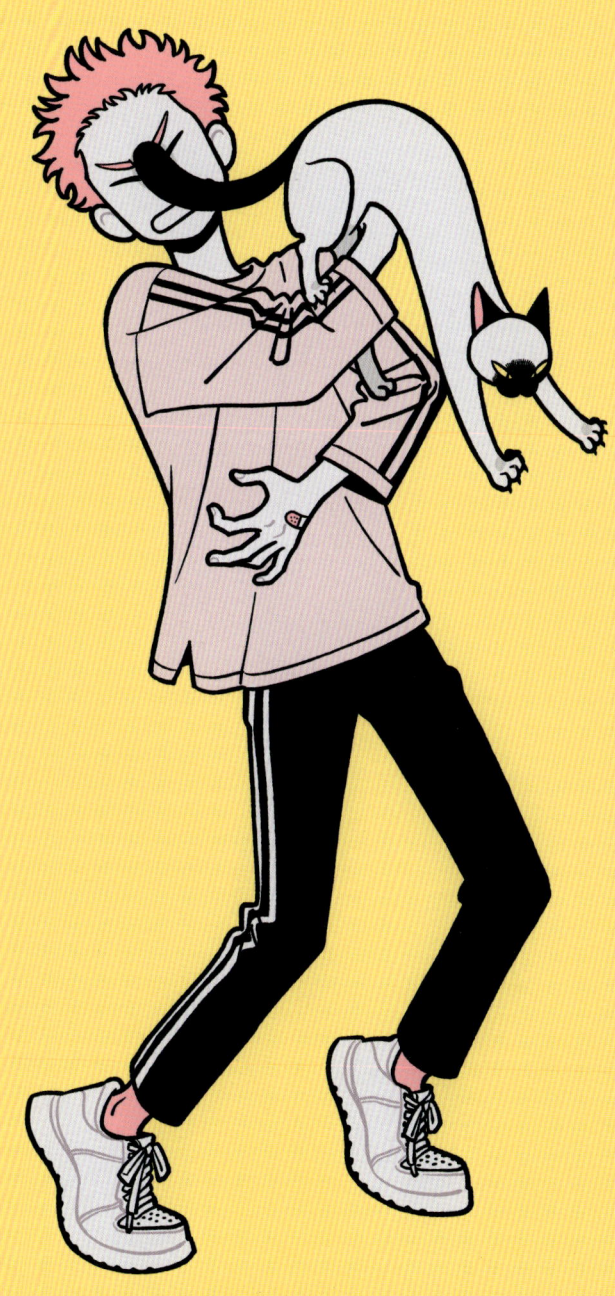

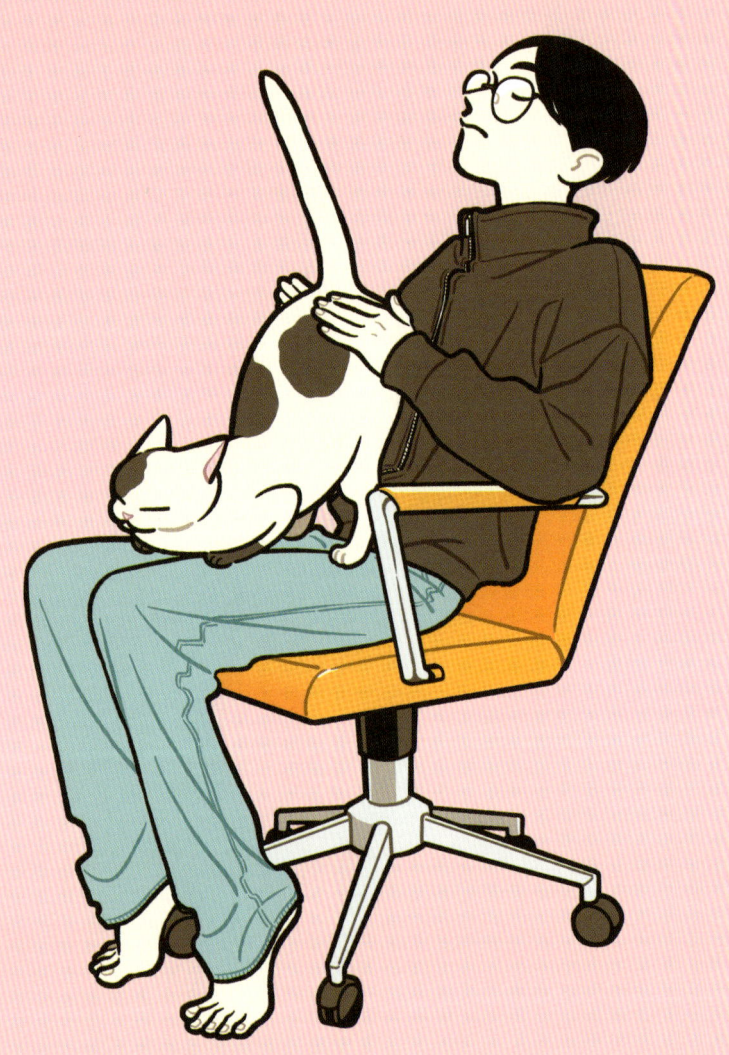

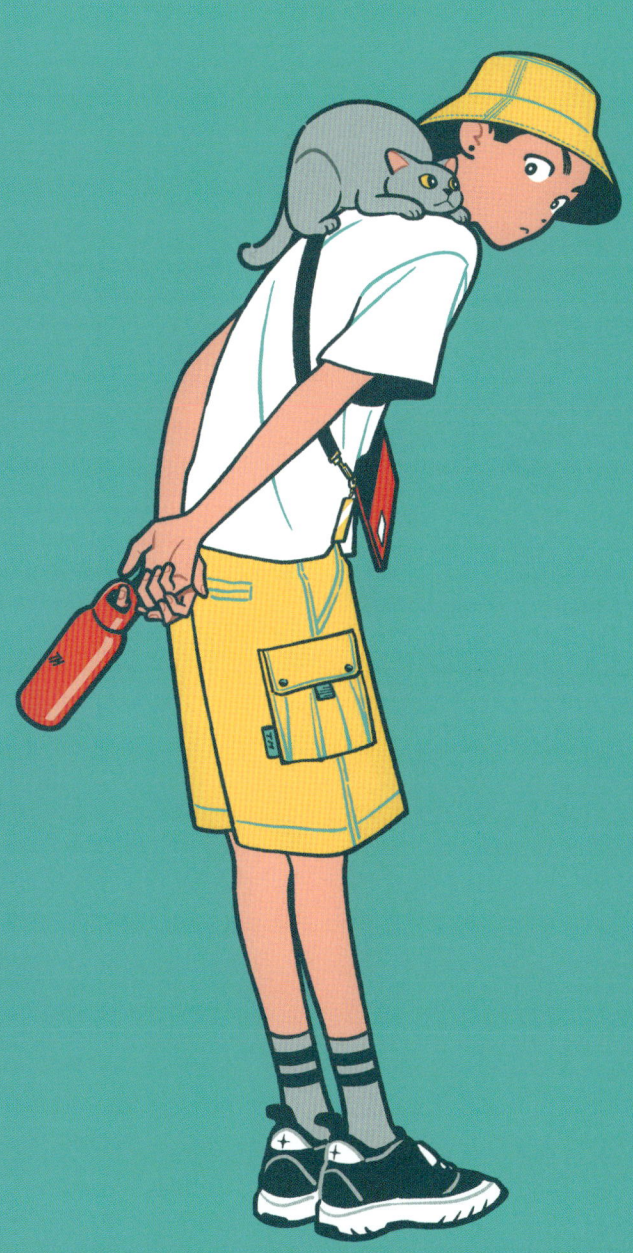

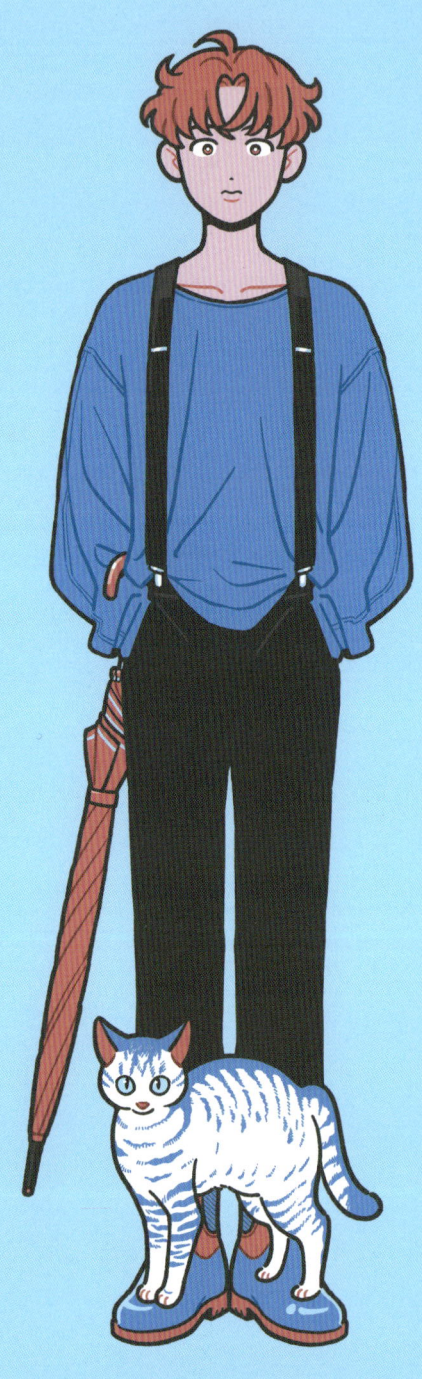

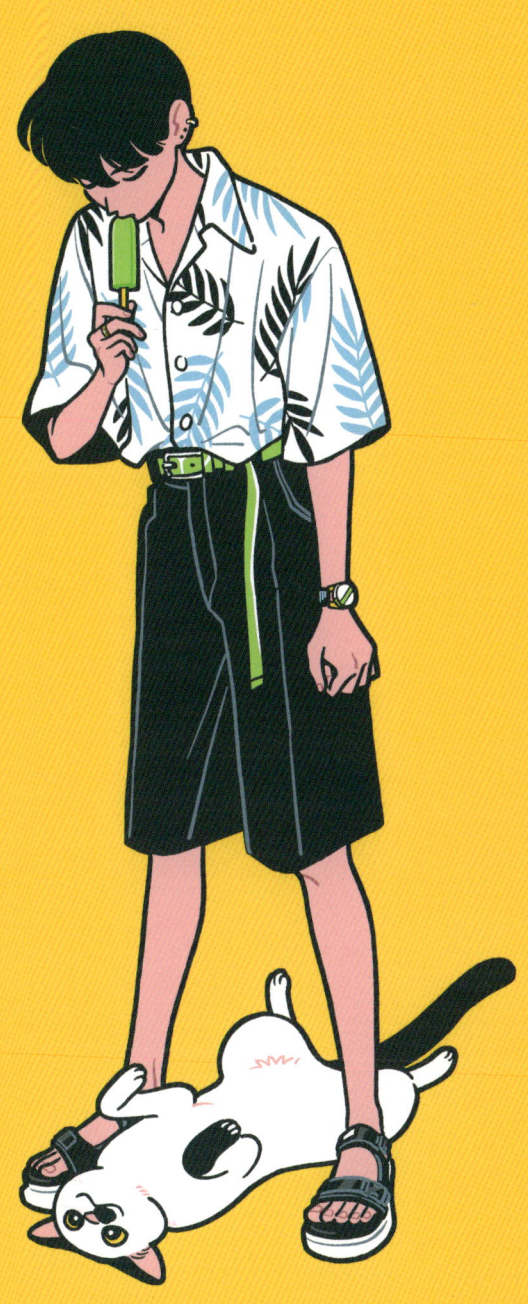

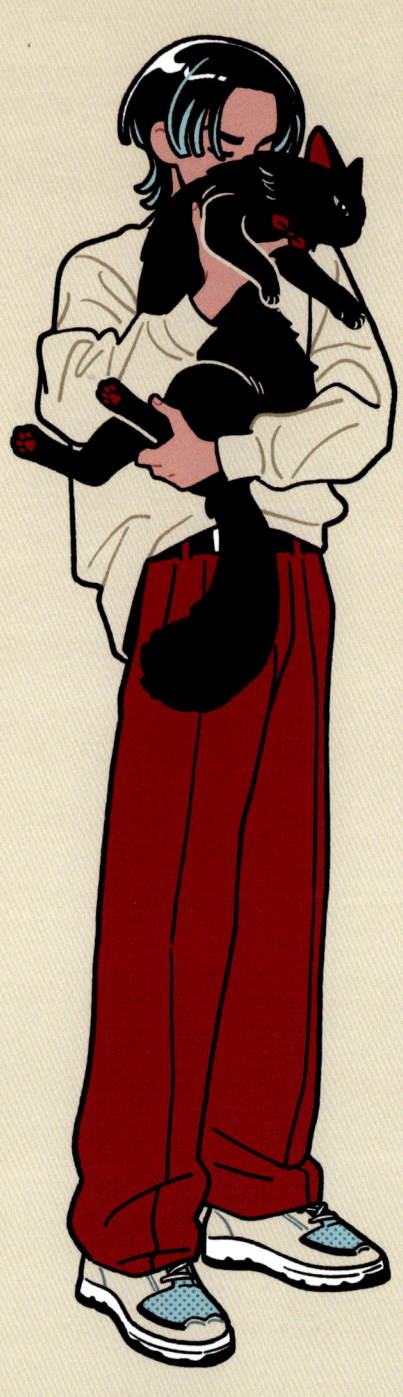

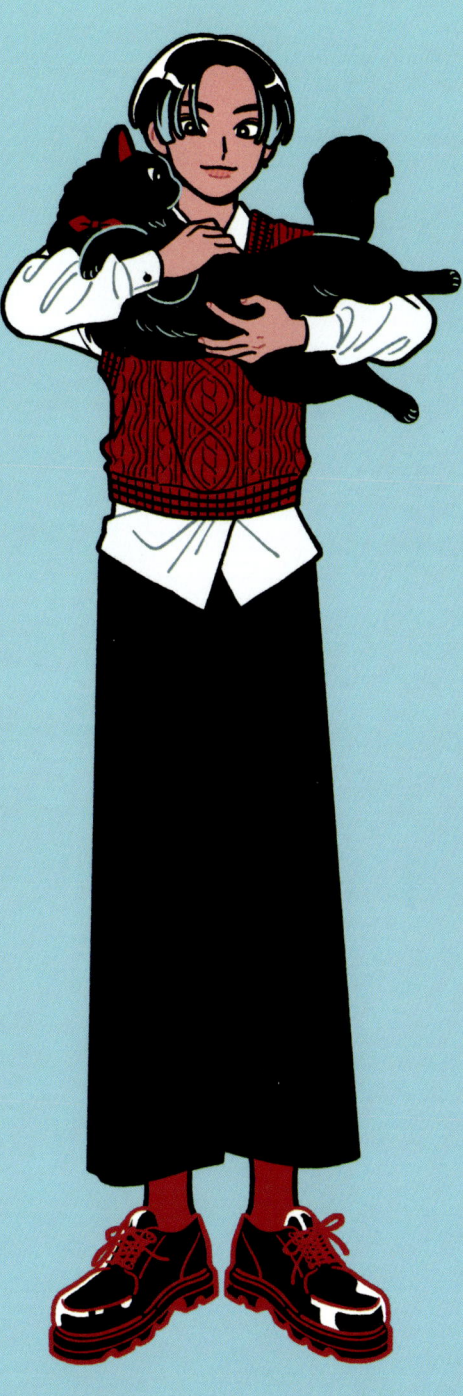

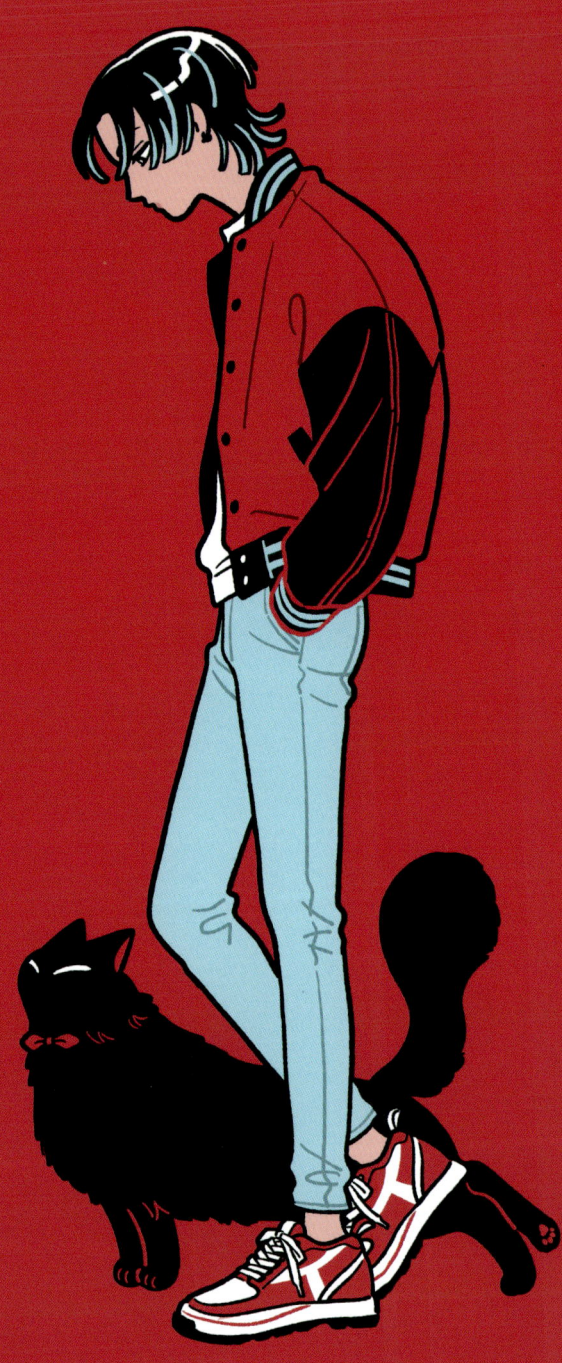

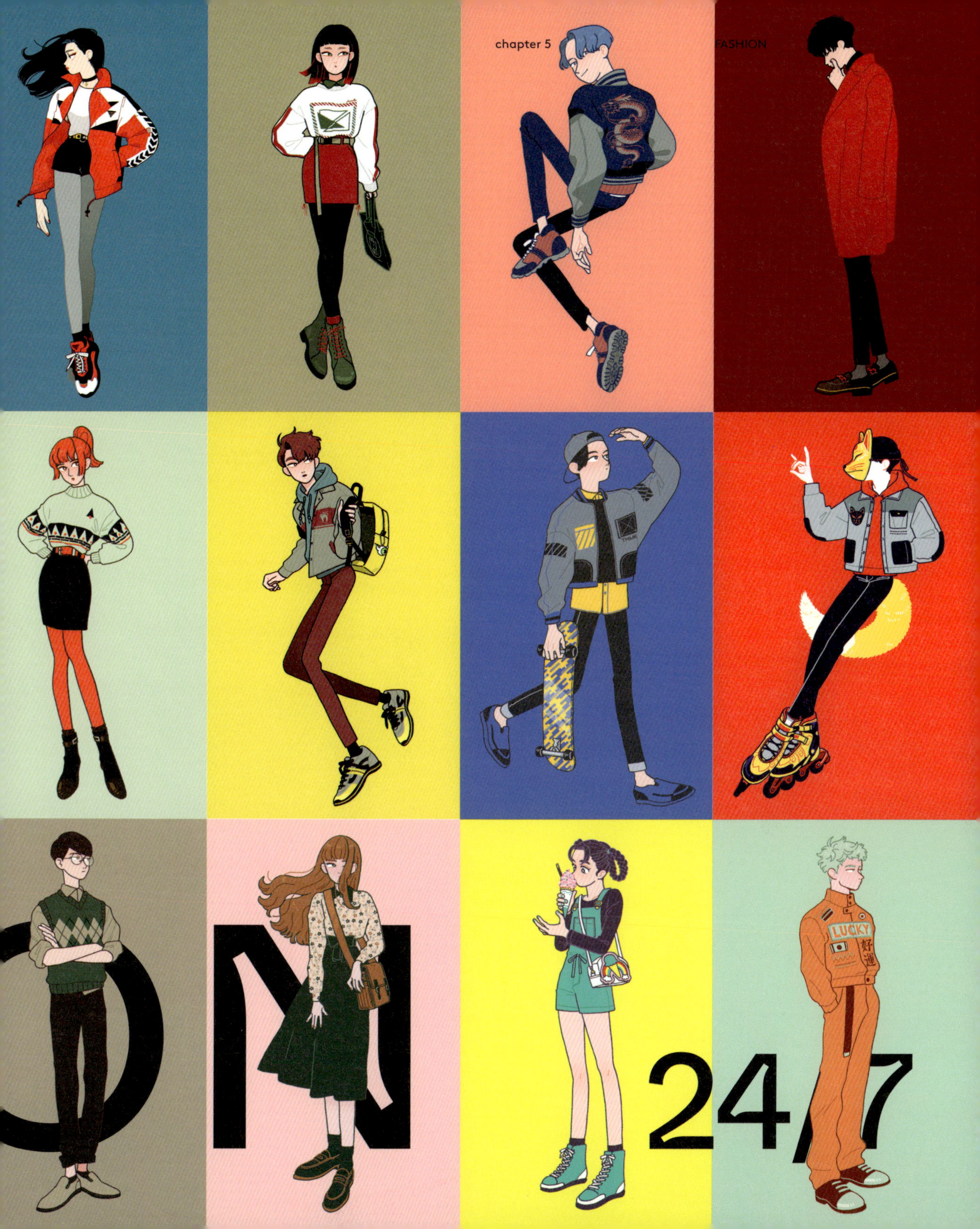

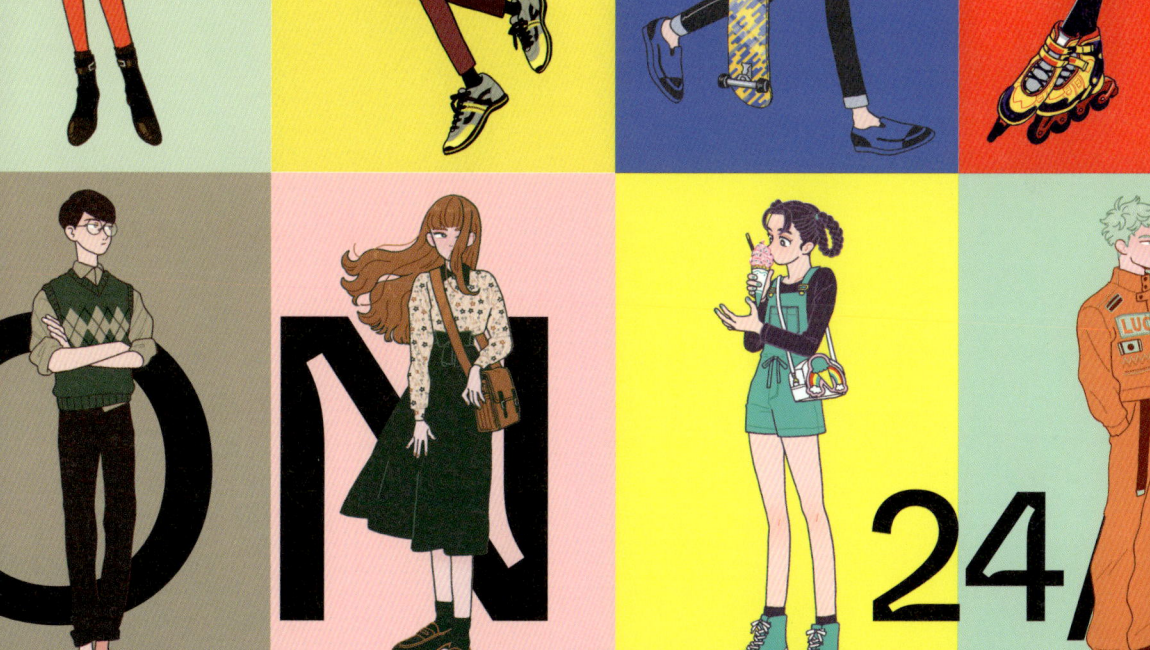

chapter 5

24/7

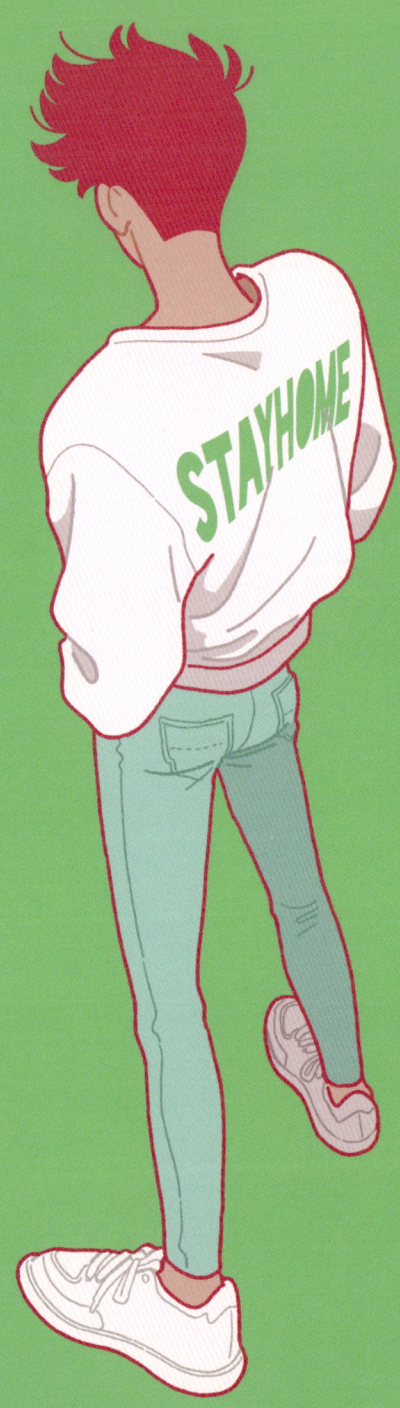

153
"stayhome" 2020

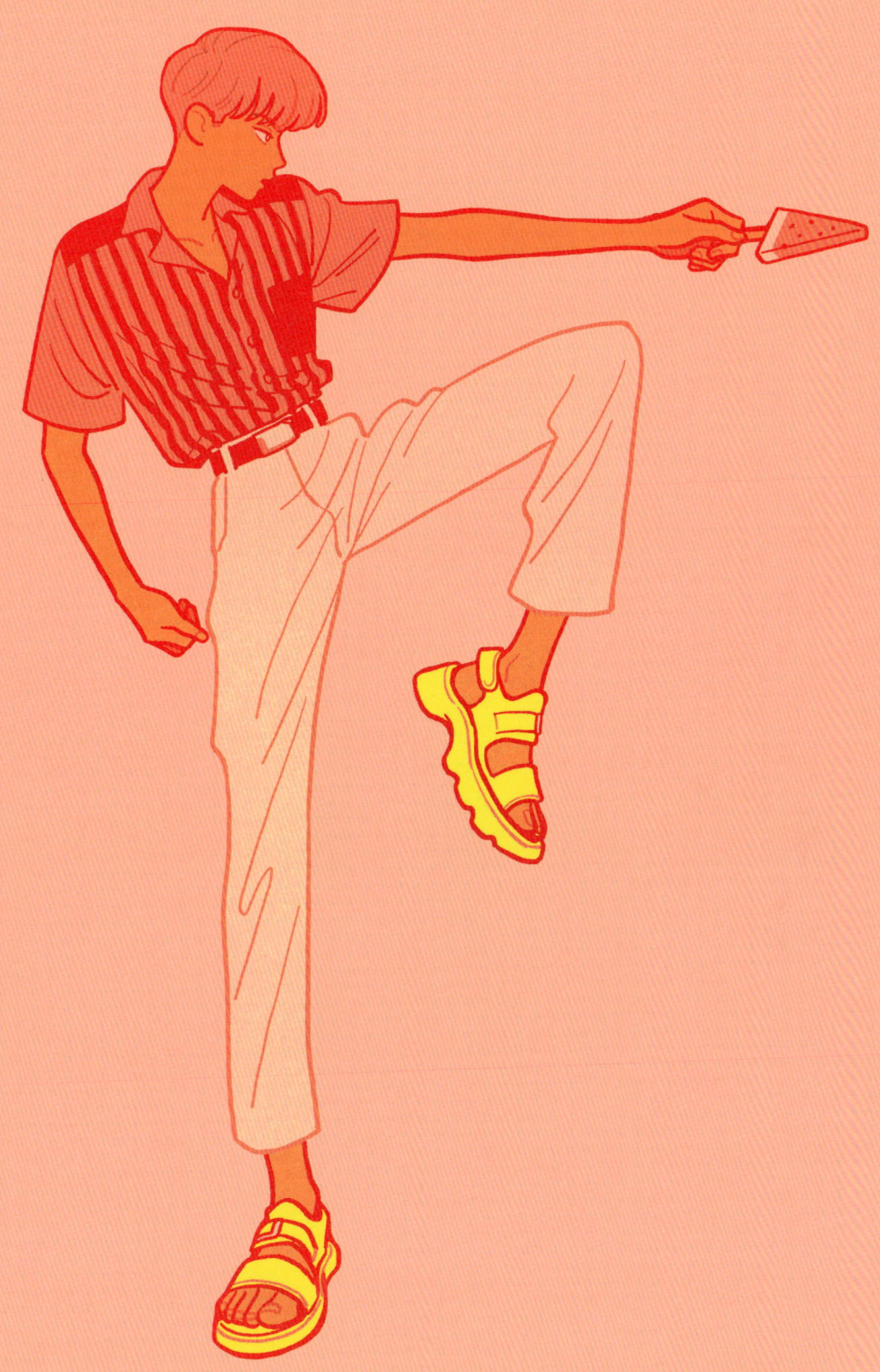

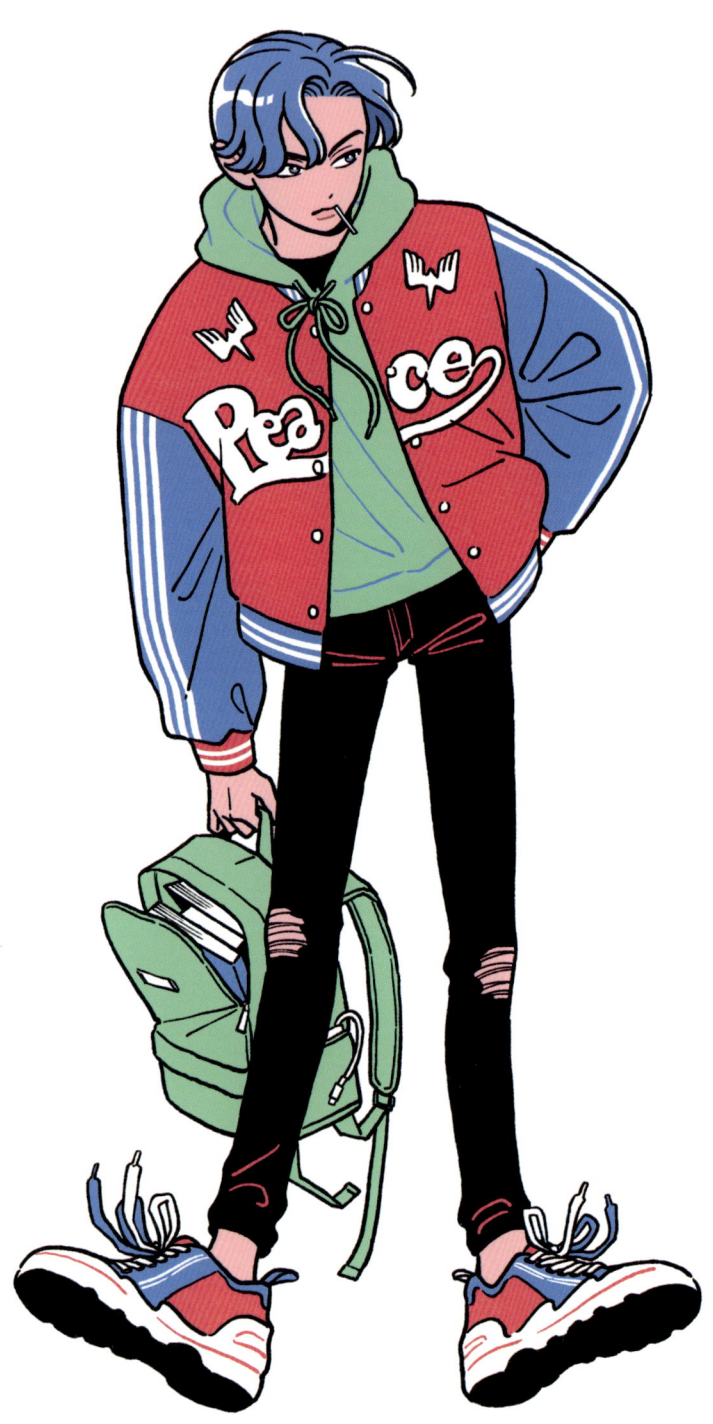

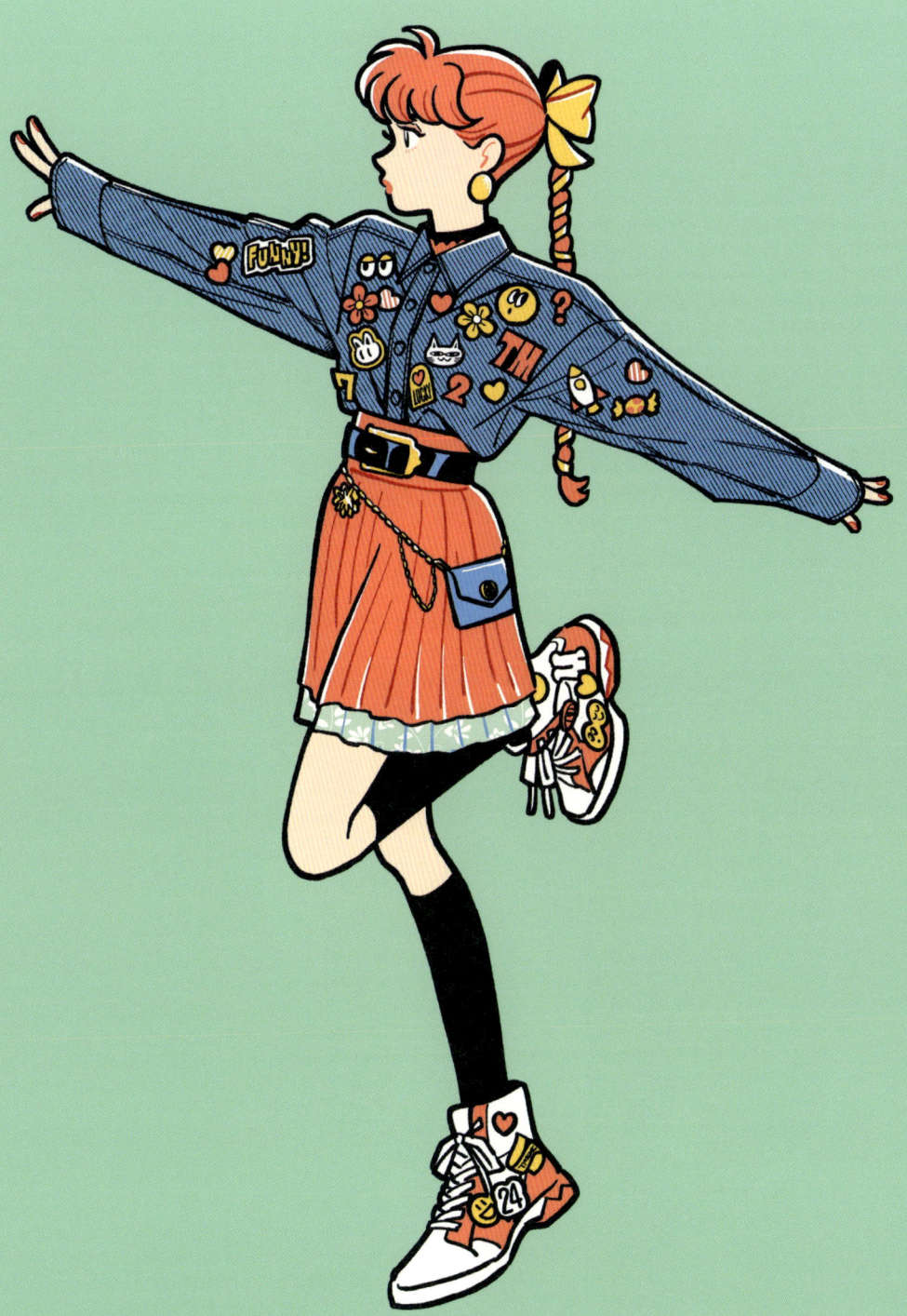

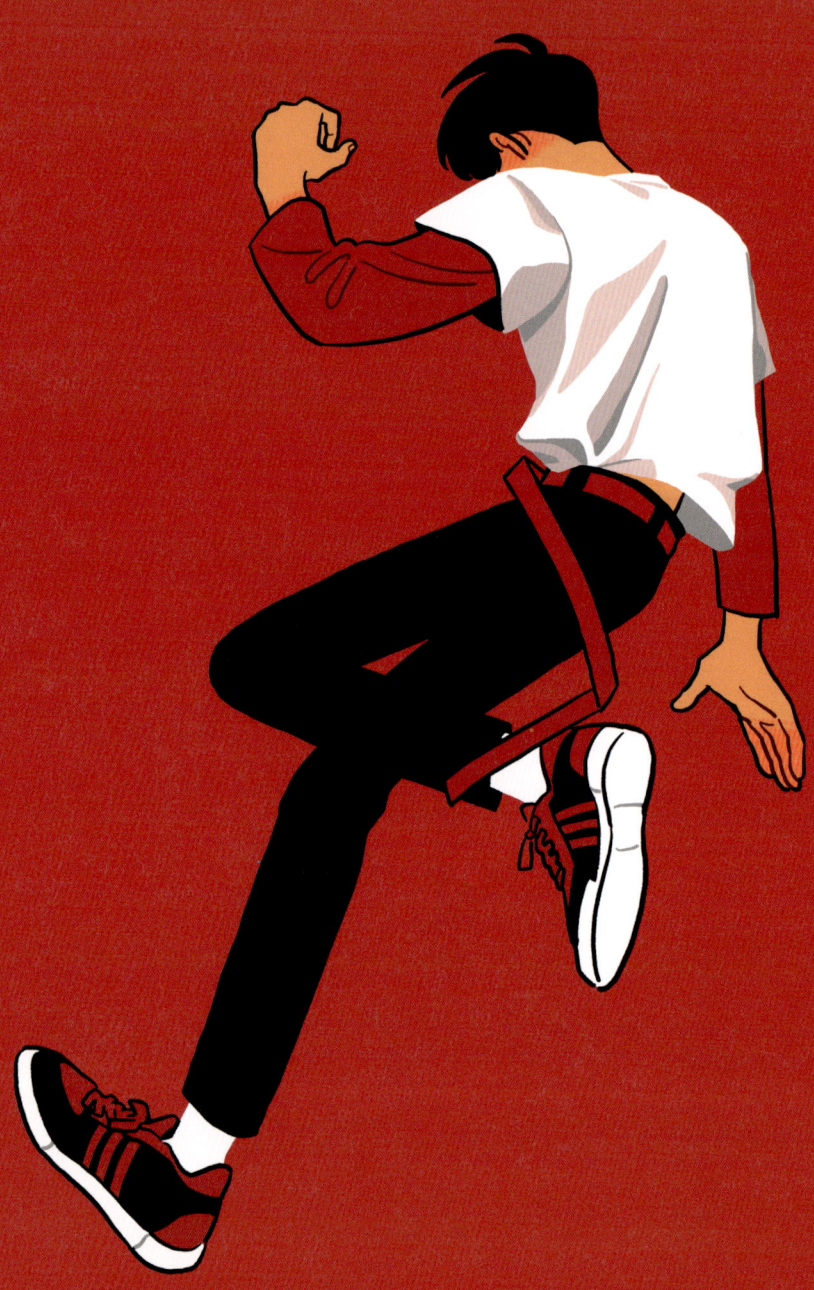

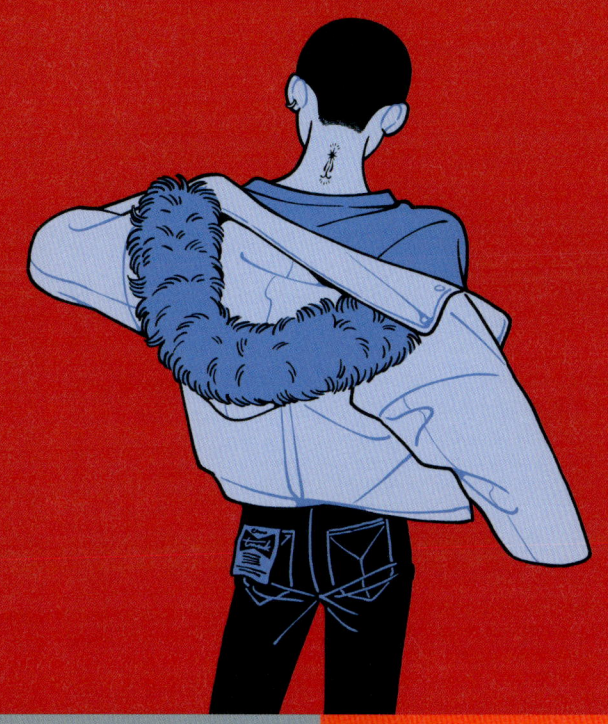

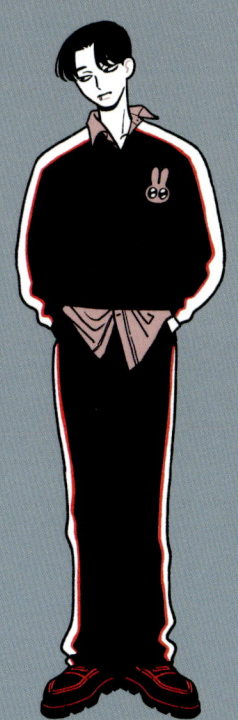

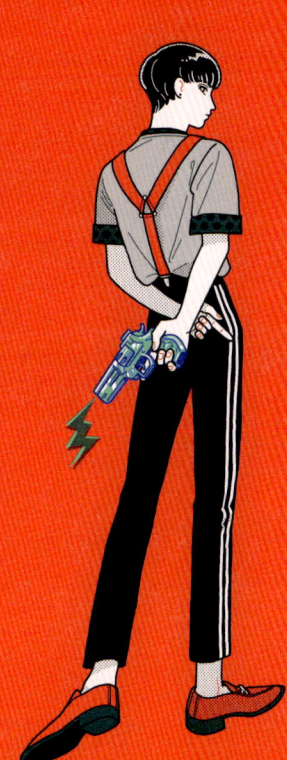

158
"DOPE" 2023

159
"兎" 2023

160
"Gun" 2019

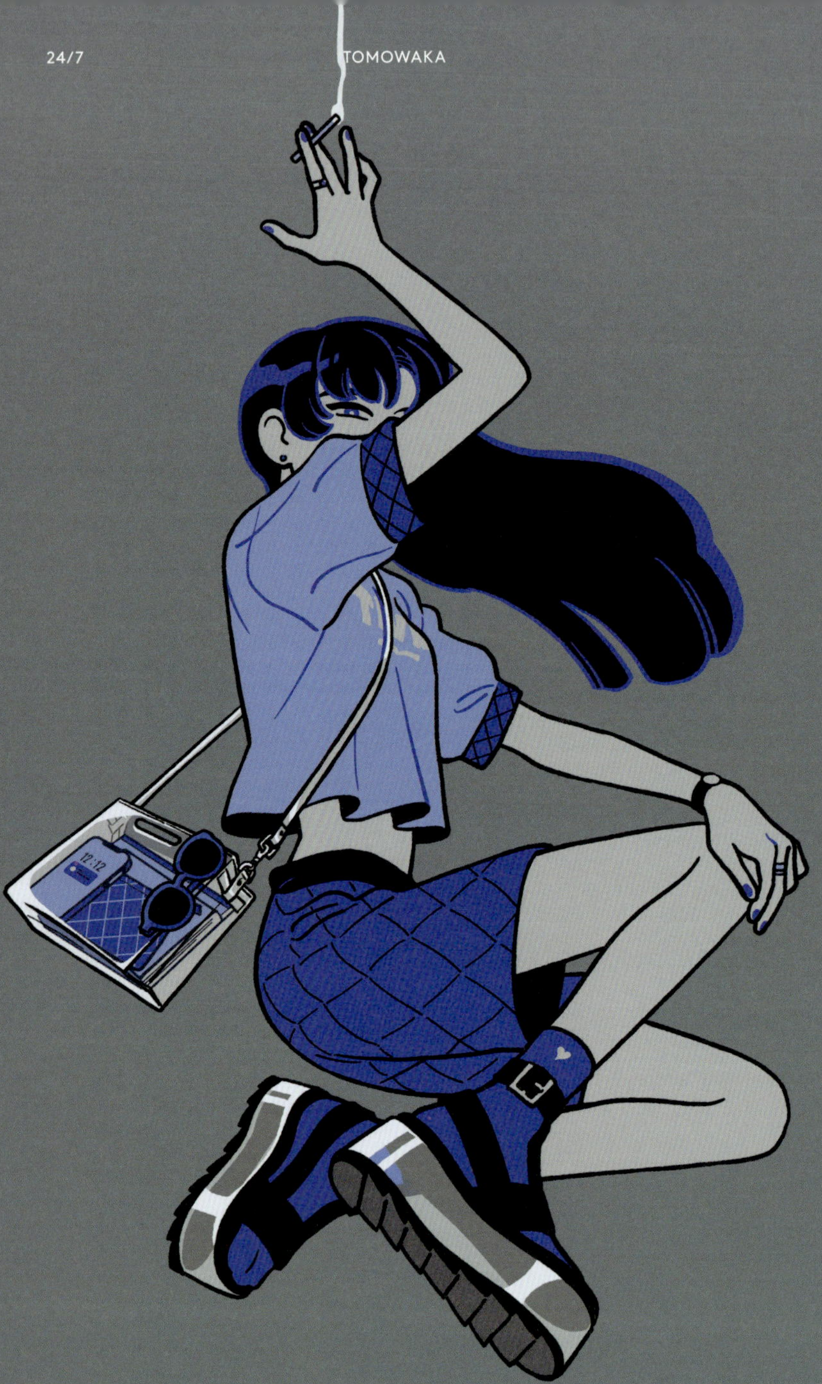

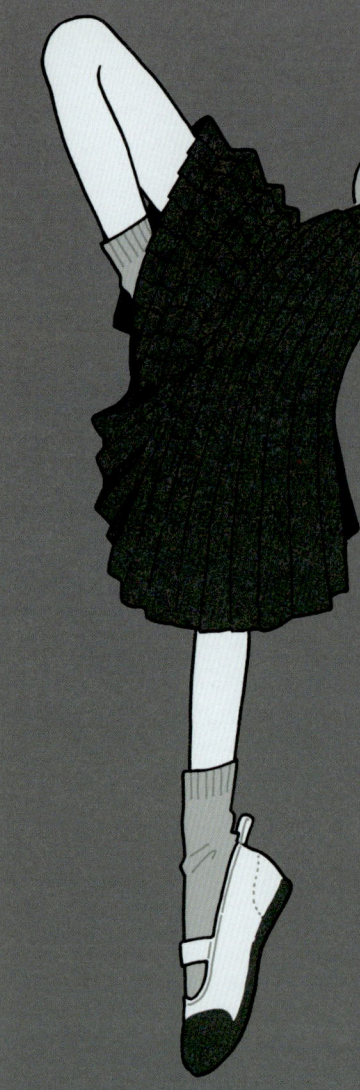

161
"Blue" 2022

162
"刀女子" 2017

163
"無題" 2019

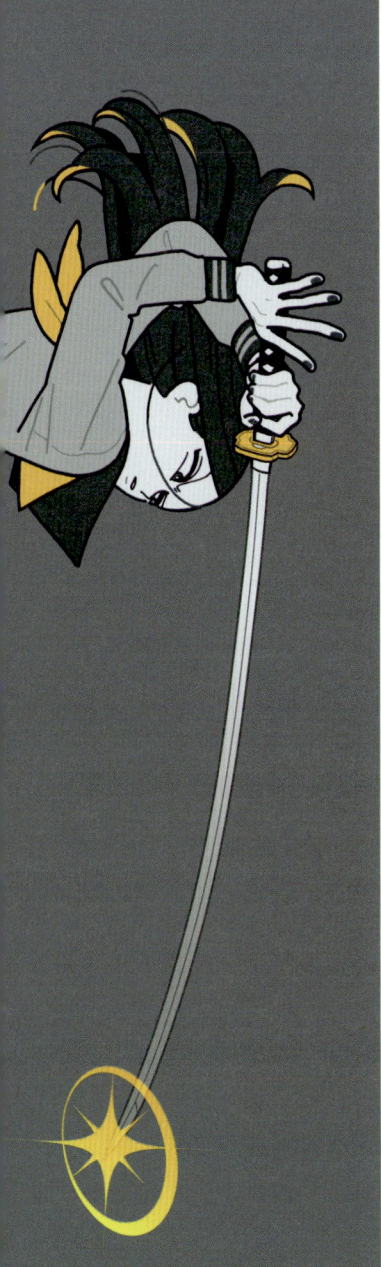

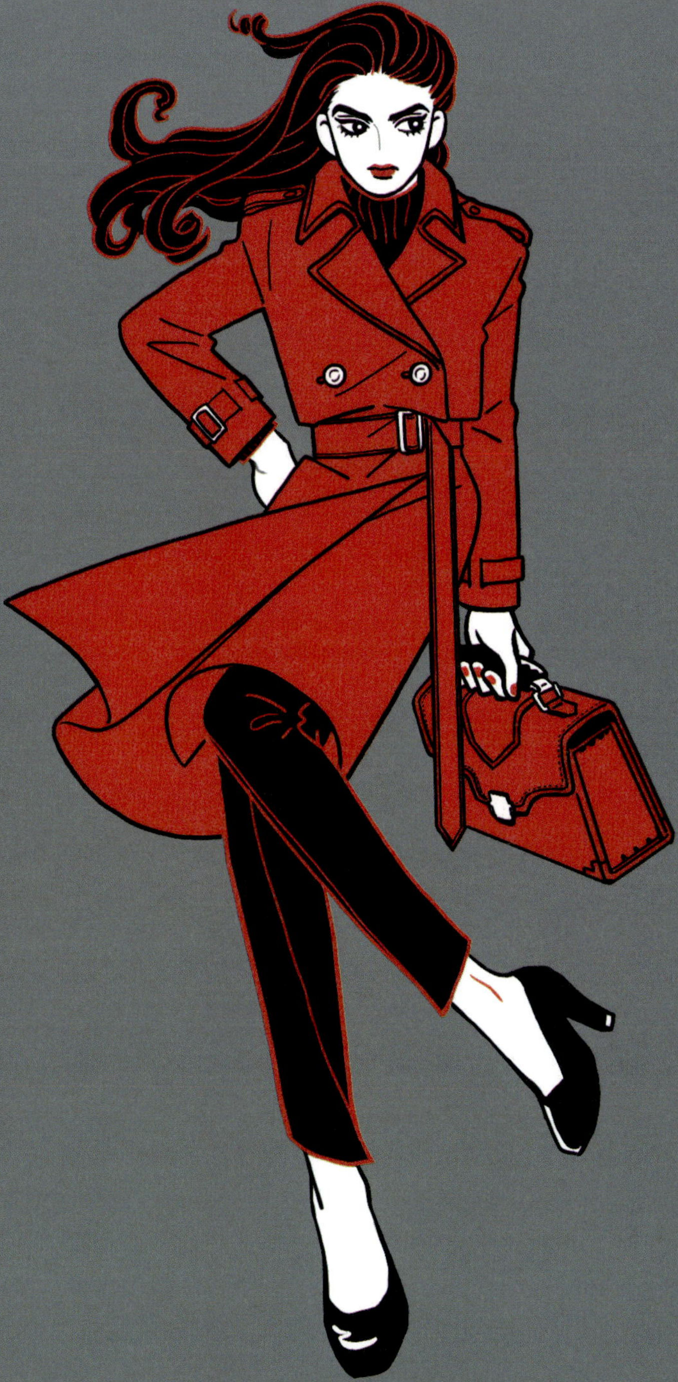

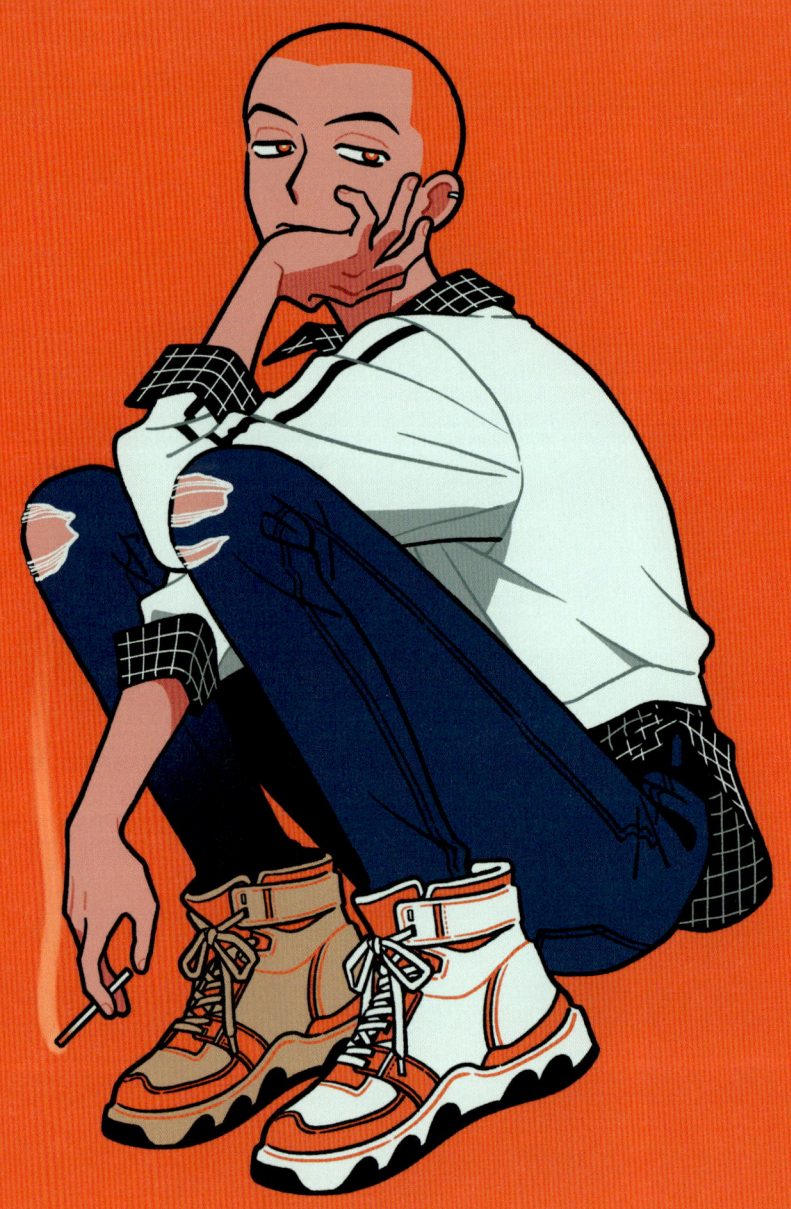

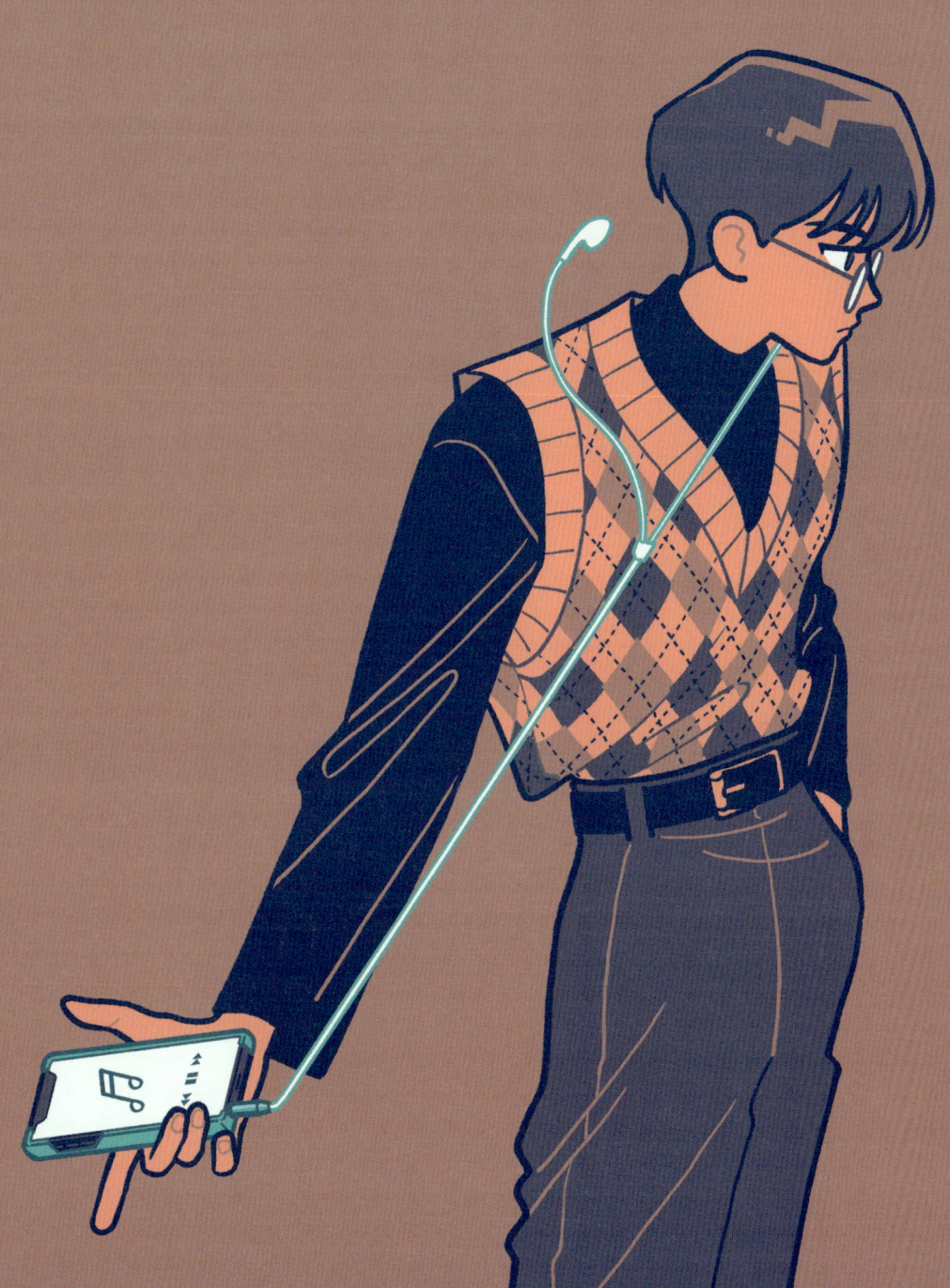

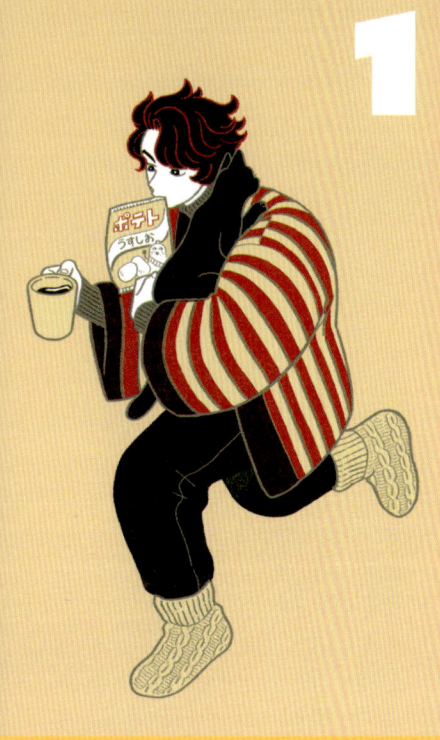

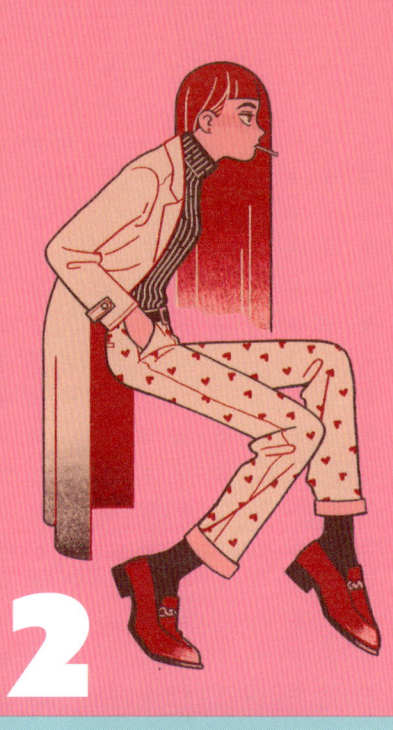

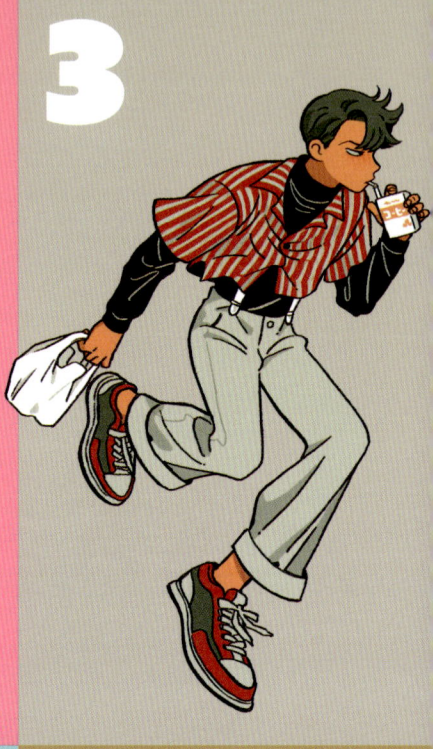

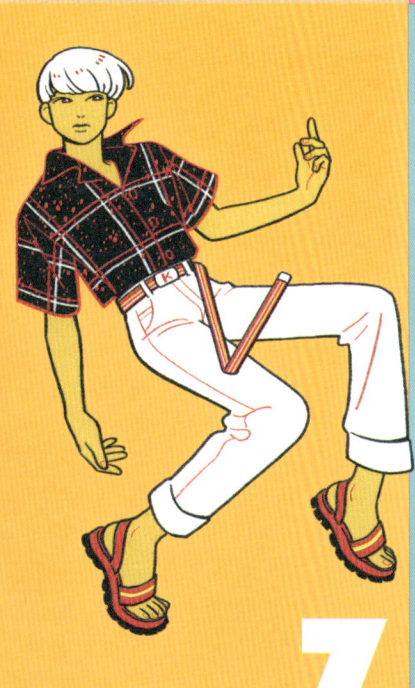

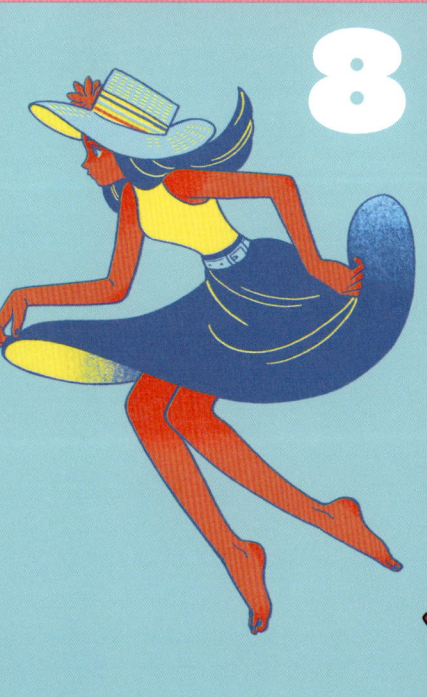

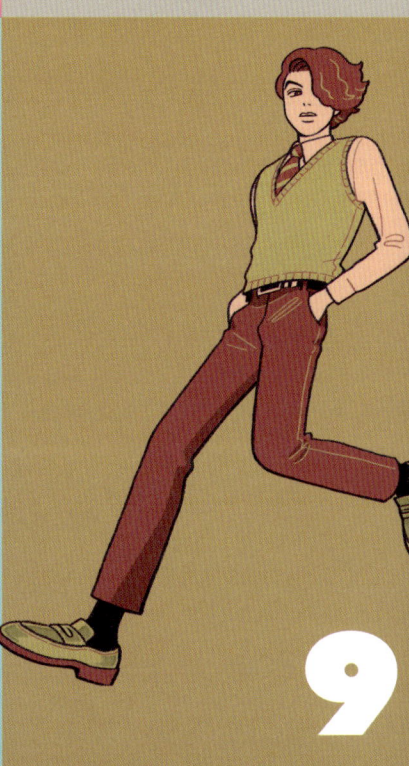

166-177
"カレンダー" 2020

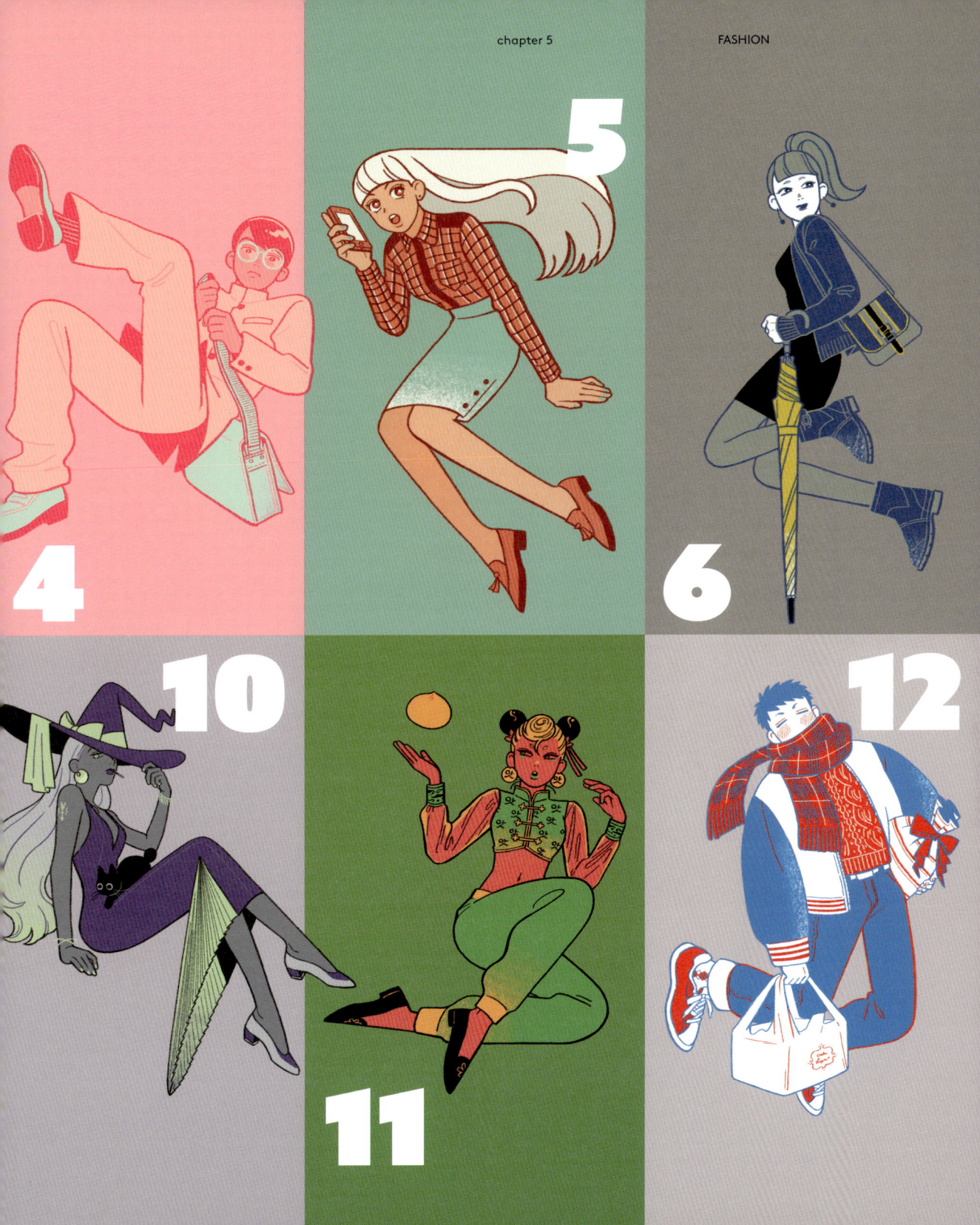

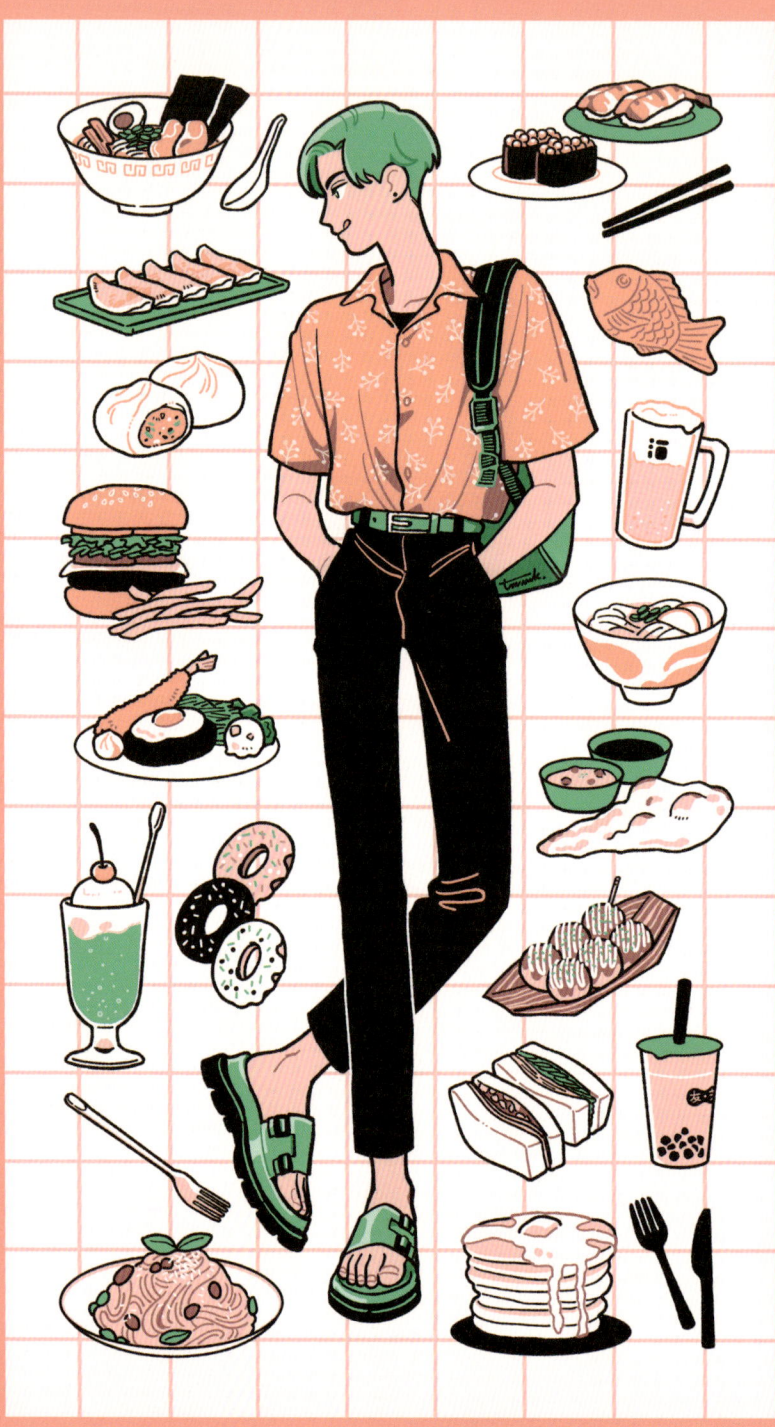

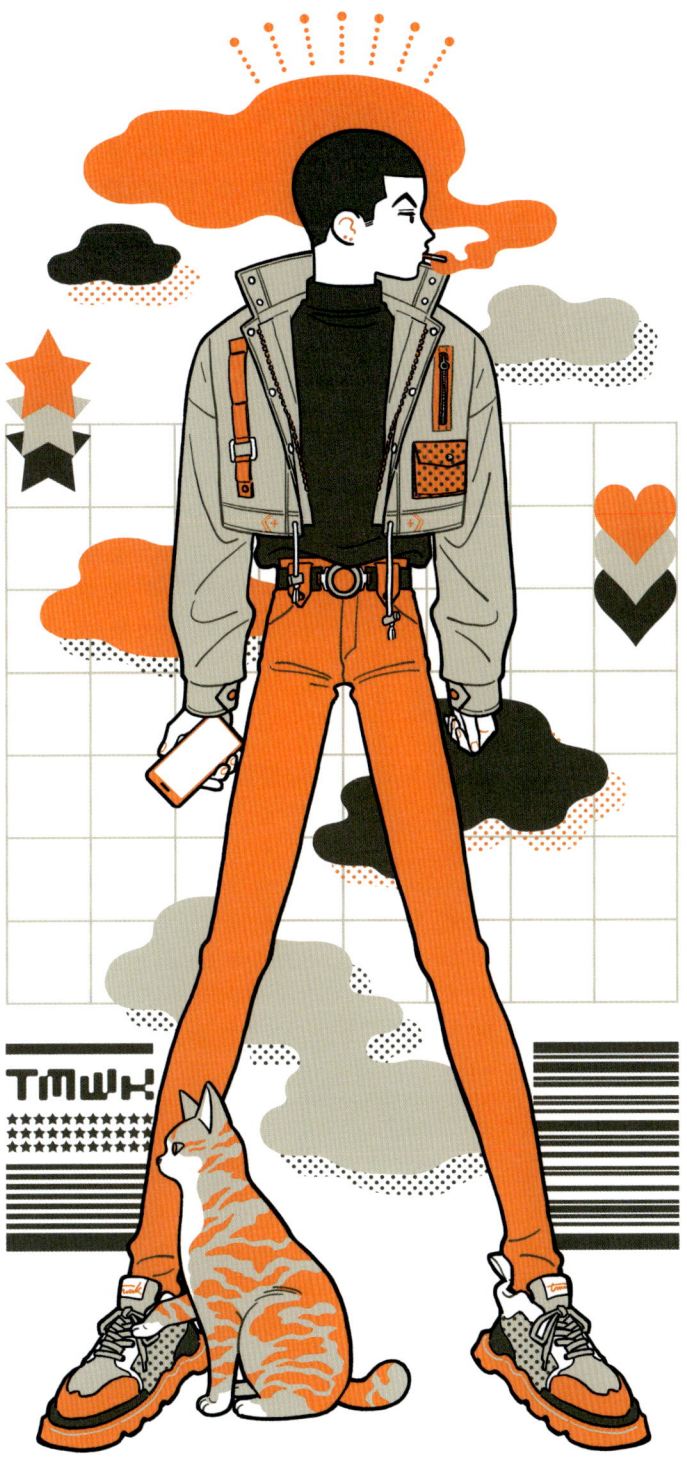

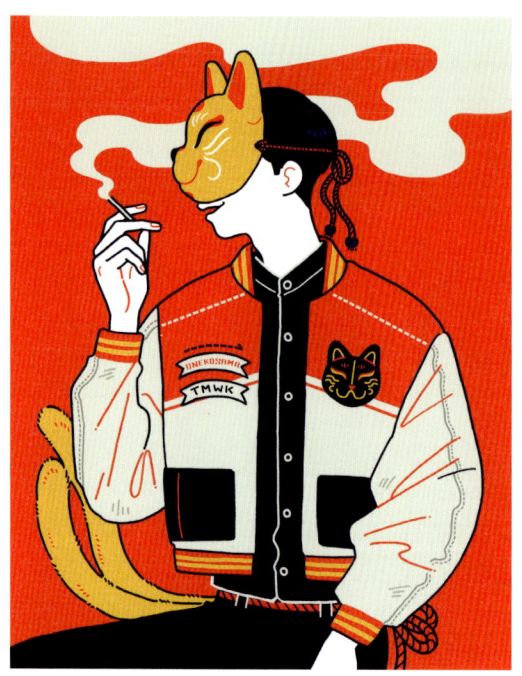

180
"猫面" 2018

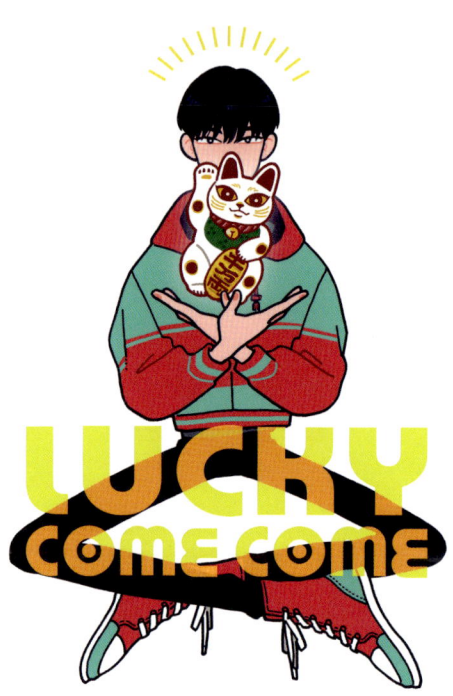

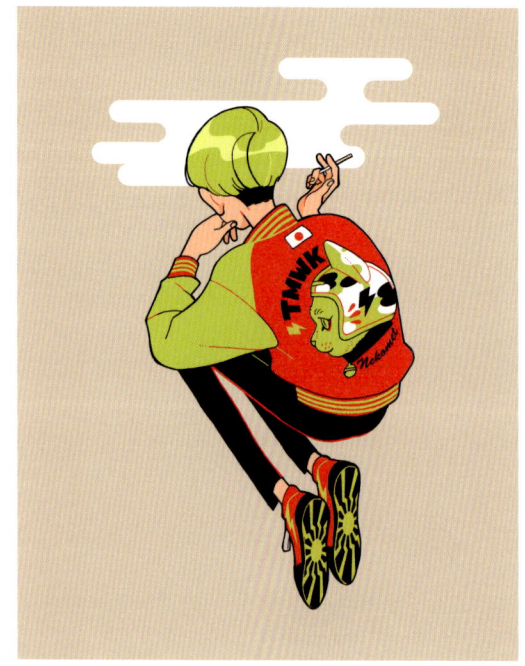

181
"無題" 2016

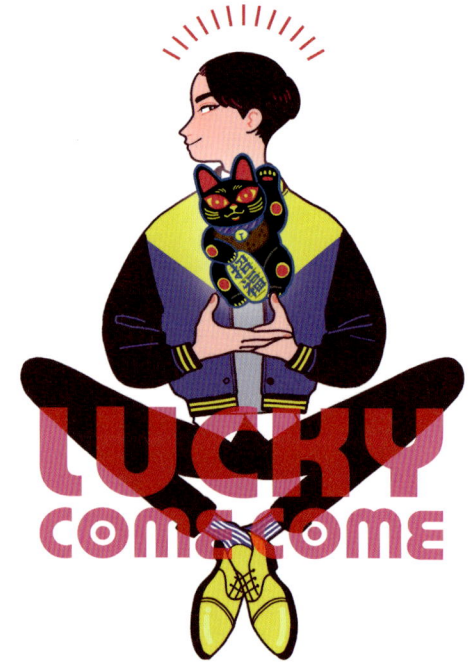

182-183
"lucky come come" 2018

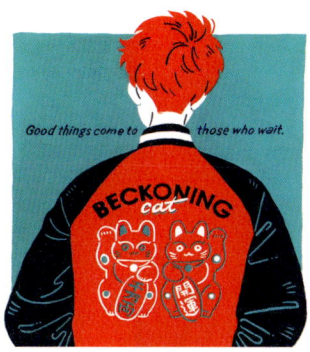

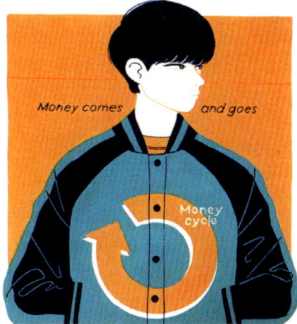

184-185
"諺" 2017

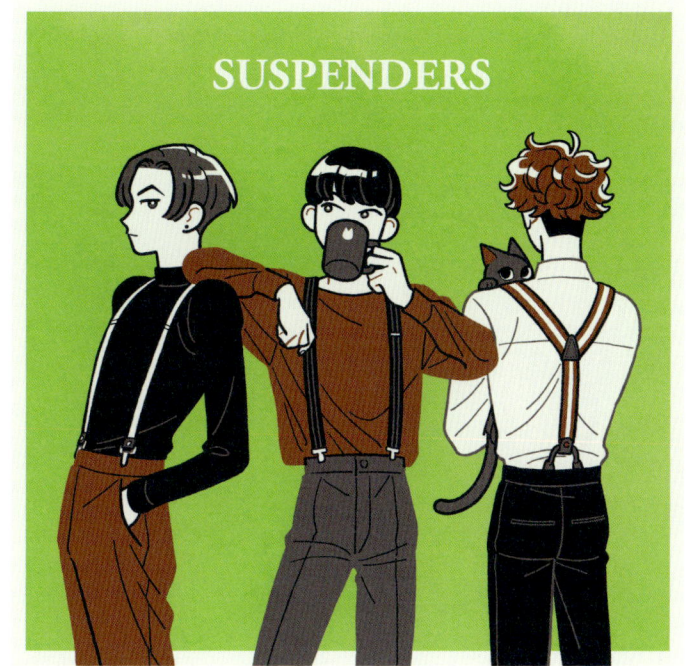

186
"SUSPENDERS" 2021

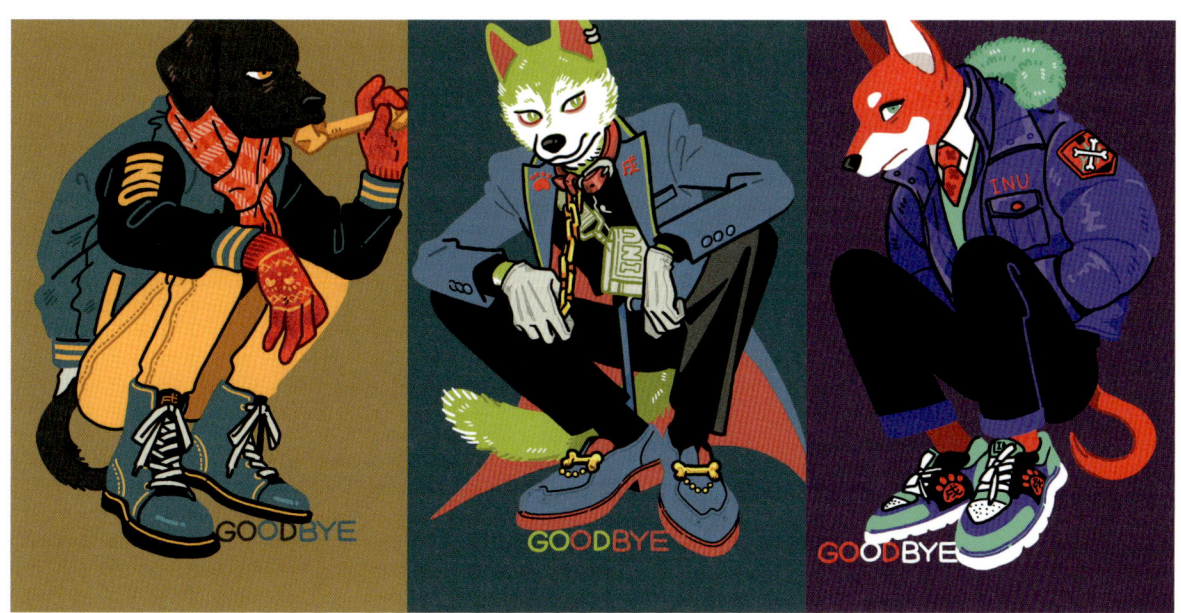

187-189
"DOGS" 2018

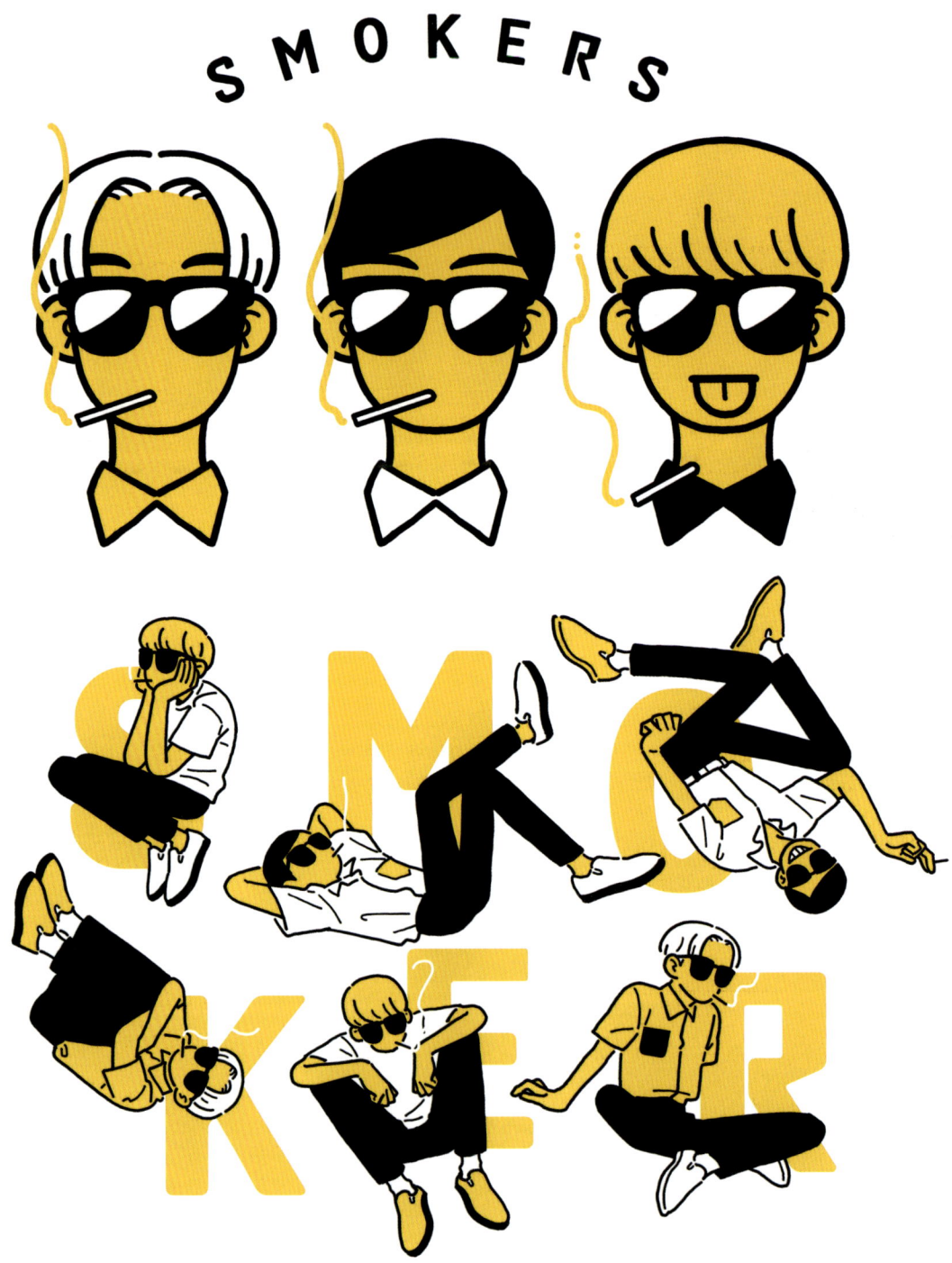

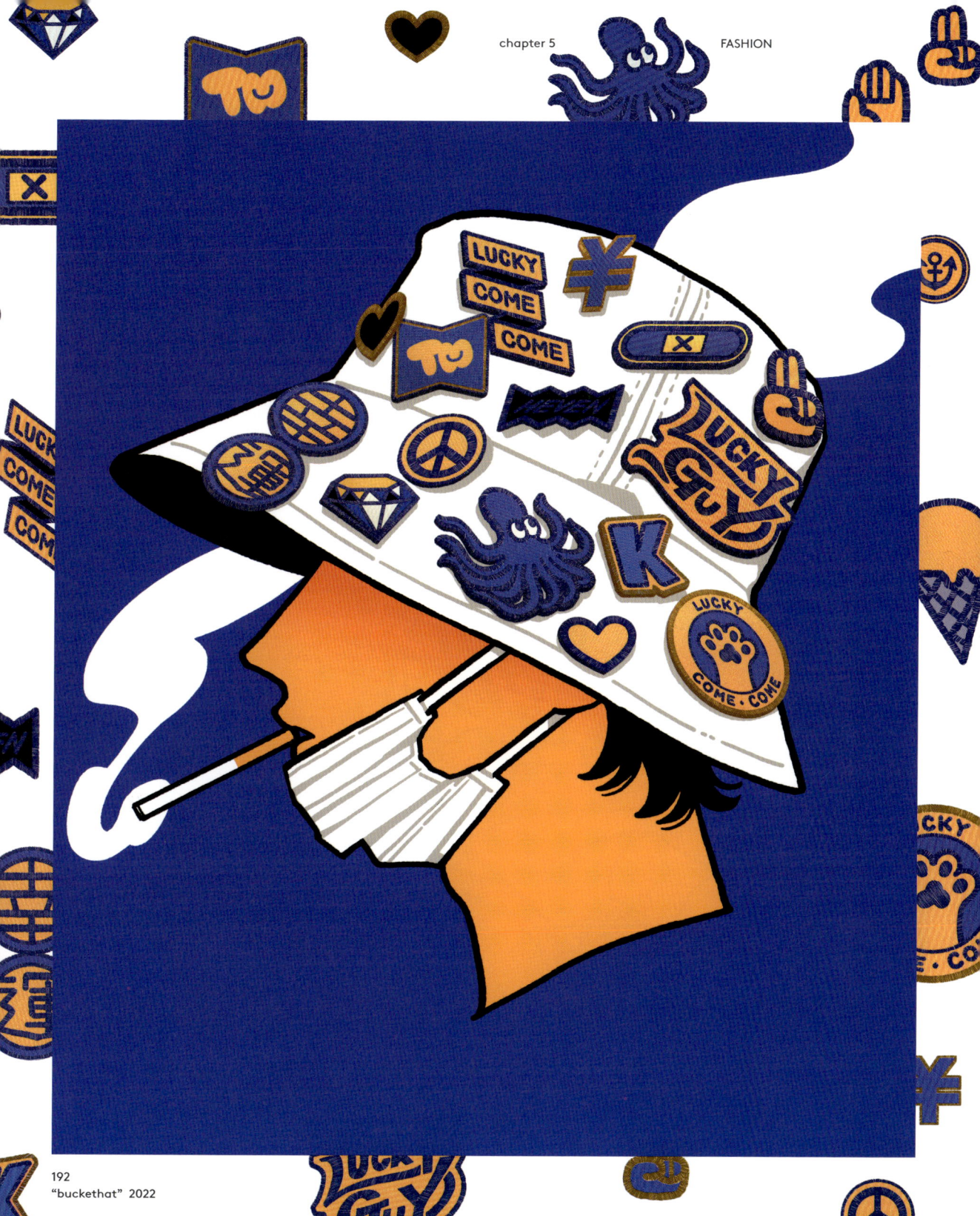

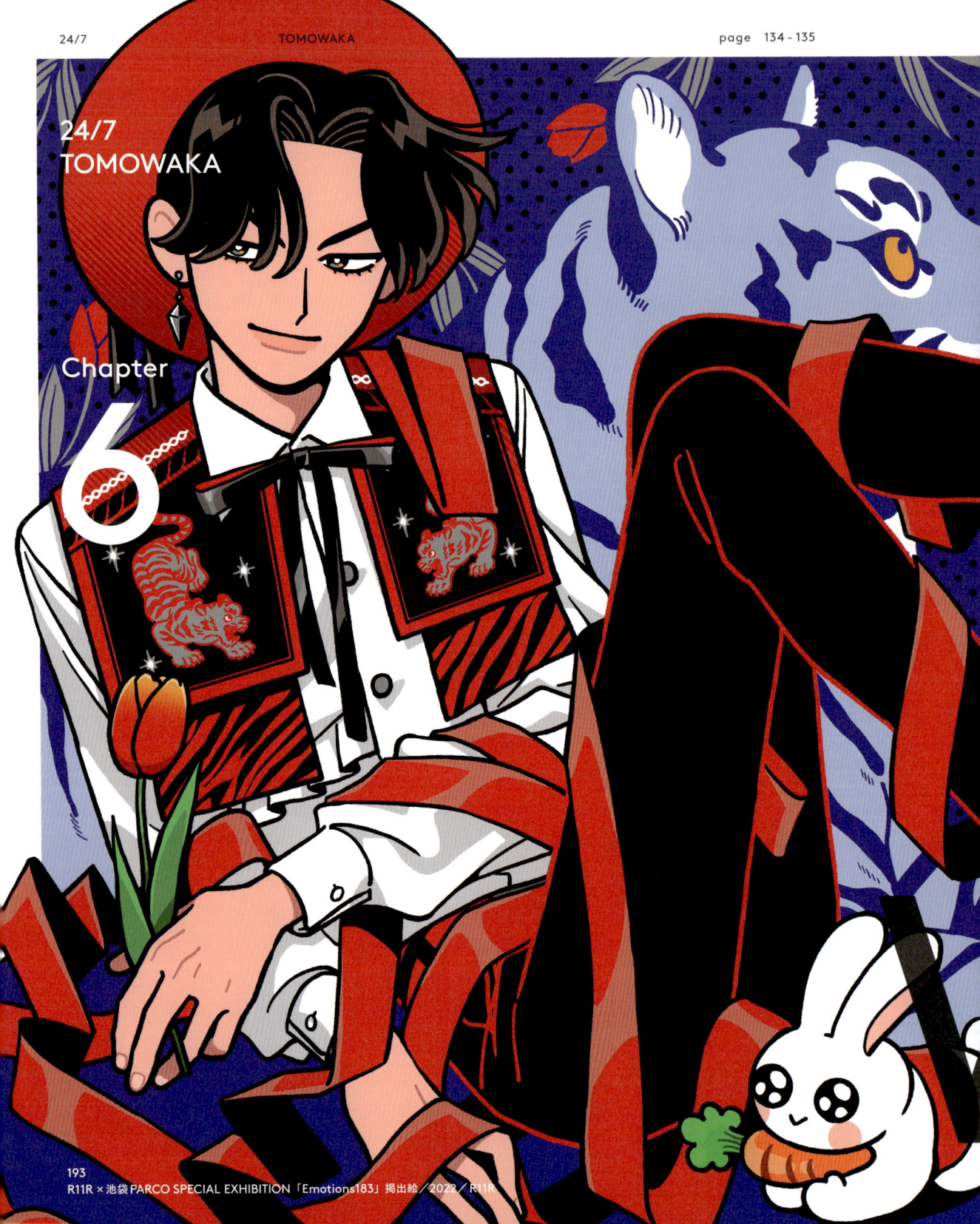

24/7
TOMOWAKA

Chapter

6

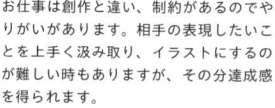

お仕事は創作と違い、制約があるのでやりがいがあります。相手の表現したいことを上手く汲み取り、イラストにするのが難しい時もありますが、その分達成感を得られます。

Work is rewarding because it has constraints, in contrast to purely creating. Sometimes it is difficult to identify precisely what the other person wants to express and turn it into an illustration, but the sense of achievement I get is all the greater for that effort.

24/7
ORKS

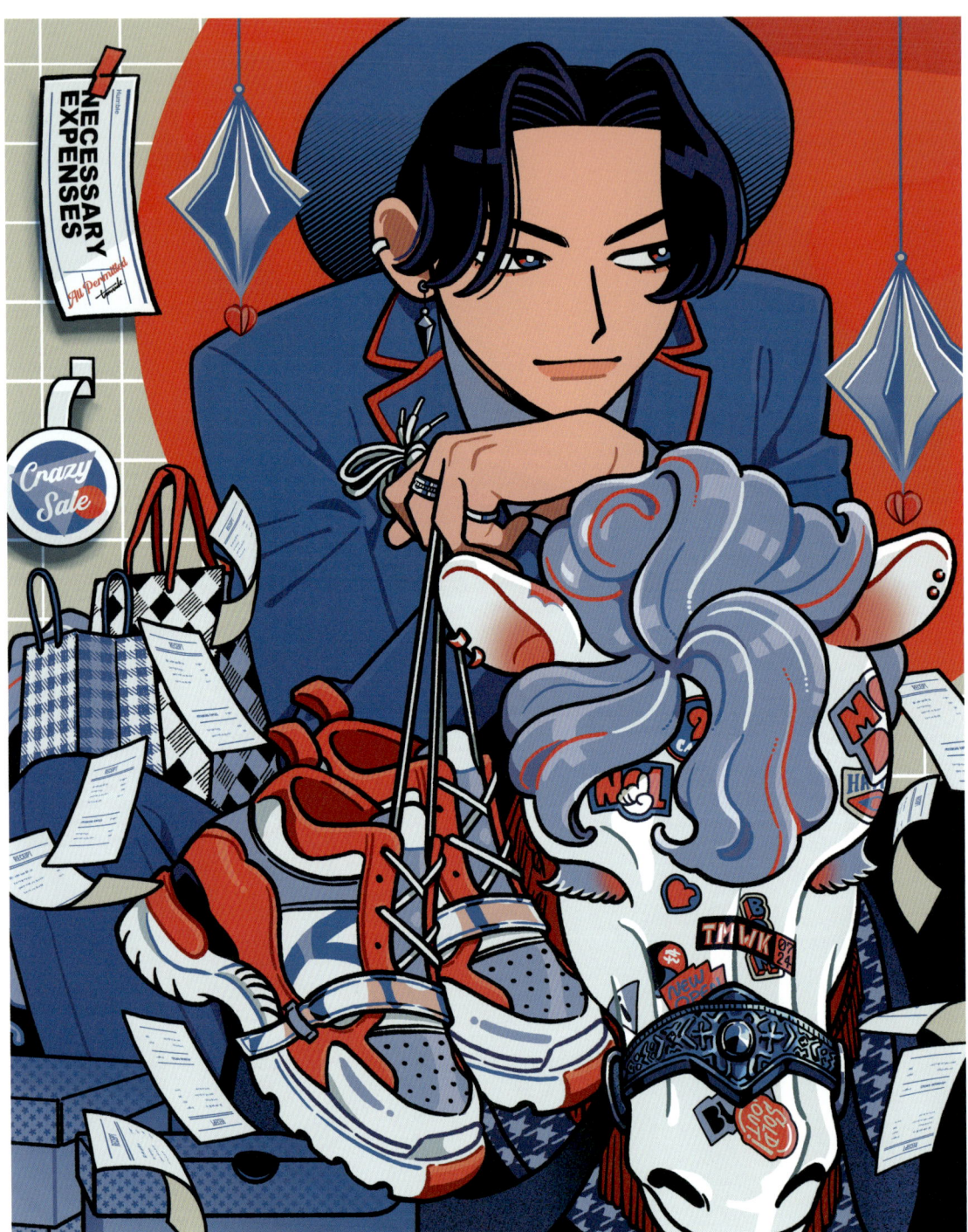

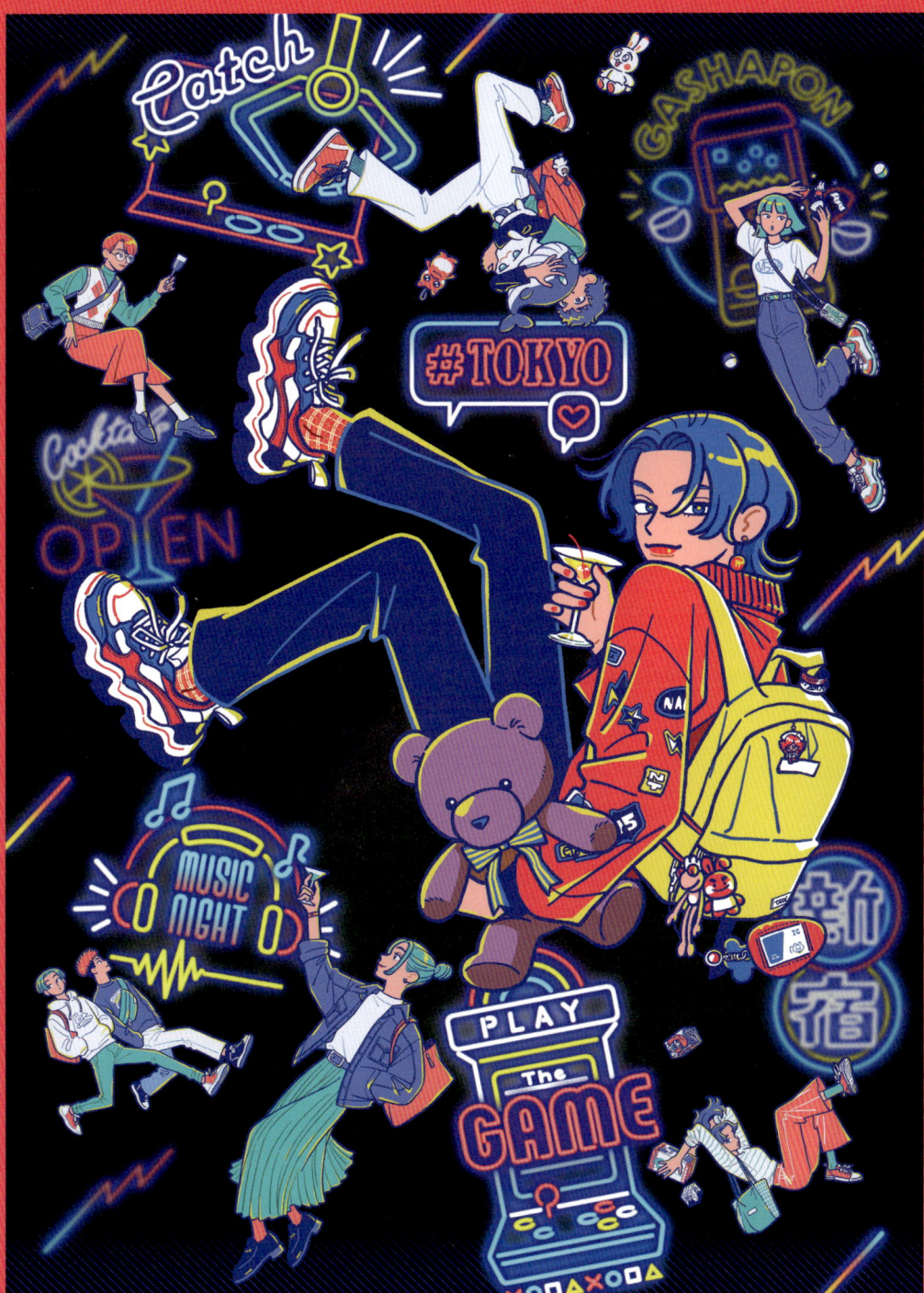

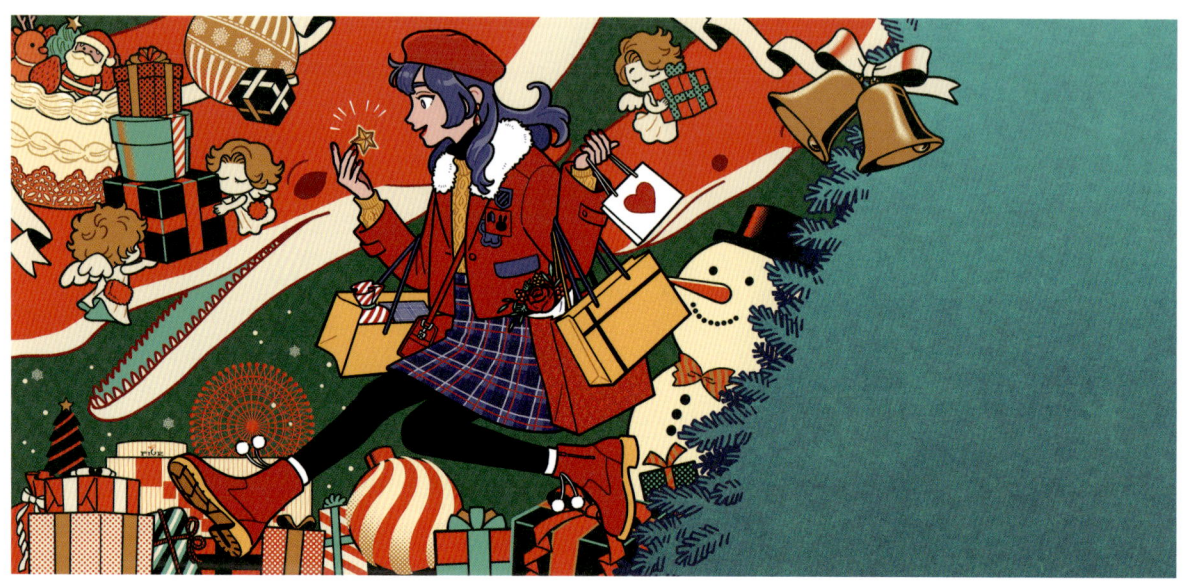

196
大阪梅田HEP FIVE「HEP Xmas」クリスマスサンタウォール／2023／HEP FIVE

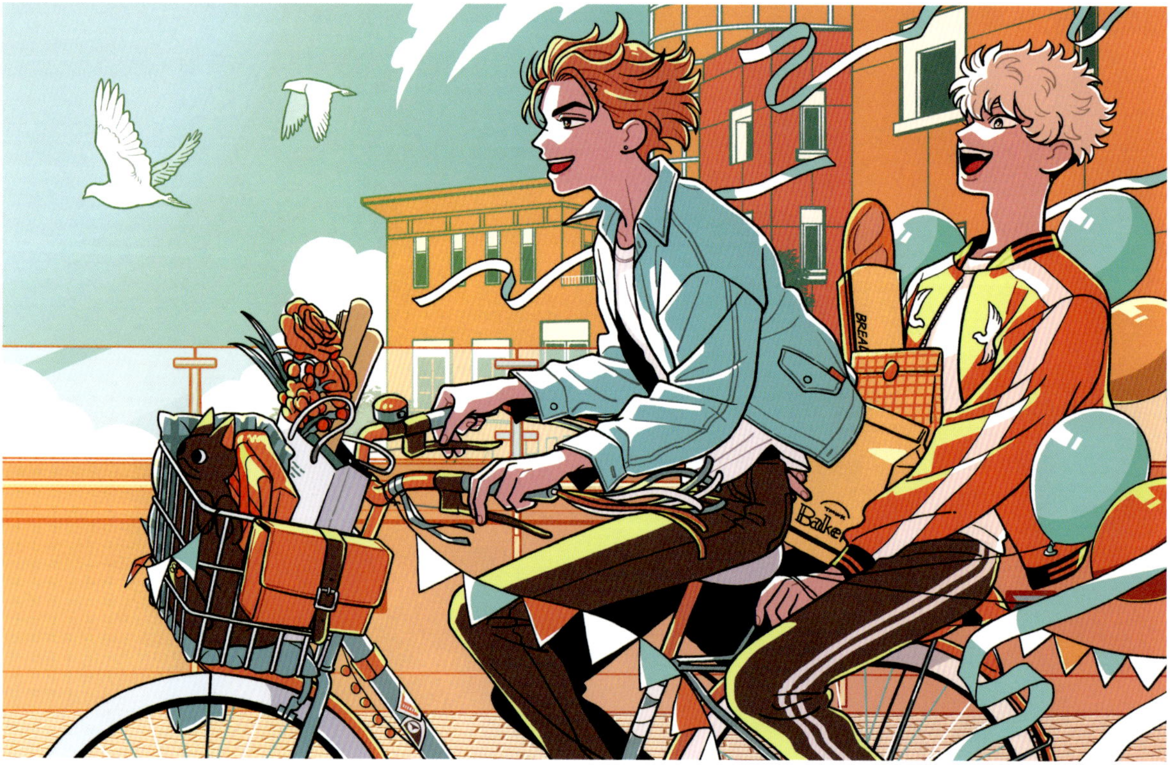

197
チッタグループ創業100周年特別企画【WALL ART GALLERY】掲出絵／2022／R11R

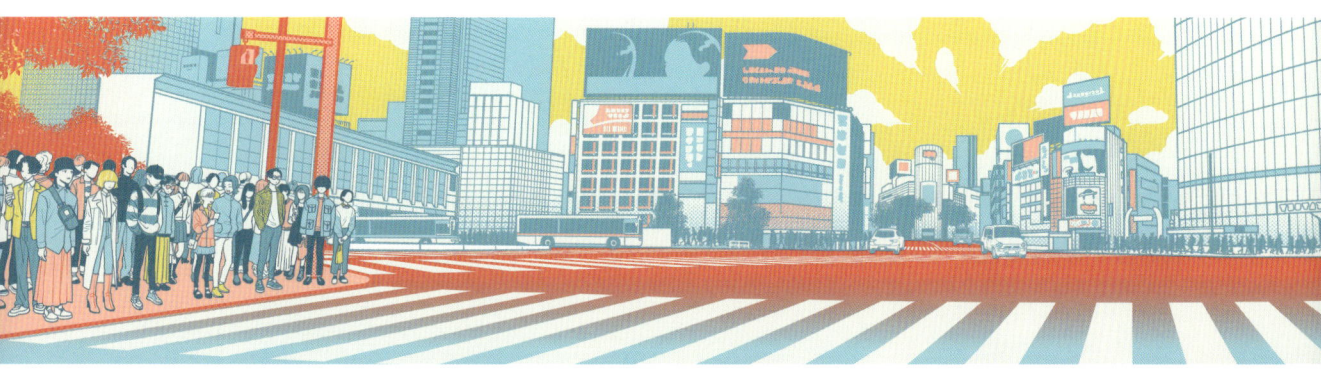

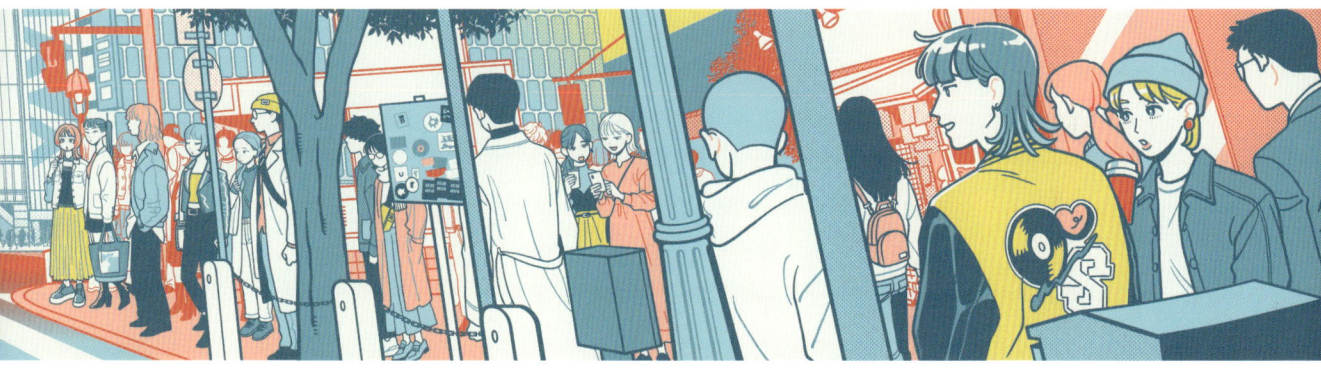

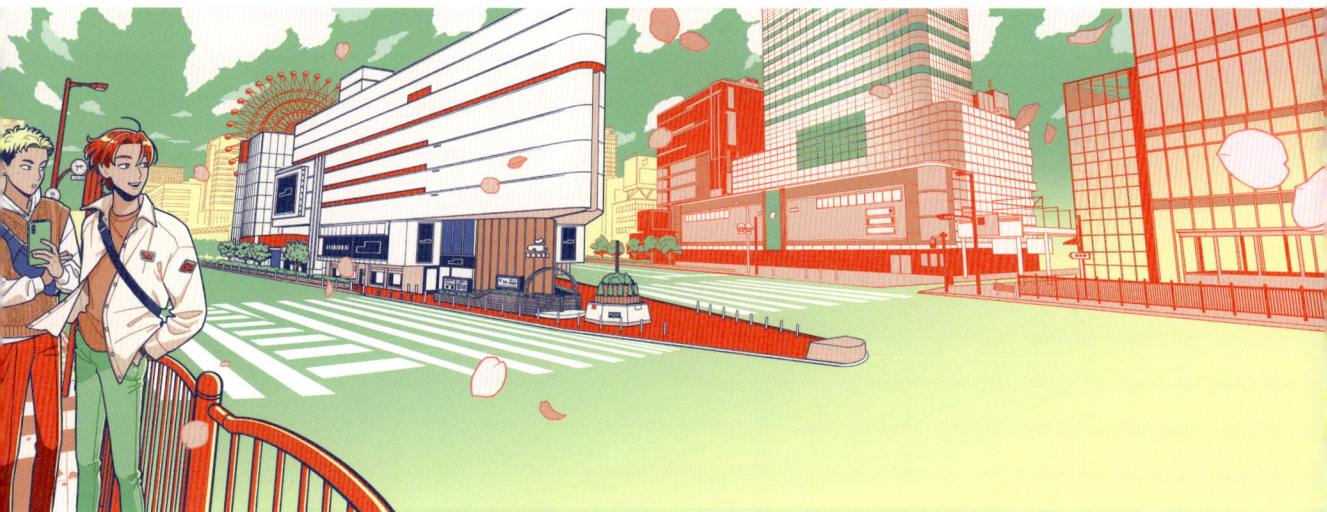

「SWIFT In Your City」渋谷駅・梅田駅広告イラスト／2024／スズキ

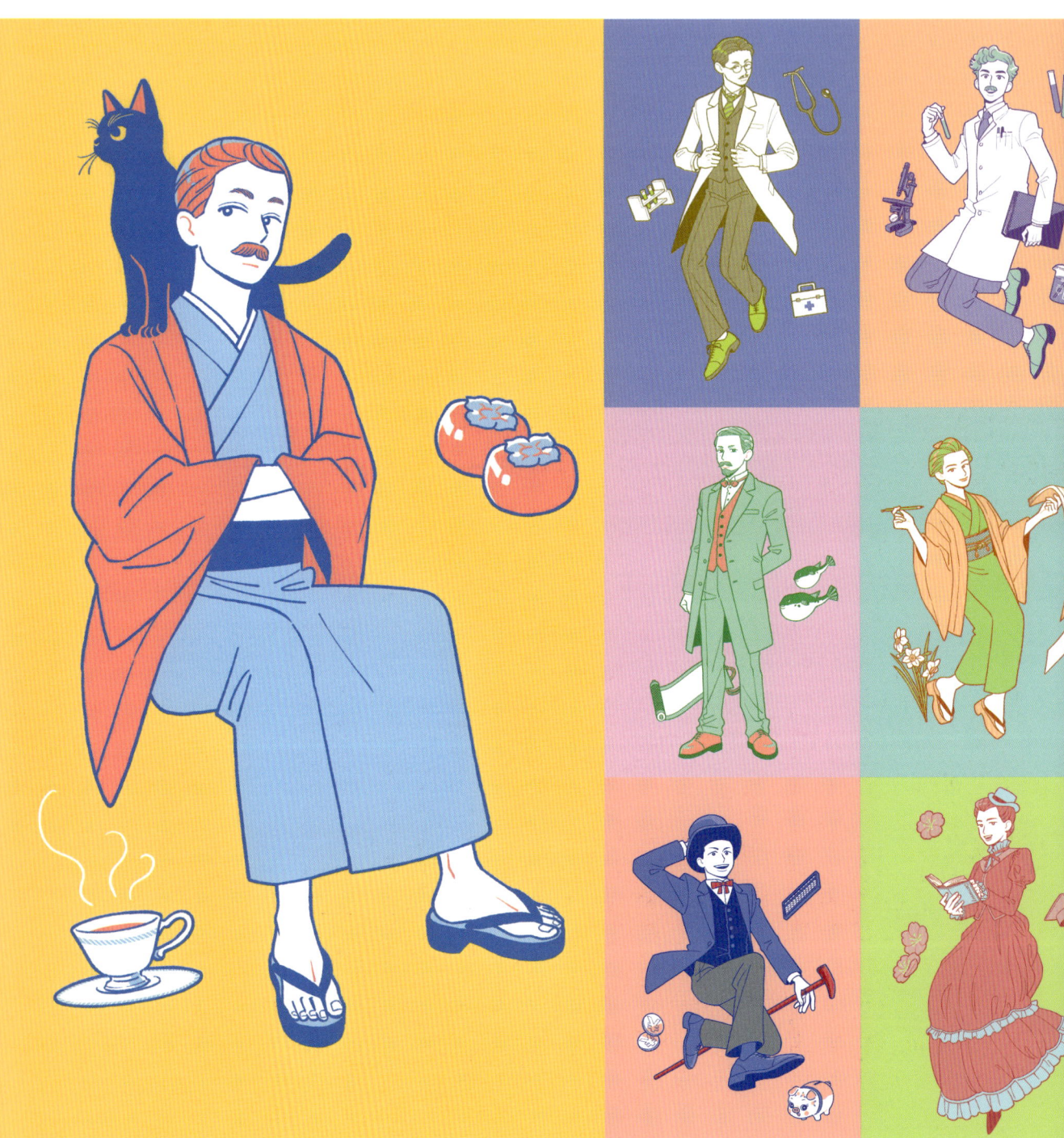

199
診断コンテンツ「Let's お札の偉人マッチング」イラスト／2023／携帯通信事業会社

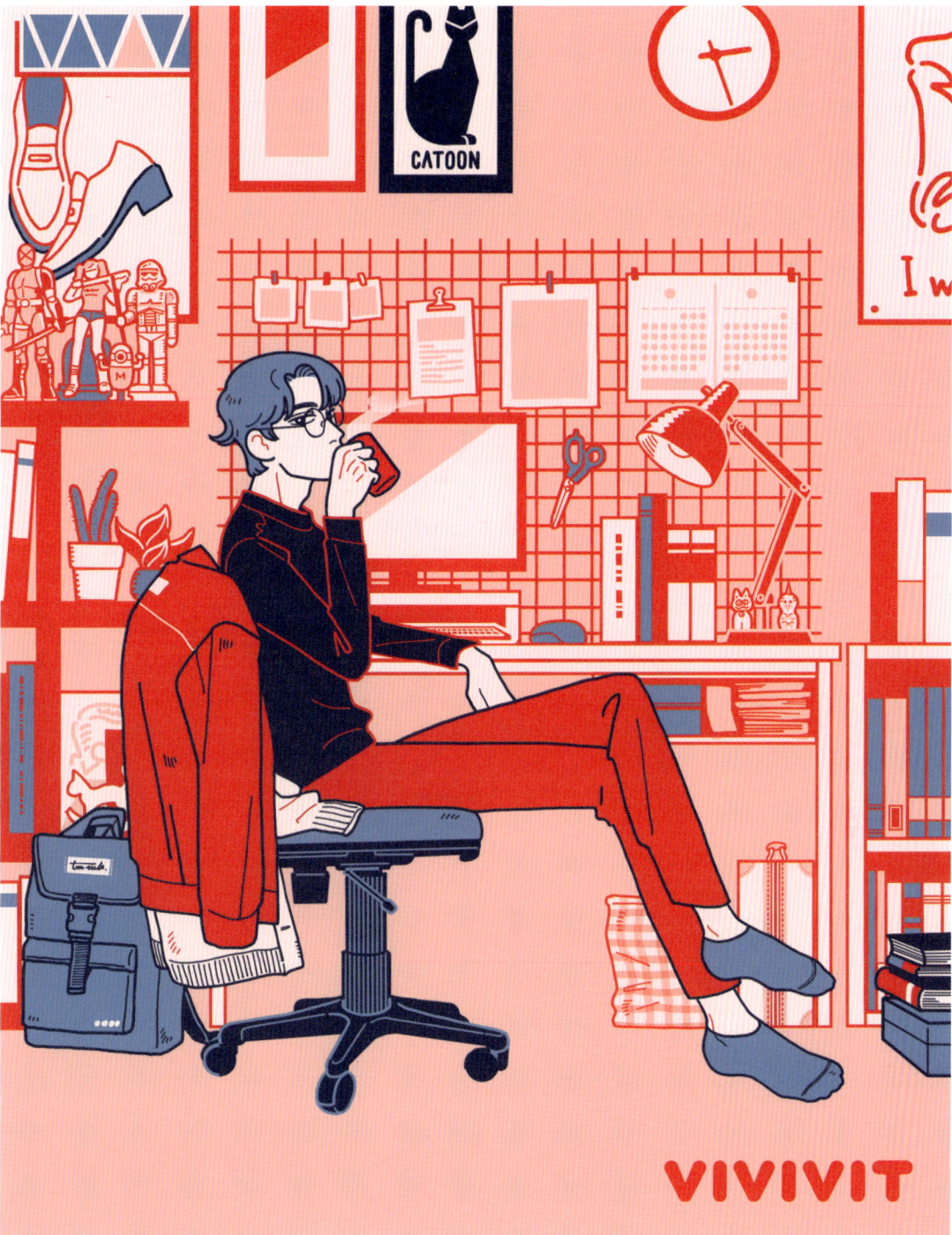

「ViViViT」PRイラスト／2018／ビビビット

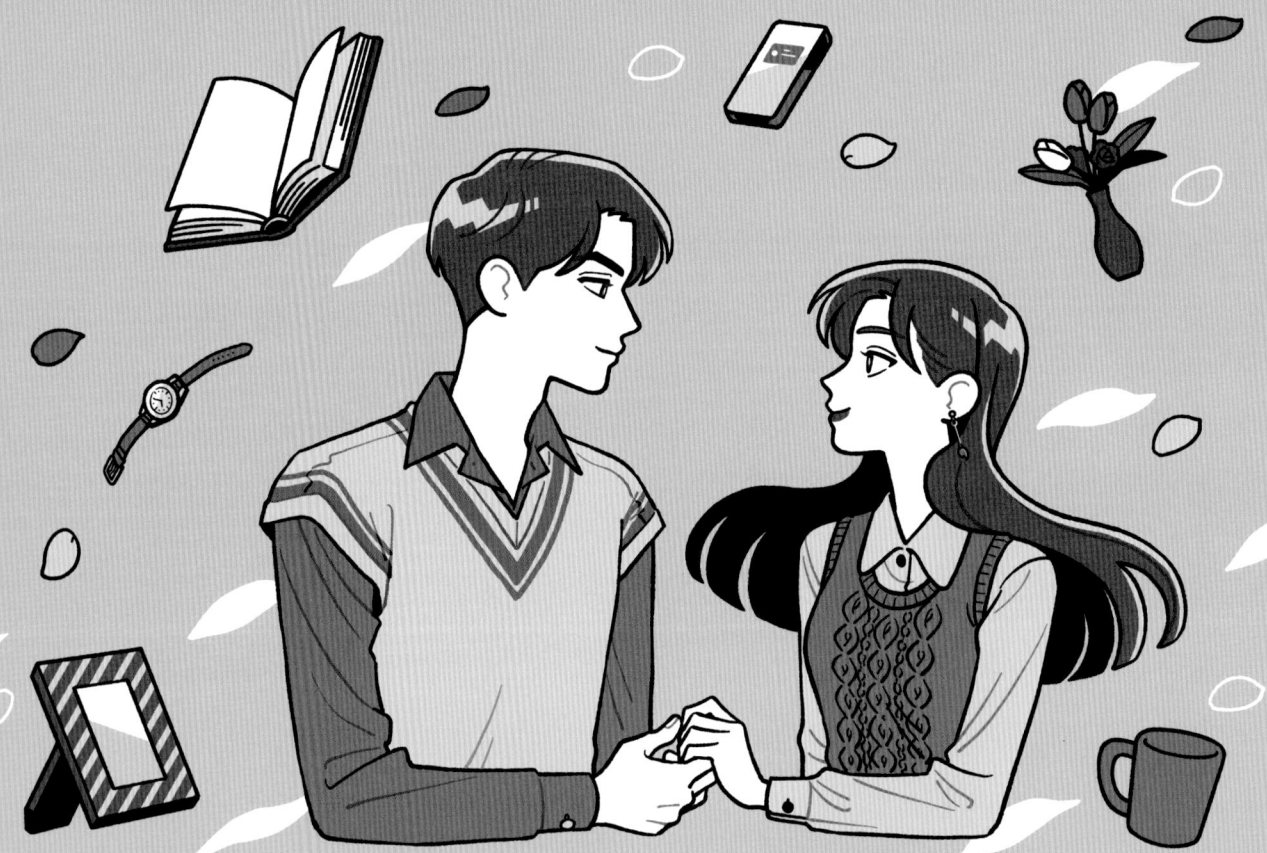

201
オリジナルサイト「Let's Talk Consent」イラスト／2022／Tinder Japan

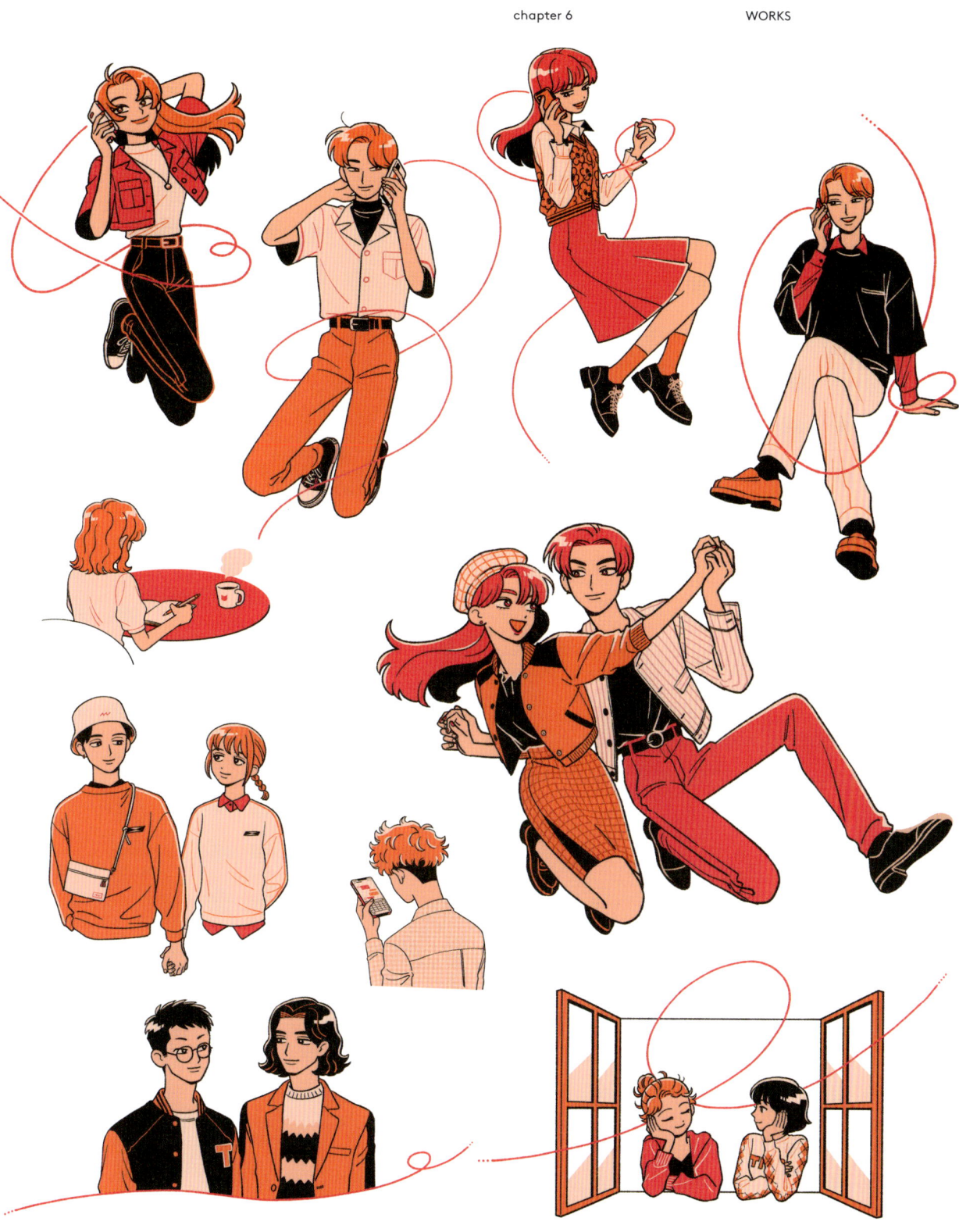

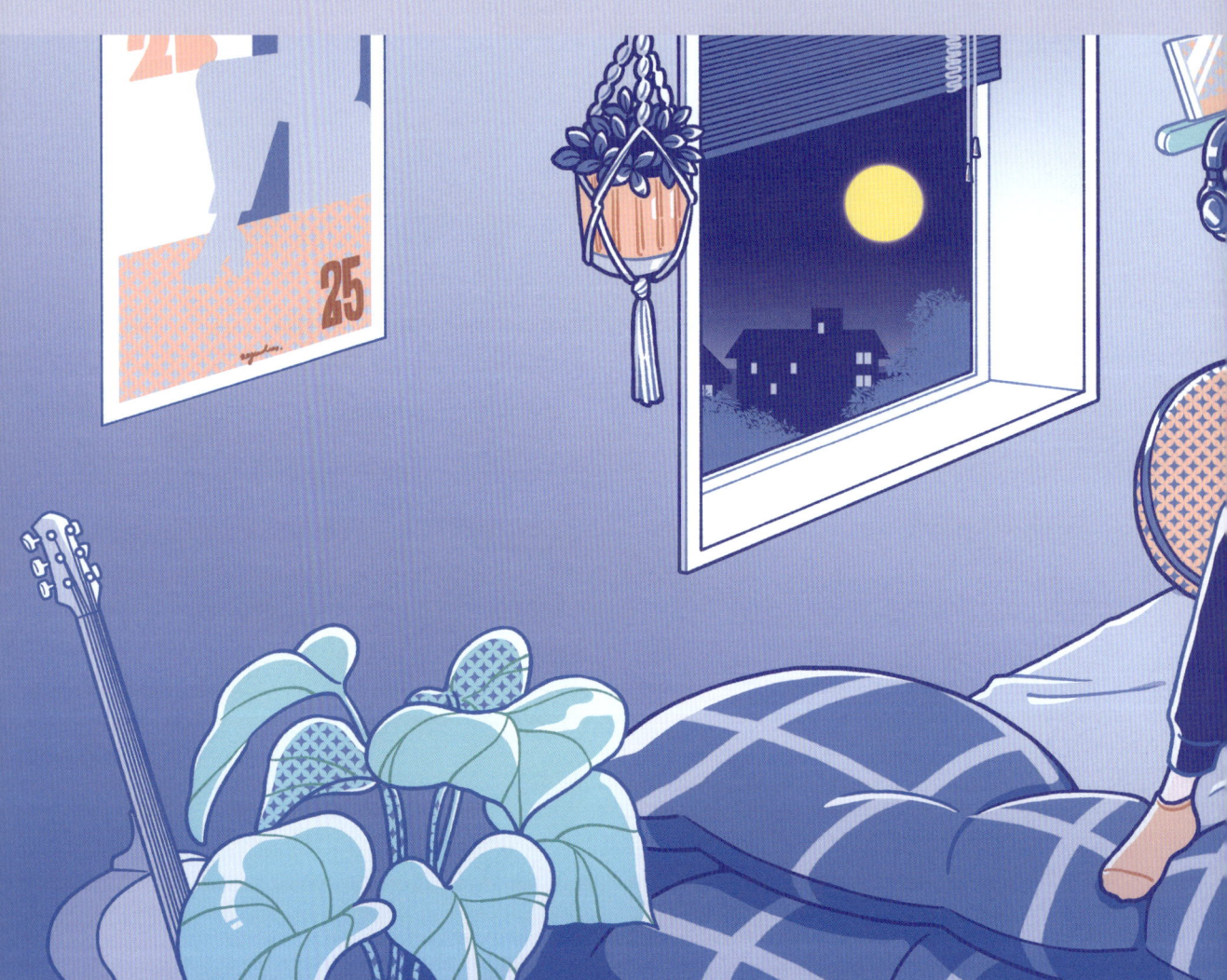

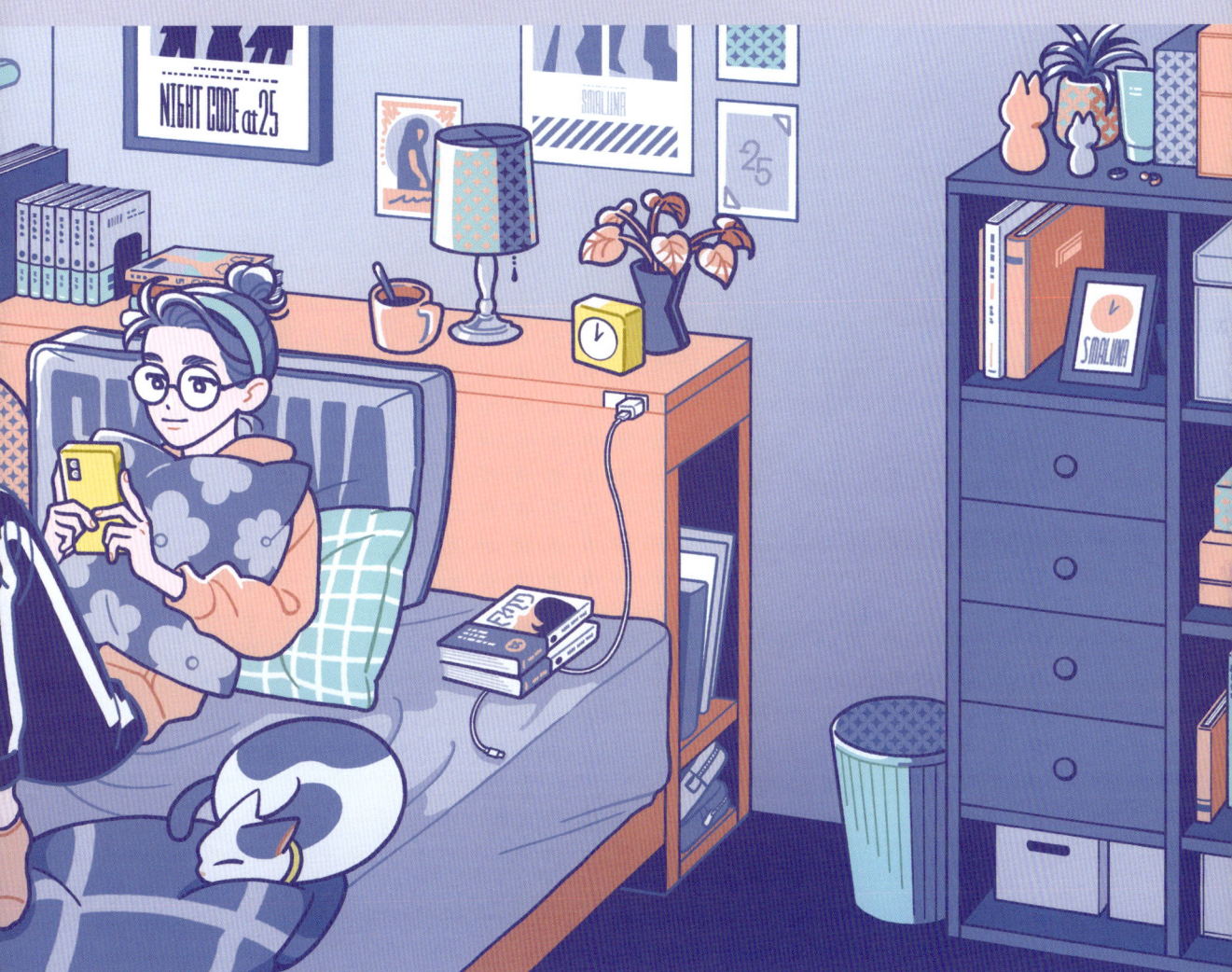

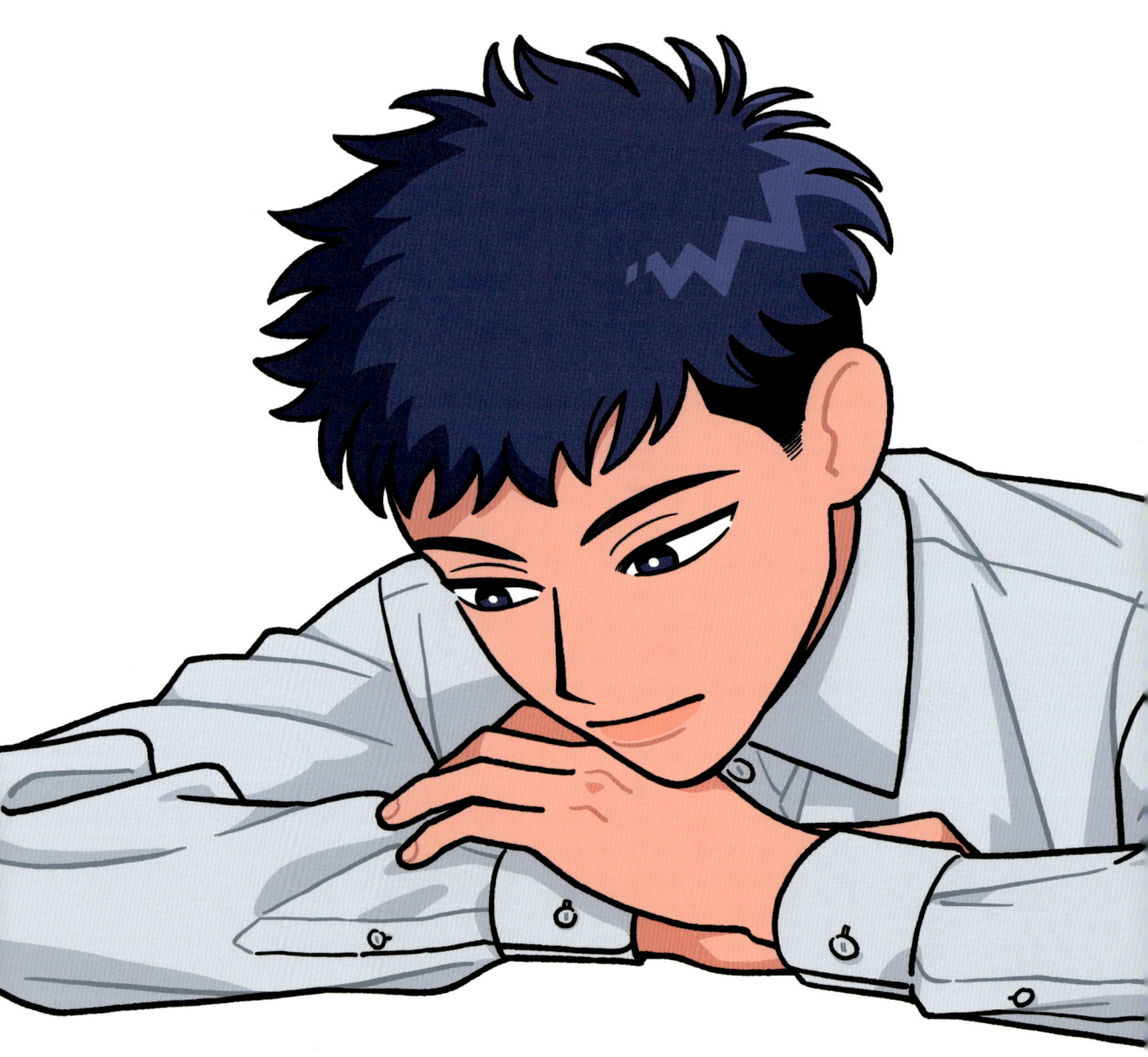

「日経電子版 U23ロング割」キャンペーンイラスト／2023／日本経済新聞社

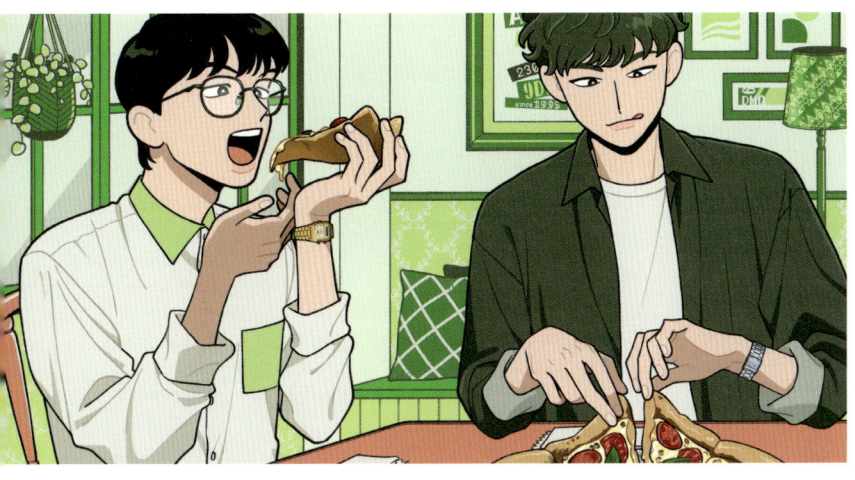
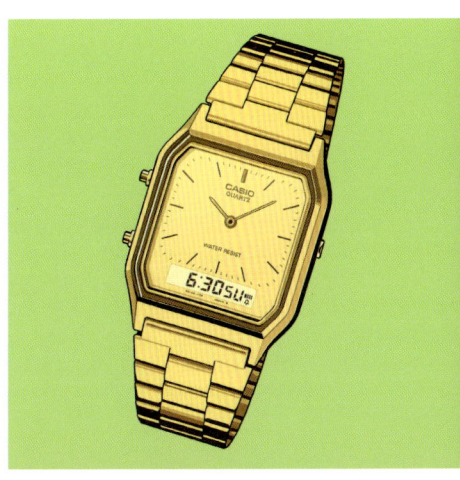
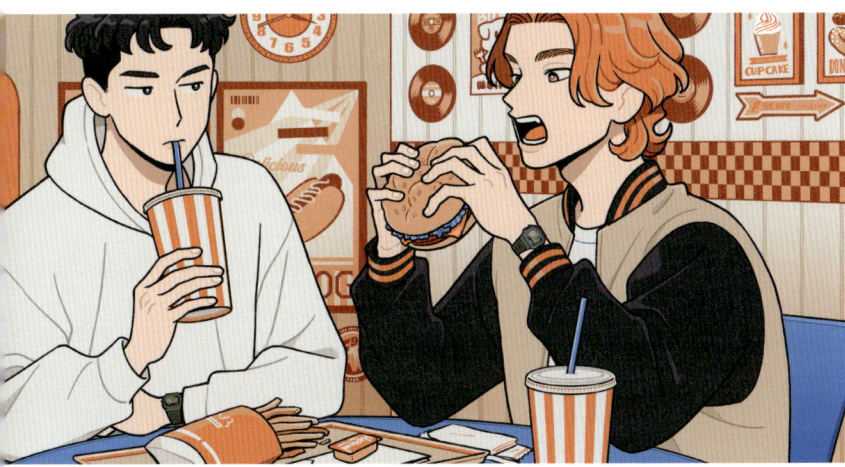
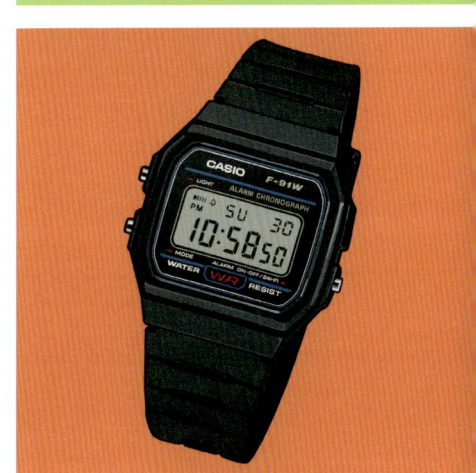
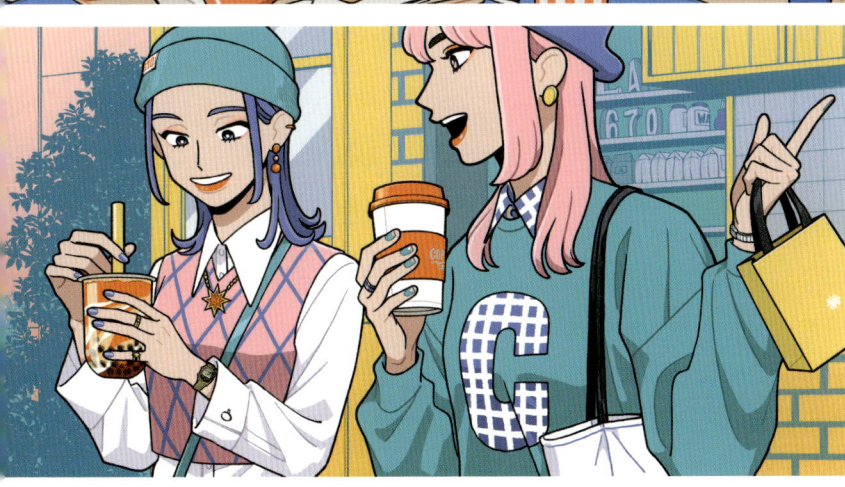
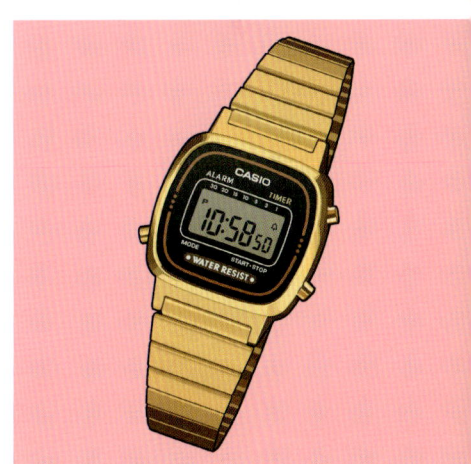

「CASIO WATCHES」Instagram コンテンツイラスト／2024／カシオ計算機

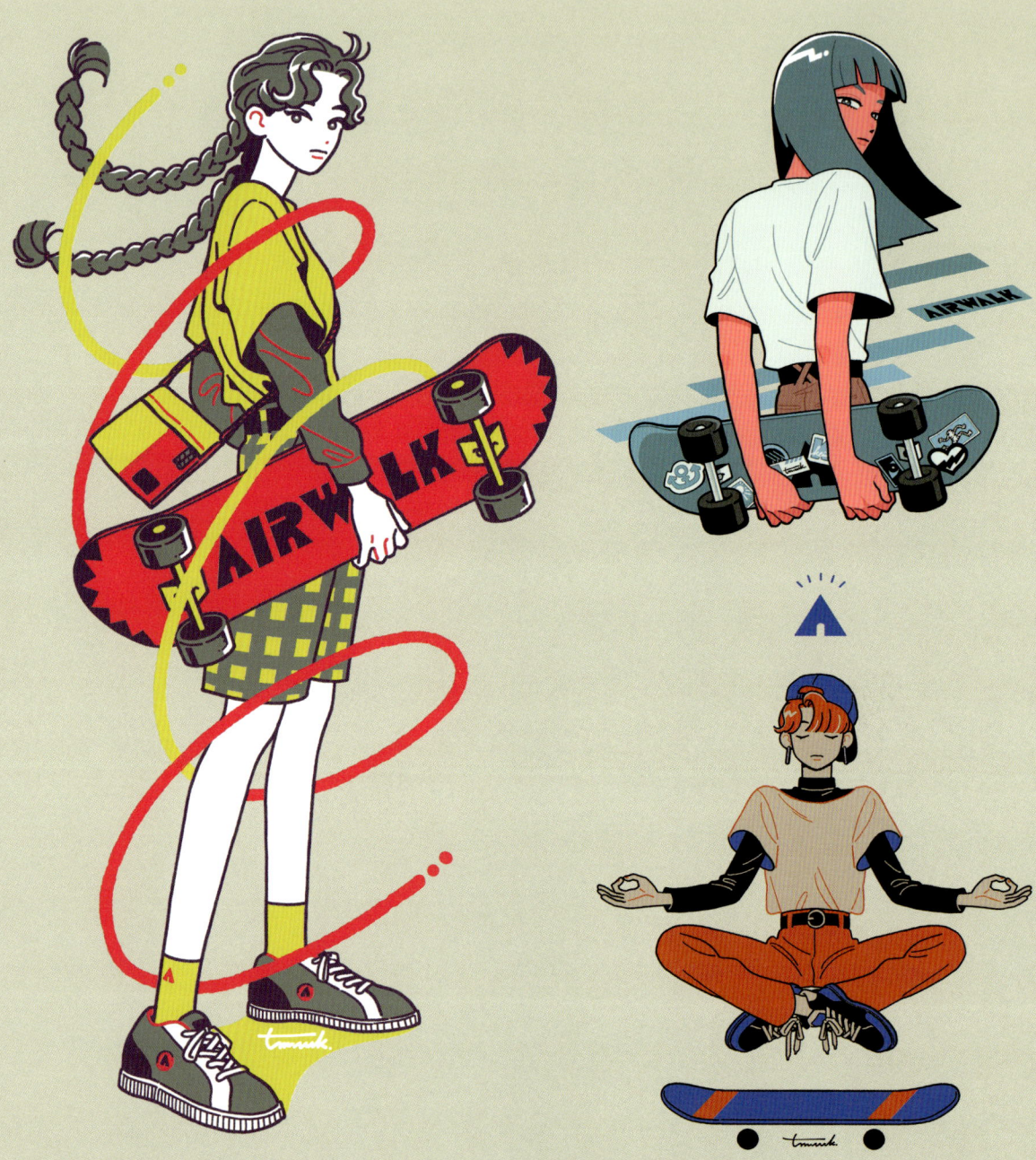

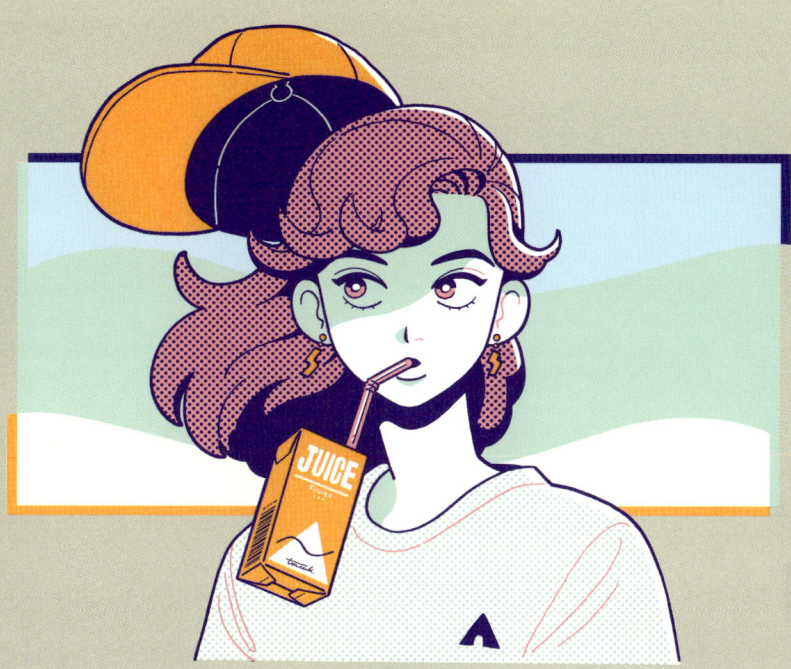

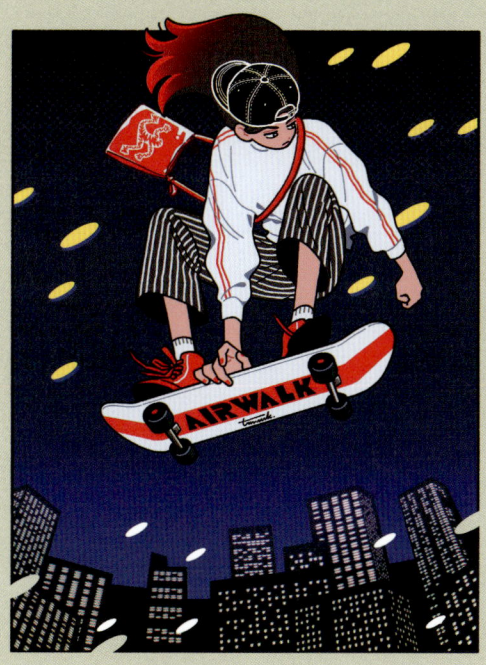

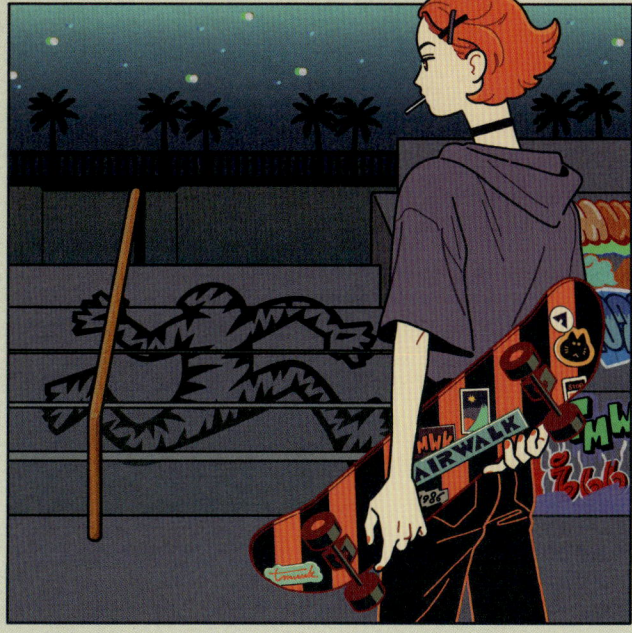

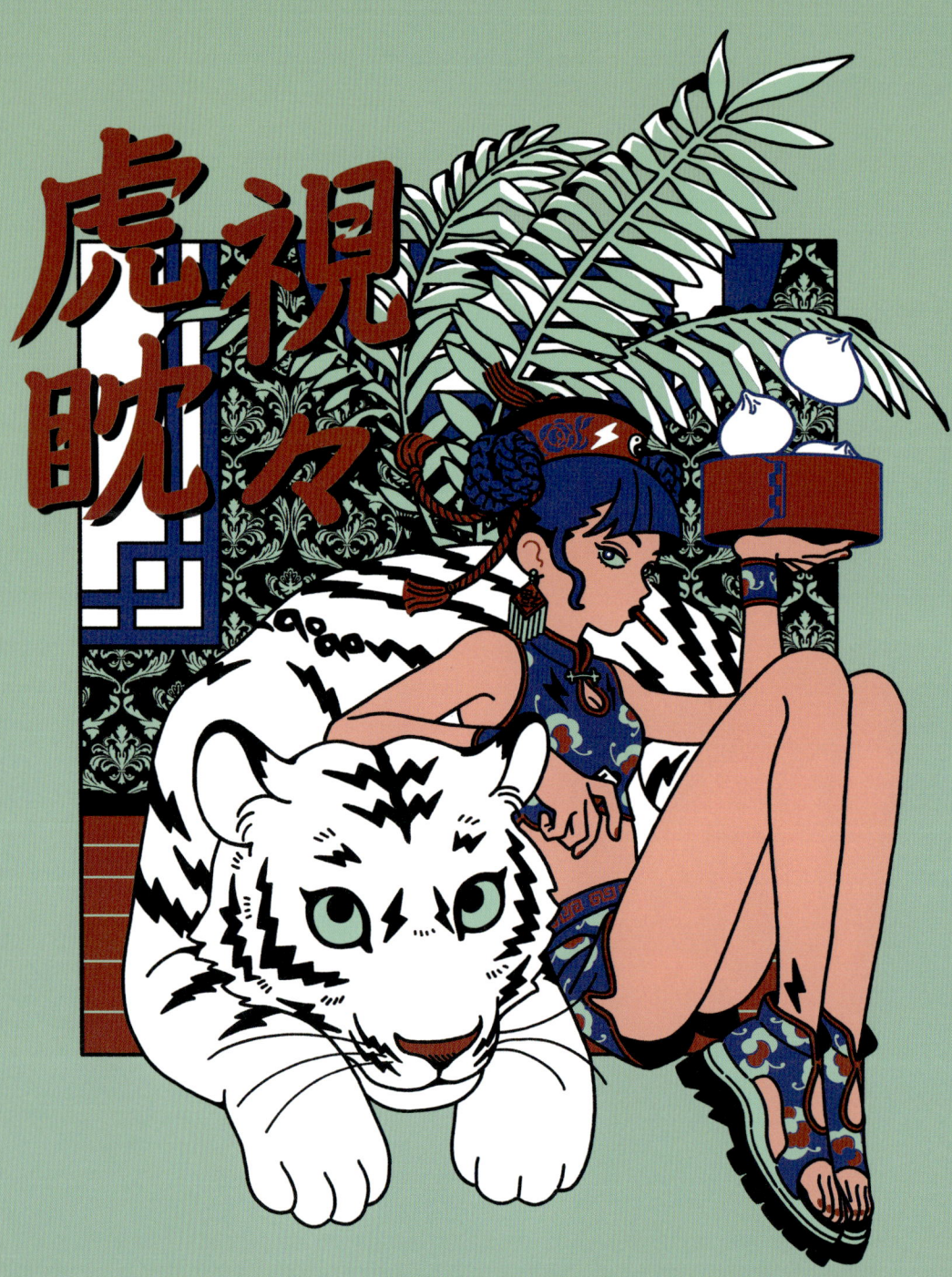

「TOMOWAKA × 9090」コラボイラスト／2020／yutori

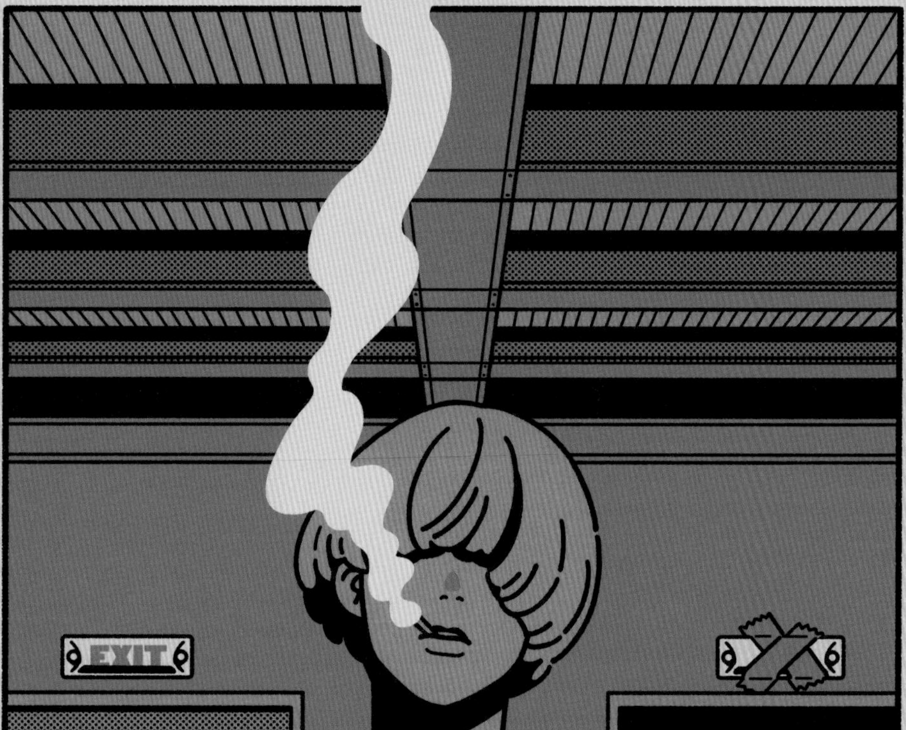

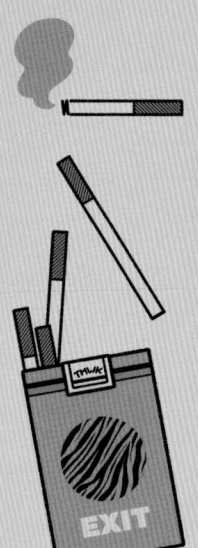

「TOMOWAKA × GENERATION by H.P.FRANCE」イラスト／2020／H.P.FRANCE

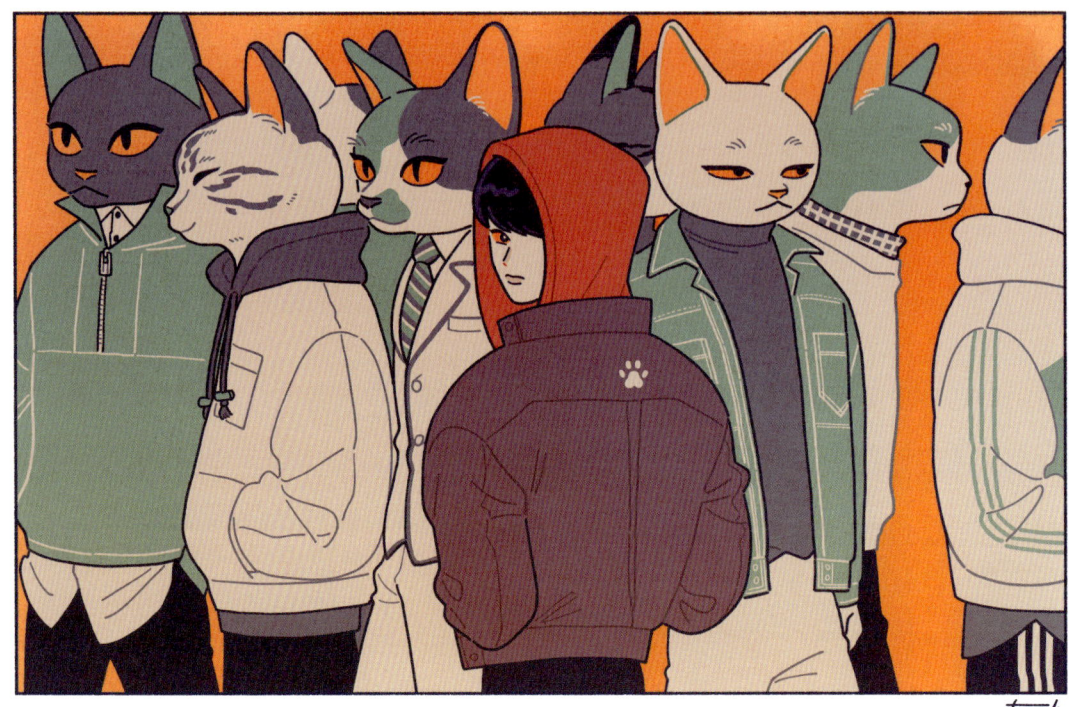

208
「TOMOWAKA×キャラメルクラッチオーケストラ」コラボイラスト／2021

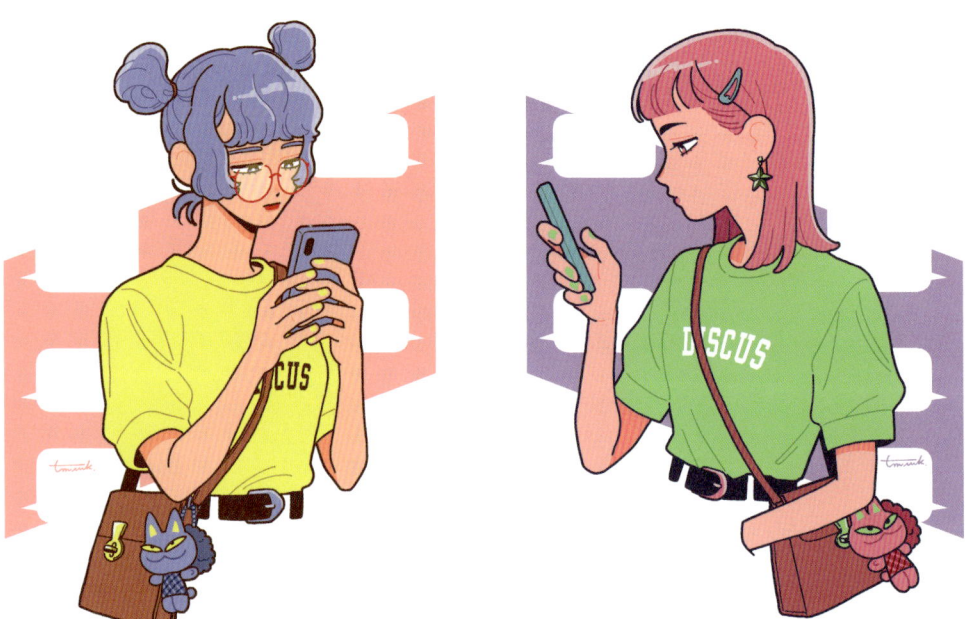

209
「TOMOWAKA×DISCUS ATHLETIC」コラボイラスト／2021／DISCUS ATHLETIC

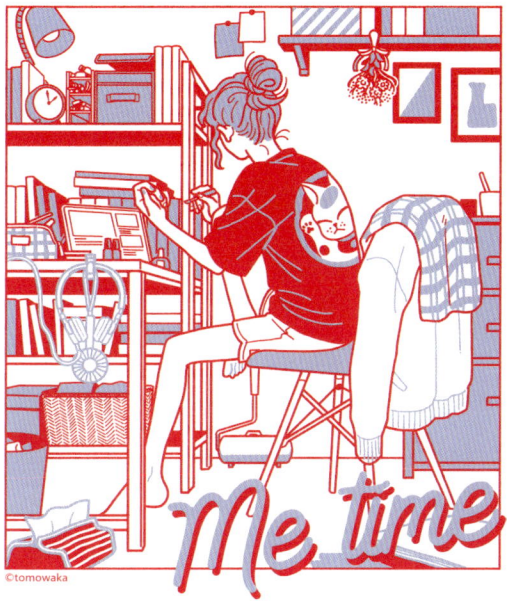
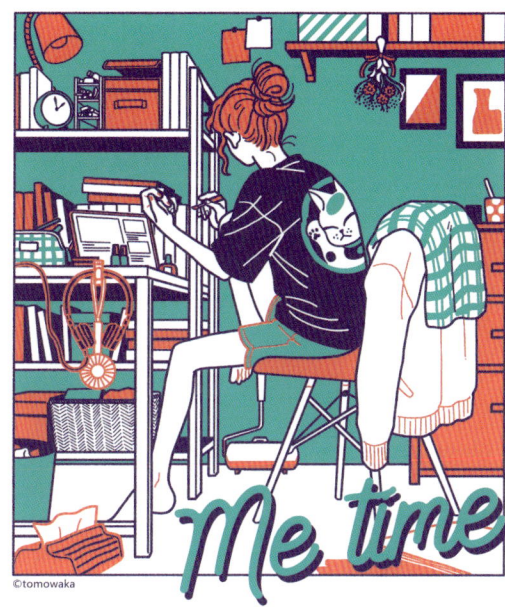

210
「TOMOWAKA × PAGEBOY」コラボイラスト／2021／アダストリア

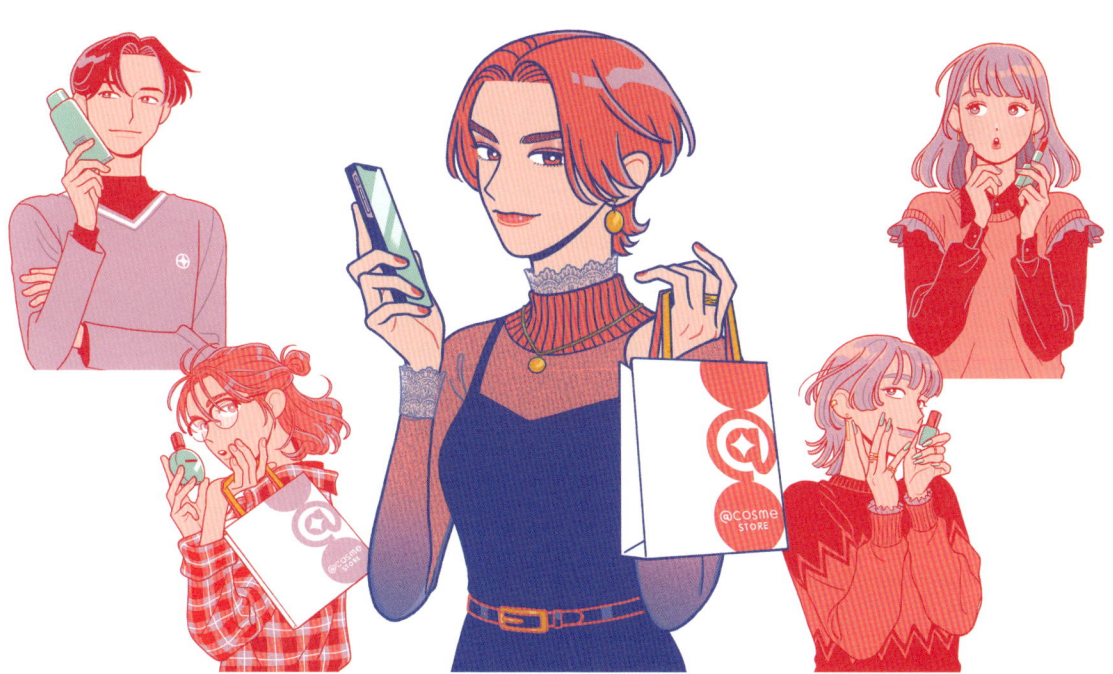

211
「@cosme BEAUTY DAY 2023」キービジュアル／2023／アイスタイル

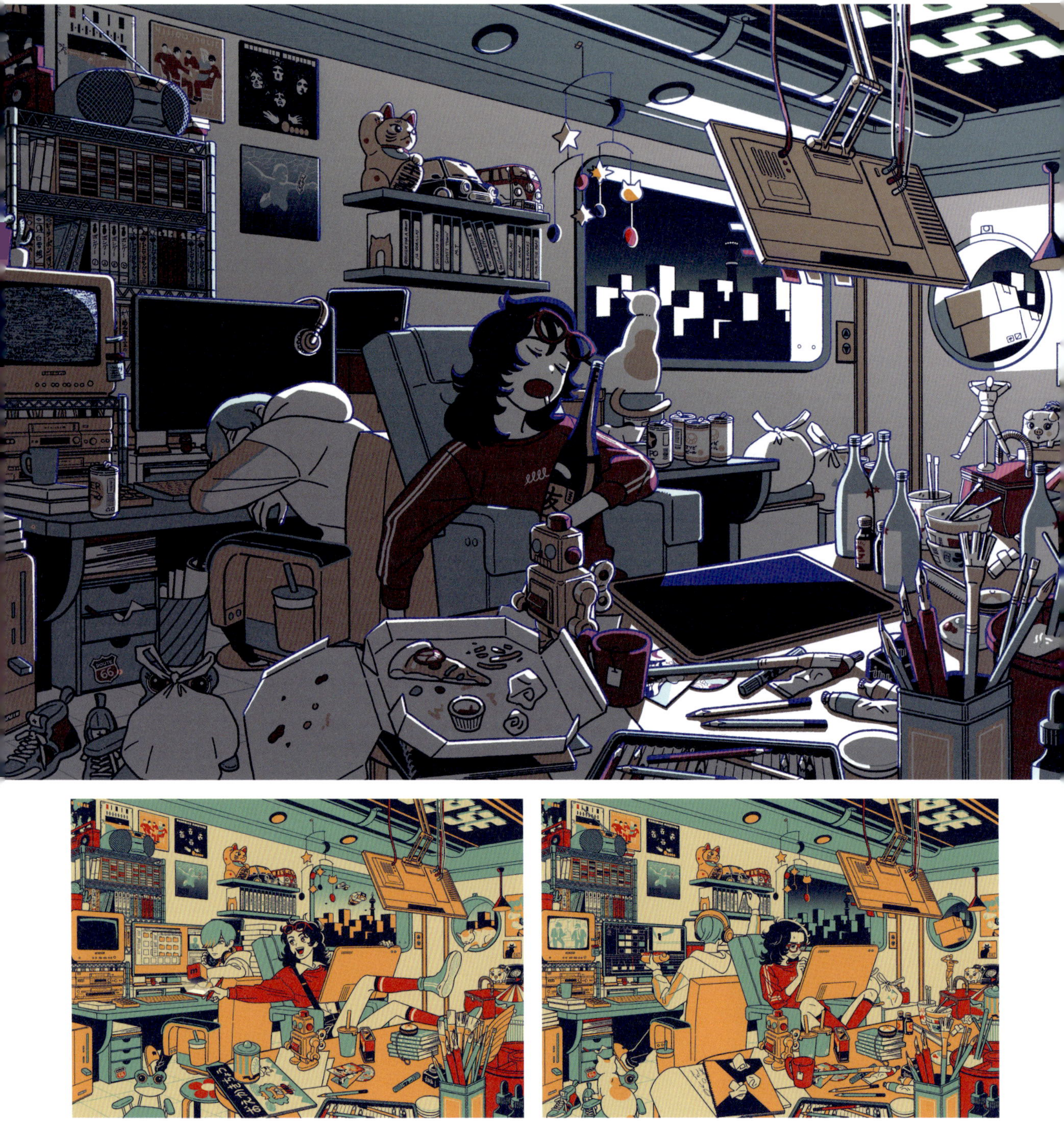

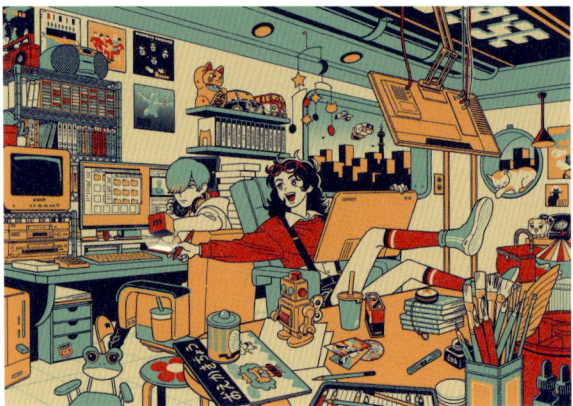

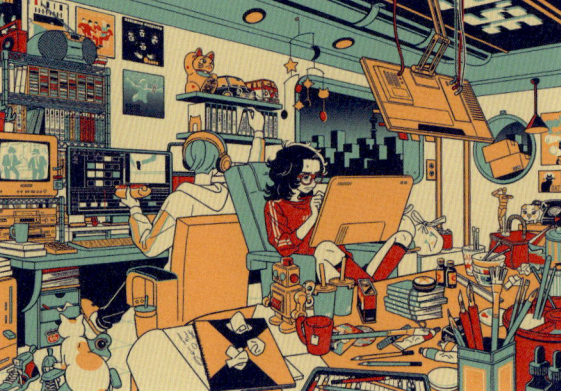

mojimo「mojimo-retro future」キービジュアル／2022／フォントワークス　© 2024 Fontworks Inc., a Monotype company.

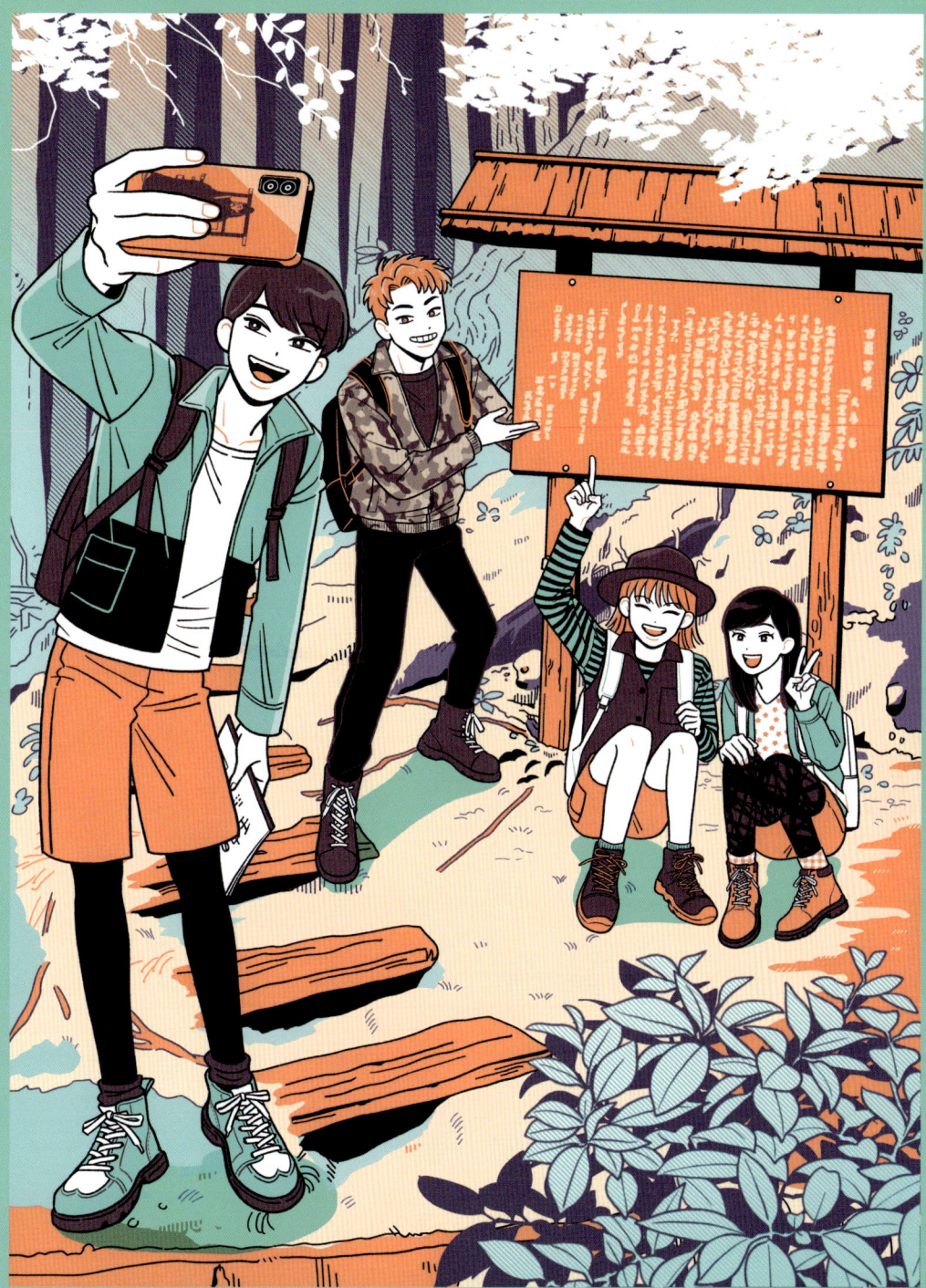

「なら記紀・万葉プロジェクト」サイネージイラスト／2022／奈良県 文化・教育・くらし創造部 文化資源活用課

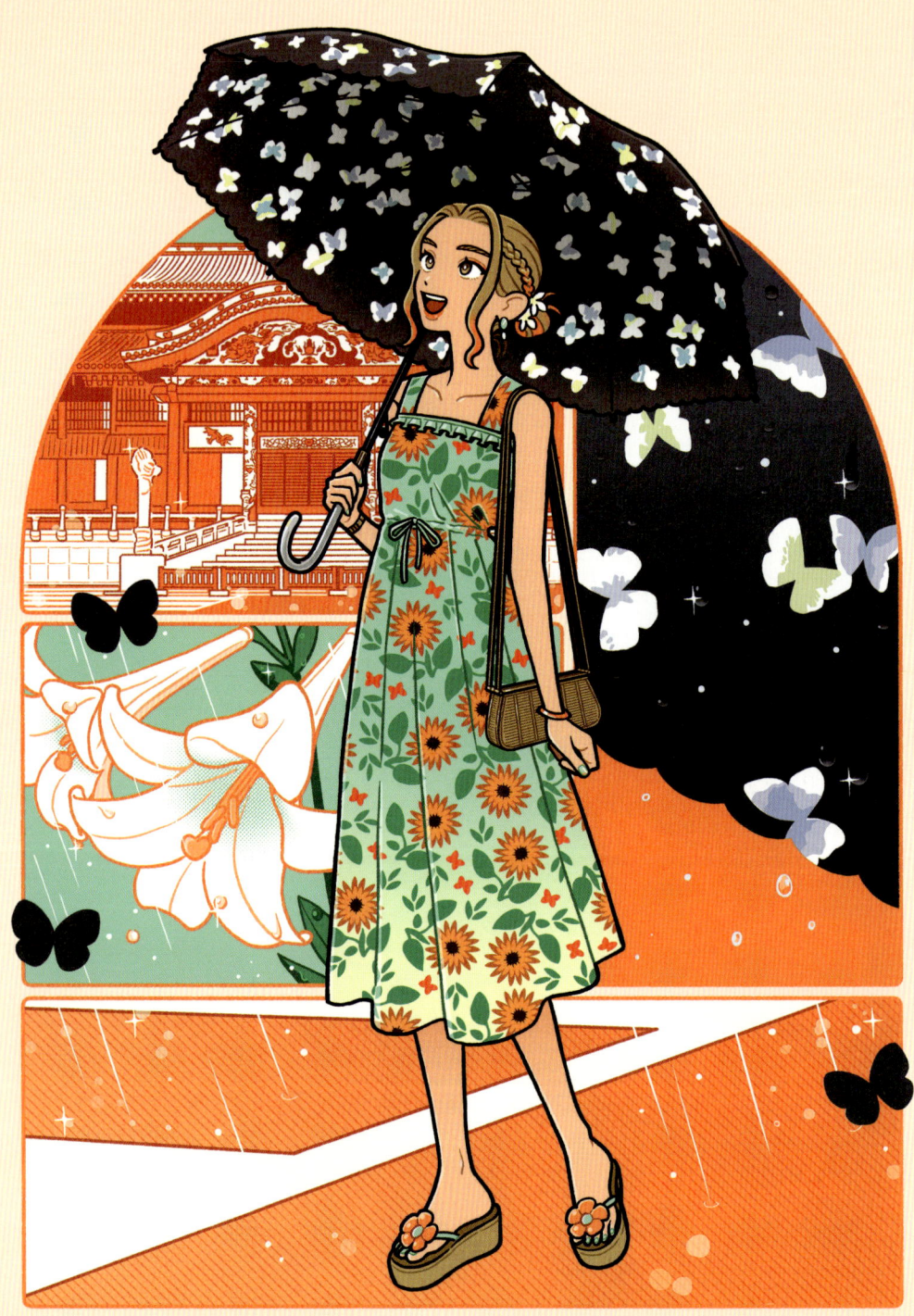

Wpc.20周年×イラストレーターコラボ「沖縄」「奄美大島」PRイラスト／2024／ワールドパーティー

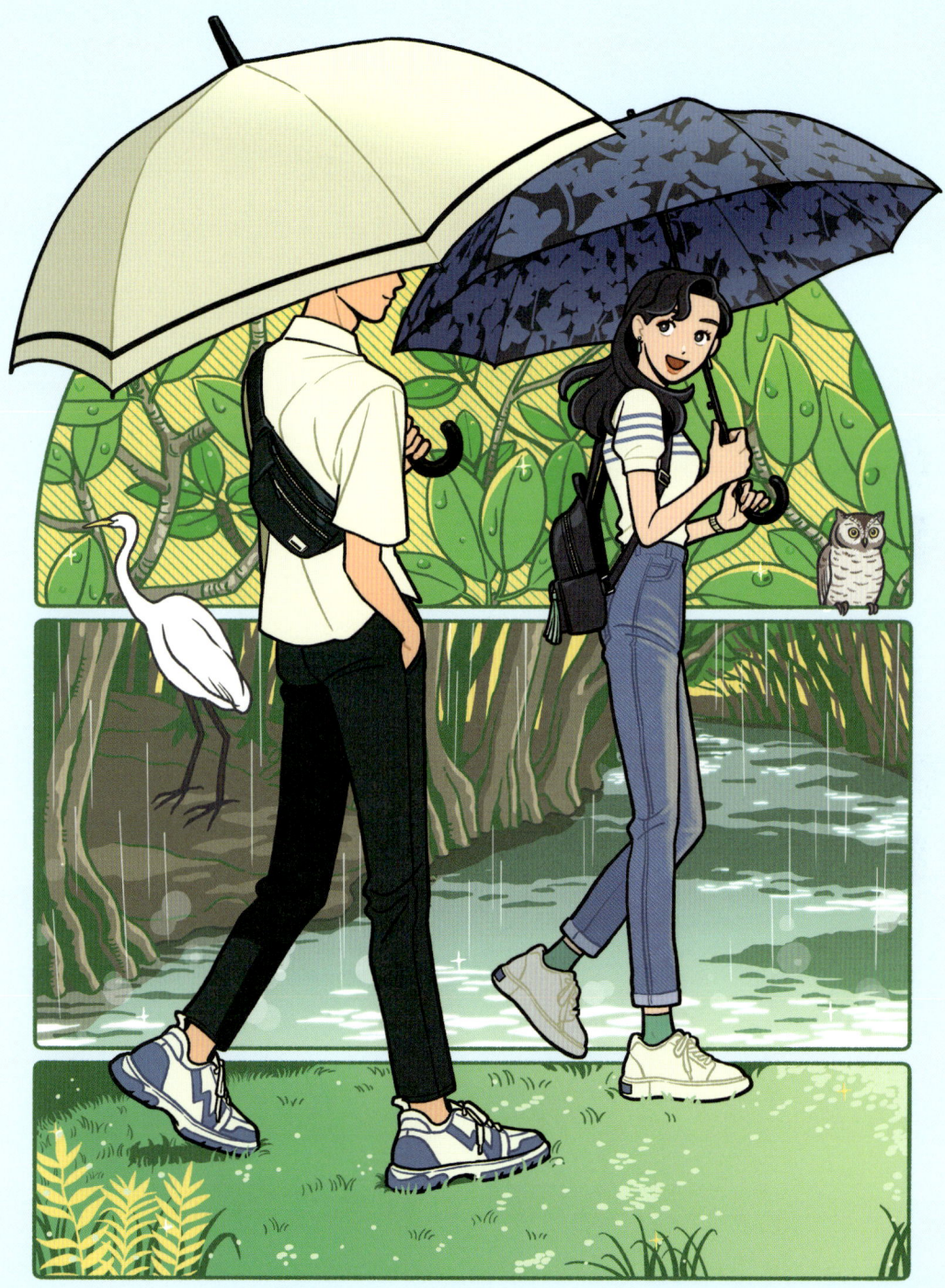

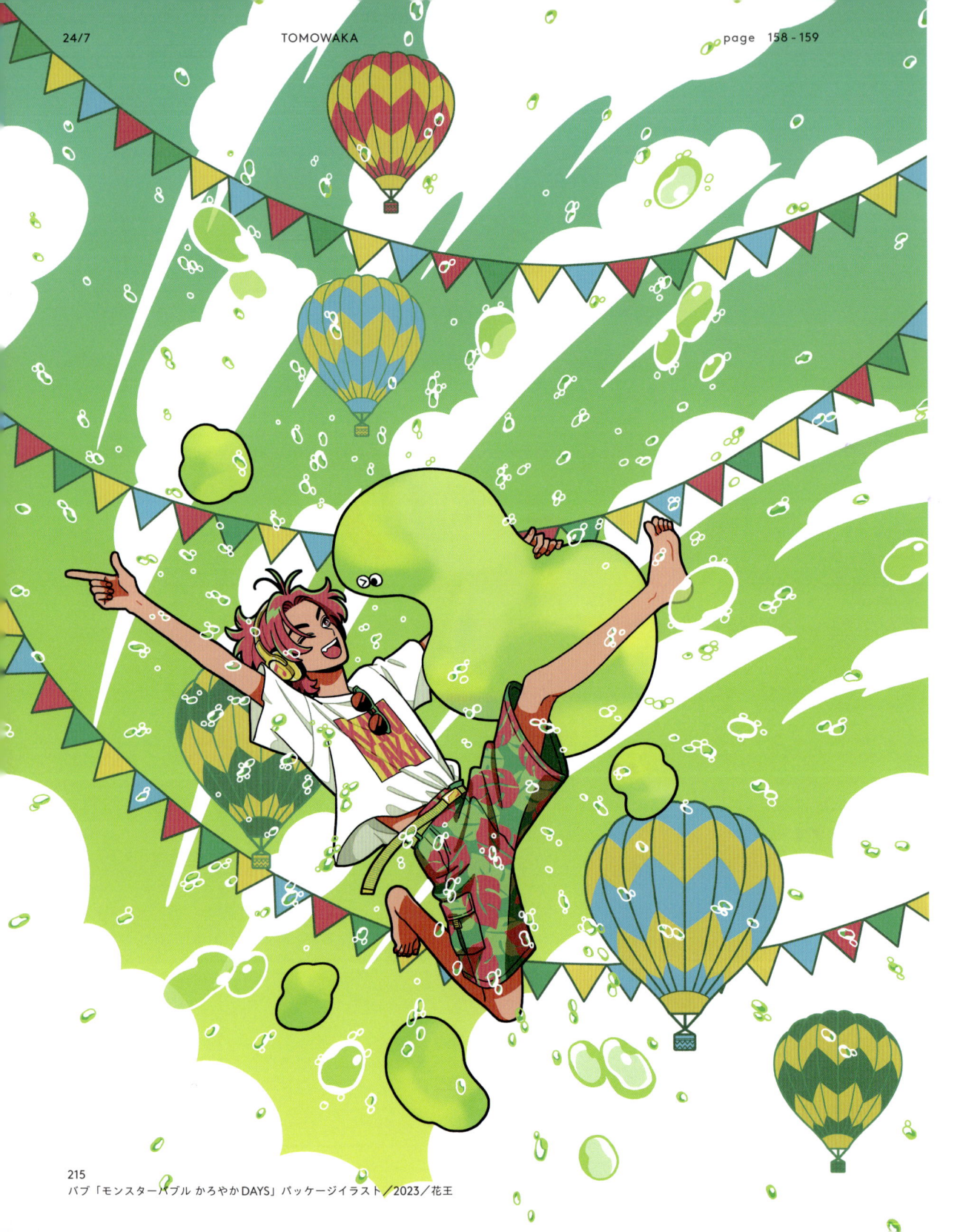

バブ「モンスターバブル かろやか DAYS」パッケージイラスト／2023／花王

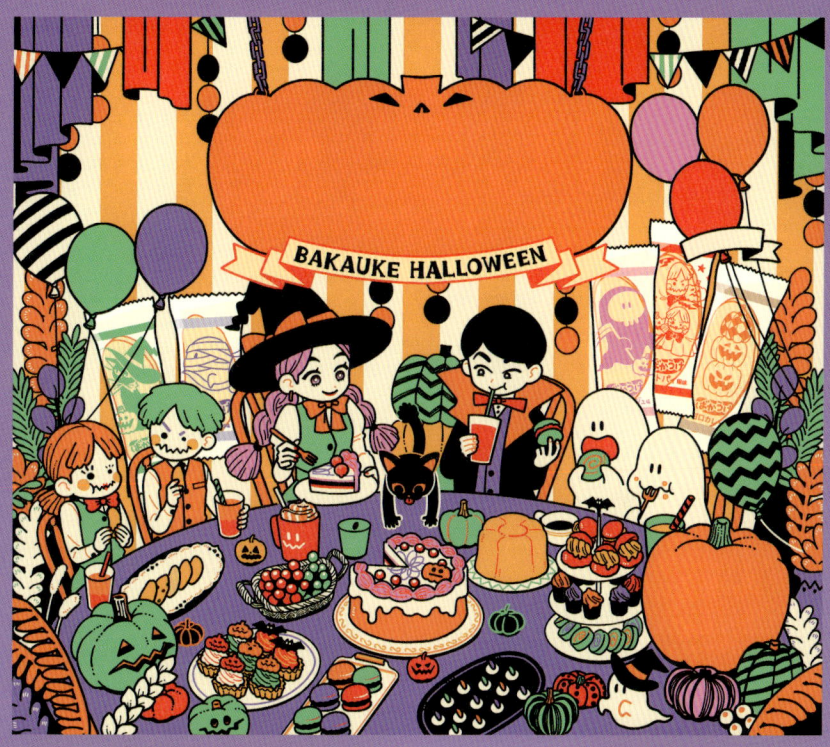

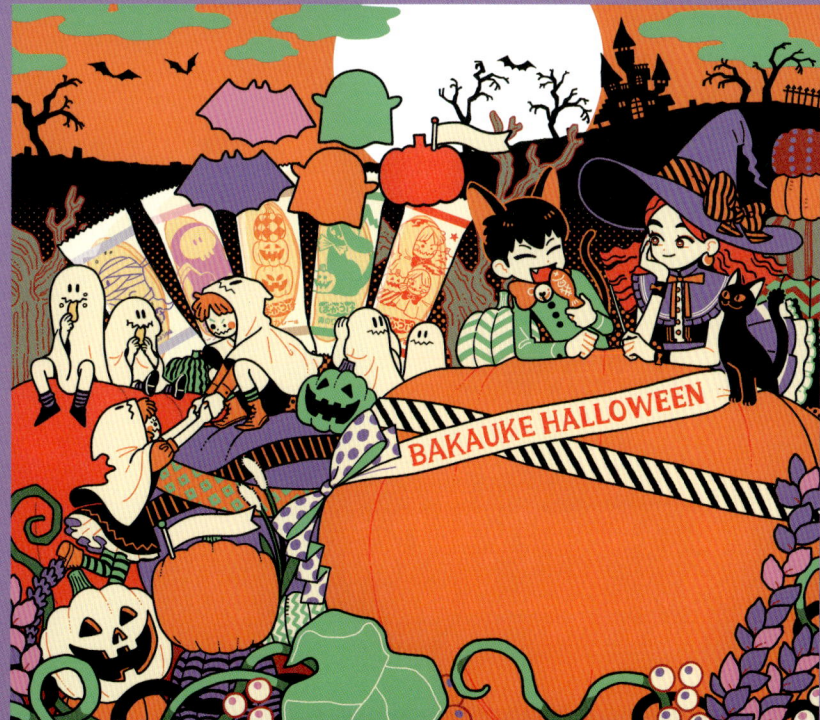

216
「ばかうけ」ハロウィンパッケージイラスト
2021／栗山米菓

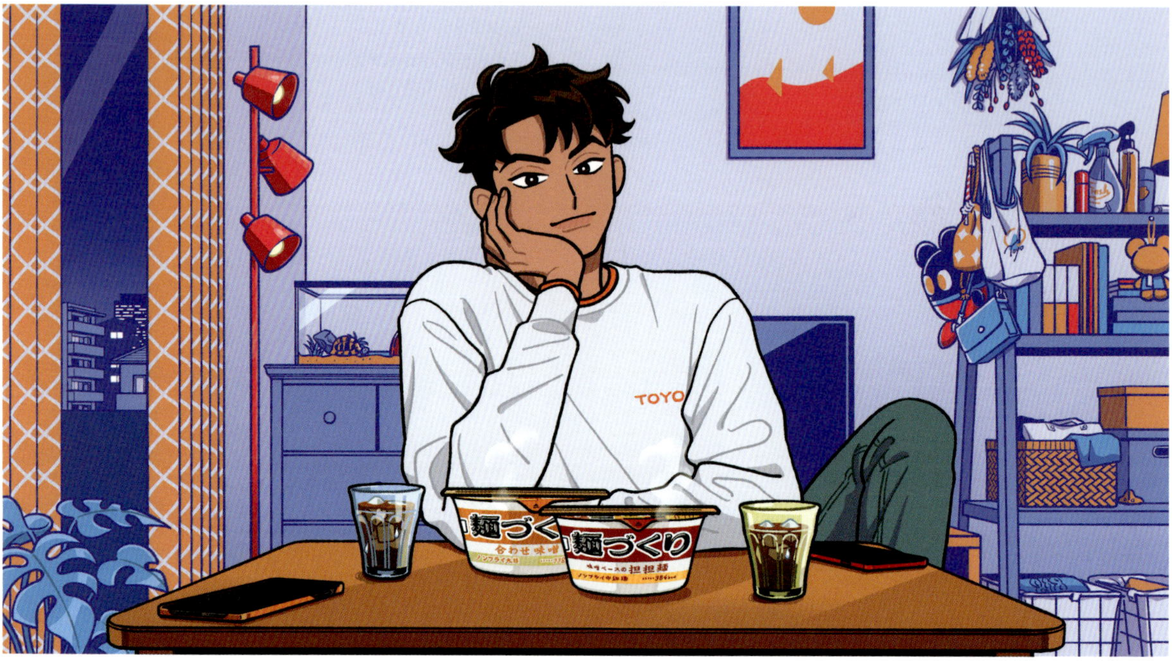

217
マルちゃん「麺づくり」30周年プロモーションWeb動画イラスト／2023／東洋水産

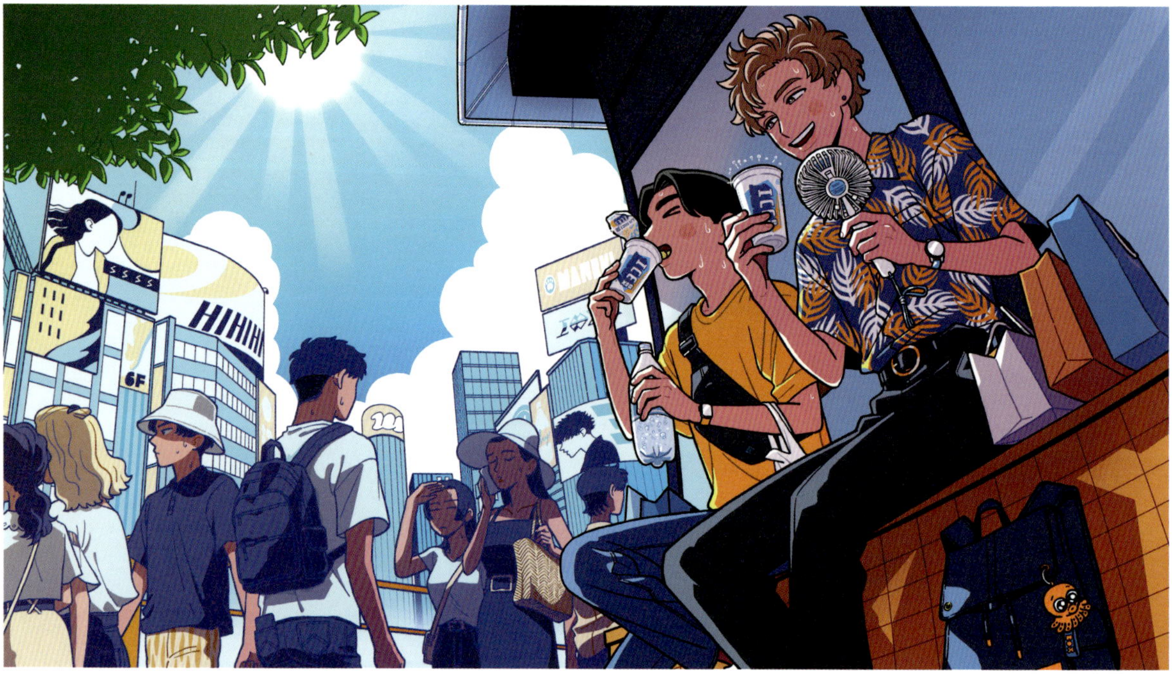

218
アイスボックス「アイスでナイスなミックス」イラスト／2023／森永製菓

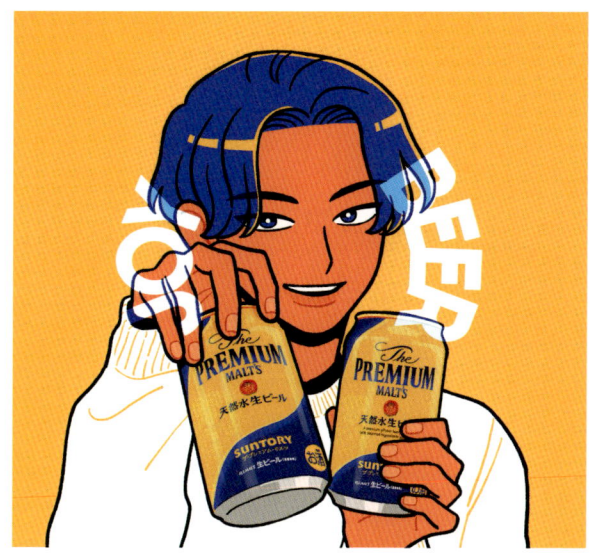
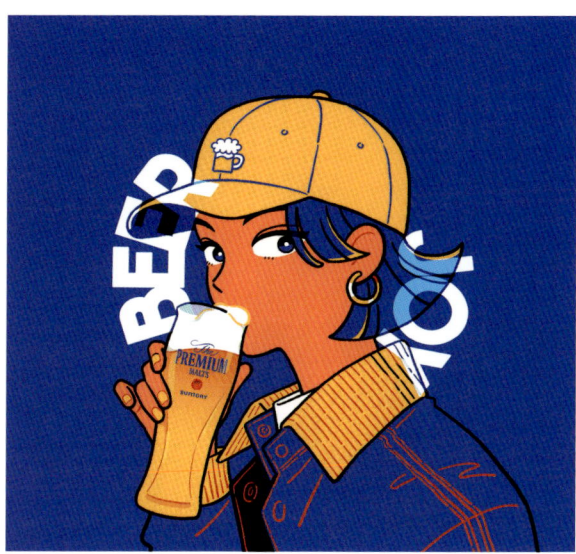

219
「プレモルメンバーズ」ステッカーイラスト／2023／サントリーホールディングス

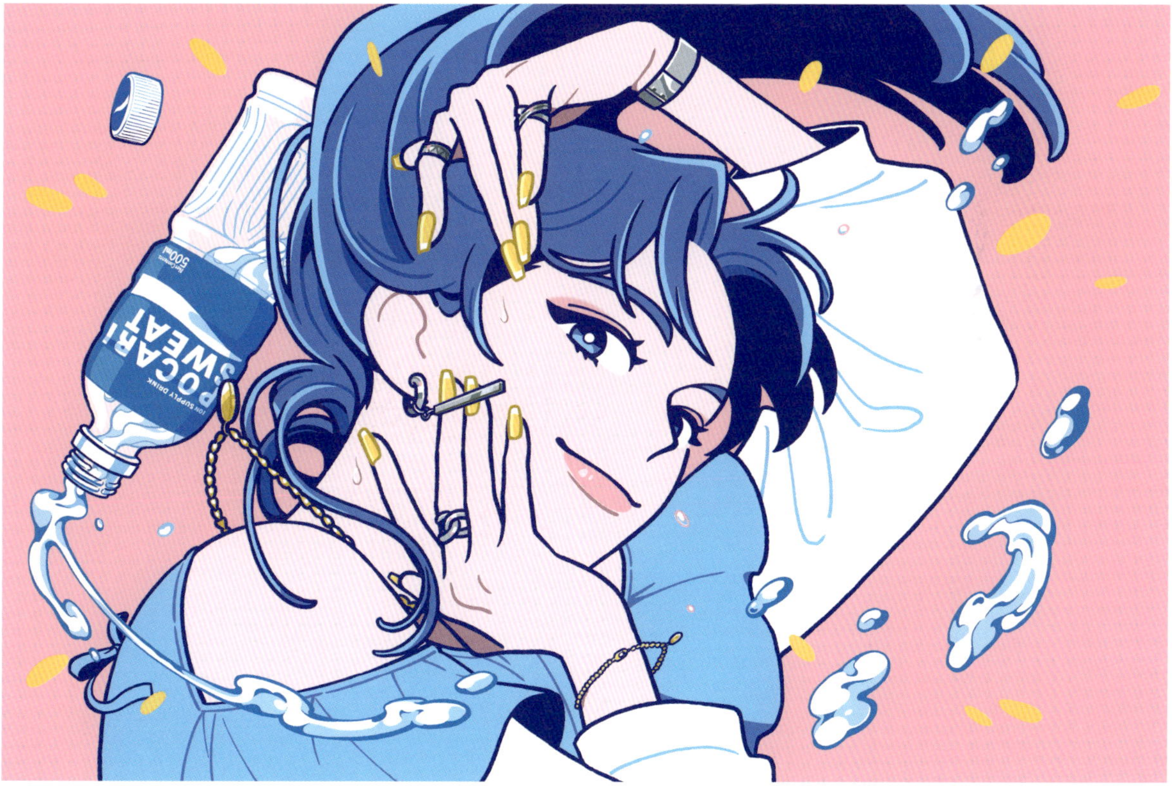

220
「ポカリスエット香港　ダンスクルー募集オーディション」広告イラスト／2024／香港大塚製薬

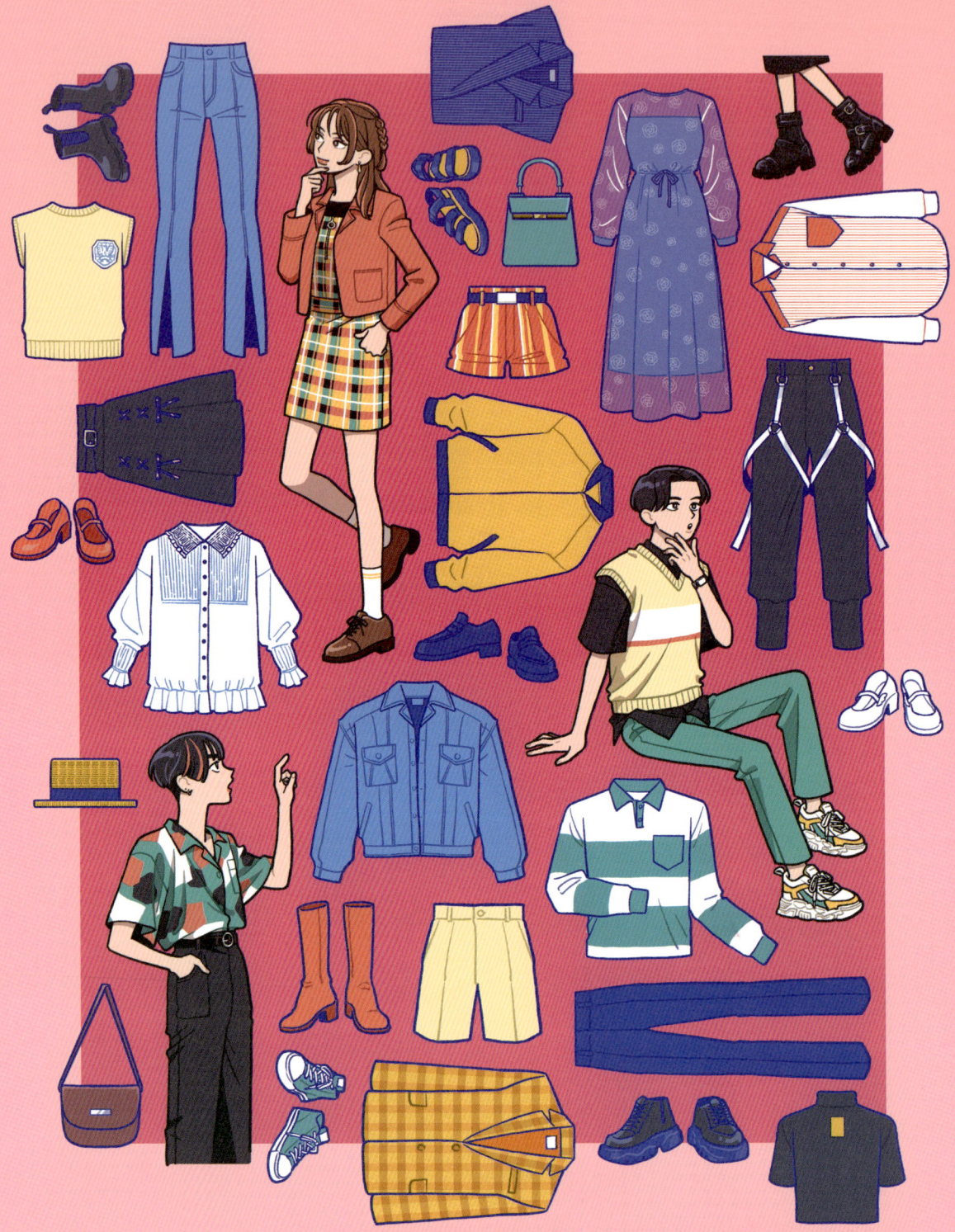

『イラストレーターのための 現代ファッション大図鑑』装画／ともわか (絵)・よしかわかなめ (監修)／2023／KADOKAWA

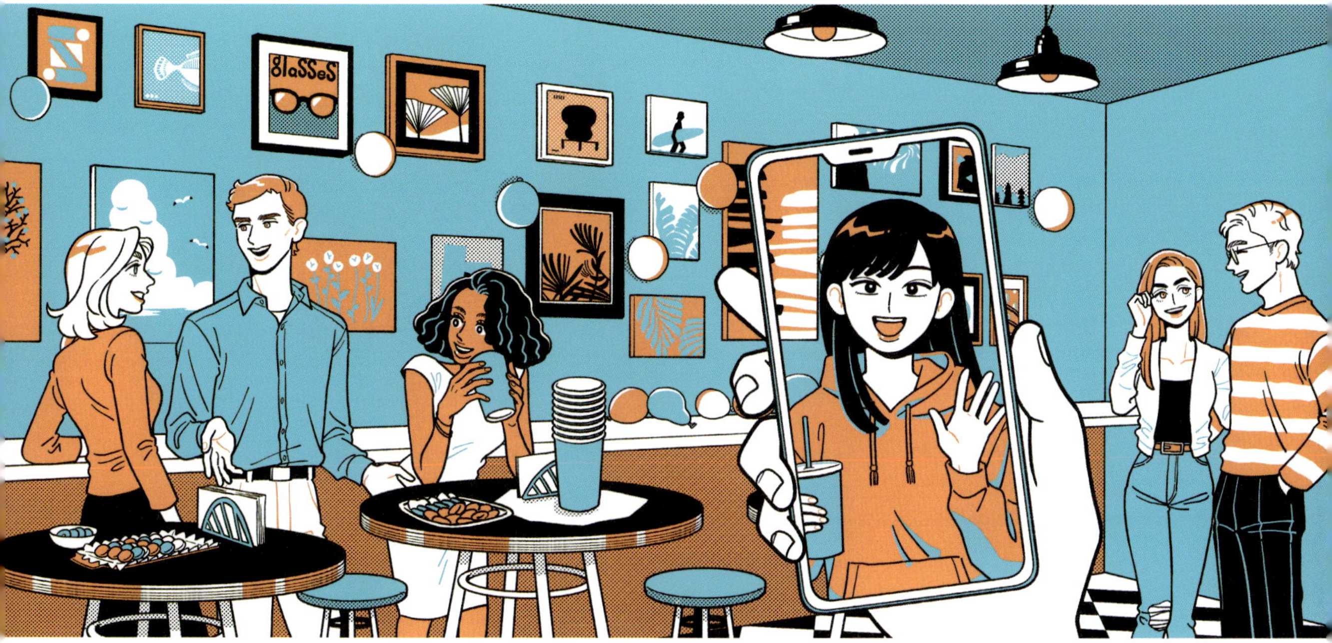

222
『とっさの会話力と自信が身につく 行ったつもりで英会話』装画／TOKYO GLOBAL GATEWAY（協力）／2023／Gakken

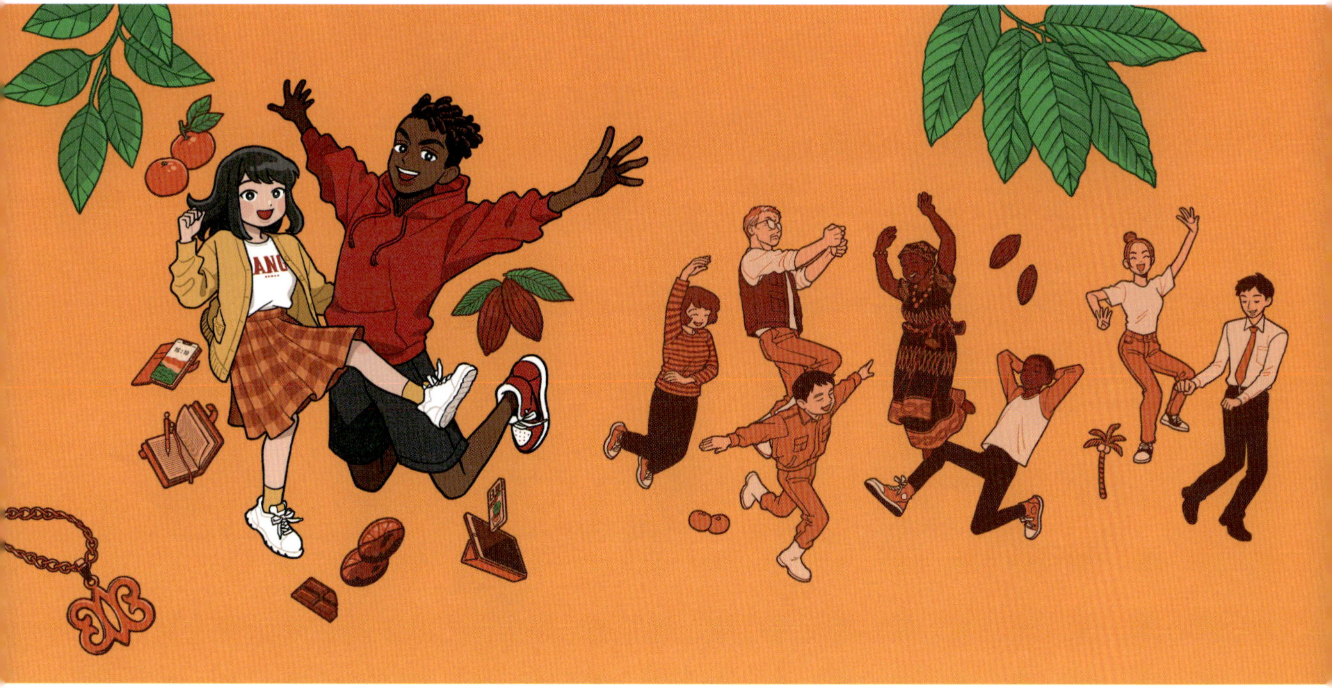

223
『オランジェット・ダイアリー』装画／黒川裕子（著）／2023／光村図書出版

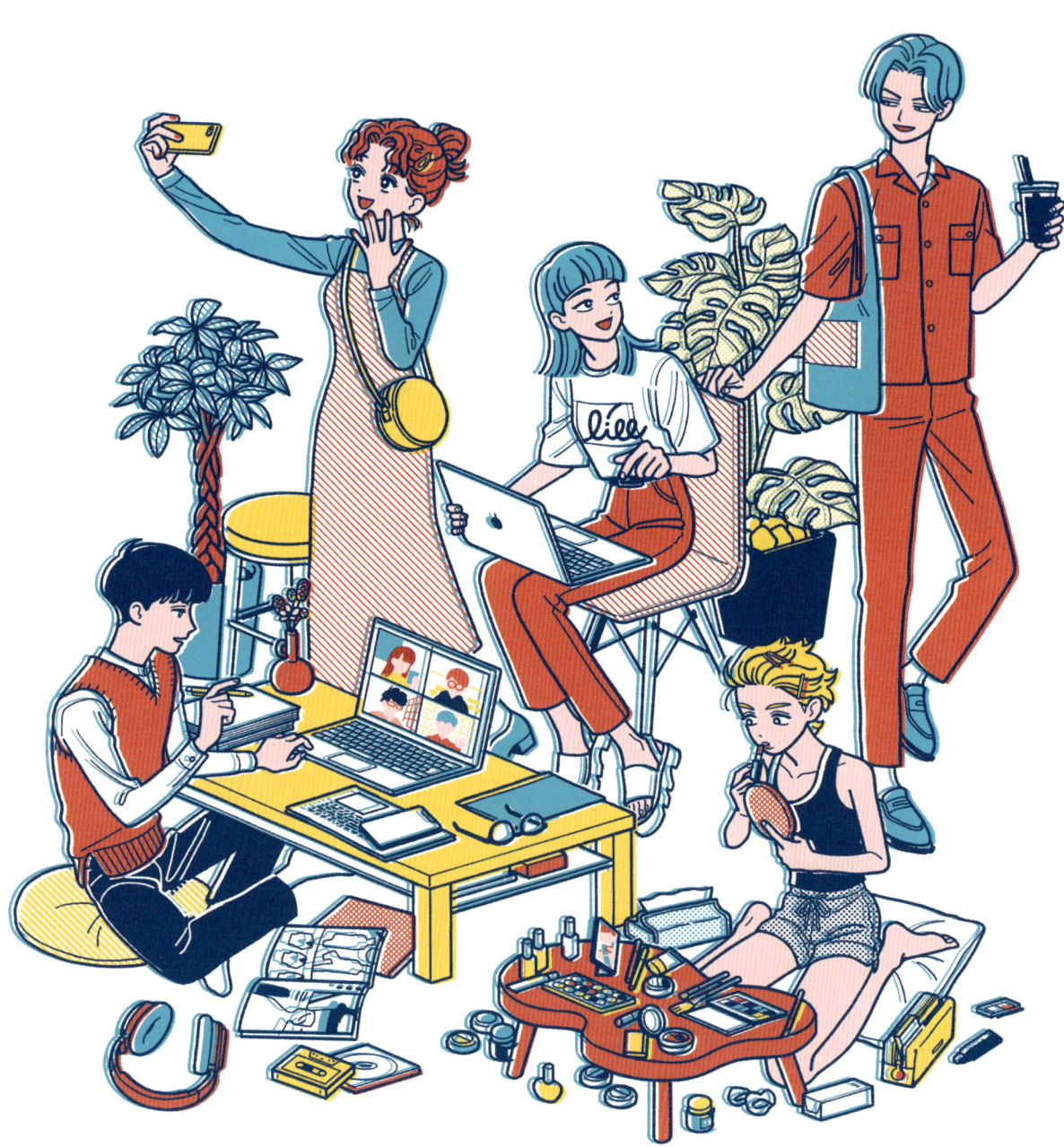

『ミレニアル+Z世代の心に響くデザイン』装画／パイ インターナショナル (編著) ／2021／パイ インターナショナル

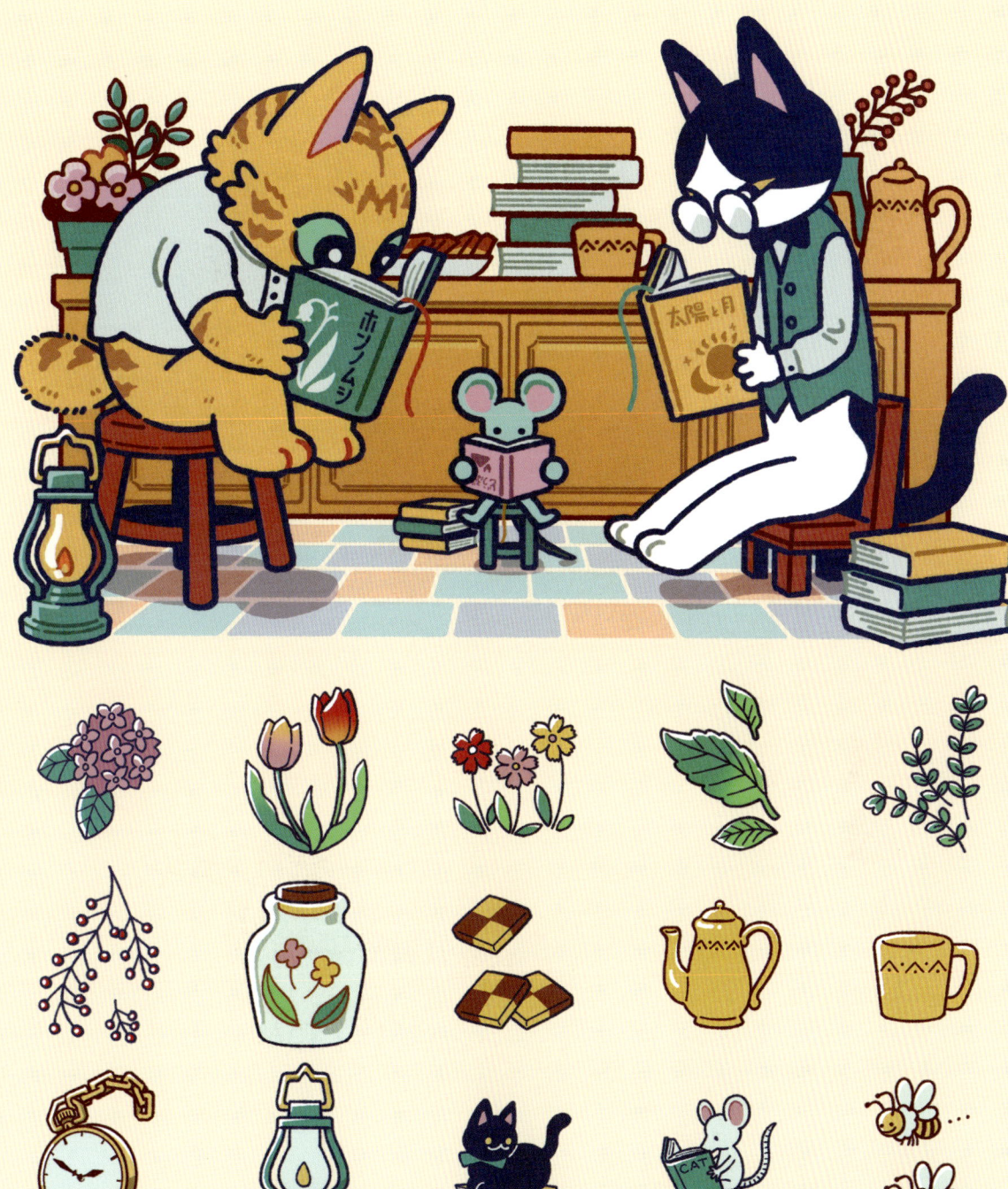

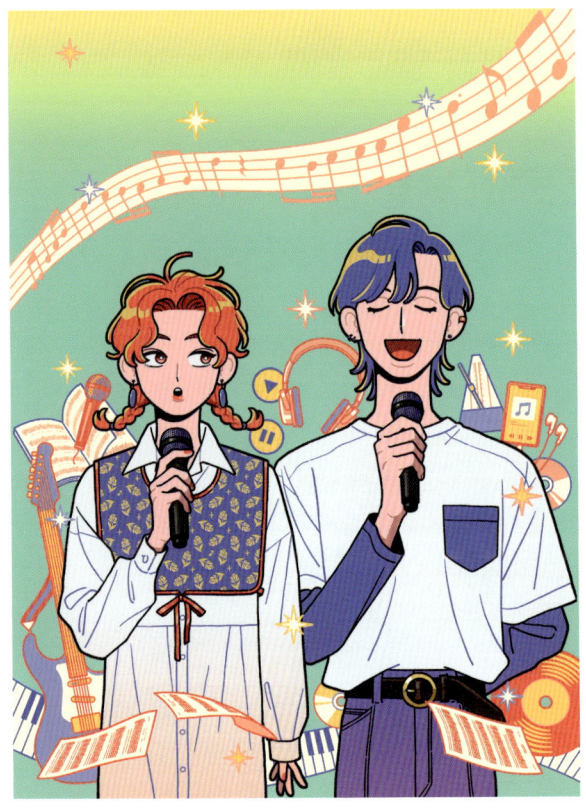

226
『これで、歌がうまくなるコツがぜんぶわかる』装画
大槻水澄（著）／2023／ディスカヴァー・トゥエンティワン

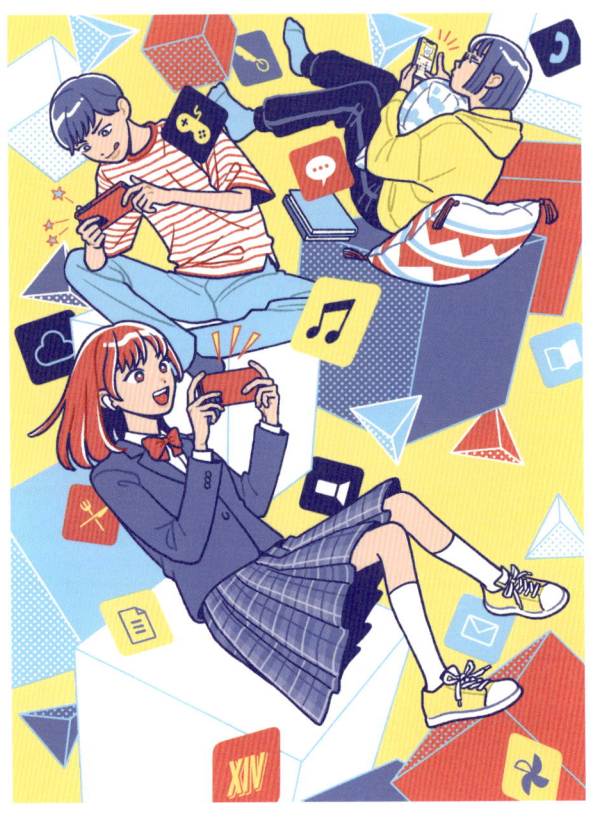

227
『スマホアプリはなぜ無料？　10代からのマーケティング入門』装画
松本健太郎（著）／2023／河出書房新社

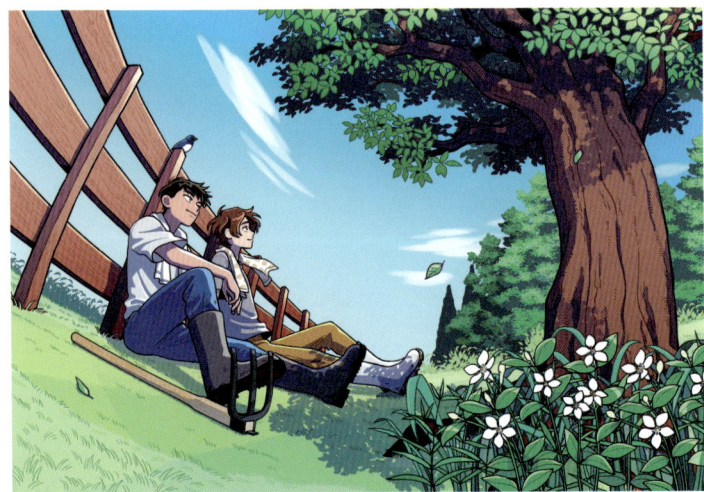

228
『満天 in サマラファーム』装画／長谷川まりる（作）／2022／講談社

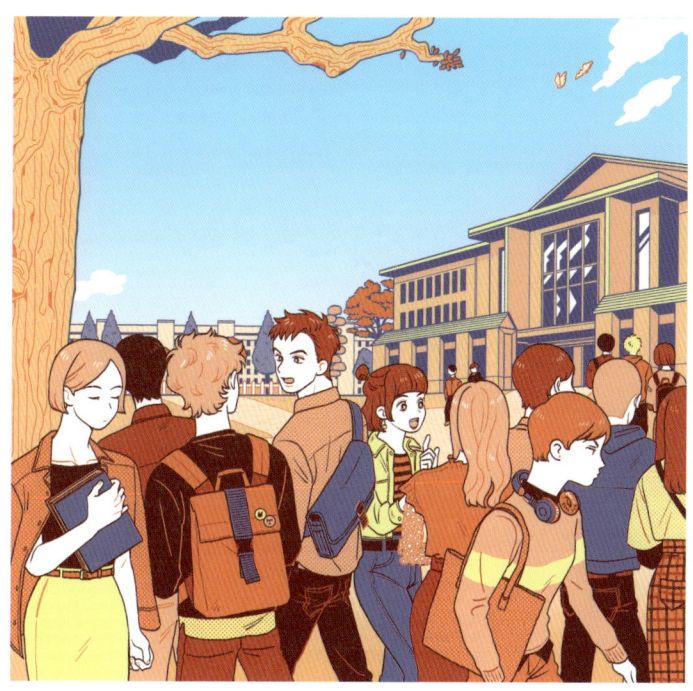

229
『2年度　国立大学法人等職員採用試験攻略ブック』装画
受験ジャーナル編集部 (編)／2019／実務教育出版

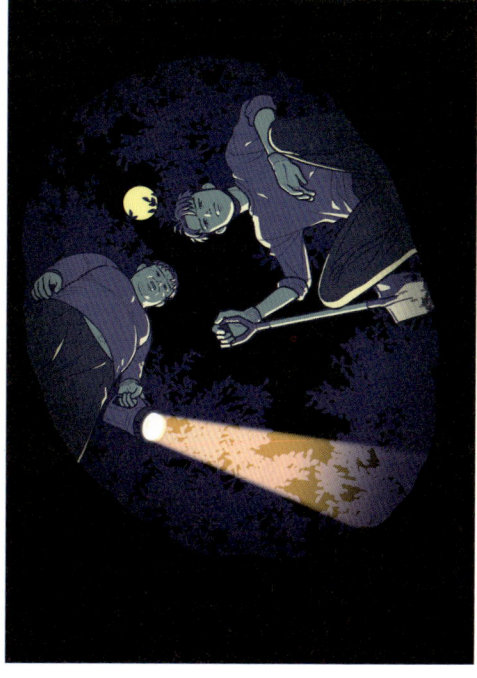

230
『モノマネ芸人、死体を埋める』装画
藤崎翔（著）／2023／祥伝社

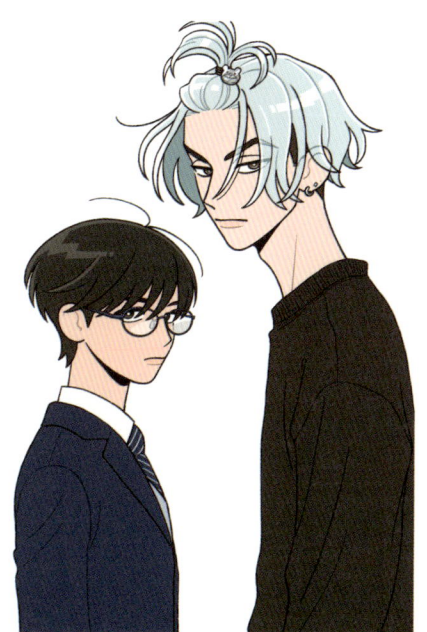
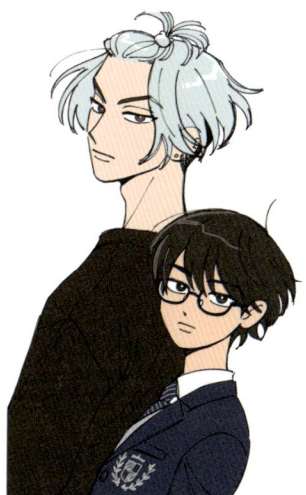
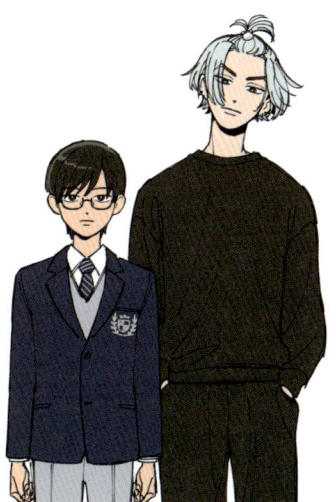

231
文春文庫『あれは閃光、ぼくらの心中』装画・販促イラスト／竹宮ゆゆこ（著）／2022／文藝春秋

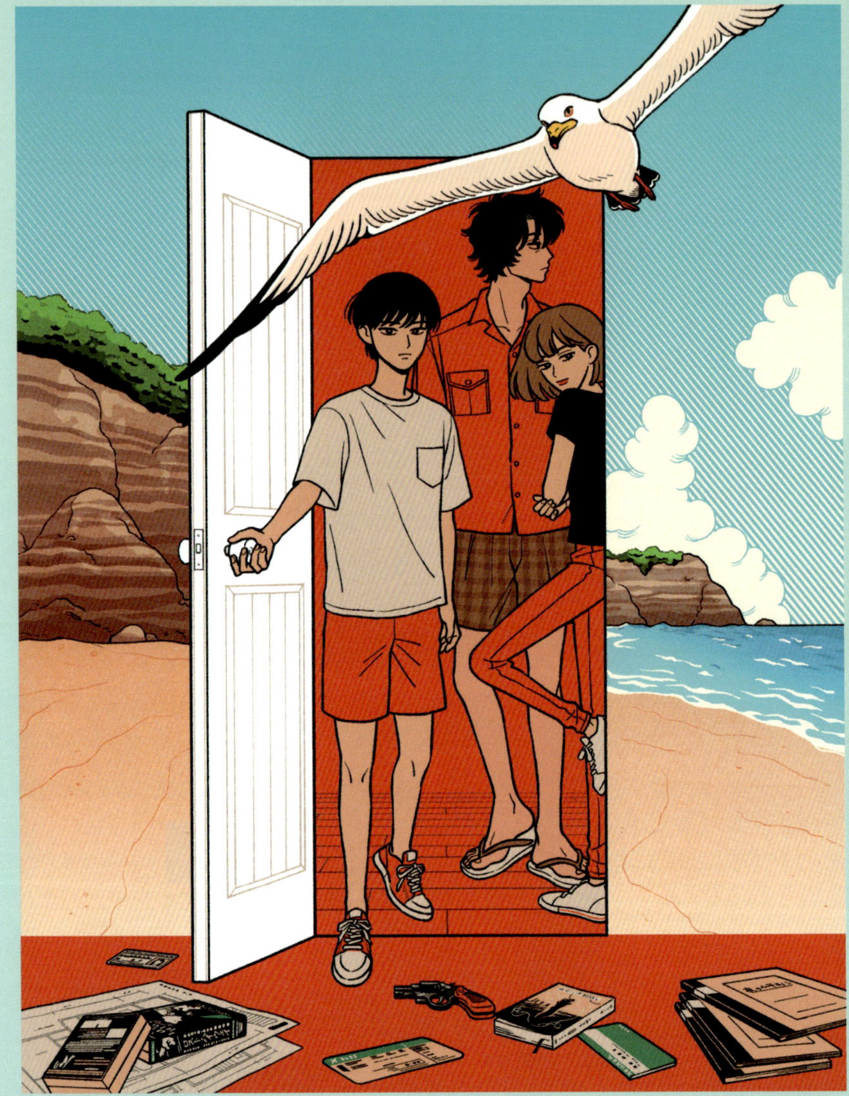

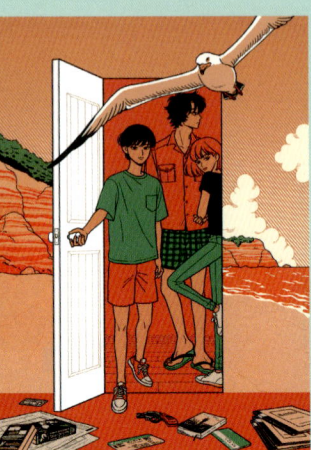

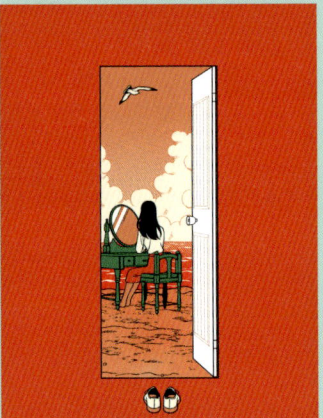

『Memories of the never happened1 ロビンソンの家』装画・口絵／打海文三（著）／2022／徳間書店

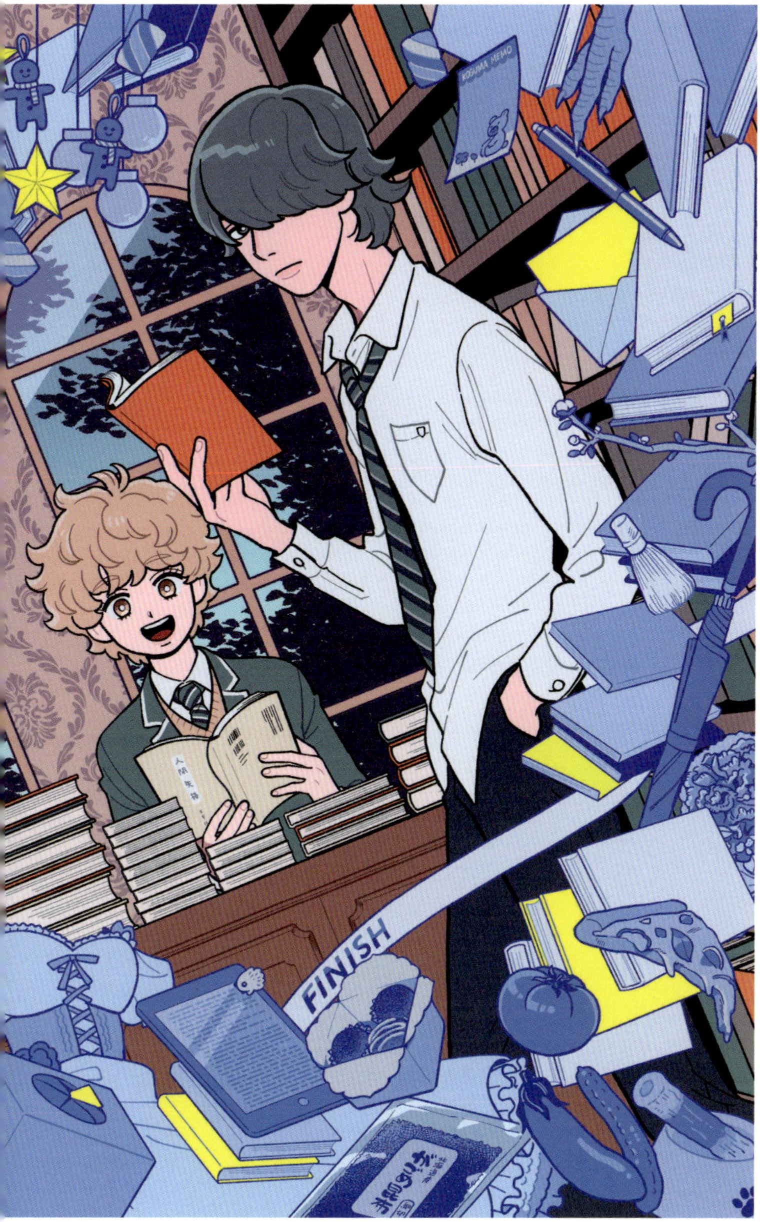

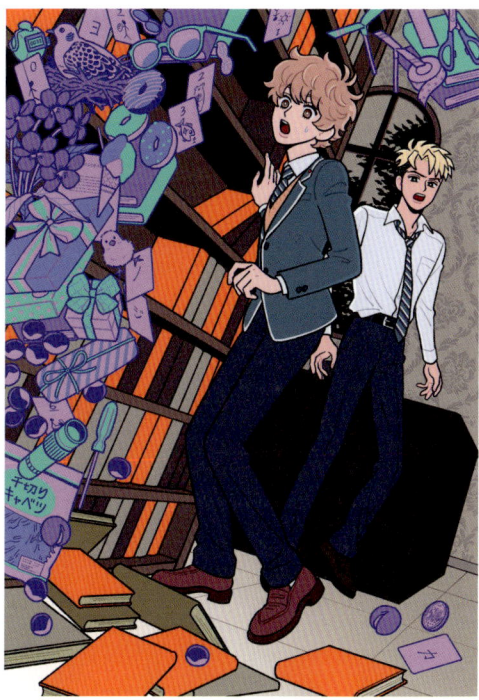

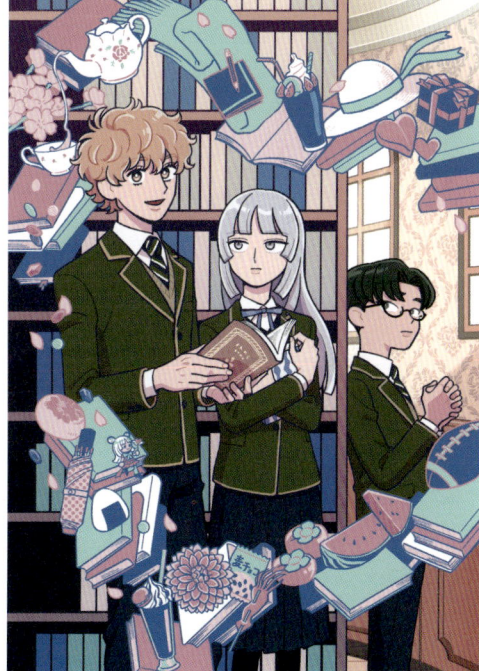

233
『図書室の奥は秘密の相談室』装画
『図書室の奥はあやしい相談室』装画
『図書室の奥は恋する？相談室』装画
櫻井とりお（著）／2021-2022／PHP研究所

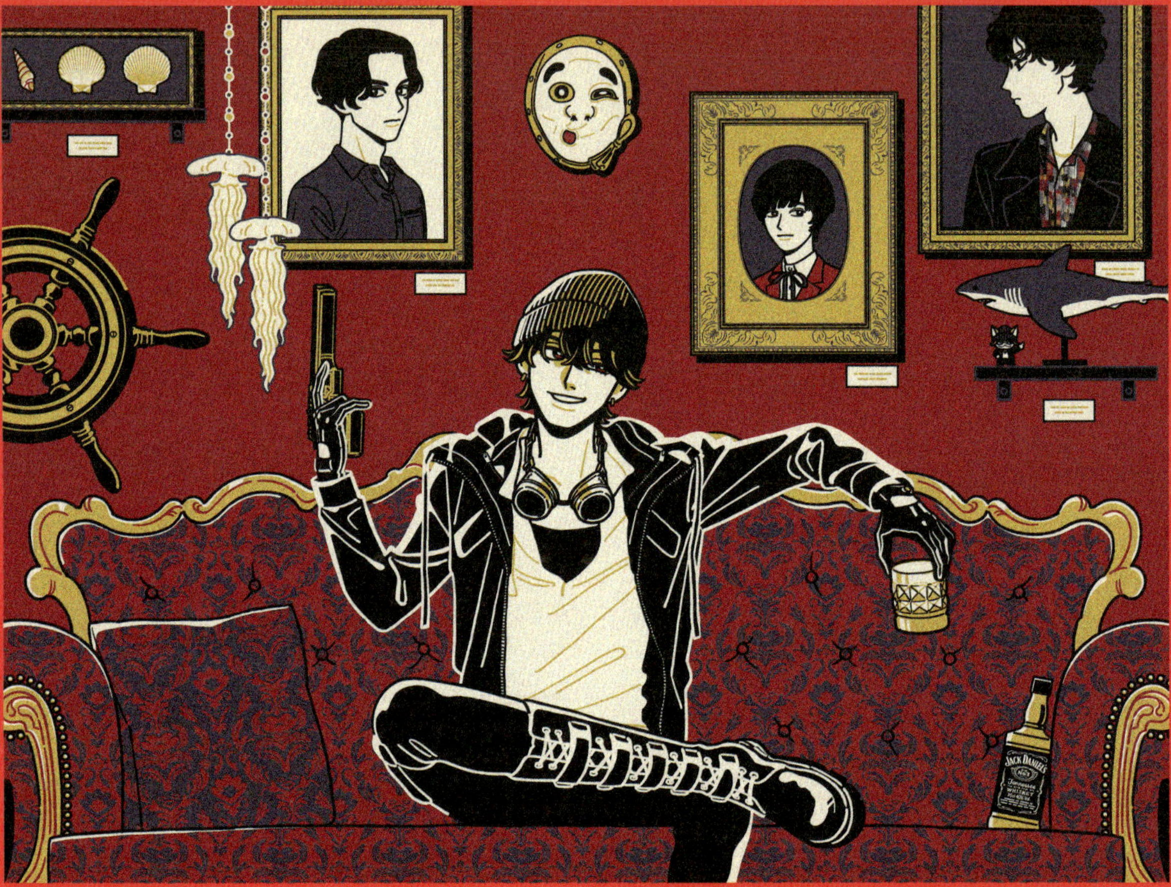

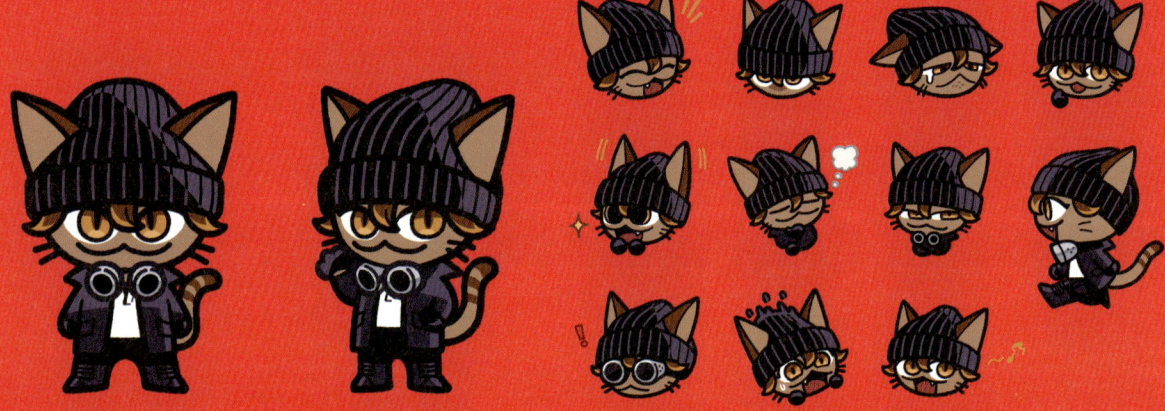

舞台「怪盗探偵山猫 the Stage ～船上の狂想曲～」コラボイラスト・マスコットキャラクター／2021／エイベックス・ピクチャーズ
©Manabu Kaminaga／KADOKAWA／エイベックス・ピクチャーズ／Office ENDLESS

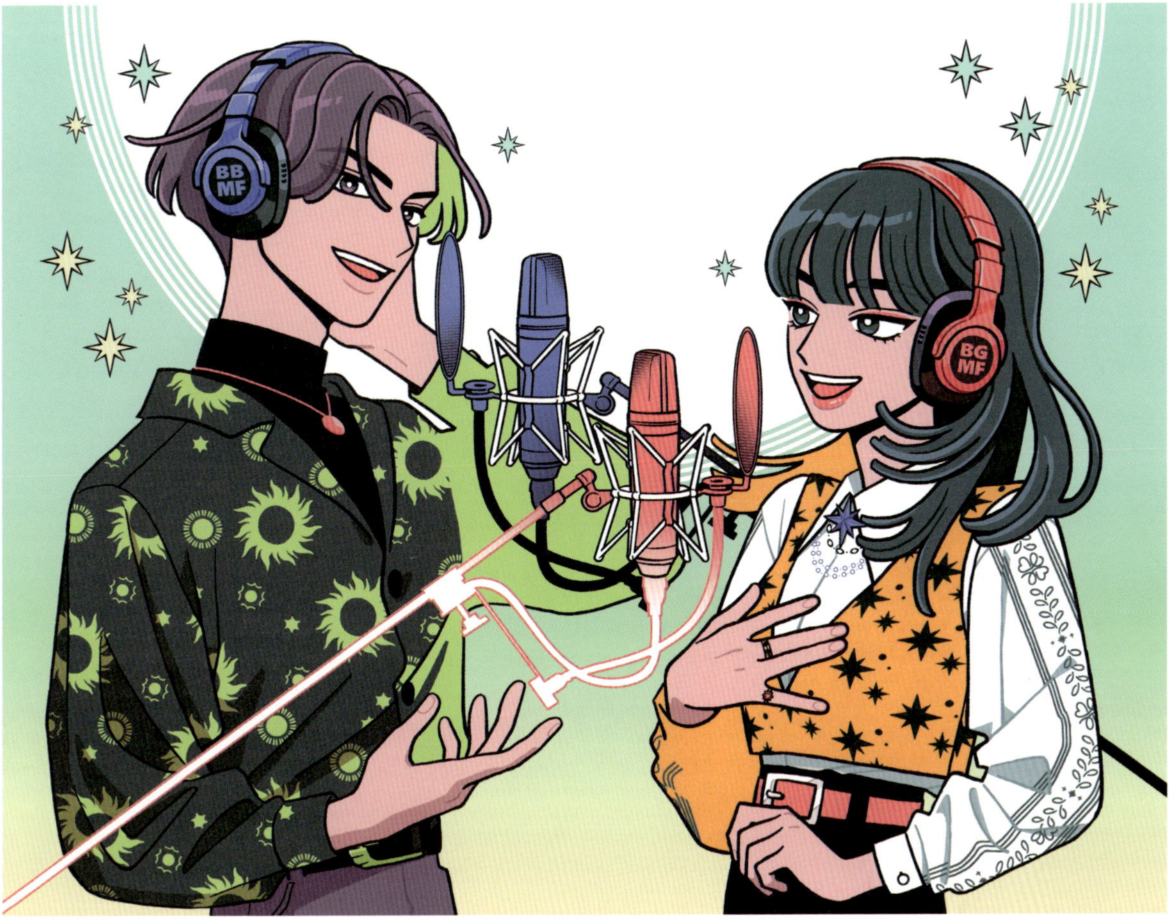

235
「美少女歌祭2022」「美男子歌祭」キービジュアル／2022／美少女図鑑

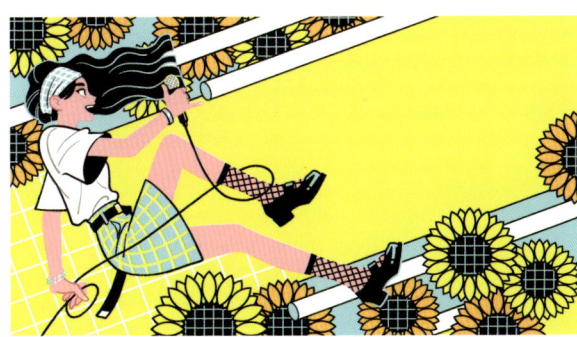

236
「バーチャル冒険アイランド × TOKYO GIRLS COLLECTION ～ひまわりドリーム
ステージ～ supported by SPORTS DEPO」キービジュアル／2022／Adol.LLC

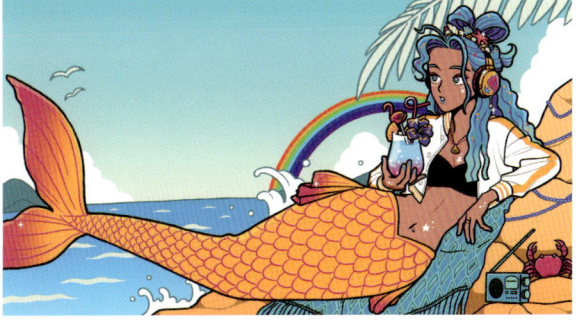

237
「めざましライブ × TOKYO GIRLS COLLECTION ～ひまわりドリームステージ～
supported by SHEIN Group」キービジュアル／2023／Adol.LLC

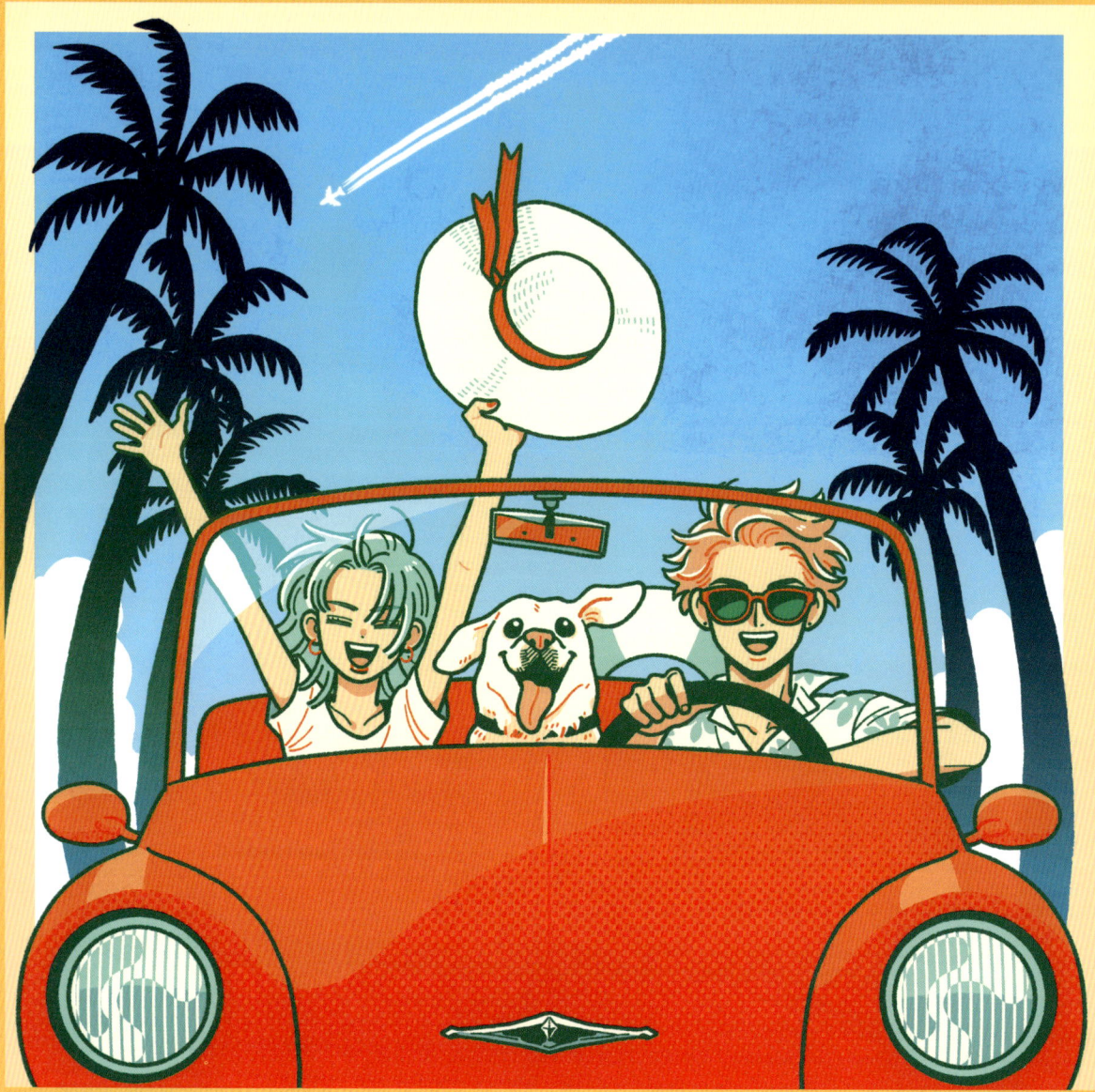

TOKYO FM「apollostation Drive Discovery PRESS」ステッカーイラスト／2021／エフエム東京

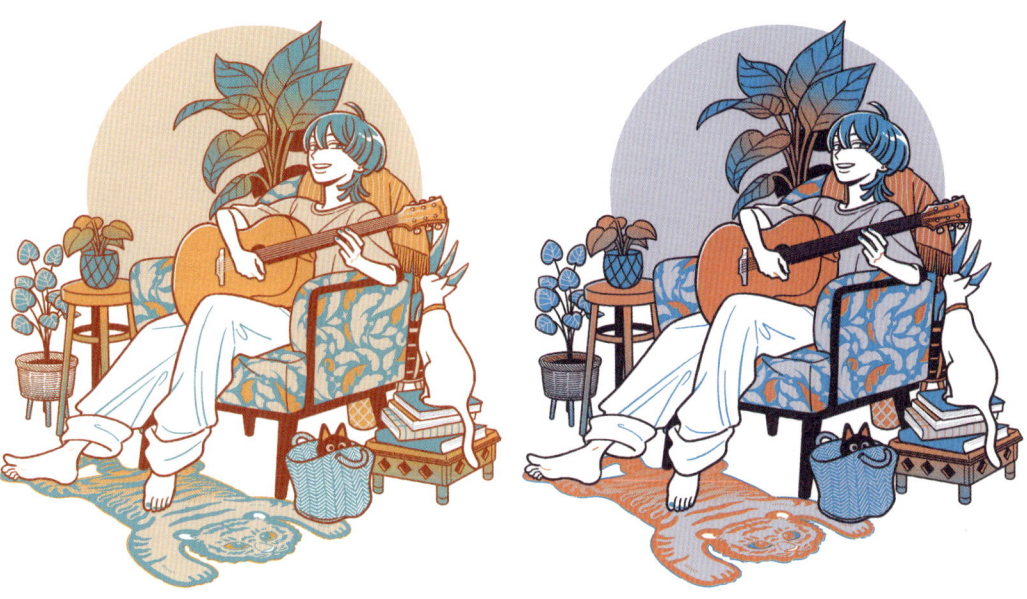

239
「rockin'star★」グッズイラスト／2022／ロッキング・オン・ジャパン　©rockin'on

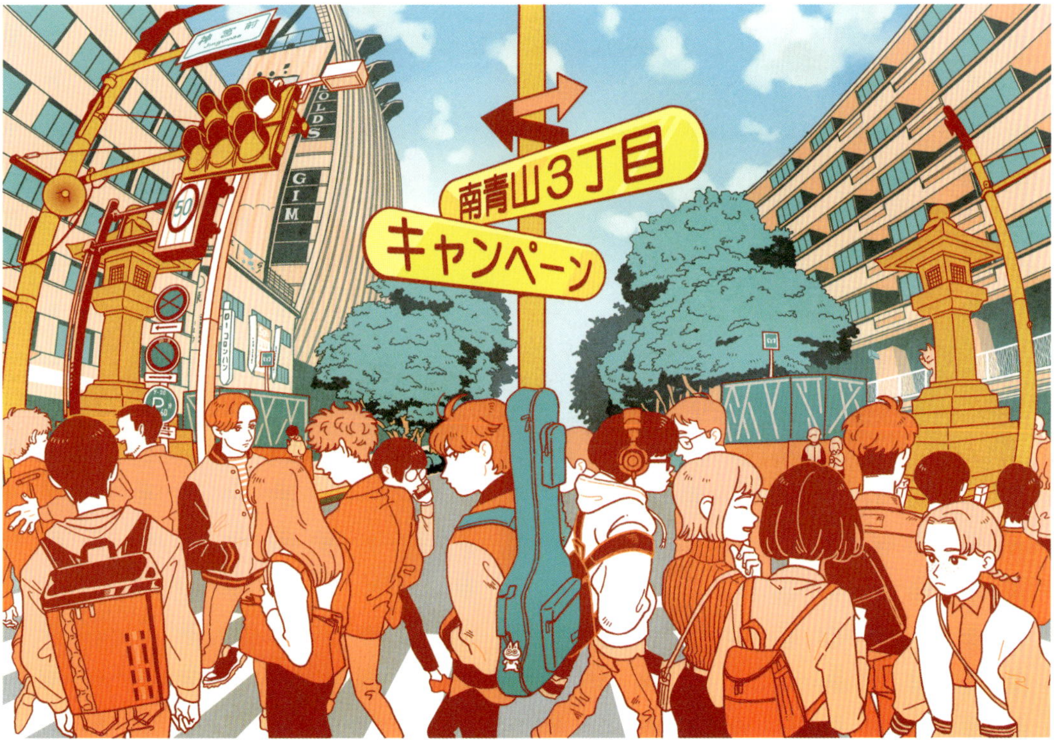

240
「tapes2.5 presented by Jimdo」キービジュアル／2018／WALL&WALL

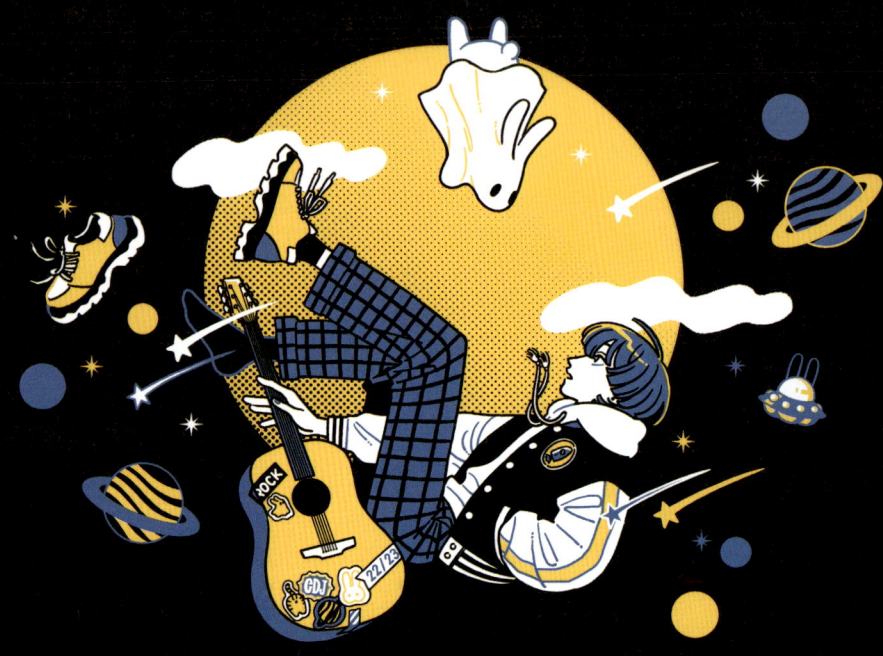

241
「COUNTDOWN JAPAN 22/23」グッズイラスト／2022／ロッキング・オン・ジャパン ©rockin'on

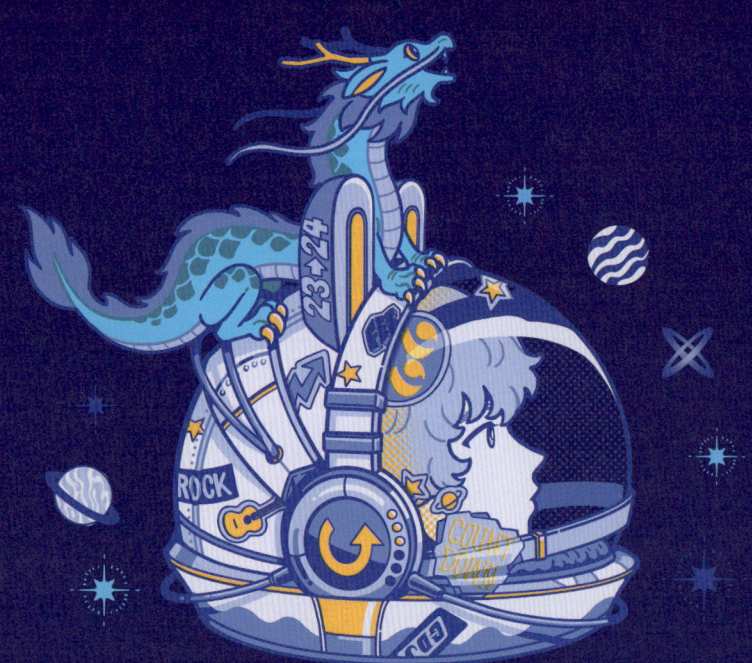

242
「COUNTDOWN JAPAN 23/24」グッズイラスト／2023／ロッキング・オン・ジャパン ©rockin'on

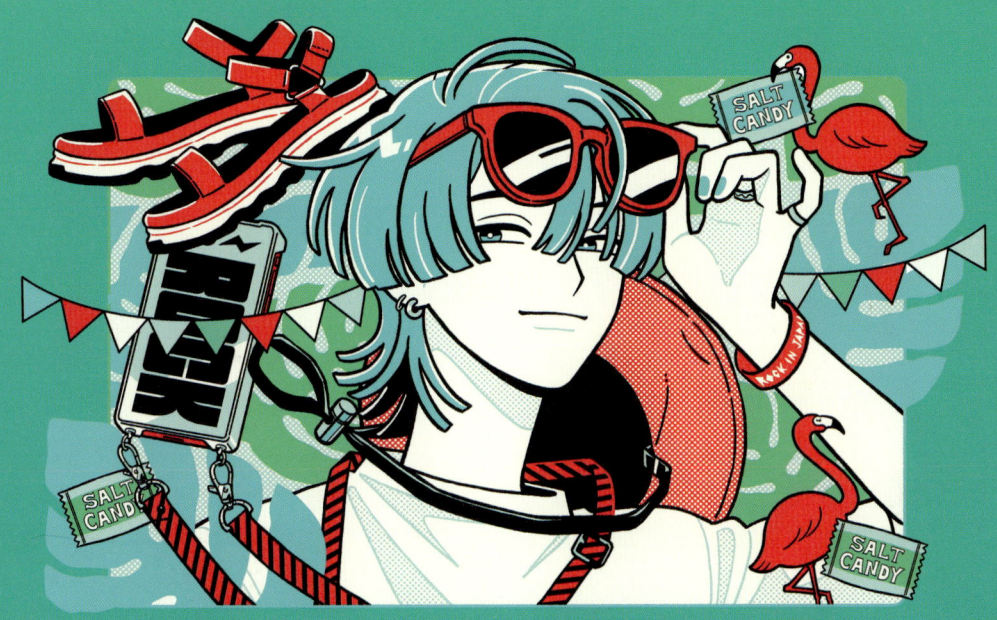

243
「ROCK IN JAPAN FESTIVAL 2022」グッズイラスト／2022／ロッキング・オン・ジャパン　©rockin'on

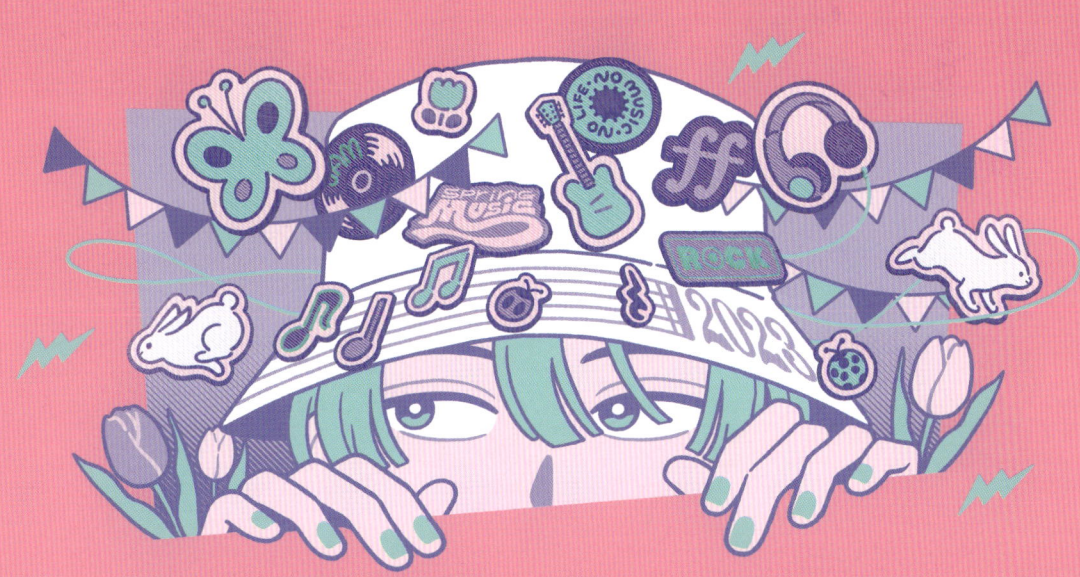

244
「JAPAN JAM 2023」グッズイラスト／2023／ロッキング・オン・ジャパン　©rockin'on

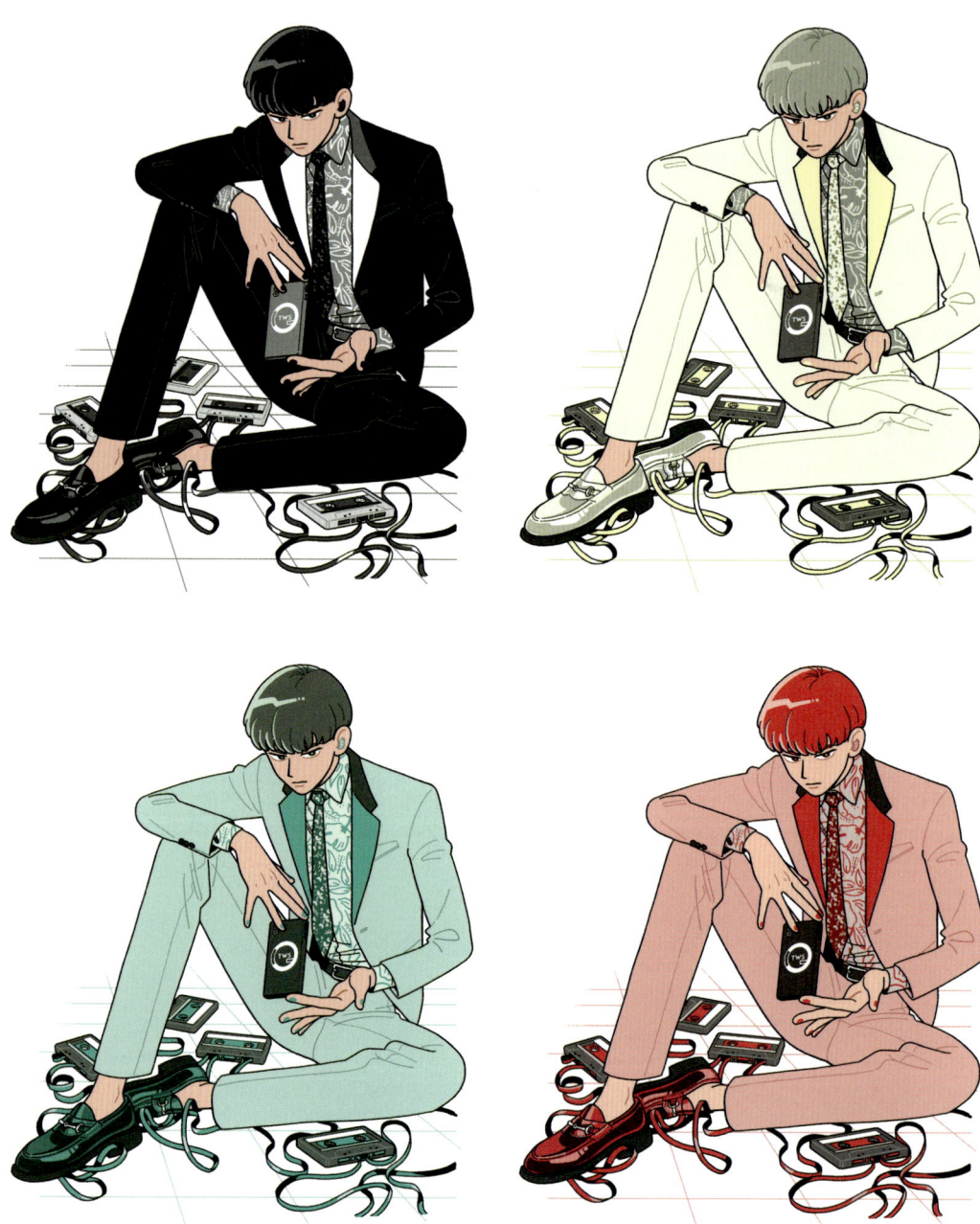

ワイヤレスイヤホン「Color & Groove」パッケージイラスト／2021／イツワ商事

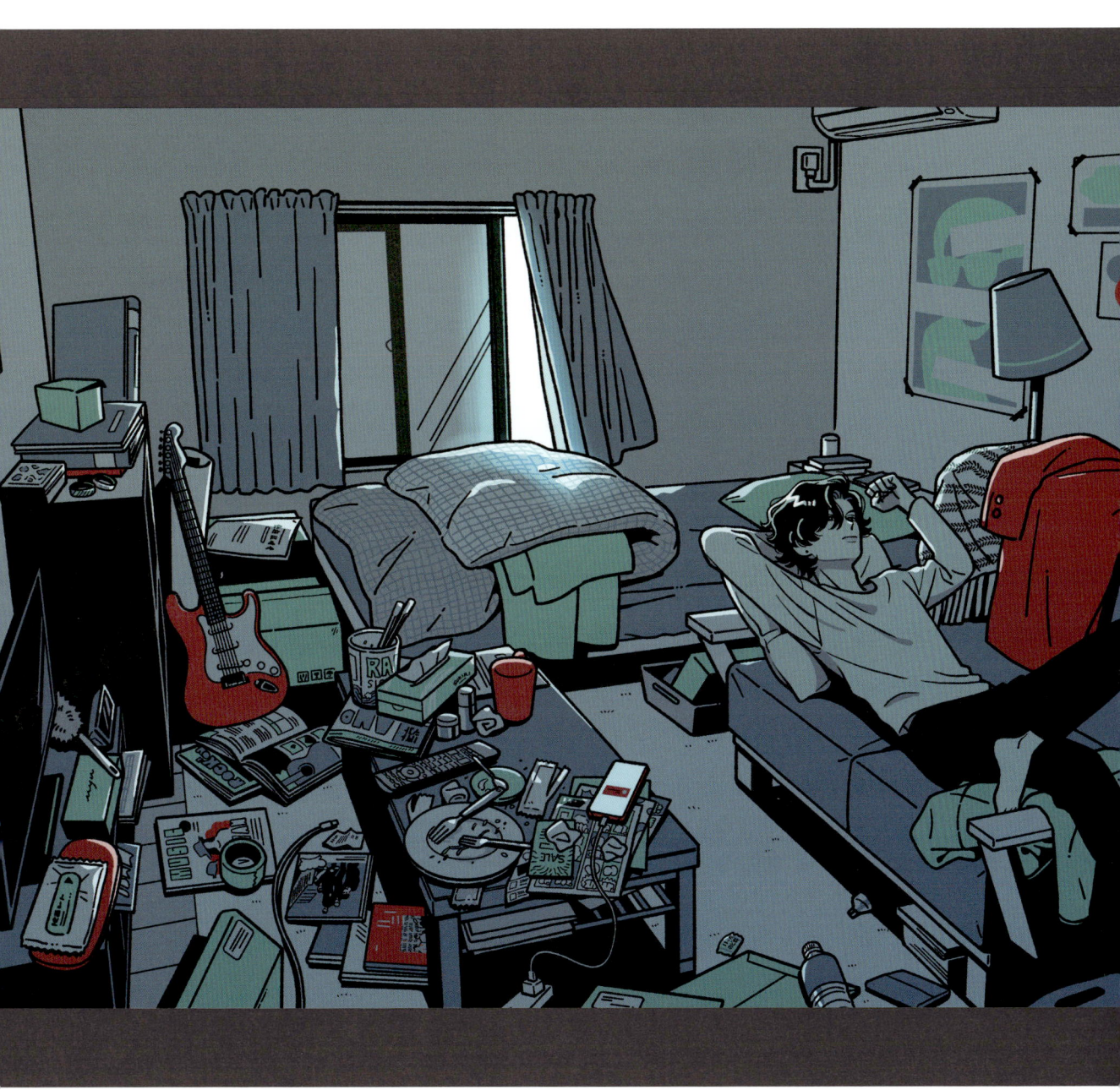

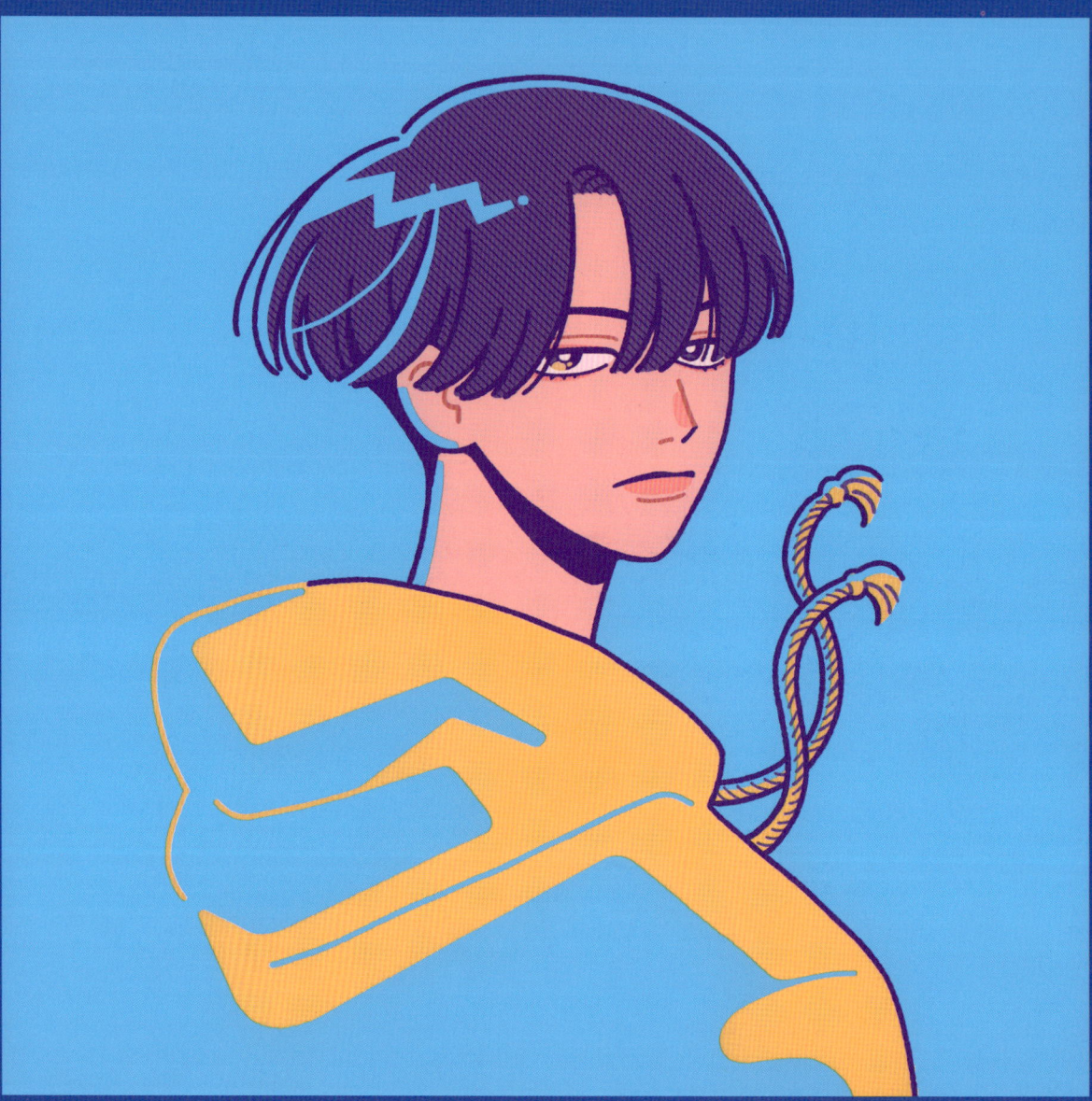

yama キービジュアル／2019／ソニー・ミュージックレーベルズ

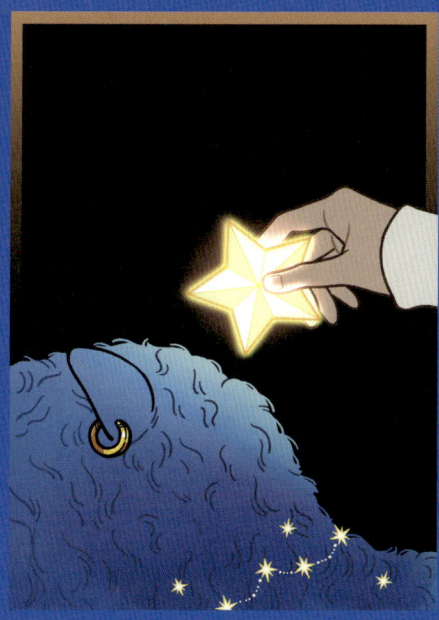

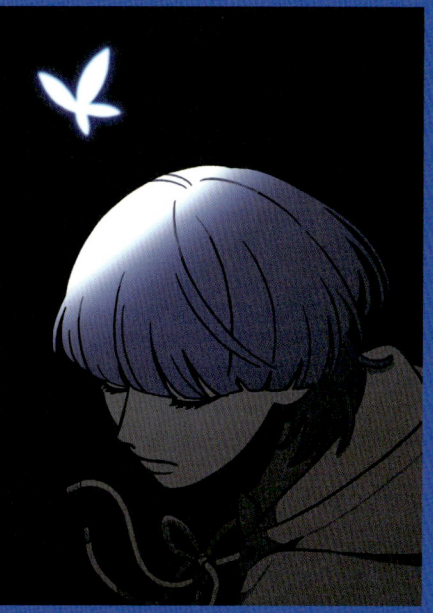

248
yama「Christmas Special Live 2023」キービジュアル／2023
ソニー・ミュージックレーベルズ

249
yama 東名阪 acoustic live tour 2023「夜と閃き」キービジュアル／2023
ソニー・ミュージックレーベルズ

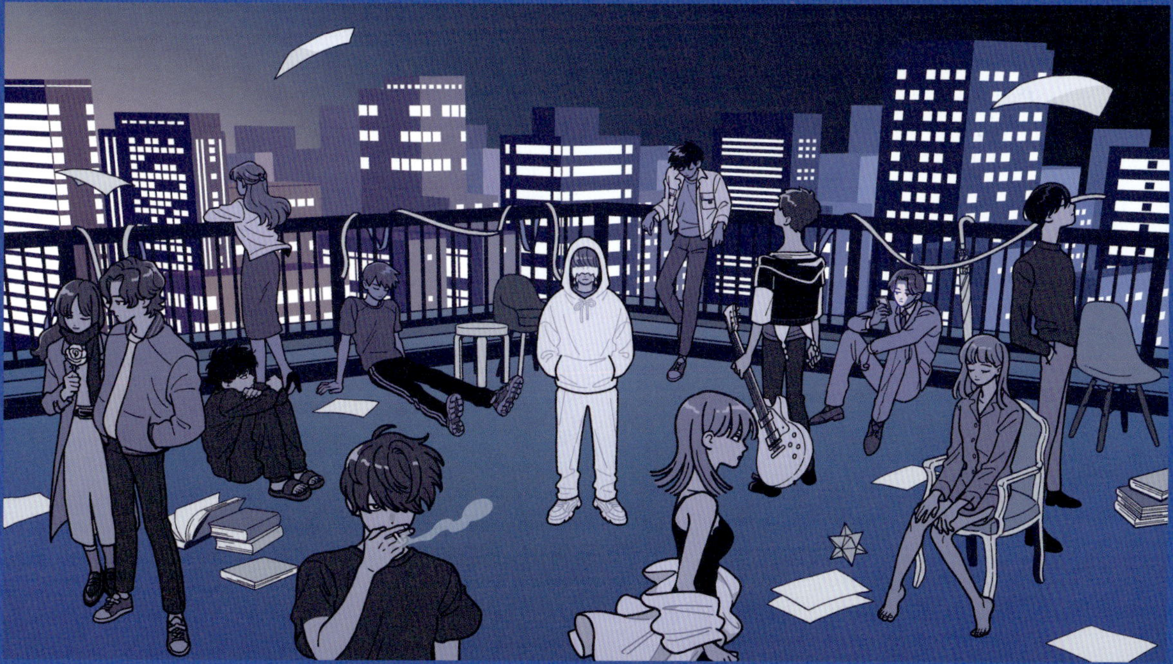

250
yama-1st Album「the meaning of life」全曲トレーラーイラスト／2021／ソニー・ミュージックレーベルズ

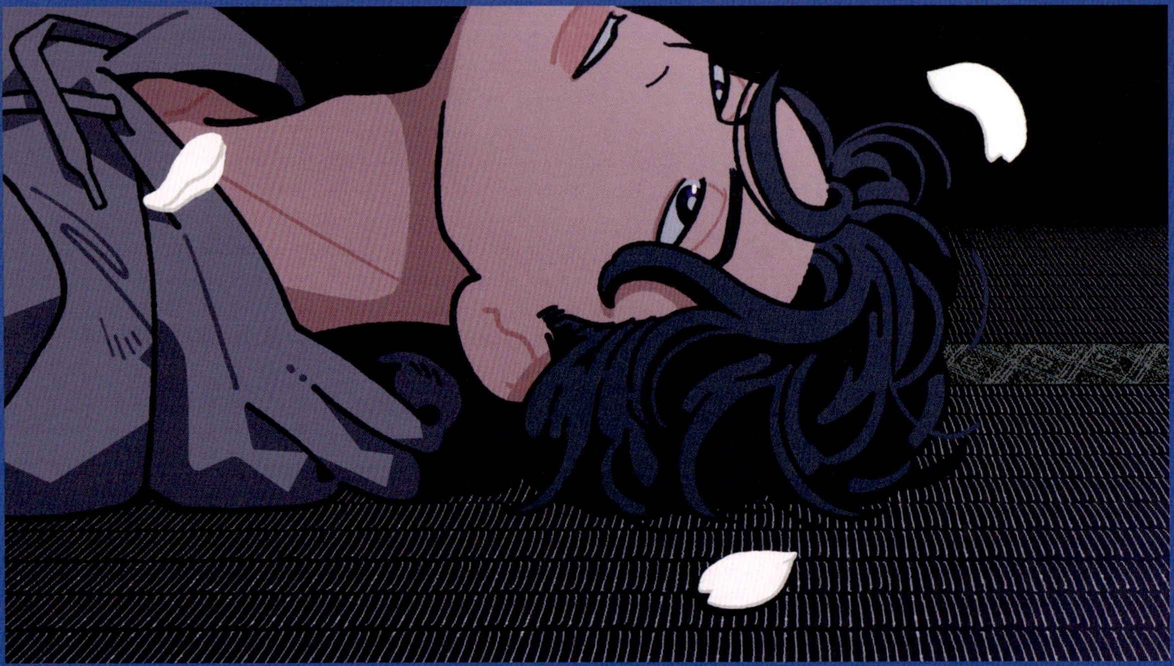

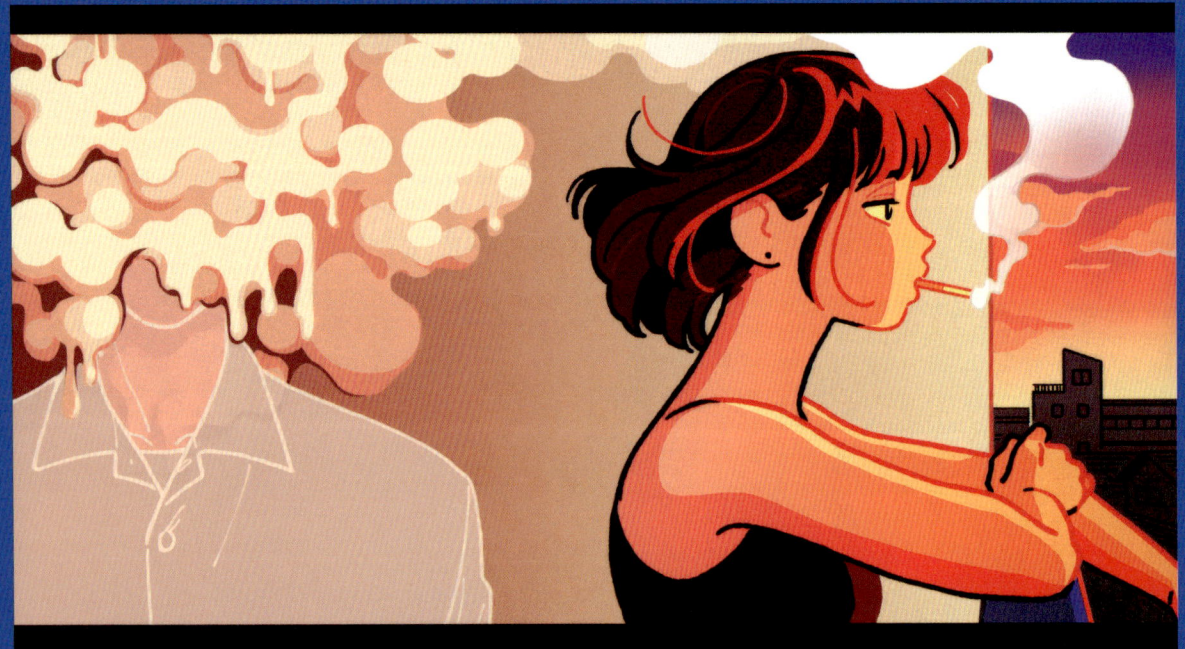

251
yama「春を告げる」MVイラスト／2020／yama

252
yama「クリーム」MVイラスト／2020／yama

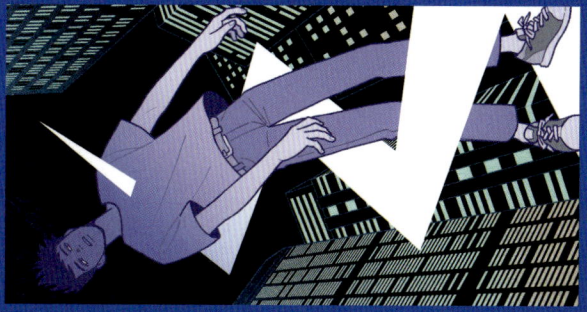

253
yama「Downtown」MVイラスト／2020／yama

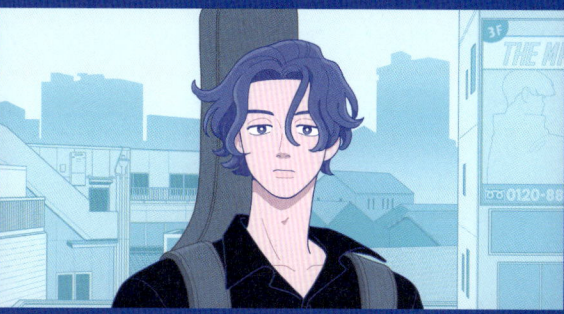

254
yama「あるいは映画のような」MVイラスト／2020／yama

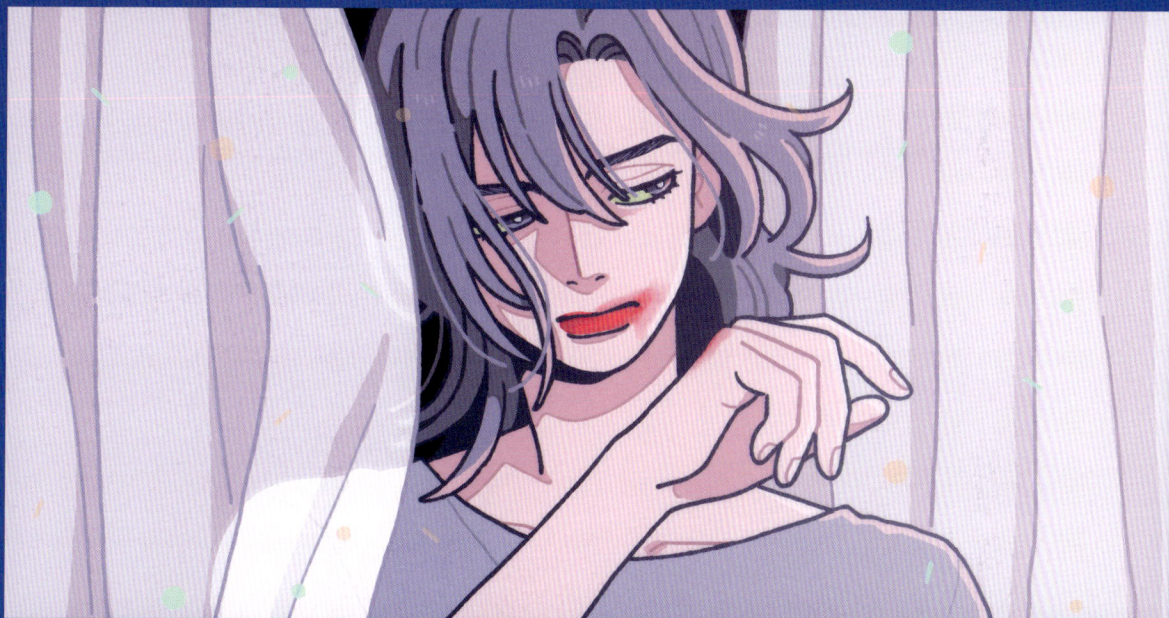

255
yama「a.m.3:21」MVイラスト／2020／yama

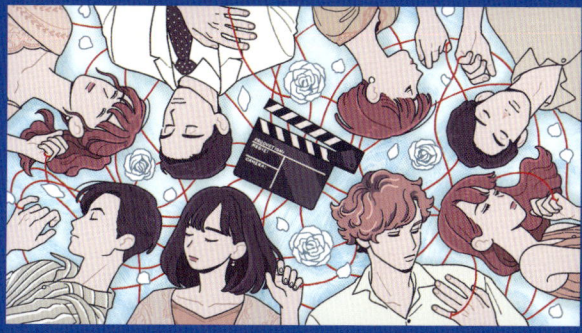

256
yama「真っ白」MVイラスト／2020／ソニー・ミュージックレーベルズ

257
yama「名前のない日々へ」MVイラスト／2021／ソニー・ミュージックレーベルズ

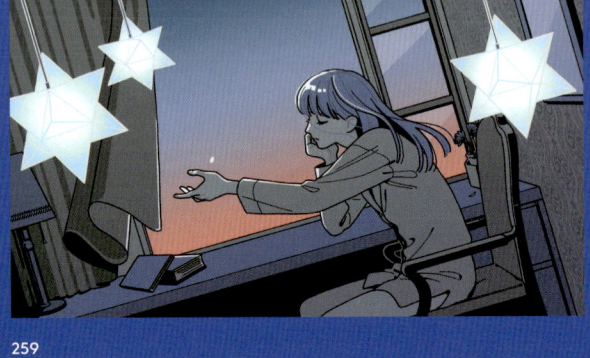

258
yama「一寸の赤」MVイラスト／2021／ソニー・ミュージックレーベルズ

259
yama「Sleepless Night」MVイラスト／2021／ソニー・ミュージックレーベルズ

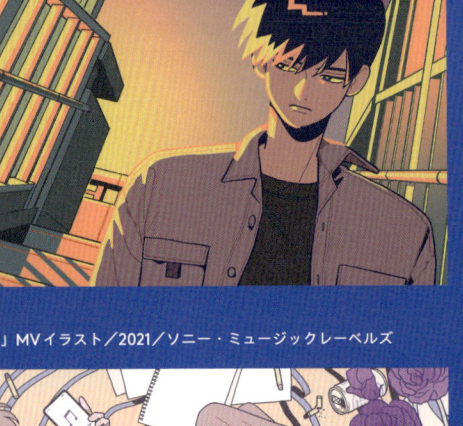

260
yama「希望論」MVイラスト／2021／ソニー・ミュージックレーベルズ

261
yama「愛を解く」MVイラスト／2022／ソニー・ミュージックレーベルズ

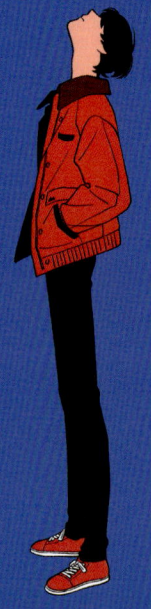
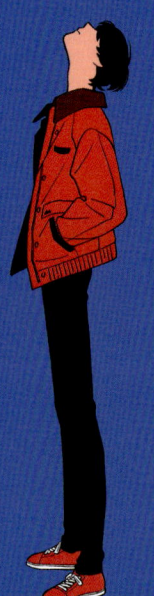
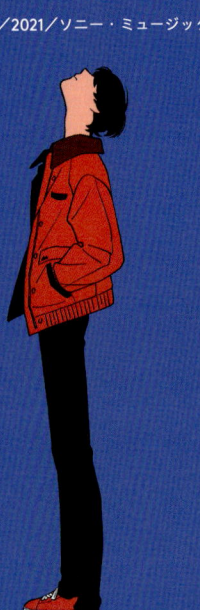

262
yama「MoonWalker」MVイラスト／2022／ソニー・ミュージックレーベルズ

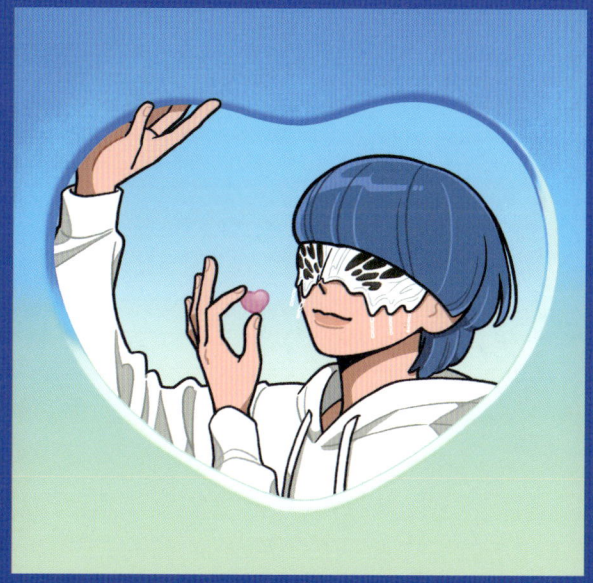

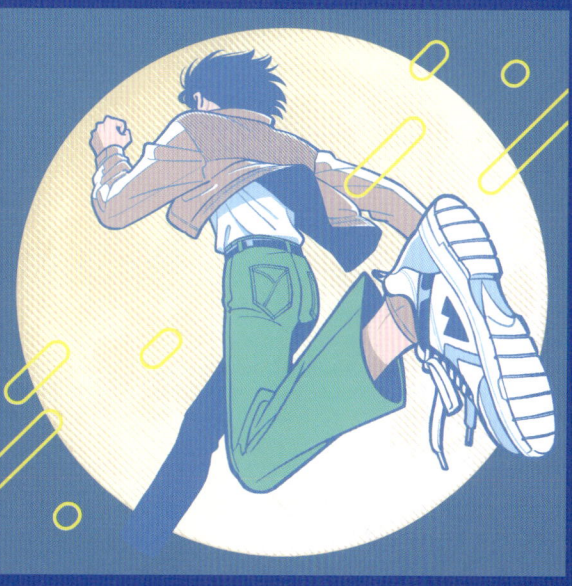

263
yama「いぶき」ジャケットイラスト／2023／ソニー・ミュージックレーベルズ

264
yama「声明」ジャケットイラスト／2024／ソニー・ミュージックレーベルズ

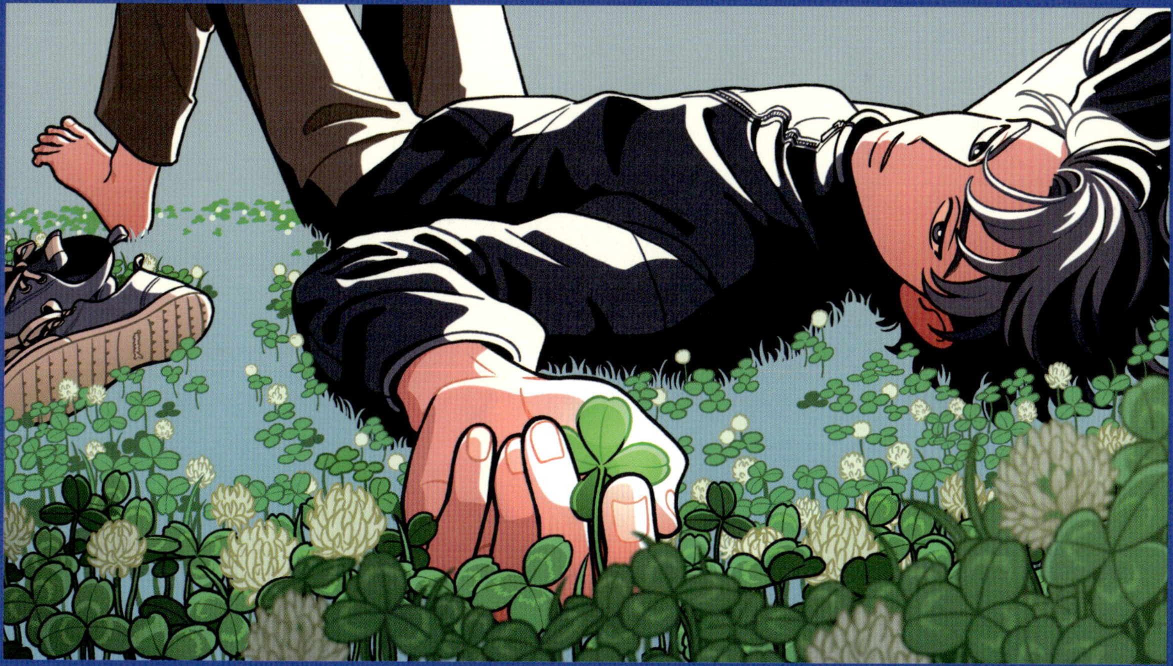

265
yama「こだま」MVイラスト／2024／ソニー・ミュージックレーベルズ

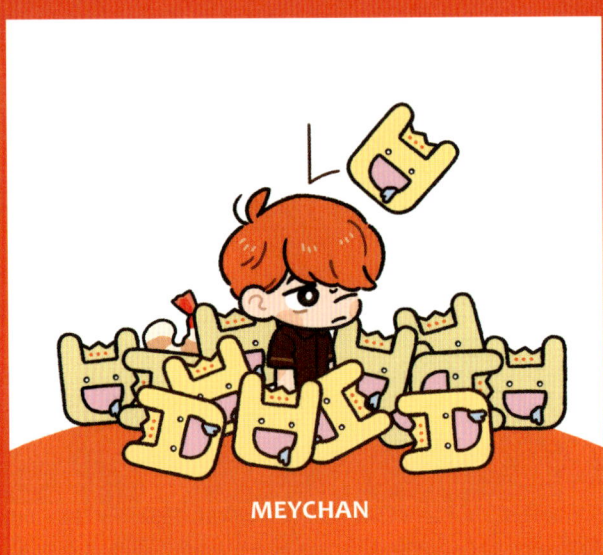

MEYCHAN

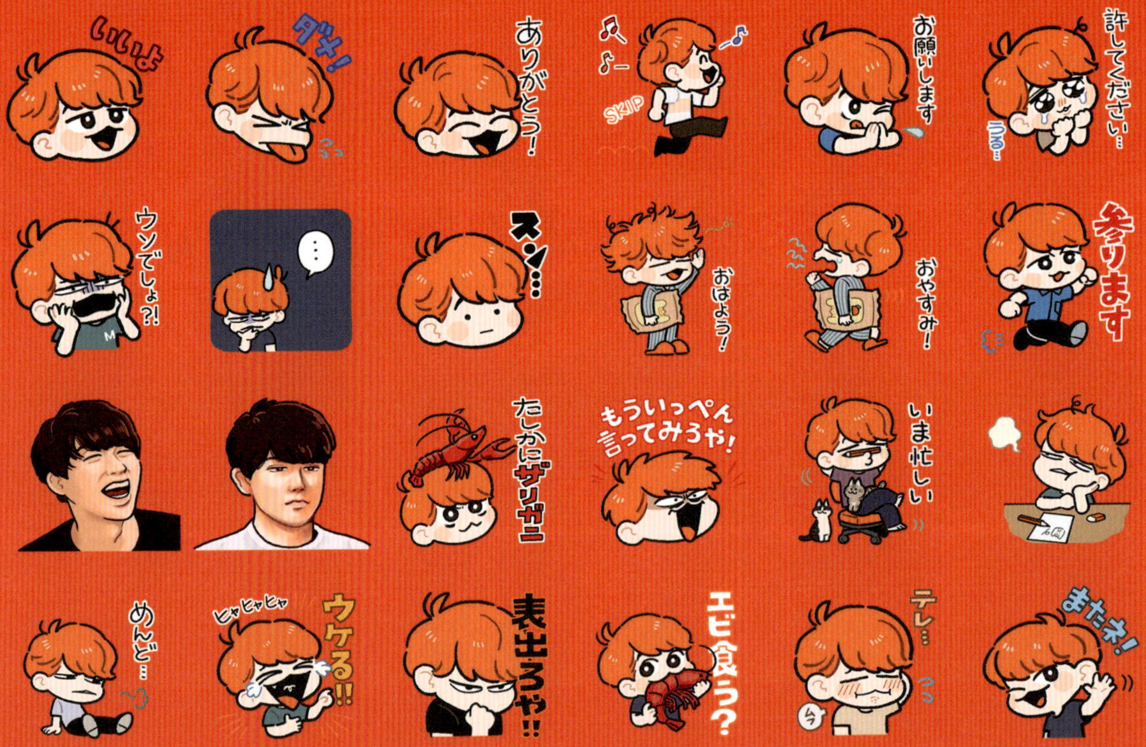

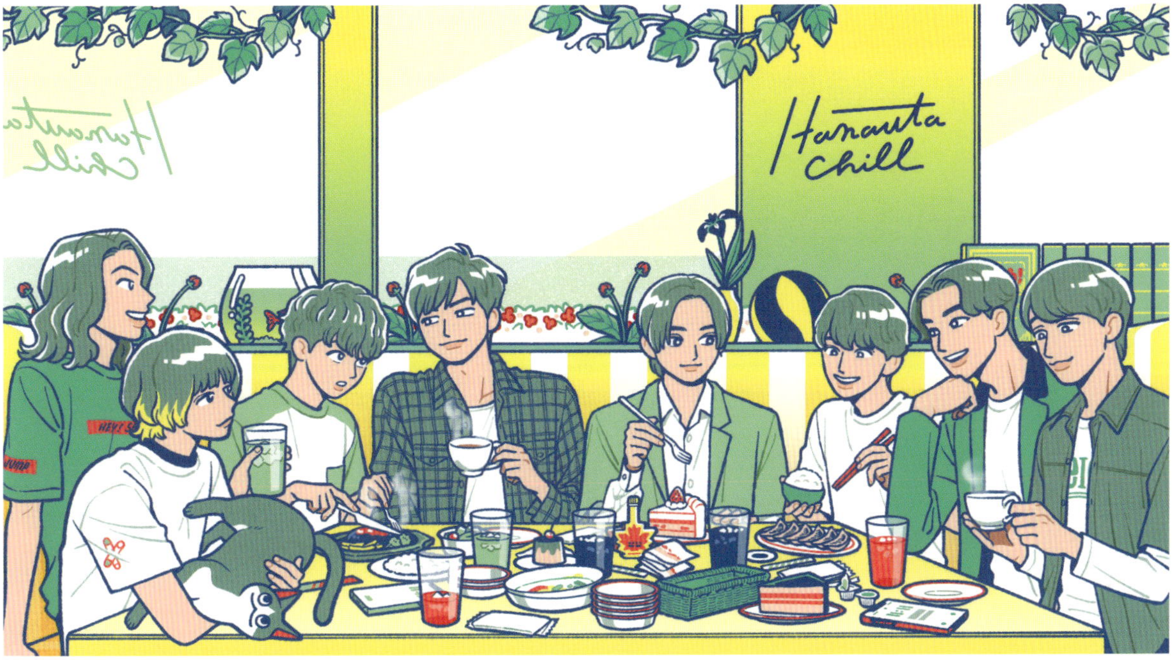

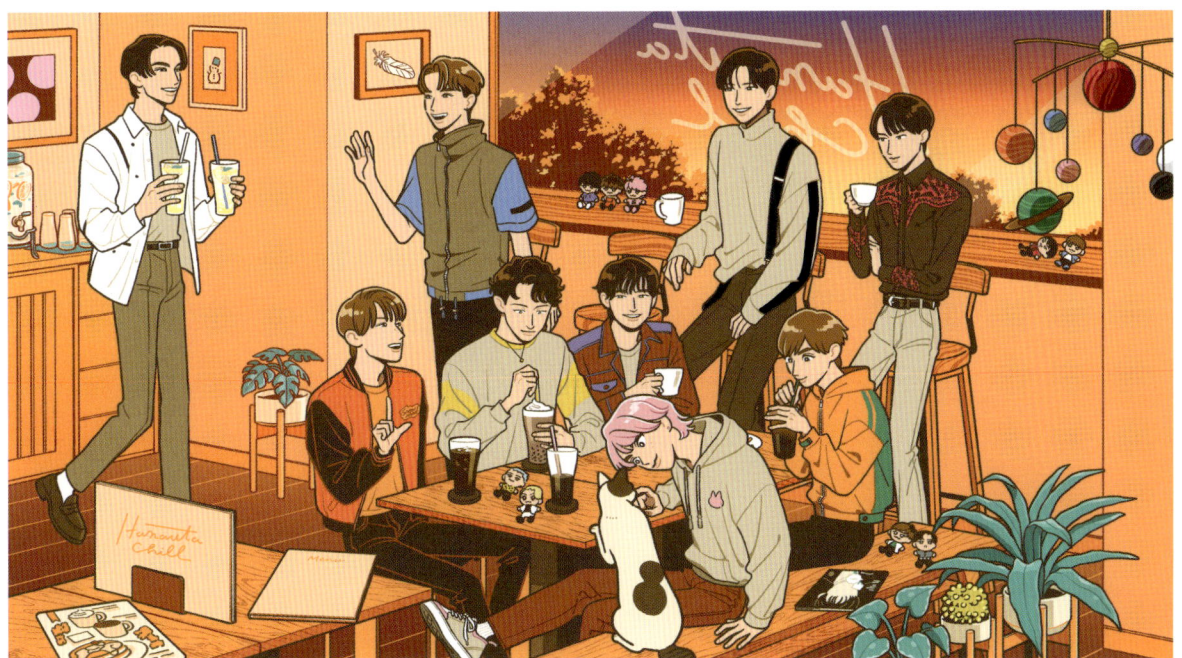

267
Hey! Say! JUMP「Hanauta Chill」イラスト／2023／STARTO／MCo.inc.

268
Snow Man「Hanauta Chill」イラスト／2024／STARTO／MCo.inc.

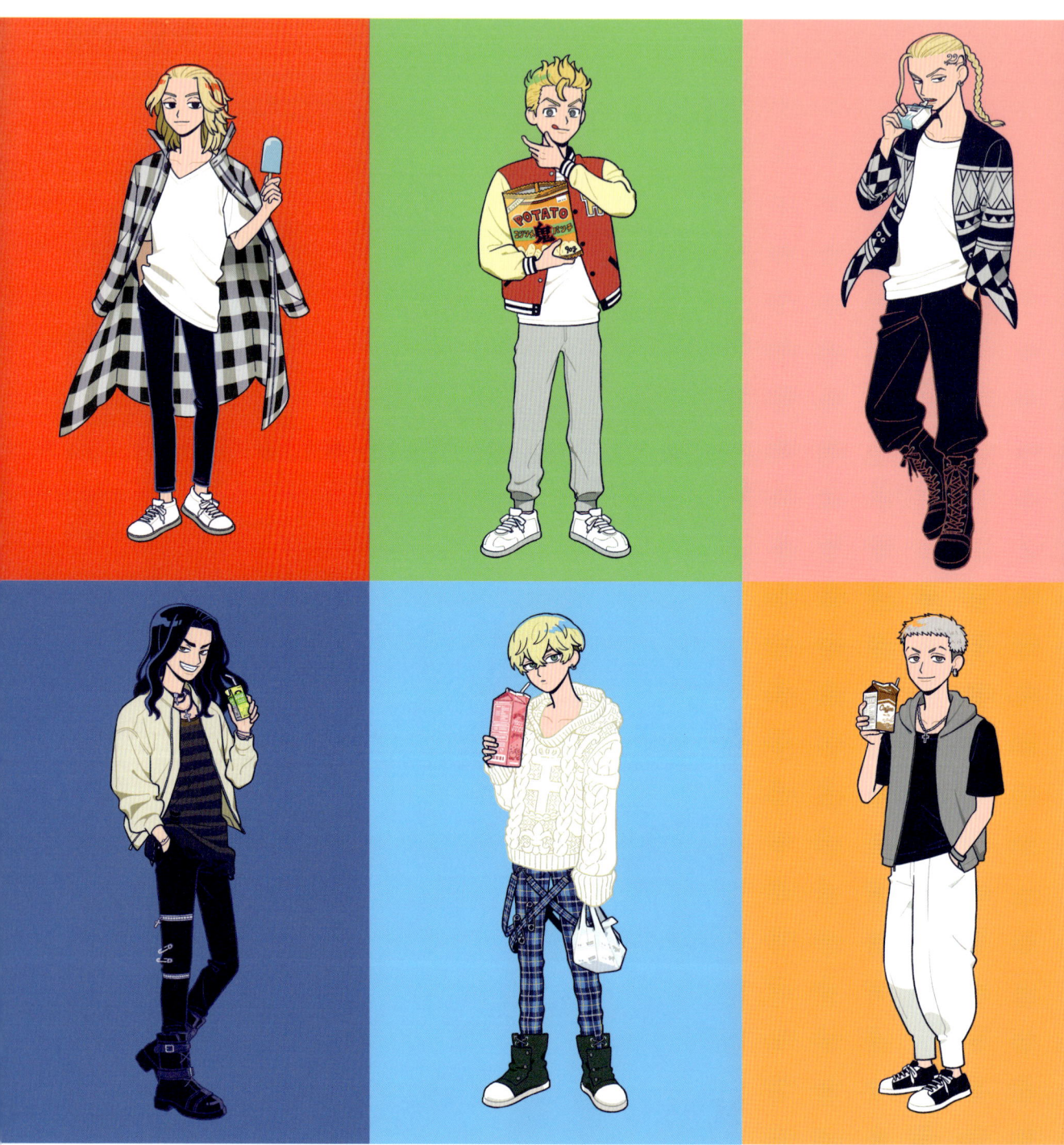

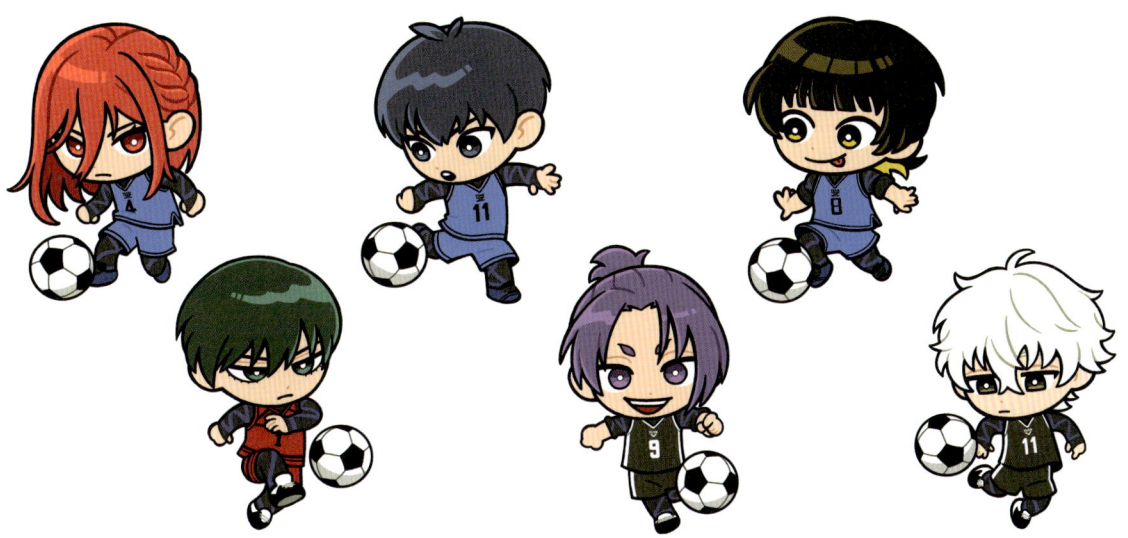

270
アニメ「ブルーロック」オリジナルグッズイラスト／2023／バンダイナムコフィルムワークス　©金城宗幸・ノ村優介・講談社／「ブルーロック」製作委員会

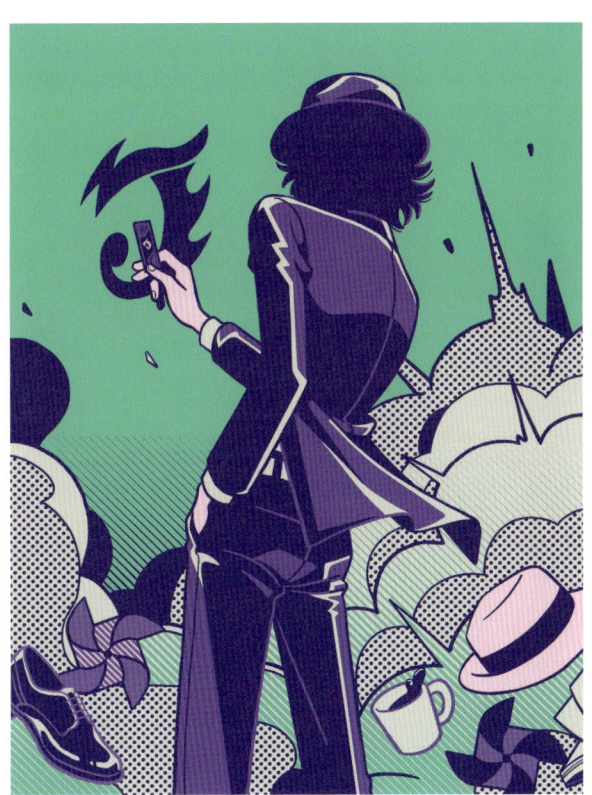
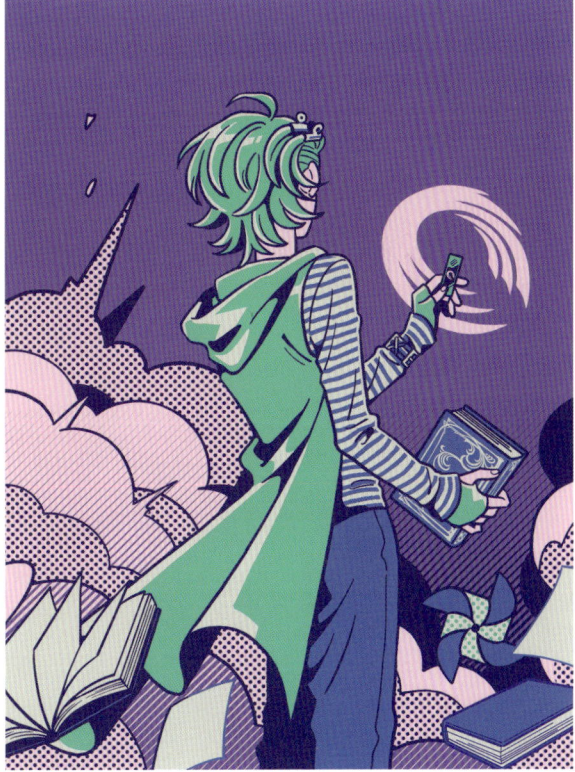

271
アニメ「風都探偵」オリジナルグッズイラスト／2022／ナターシャ　©2022「風都探偵」製作委員会

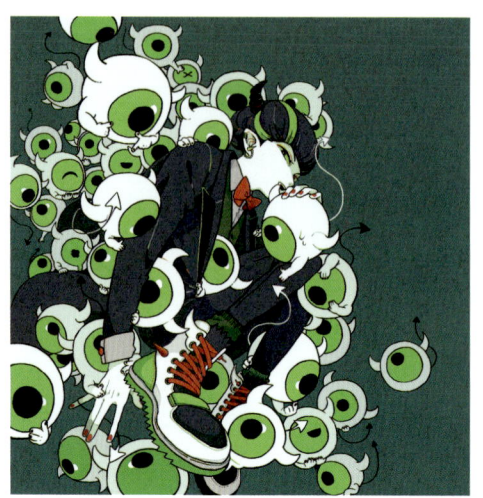

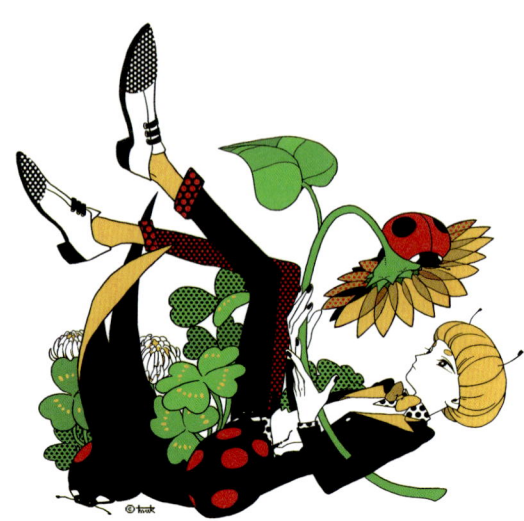

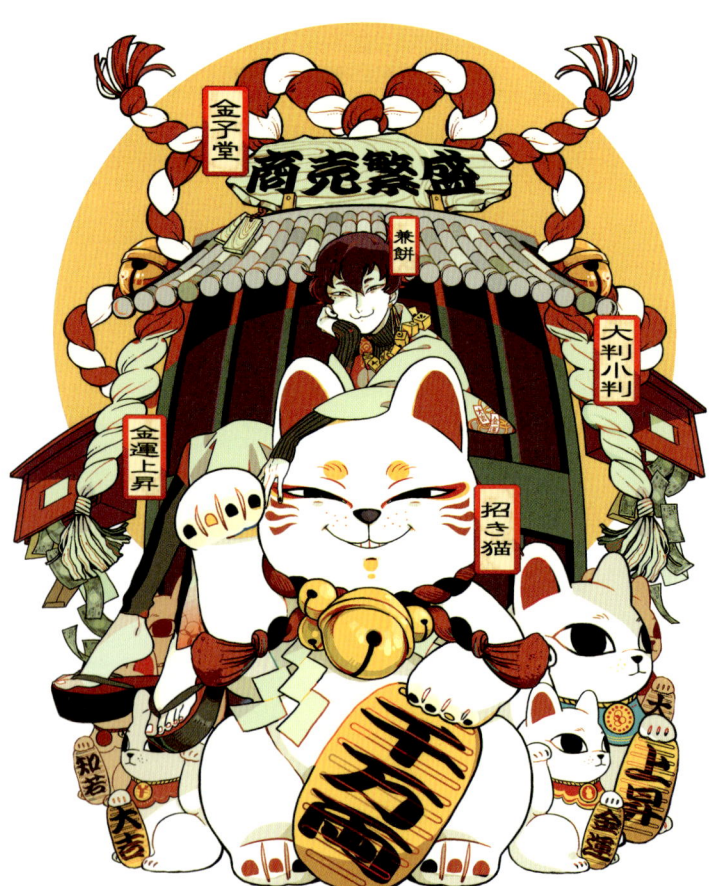

専門学校卒業後はアルバイトをしながら作家活動をしていました。若気の至りなのか謎に自信満々で、今思い返しますともう少し謙虚になれと当時の自分に言いたいです。「商売繁盛金子堂」(2015) の作品は、当時アルバイト中の暇な時間に落書きをしながら考えたことを今でも覚えています。この頃から「招き猫」をモチーフに描くことが増えました。拙いところもありますが、今見ても好きな作品たちです。

After finishing vocational college, I worked in part-time jobs while attempting to pursue a career as an artist. With the brashness of youth perhaps, I was mysteriously full of confidence, though in hindsight could have done with a little more humility. I still remember coming up with "Shobai Hanjo Kanekodo" (2015) while doodling at break times in my job. It was about then I started drawing a lot of "maneki-neko" cats. Though I say so myself, these works are still some of my favorites.

272
"目玉蟲" 2014

273
"テントウムシ" 2015

274
"商売繁盛金子堂" 2015

PROFILE

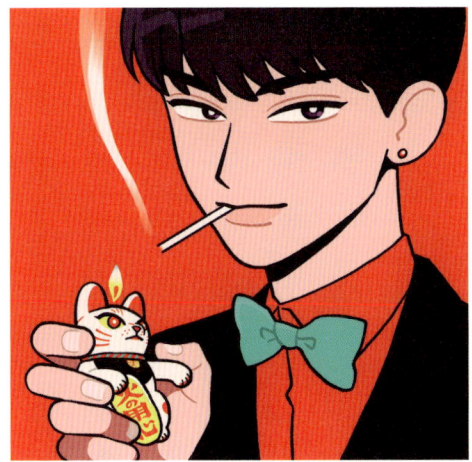

ともわか

フリーイラストレーター。愛媛県出身、関西在住。
人物画をメインに、はっきりとした線と色数を絞った配色を得意とし、印象の残るイラストを描く。書籍のカバーイラストや挿絵、広告キービジュアルをはじめ、キャラクターデザイン、MVイラスト、アパレルブランドとのコラボなど、幅広い分野でイラストを手掛ける。

TOMOWAKA

Freelance illustrator. Born in Ehime Prefecture, lives in Kansai. Produces striking illustrations, mainly human figures, specializing in crisp lines and a select color palette. Works as an illustrator in fields ranging from book covers and illustrating to key advertising visuals, character design, illustrations for music videos, and collaborations with apparel brands.

@tmwk24

@a0PH

https://www.7kwmt24.com

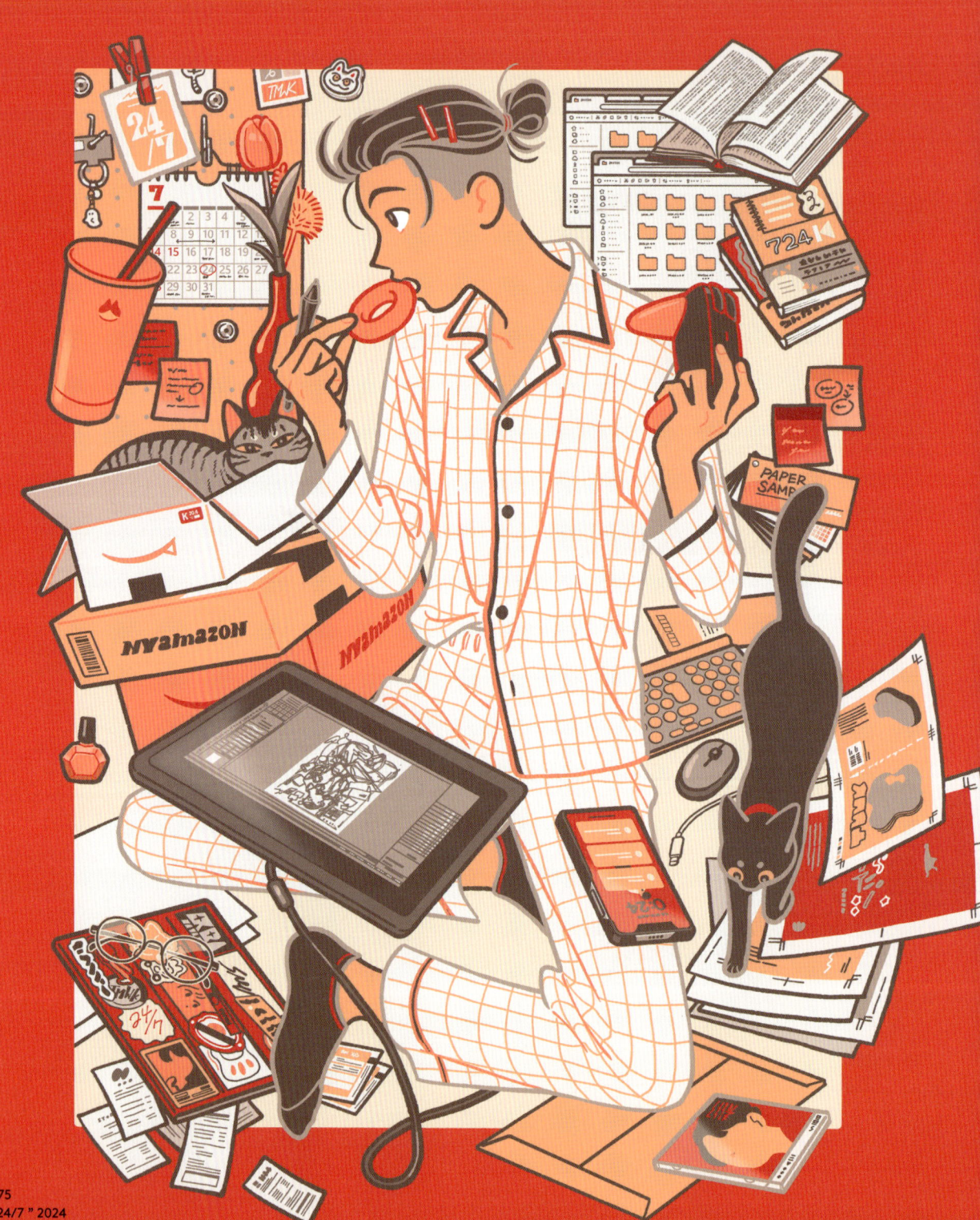

24/7 TOMOWAKA ともわか作品集

2024年9月12日　初版第1刷発行

著者　　　　ともわか

デザイン　　野条友史（buku）
翻訳　　　　パメラ・ミキ
編集　　　　筒井由佳
発行人　　　三芳寛要
発行元　　　株式会社パイ インターナショナル
　　　　　　〒170-0005 東京都豊島区南大塚2-32-4
　　　　　　TEL 03-3944-3981　FAX 03-5395-4830
　　　　　　sales@pie.co.jp

印刷・製本　シナノ印刷株式会社

協力（順不同）

Adol.LLC
Gakken
H.P.FRANCE
KADOKAWA
KWC
Merch Company
Minto
PHP研究所
R11R
SC デジタル
WALL&WALL
yutori
アクアスター
アマナ
イーヴイアイ
いしだももこ
エイベックス・ピクチャーズ
エトレ
エフエム東京
サニーサイドアップ
シュガー
ジンドゥーサポートチーム
ソニー・ミュージックレーベルズ
ツインクル
ディスカヴァー・トゥエンティワン
デイリー・インフォメーション関西
ナターシャ
ネクイノ
バンダイナムコアミューズメント
バンダイナムコフィルムワークス
ピクス
ビビビット
フォントワークス
ミヒラ
めいちゃん
ラウンドアバウト
ロッキング・オン・ジャパン
栗山米菓
講談社
実務教育出版
祥伝社
電通プロモーションプラス
東映
徳間書店
豊島
永野デザイン室
阪急阪神ビルマネジメント
美少女図鑑
文藝春秋
光村図書出版
森永製菓
読広クリエイティブスタジオ

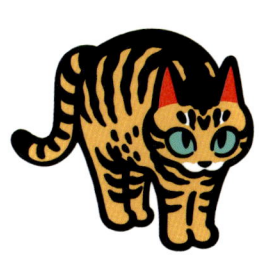
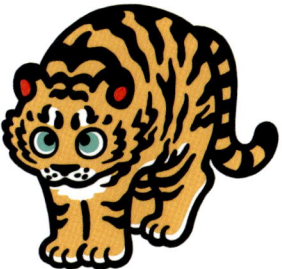

24/7
TOMOWAKA

Chapter

7

主に2019年頃に趣味で描いていた漫画を
リメイクしました。「ある物事」について
おしゃべりをしているだけの漫画を描く
のが好きです。

I remade manga drawn for my own
amusement mainly in around 2019.
I like drawing manga where people
are just talking about a particular
thing.

KAMU KAMU
BOOKS

MANGA

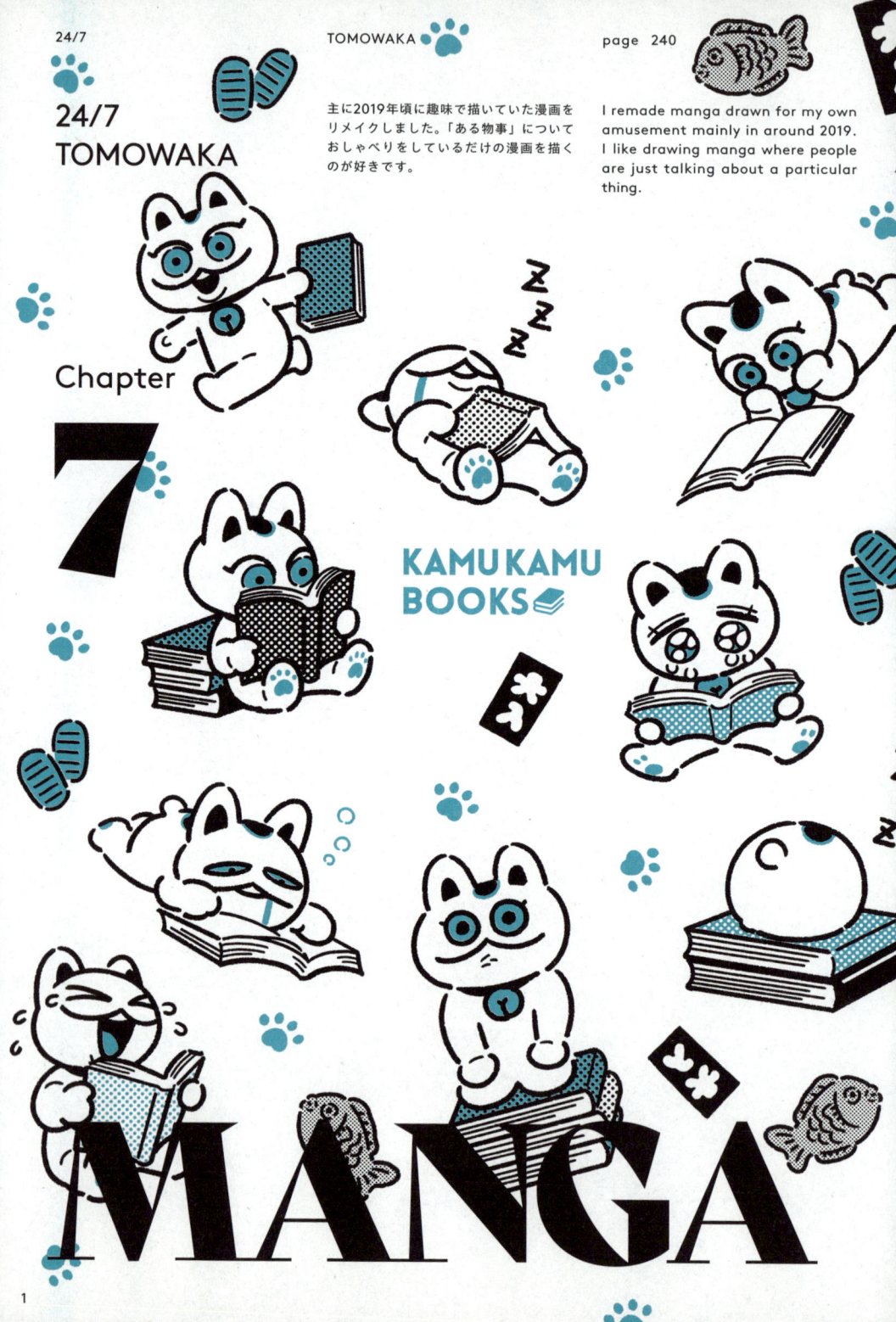

「靴の話」

良い靴が
似合う人になりたい。

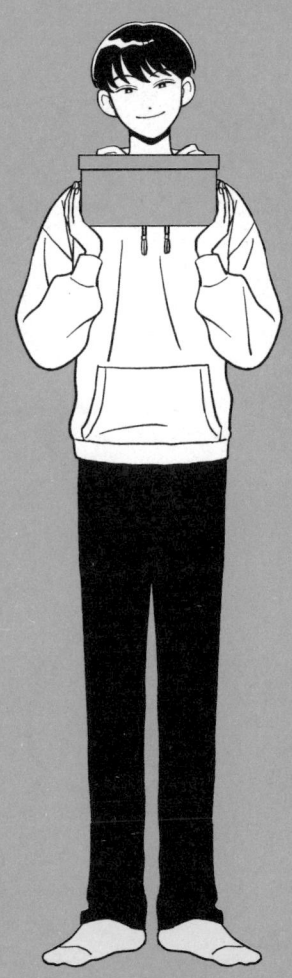

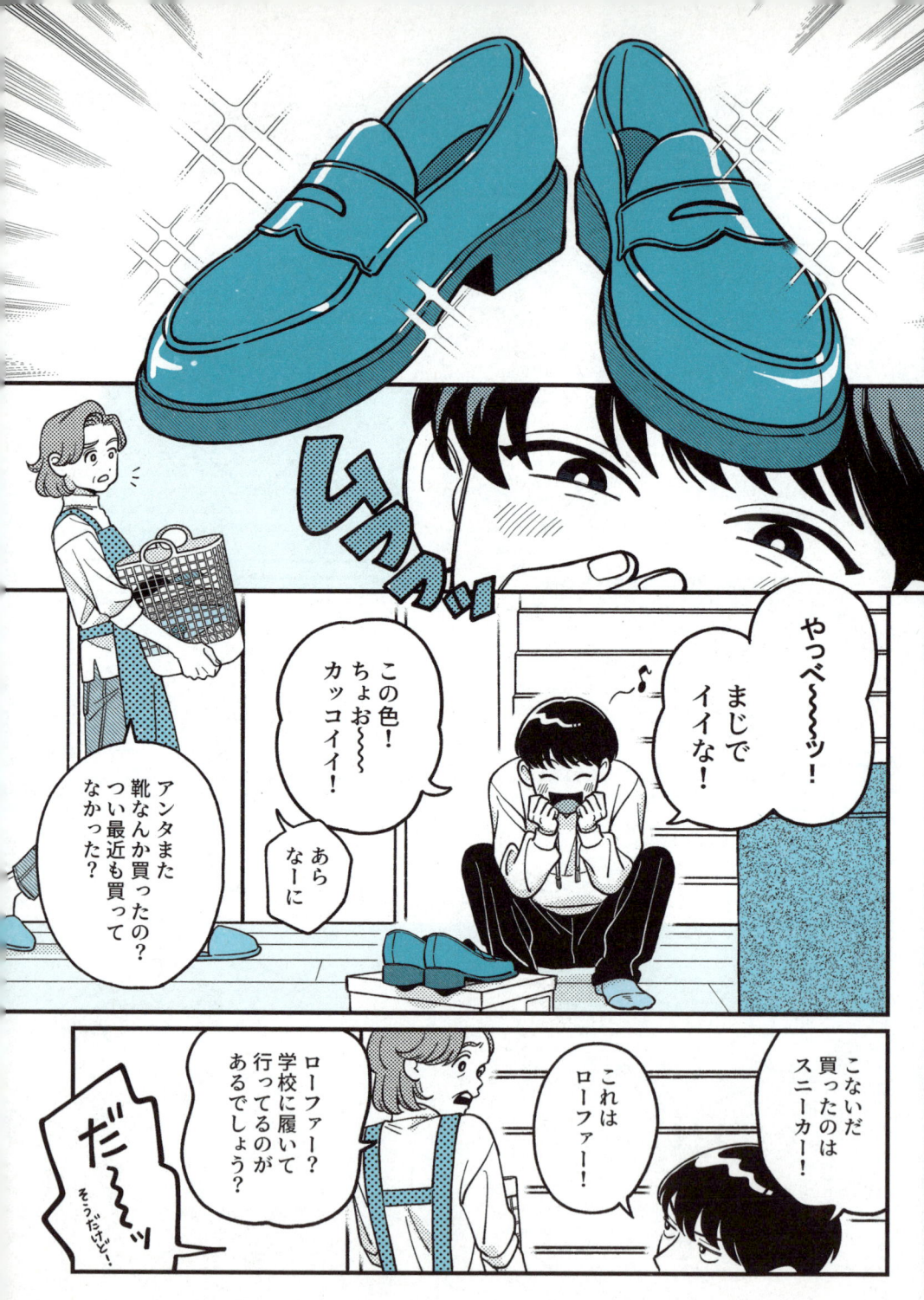

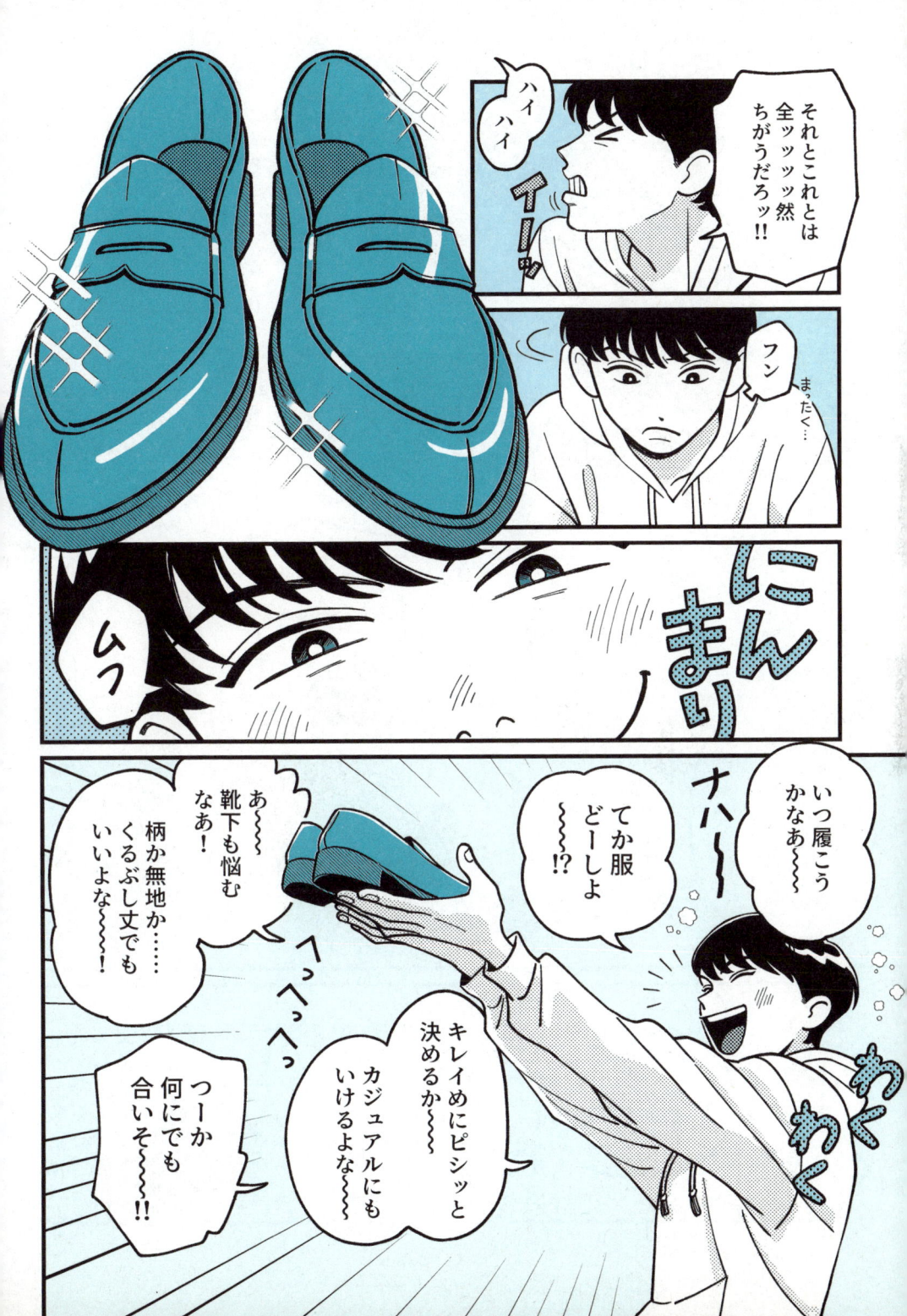

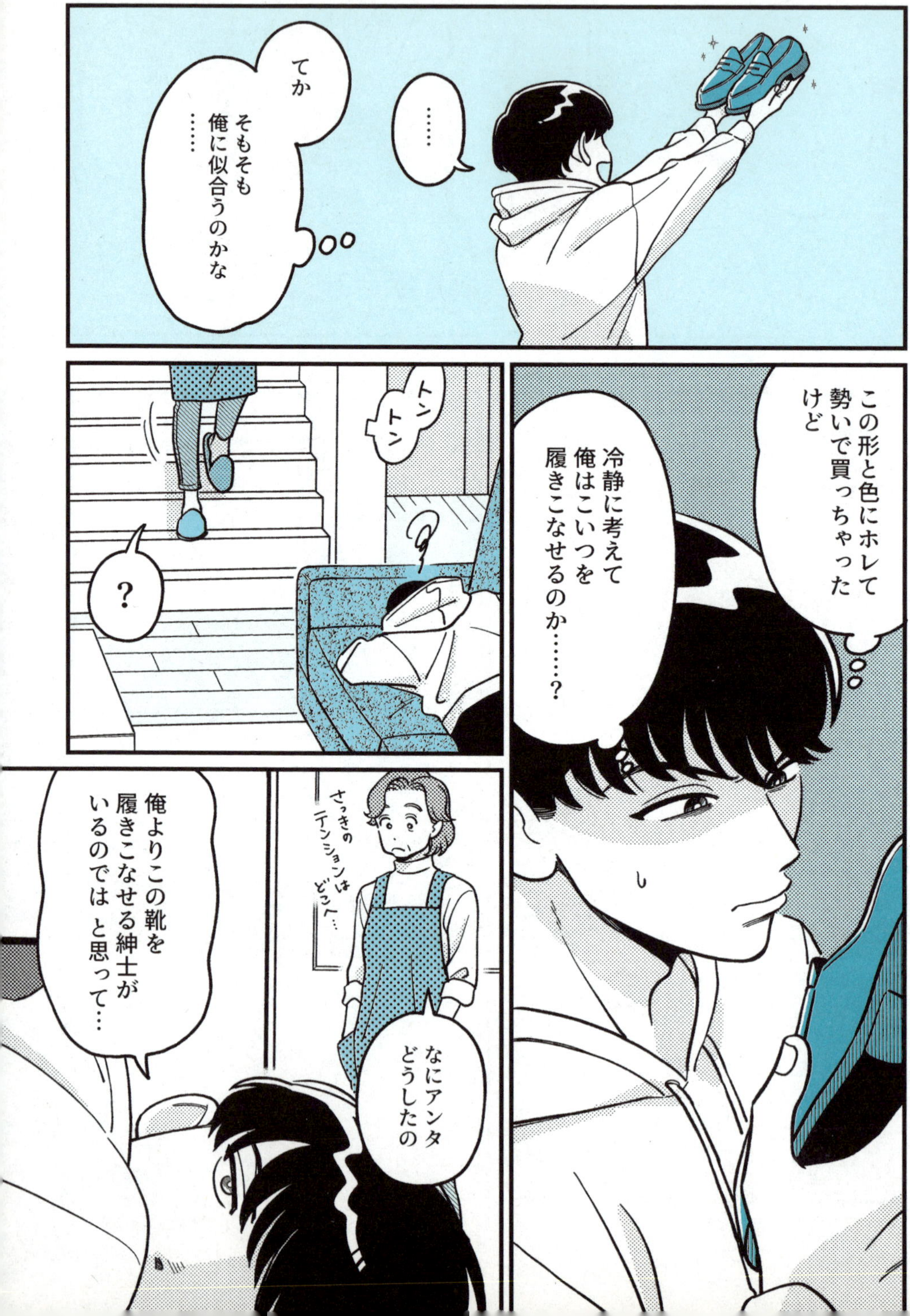

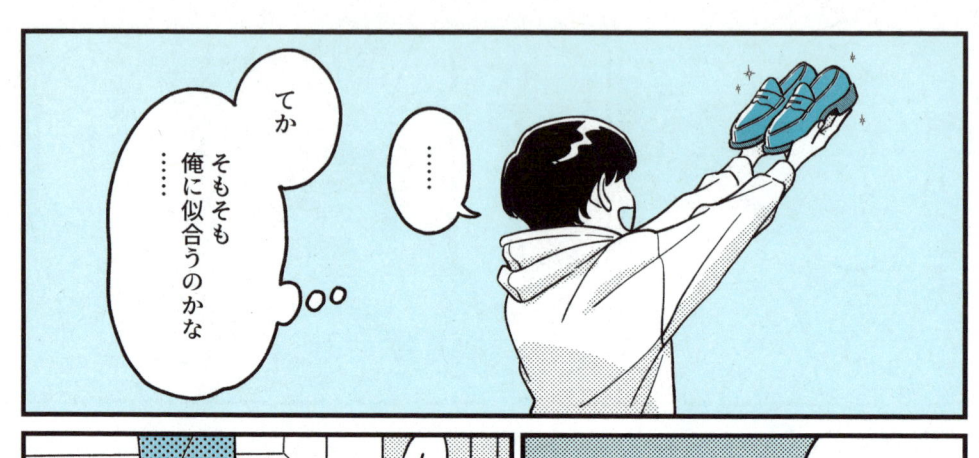

てか
そもそも
俺に似合うのかな
…‥

…‥

この形と色にホレて
勢いで買っちゃった
けど

冷静に考えて
俺はこいつを
履きこなせるのか……？

トン
トン

？

俺よりこの靴を
履きこなせる紳士が
いるのではと思って…

さっきの
テンションは
どこへ…

なにアンタ
どうしたの

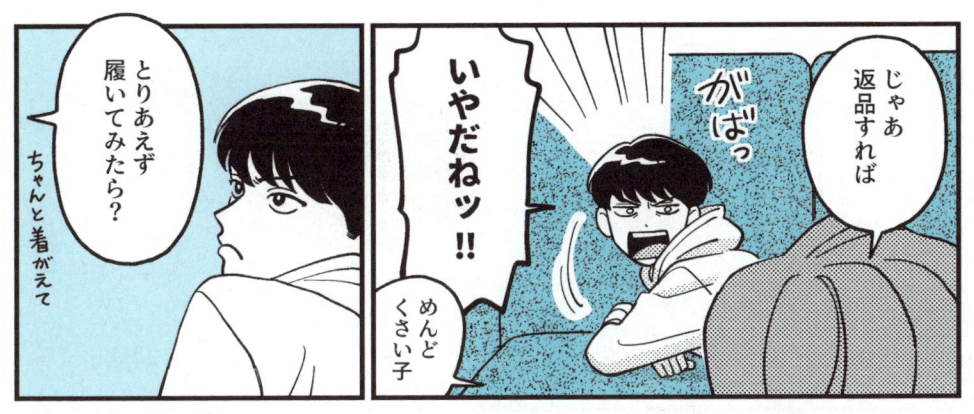

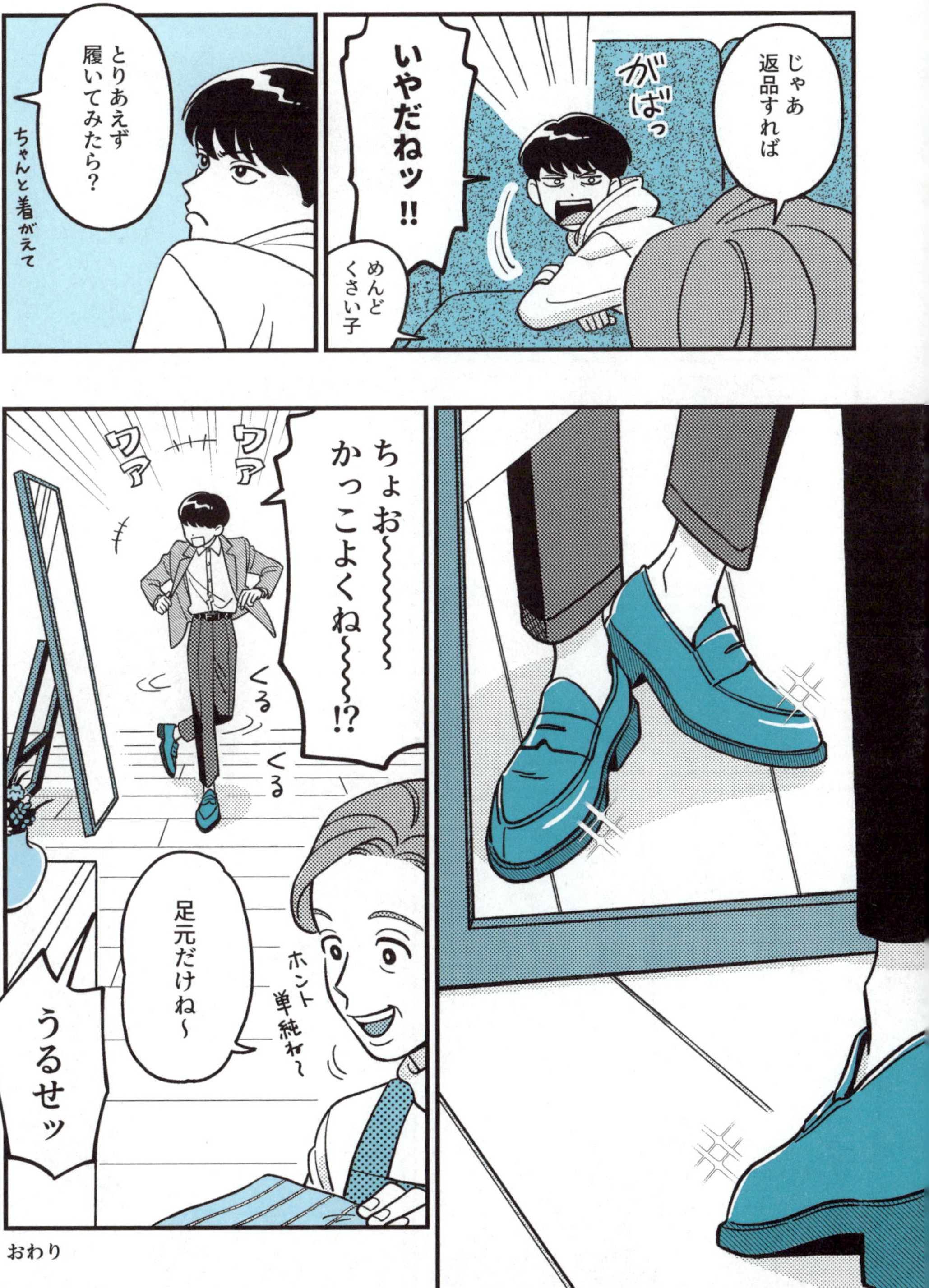

じゃあ返品すれば

がばっ

いやだねッ!!

めんどくさい子

とりあえず履いてみたら?

ちゃんと着がえて

ちょおかっこよくね〜〜!?

ウァ ウァ

足元だけね〜

ホント単純ね〜

うるせッ

おわり

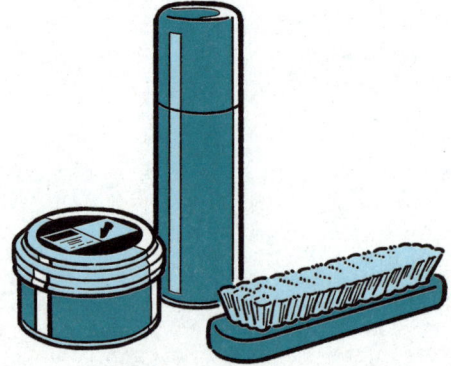

「日々ツキナミ‐テスト勉強‐」
語源は知らないけど、
使っている言葉はたくさんある。

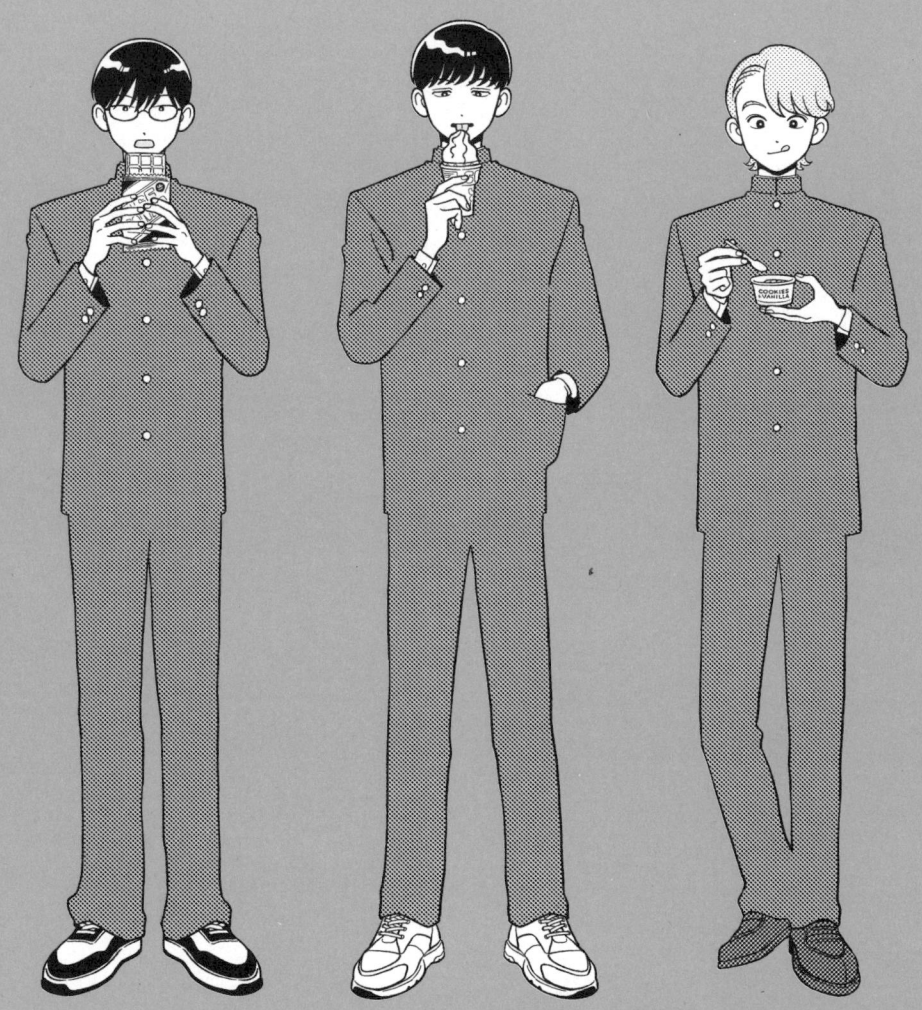

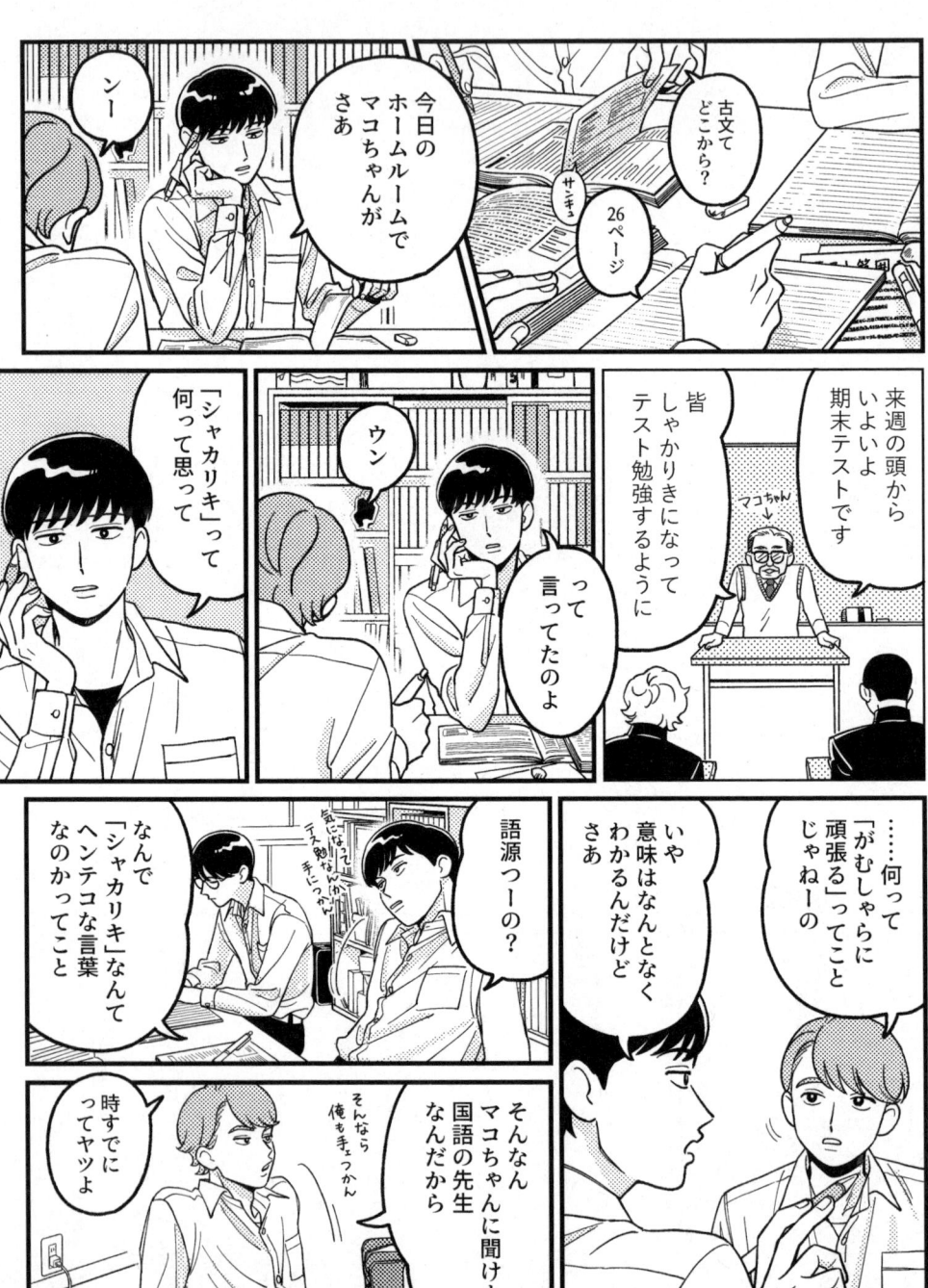

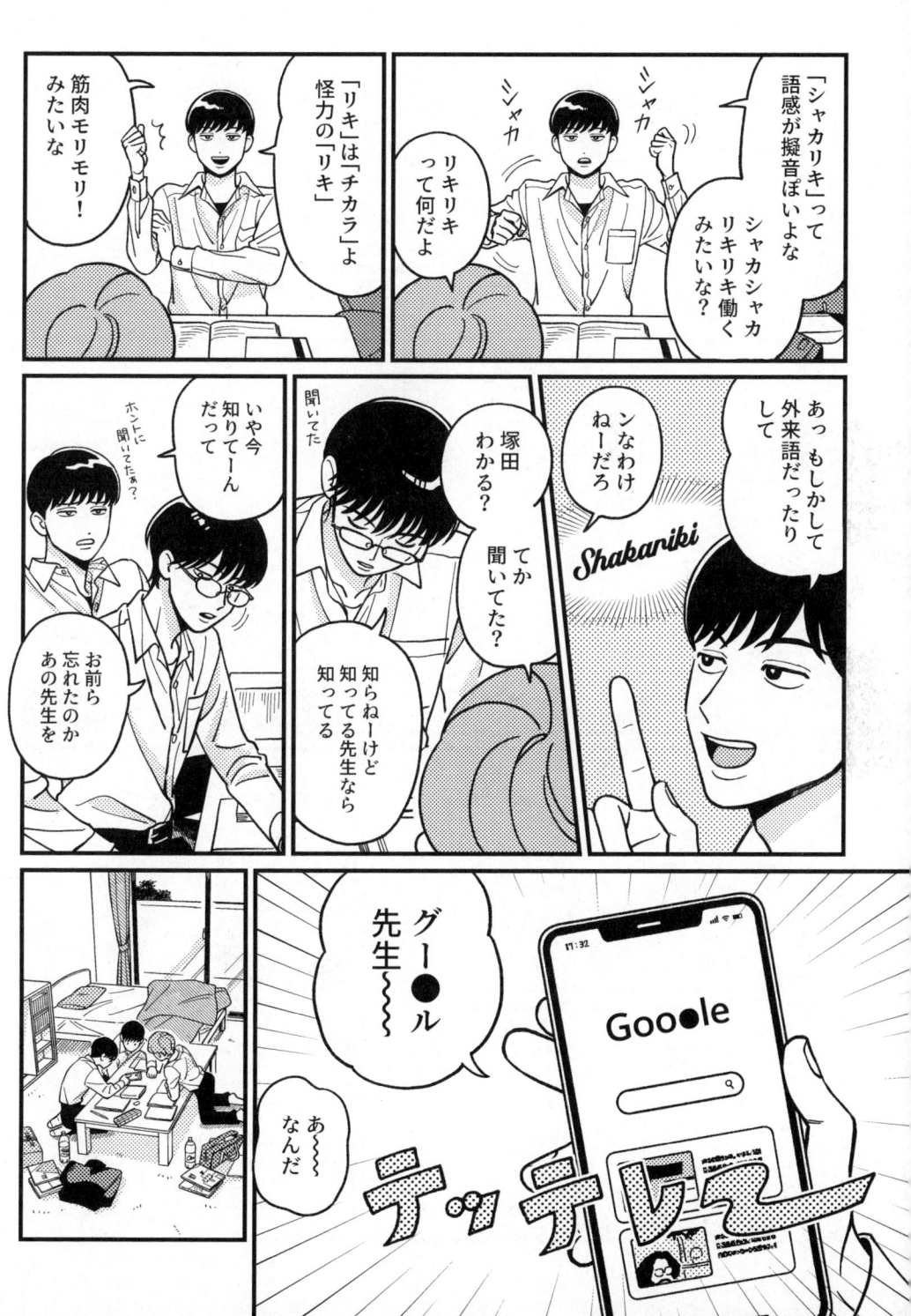

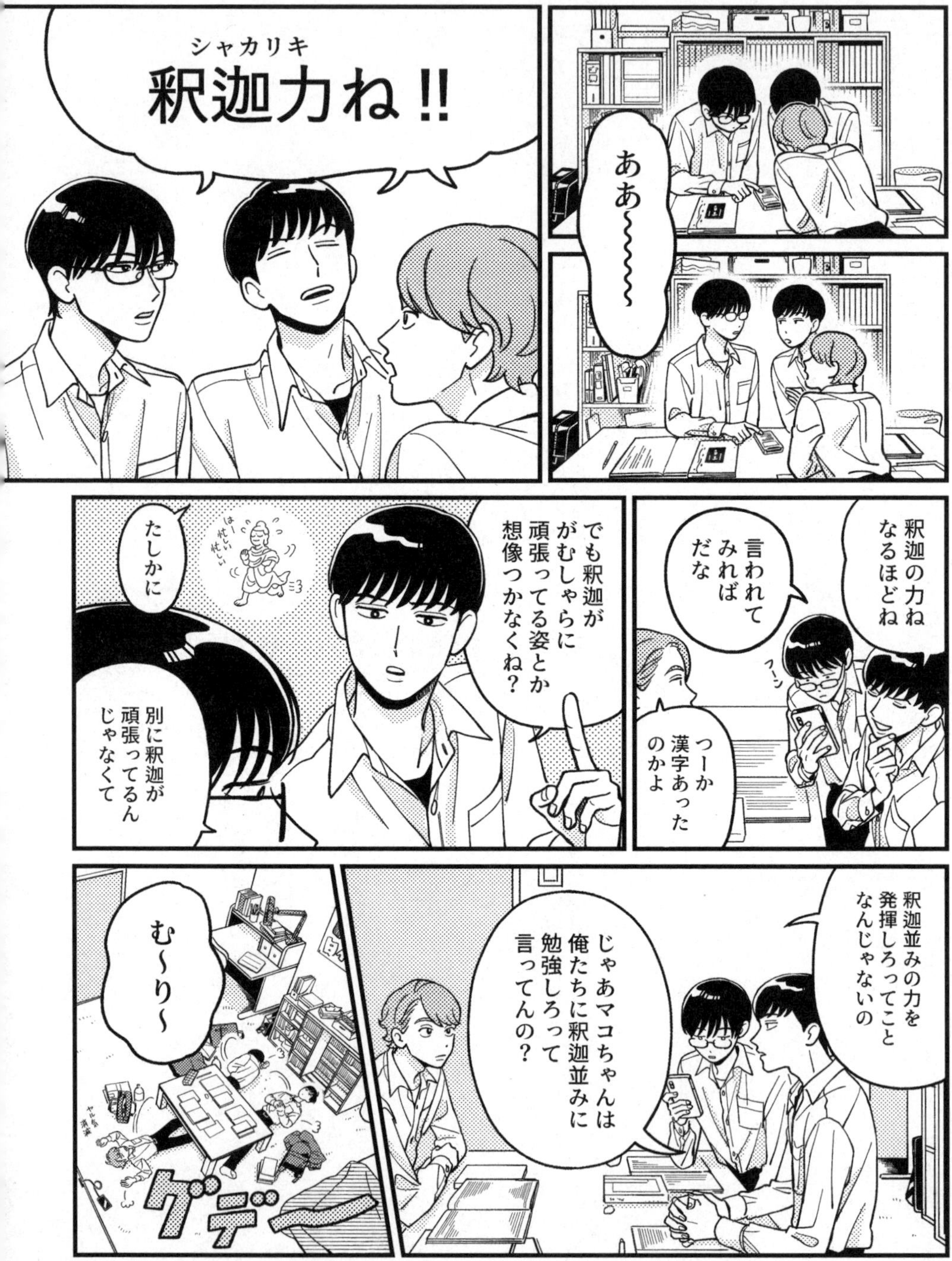

シャカリキ
釈迦力ね!!

あぁ～～～

釈迦の力ね
なるほどね

言われて
みれば
だな

つーか
漢字あった
のかよ

でも釈迦が
がむしゃらに
頑張ってる姿とか
想像つかなくね?

たしかに

別に釈迦が
頑張ってるん
じゃなくて

釈迦並みの力を
発揮しろってこと
なんじゃないの

じゃあマコちゃんは
俺たちに釈迦並みに
勉強しろって
言ってんの?

む～り～

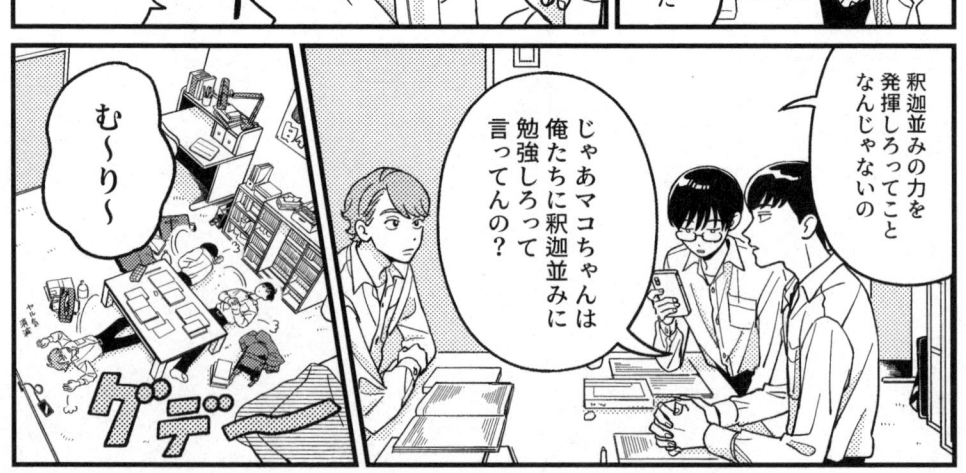

おわり

11

「日々ツキナミ -春の大掃除-」
授業じゃない日が
結構好きだった。

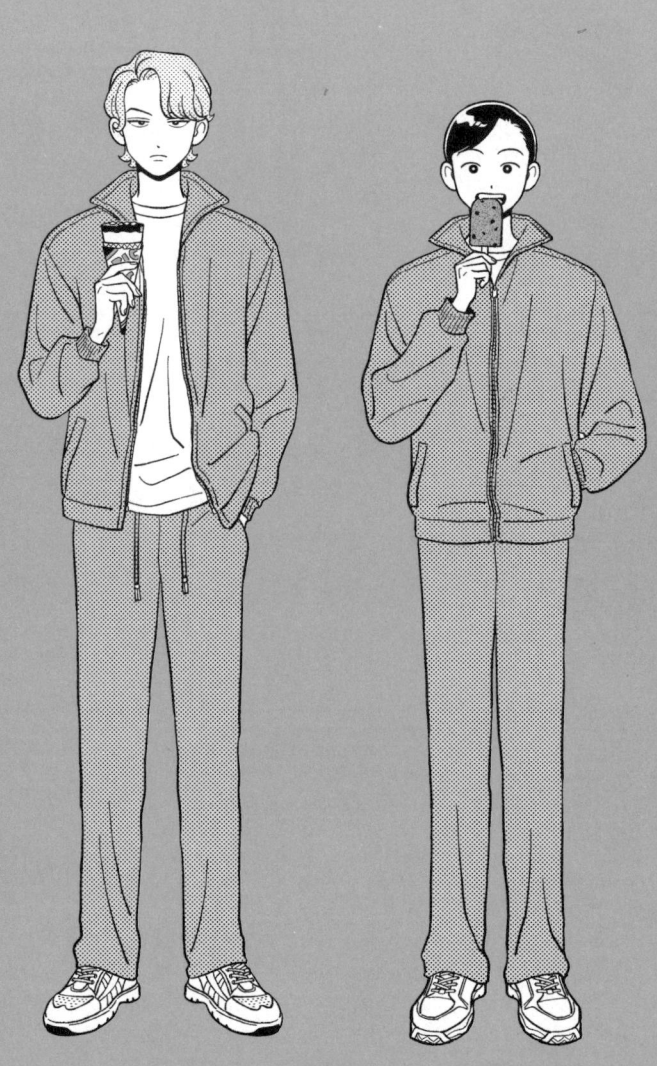

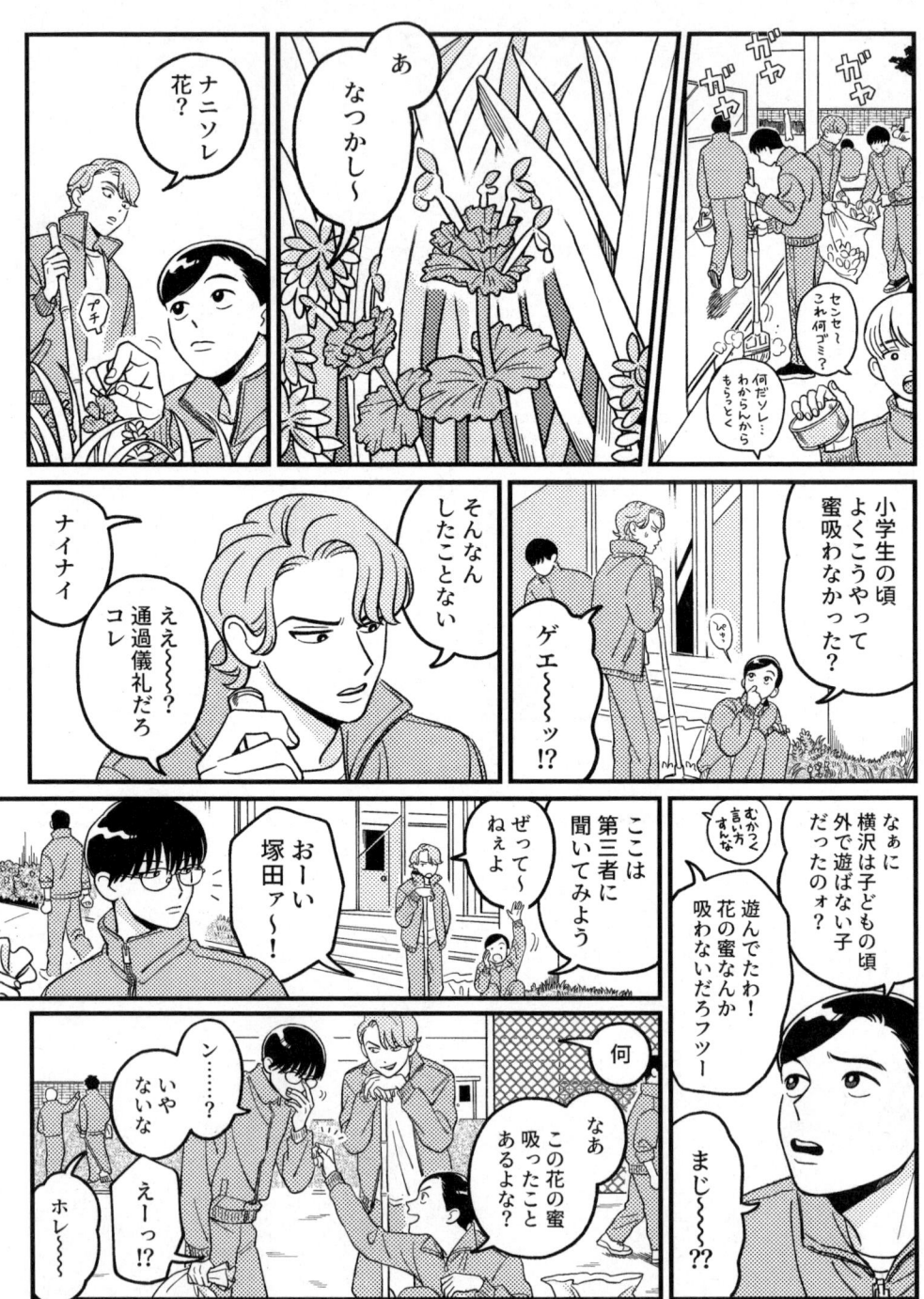

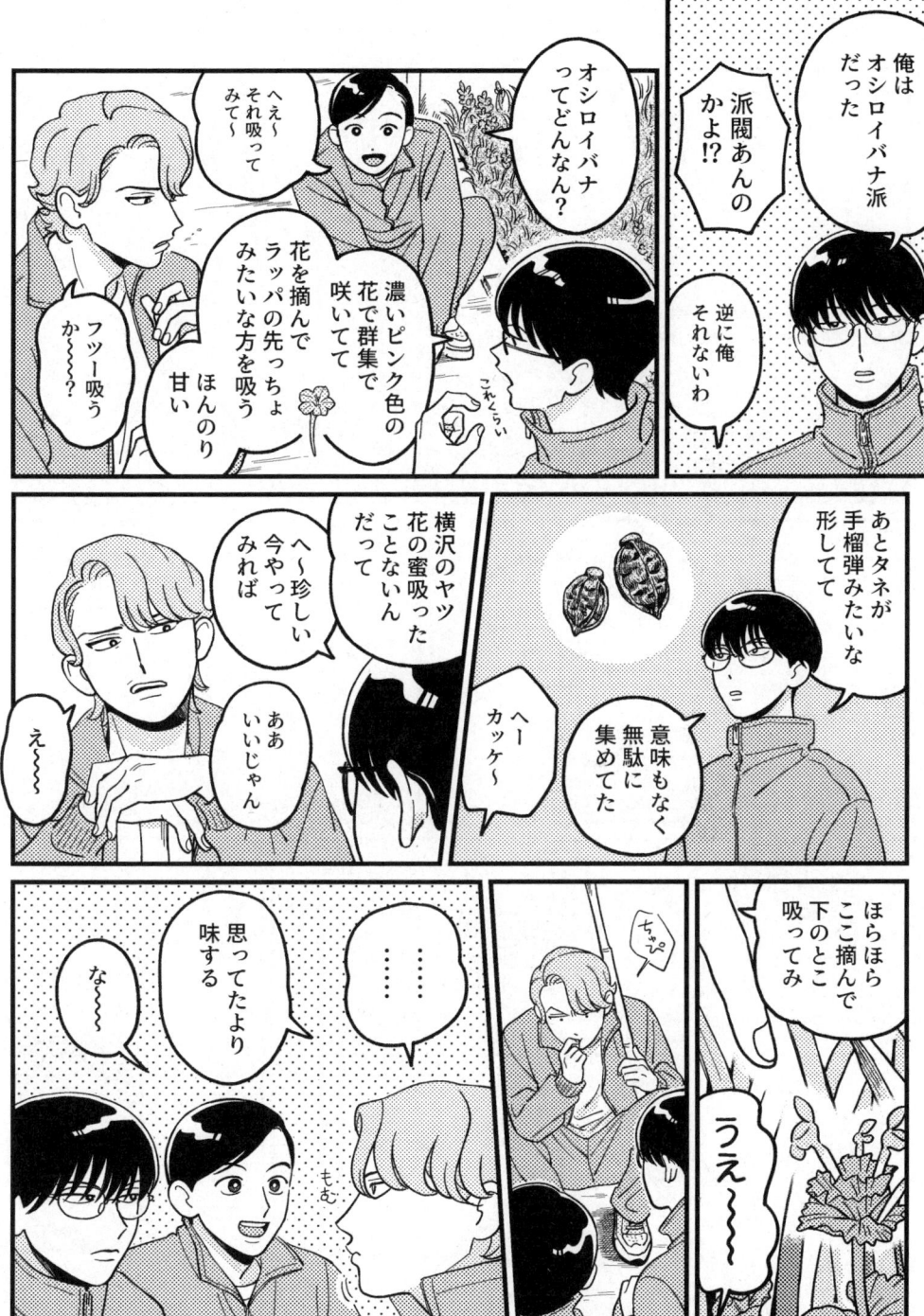

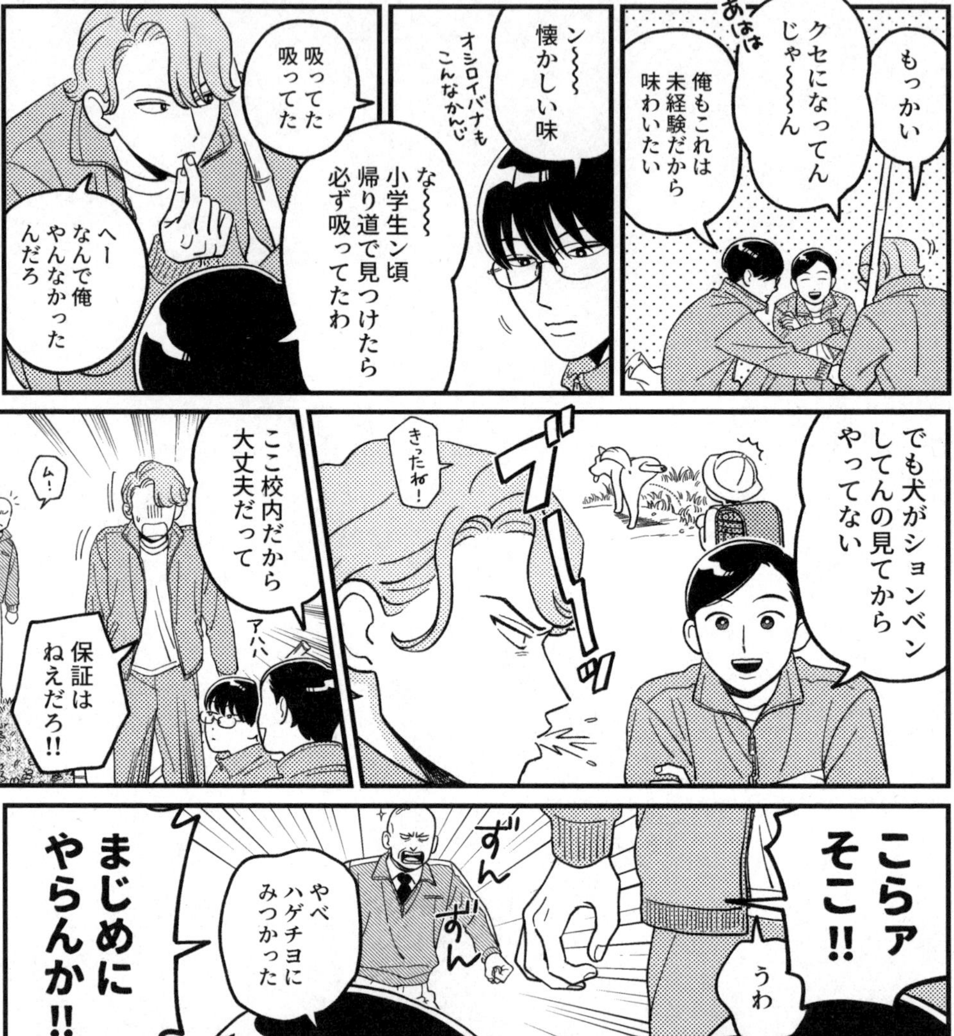

ン〜〜〜
懐かしい味

オシロイバナもこんなかんじ

な〜〜〜小学生ン頃帰り道で見つけたら必ず吸ってたわ

吸ってた吸ってた

へ〜なんで俺やんなかったんだろ

もっかい吸ってみ

クセになってんじゃ〜〜〜ん

俺もこれは未経験だから味わいたい

あはは

でも犬がションベンしてんの見てからやってない

きったね！

ブーッ

ここ校内だから大丈夫だって

保証はねえだろ！！

ム！

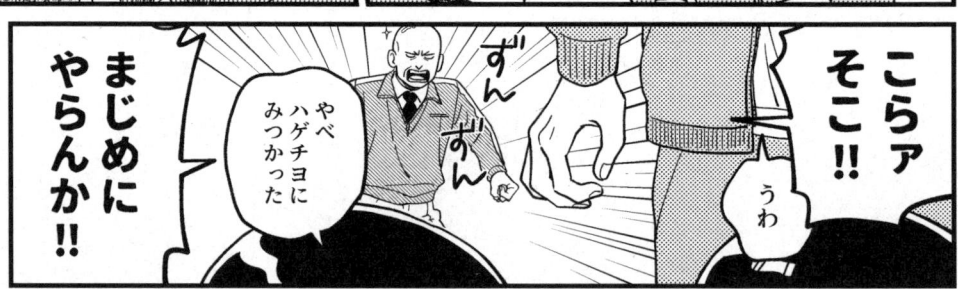

こらァそこ！！

うわ

まじめにやらんか！！

ずん ずん

やべハゲチョにみつかった

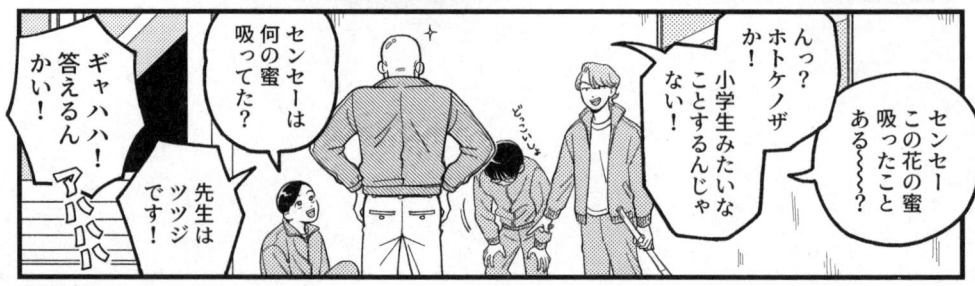

センセーこの花の蜜吸ったことある〜〜〜？

んっ？ホトケノザか！

小学生みたいなことするんじゃない！

センセーは何の蜜吸ってた？

先生はツツジです！

ギャハハ！答えるんかい！

おわり

「日々ツキナミ-メガネ-」
メガネとは、
身体の一部である。

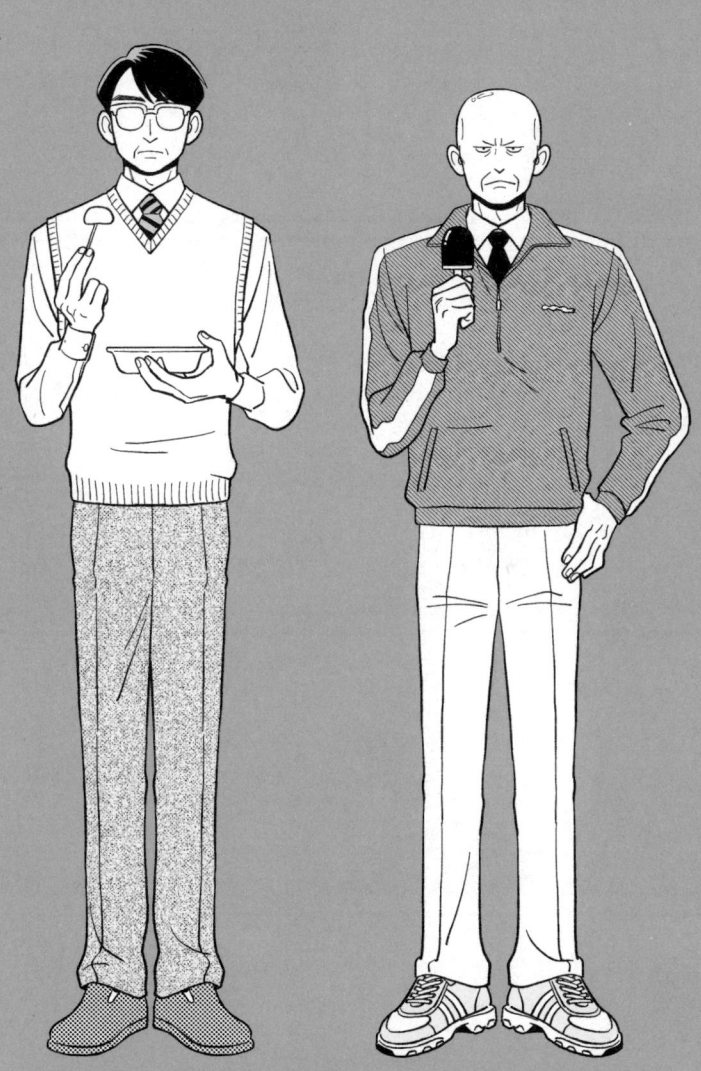

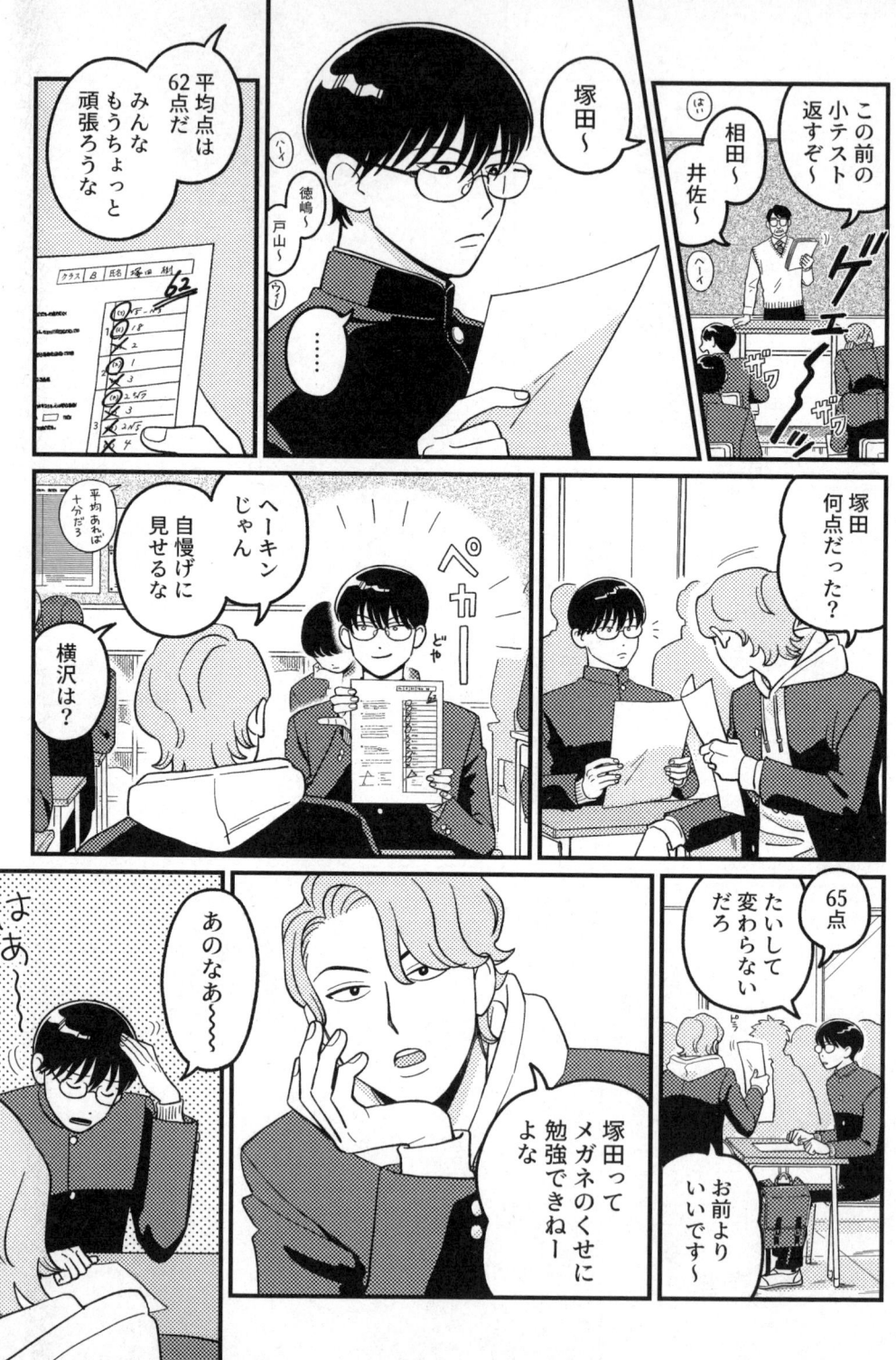

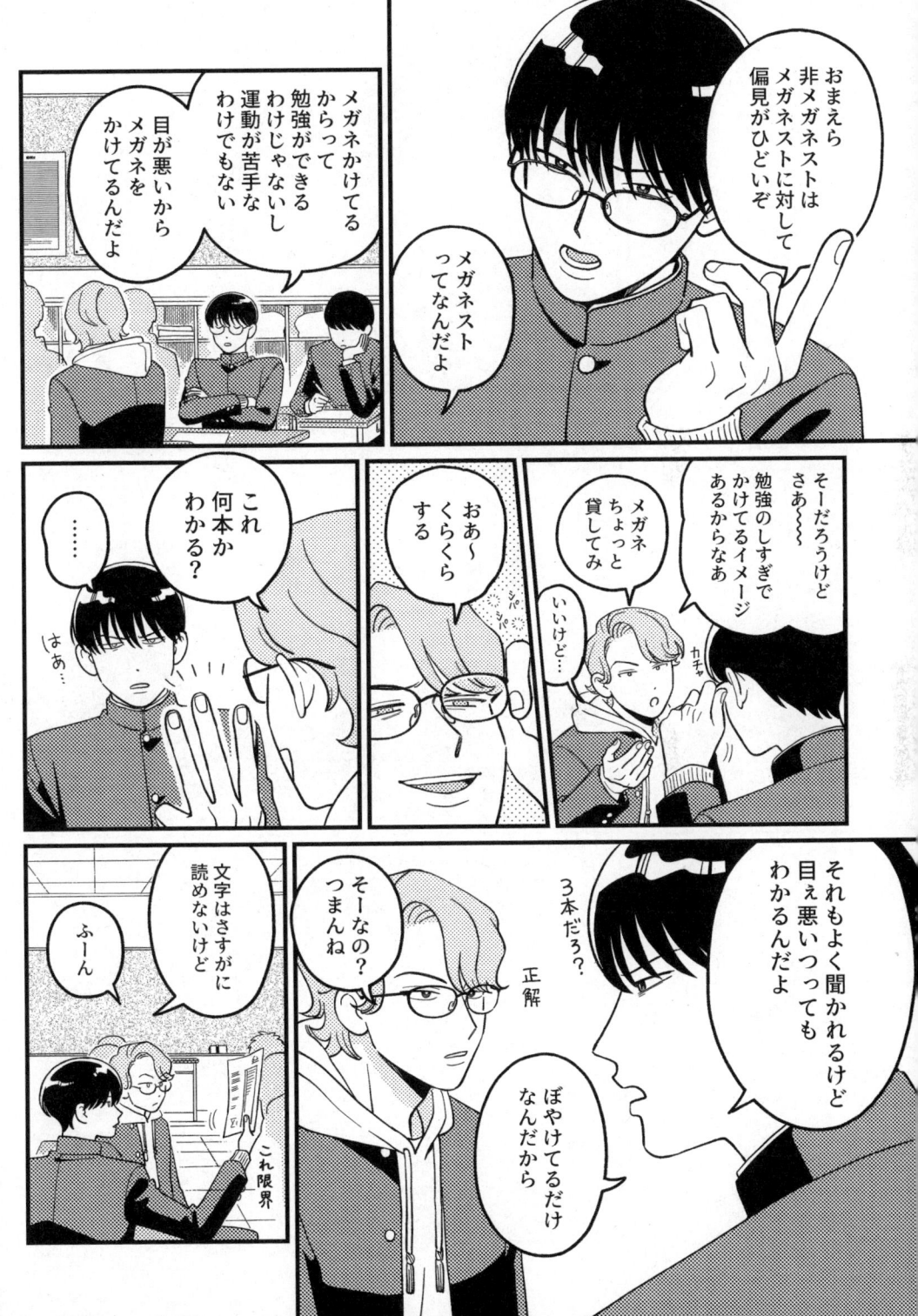

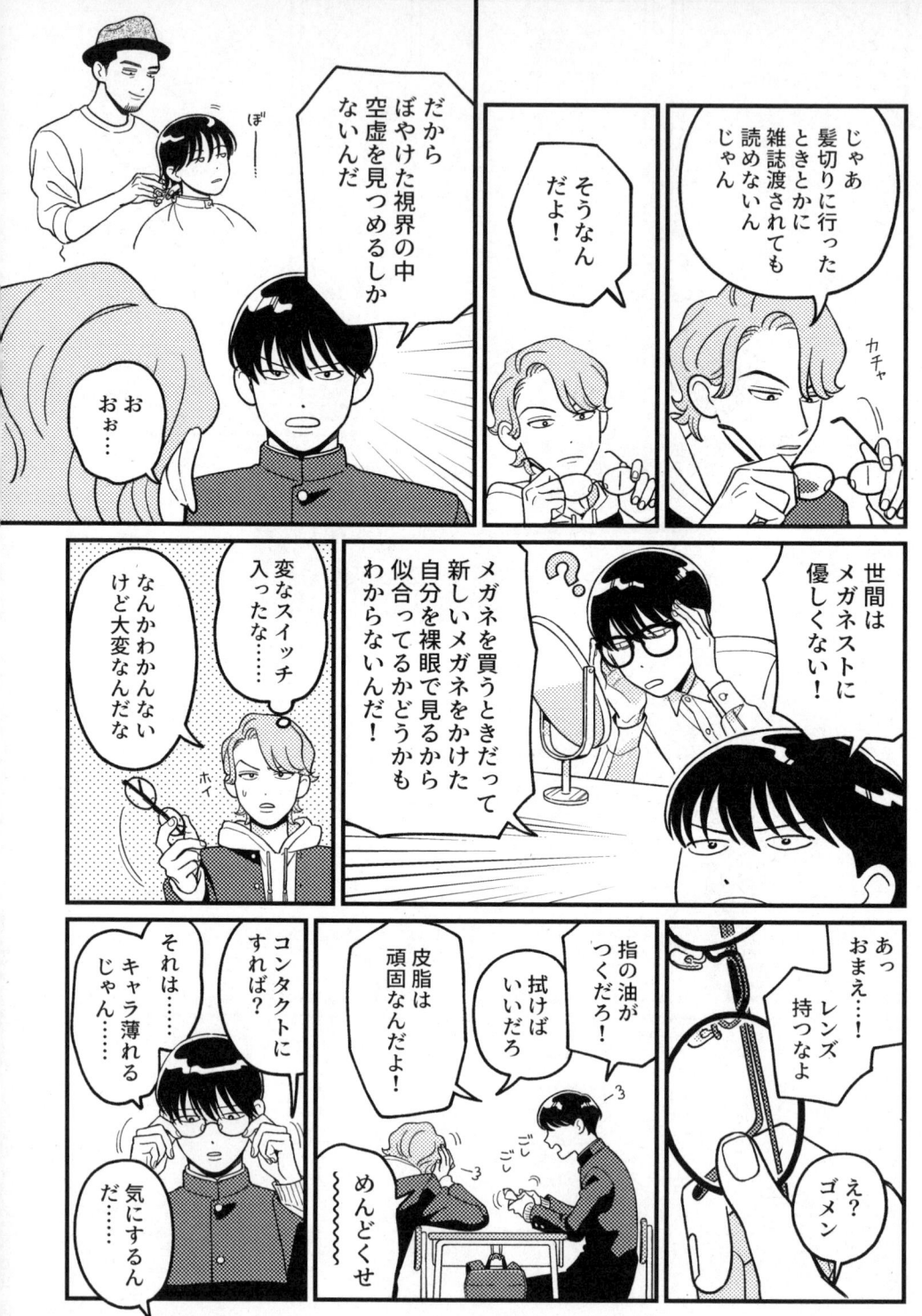

だからぼやけた視界の中空虚を見つめるしかないんだ

おおお…

そうなんだよ！

じゃあ髪切りに行ったときとかに雑誌渡されても読めないんじゃん

ぼ——

カチャ

世間はメガネストに優しくない！

メガネを買うときだって新しいメガネをかけた自分を裸眼で見るから似合ってるかどうかもわからないんだ！

？

変なスイッチ入ったな……

なんかわかんないけど大変なんだな

ホイ

コンタクトにすれば？

それは……キャラ薄れるじゃん……

気にするんだ……

拭けばいいだろ

指の油がつくだろ！

皮脂は頑固なんだよ！

めんどくせ

ごしごし

あっおまえ…！レンズ持つなよ

え？ゴメン

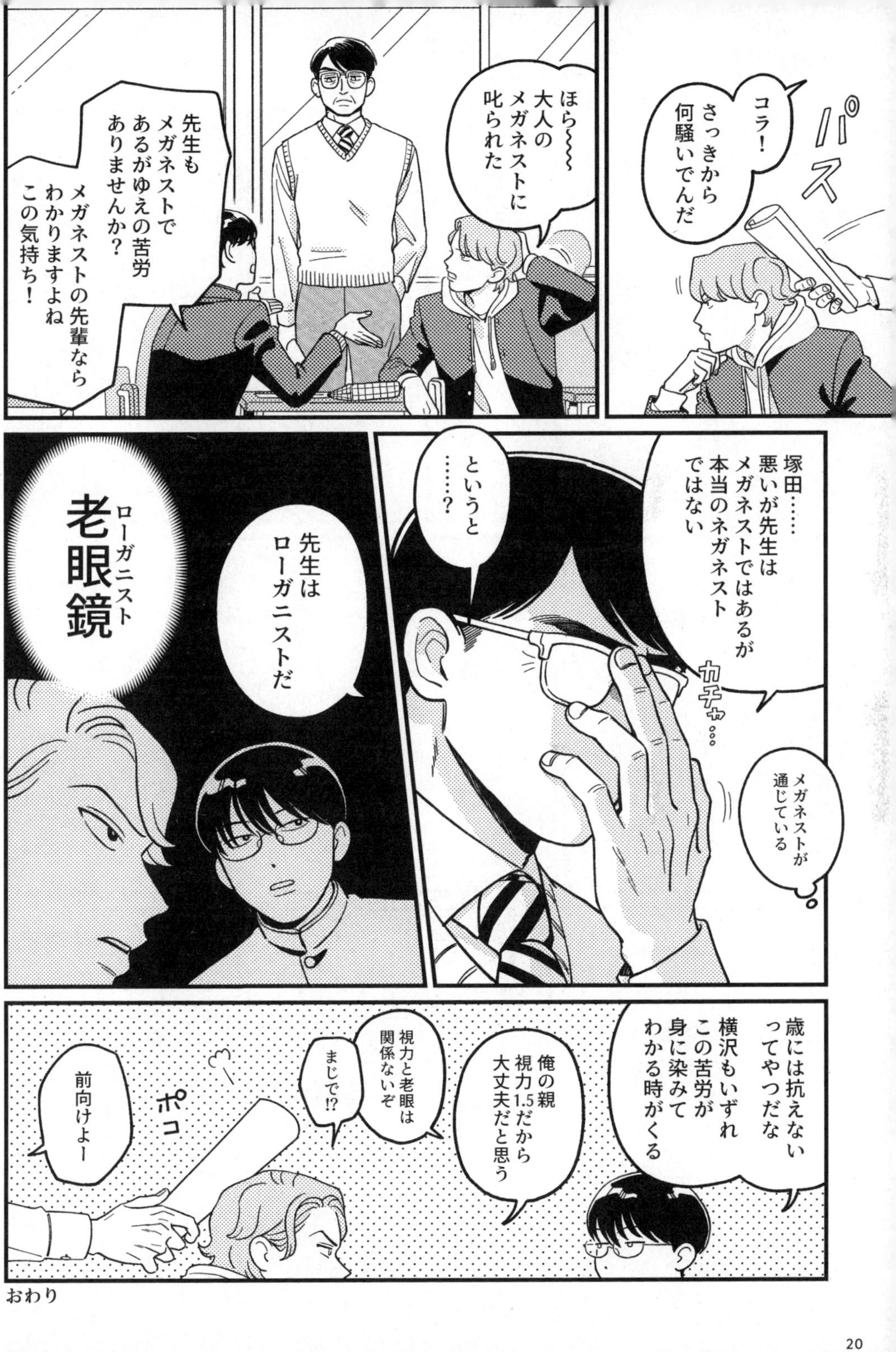

コラ！
さっきから
何騒いでんだ

ほら～～
大人の
メガネストに
叱られた

先生も
メガネストで
あるがゆえの苦労
ありませんか？
メガネストの先輩なら
わかりますよね
この気持ち！

塚田……
悪いが先生は
メガネストではあるが
本当のネガネスト
ではない

メガネストが
通じている

というと
……？

先生は
ローガニストだ

老眼鏡 <ruby>ローガニスト</ruby>

歳には抗えない
ってやつだな
横沢もいずれ
この苦労が
身に染みて
わかる時がくる

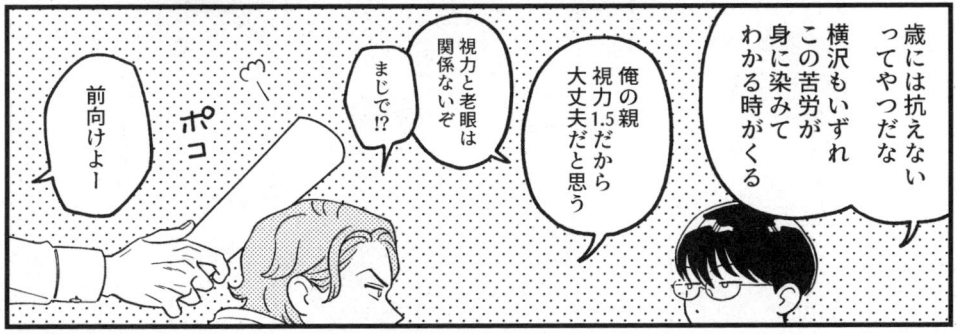

俺の親
視力1.5だから
大丈夫だと思う

視力と老眼は
関係ないぞ

まじで!?

前向けよー

ポコ

おわり

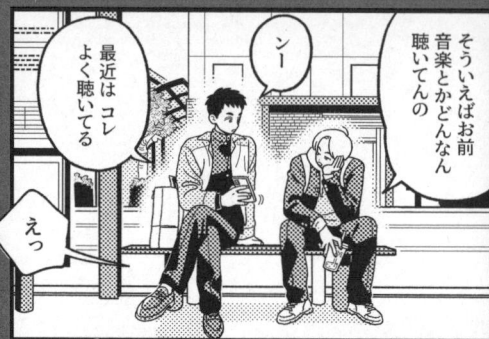

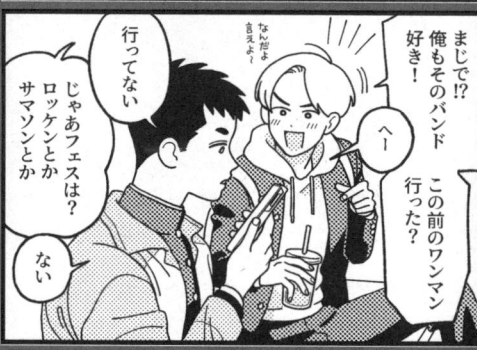

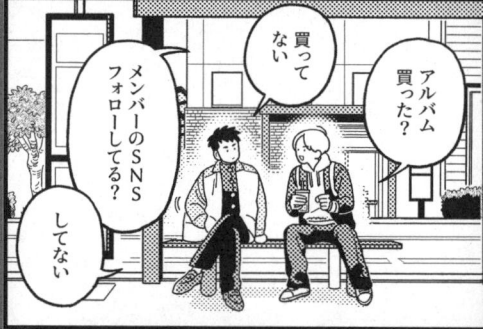

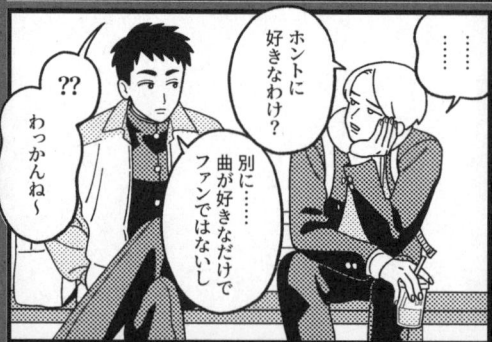

「日々ツキナミ -好きな音楽-」

誰の曲なのか、は
重要なのだろうか。

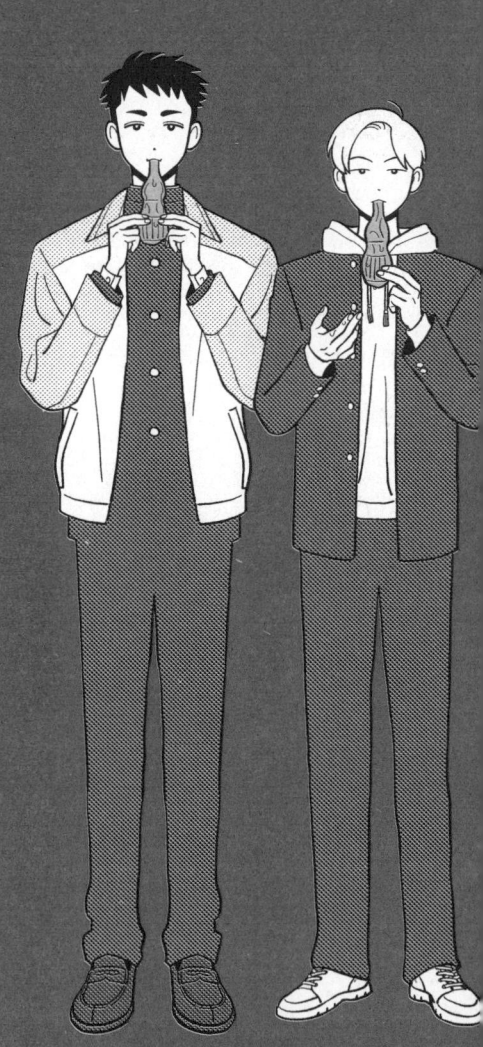

「猫は幽霊が見える」

いるのかもね。

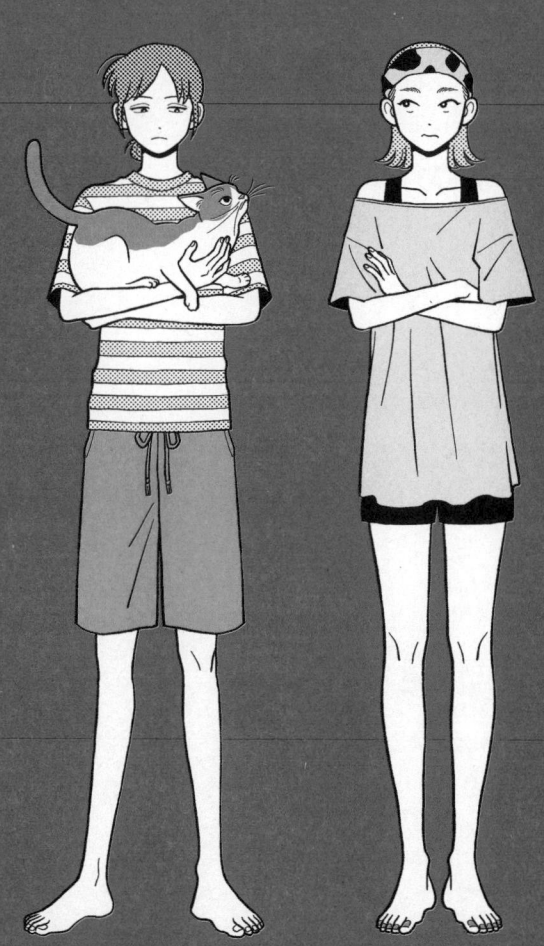

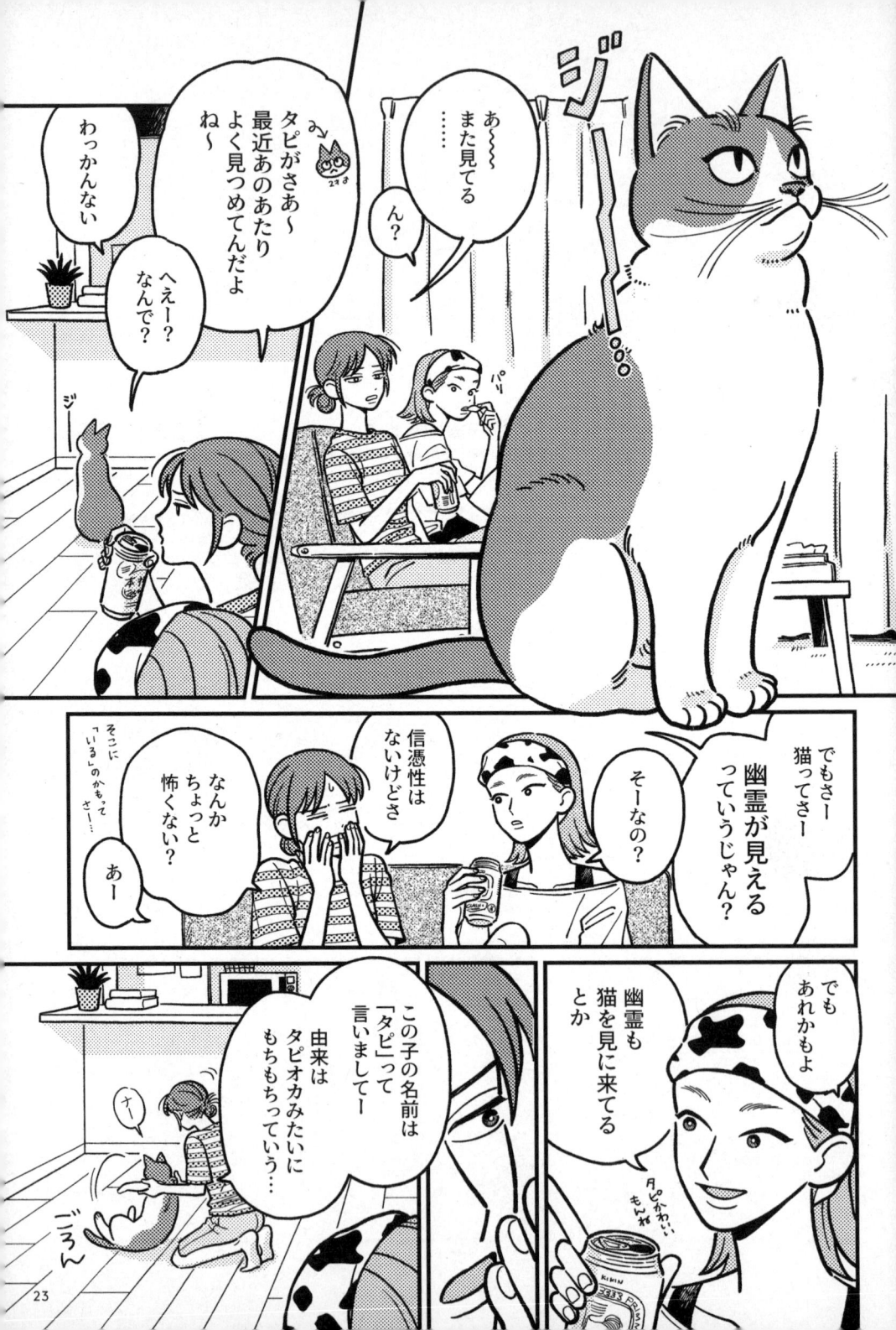

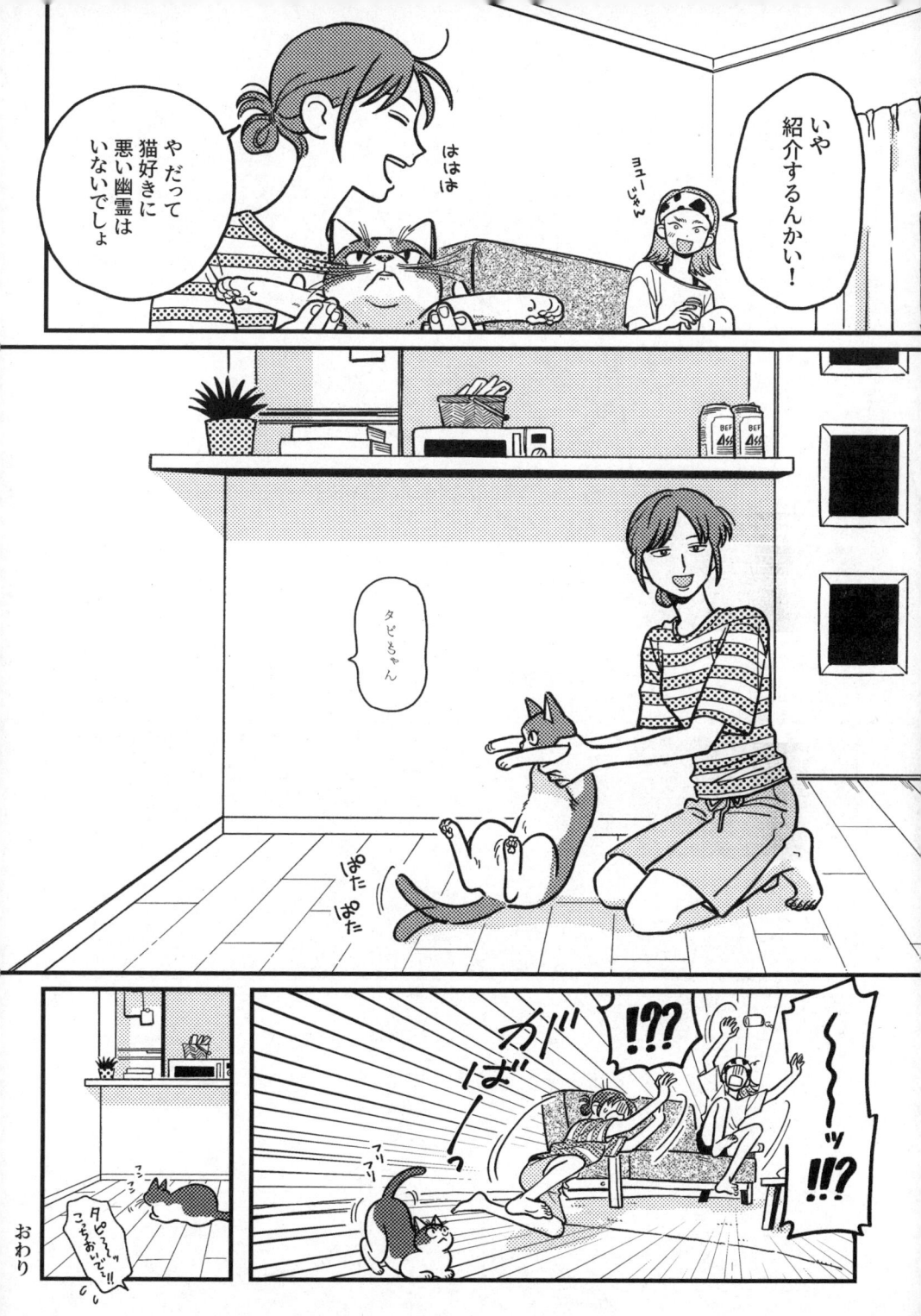

おわり

24

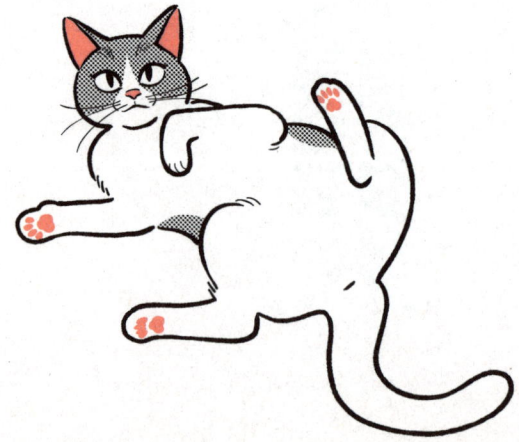

「セーターが欲しい！」

欲しい時に限って
ないもの。

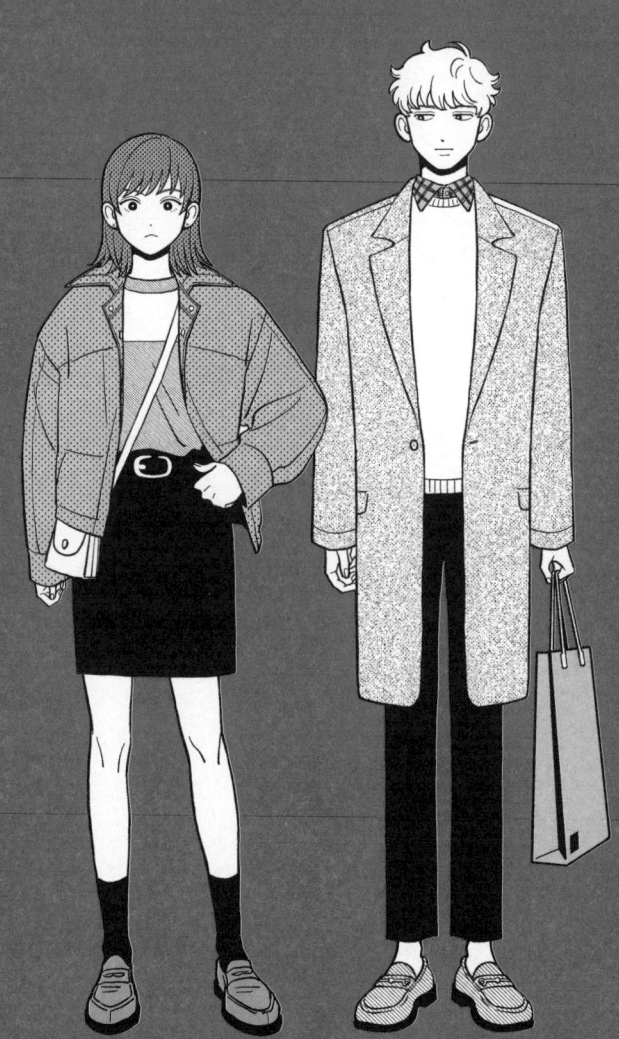

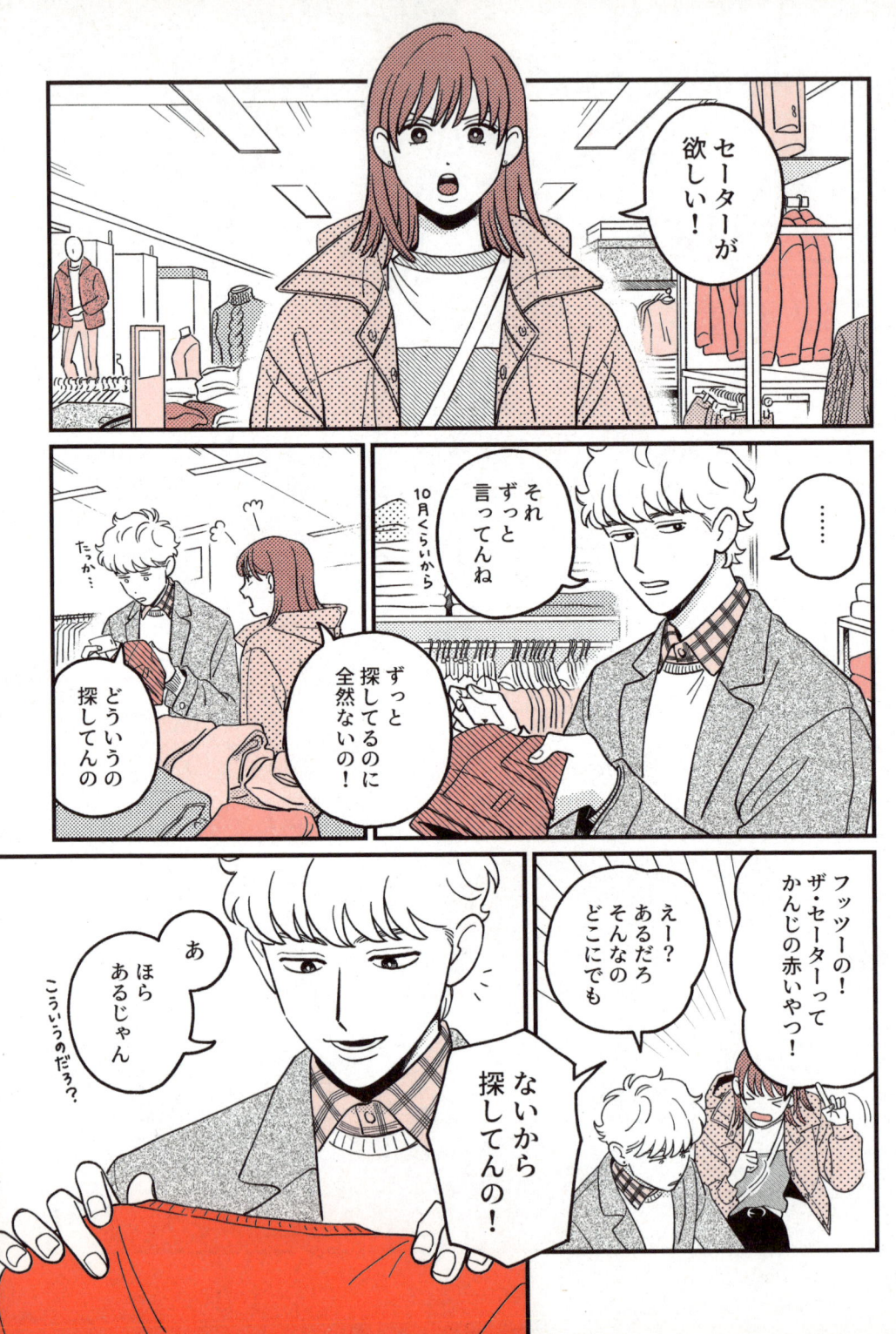

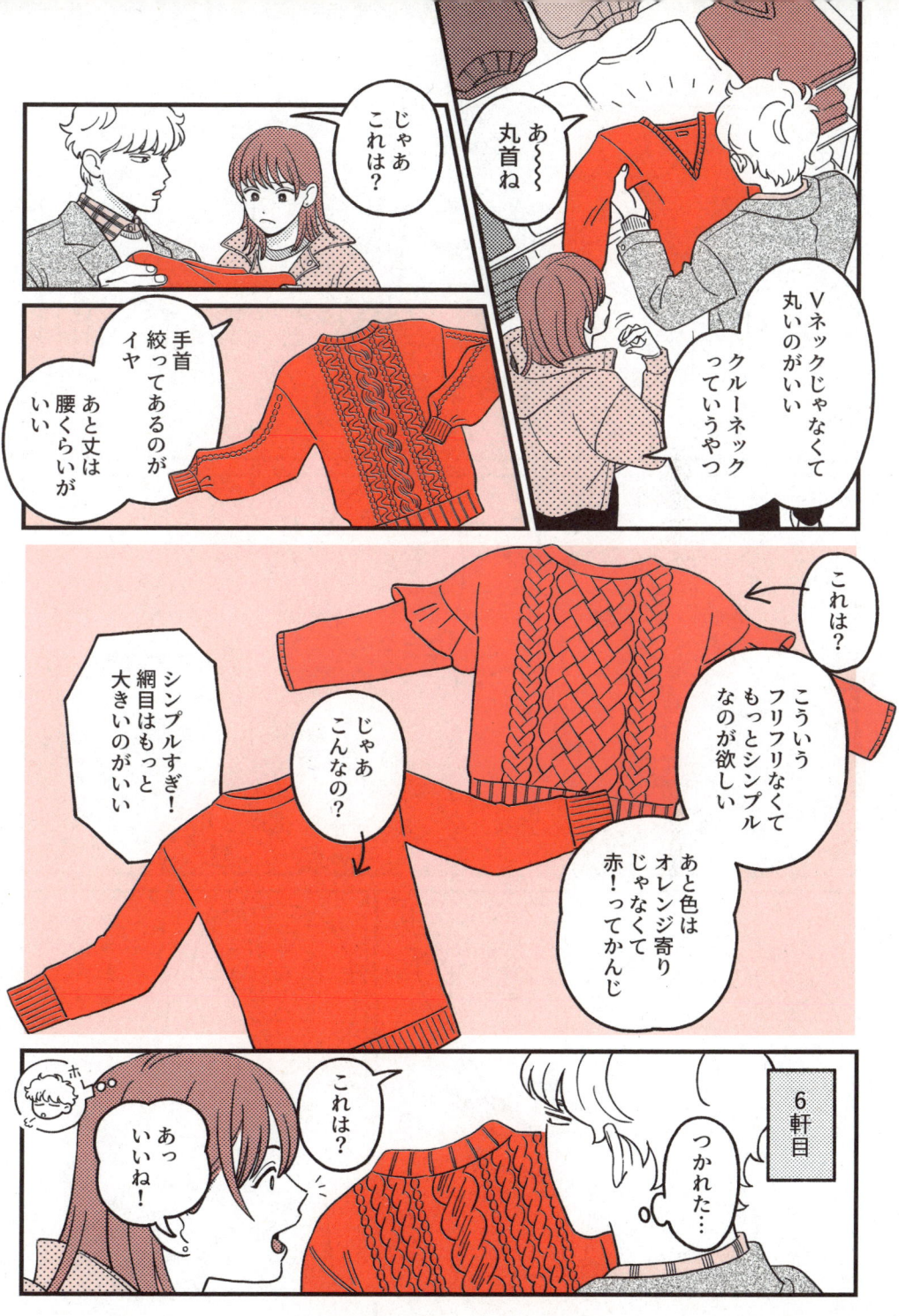

28

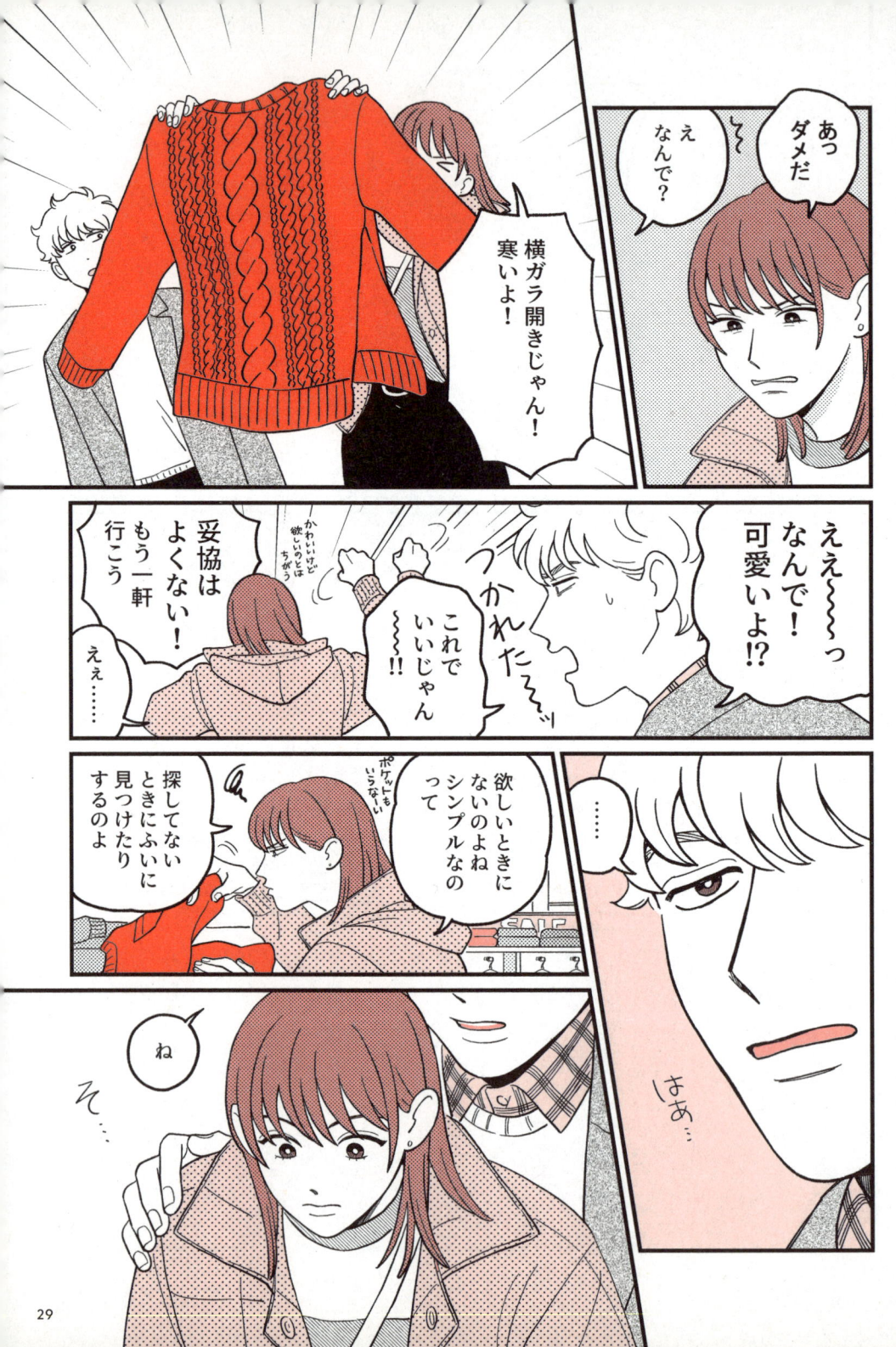

29

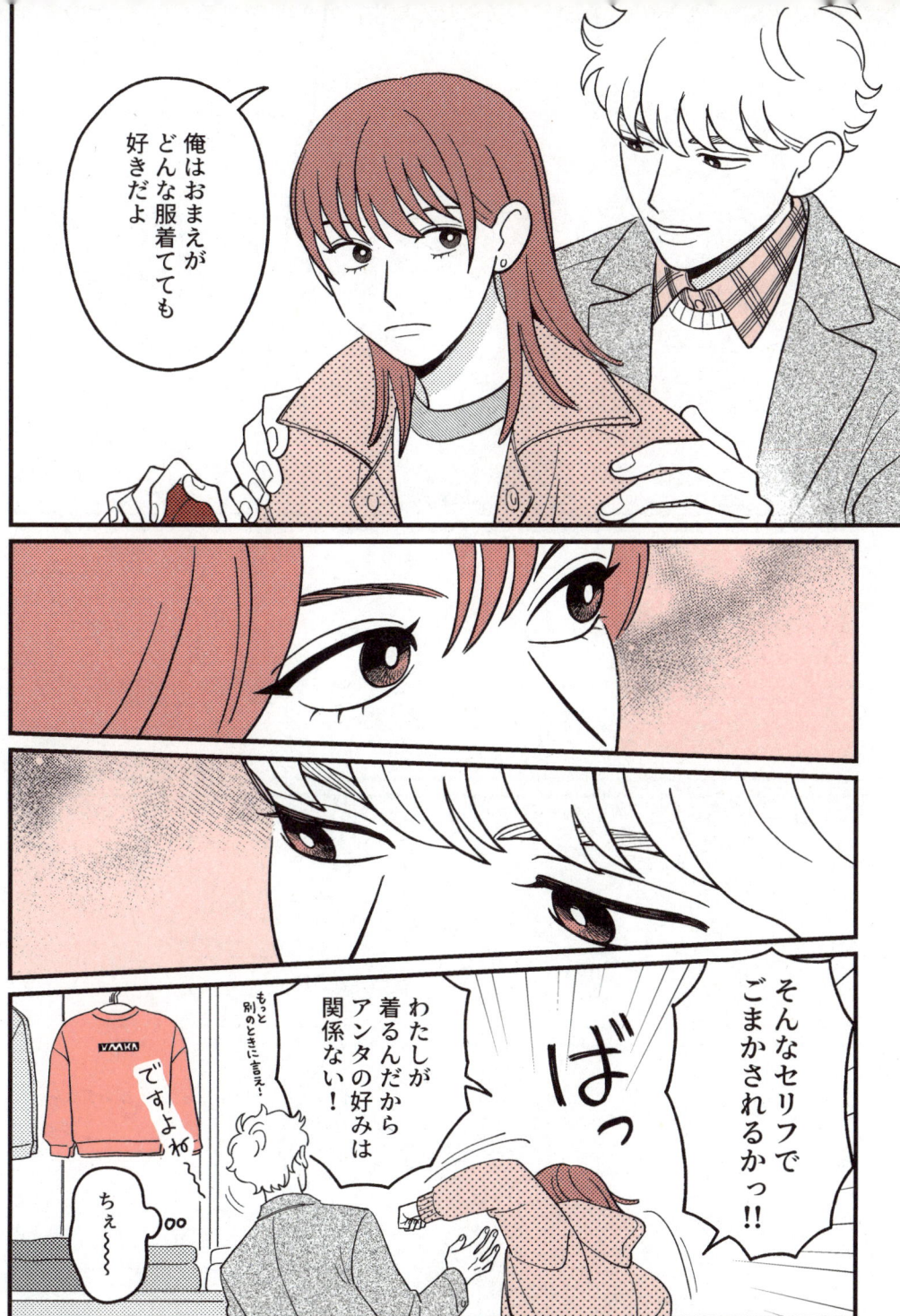

おわり

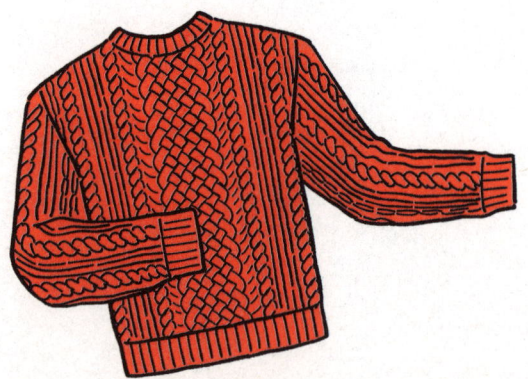

「実家のばーちゃんの話」

あと何回
会えるのかな。

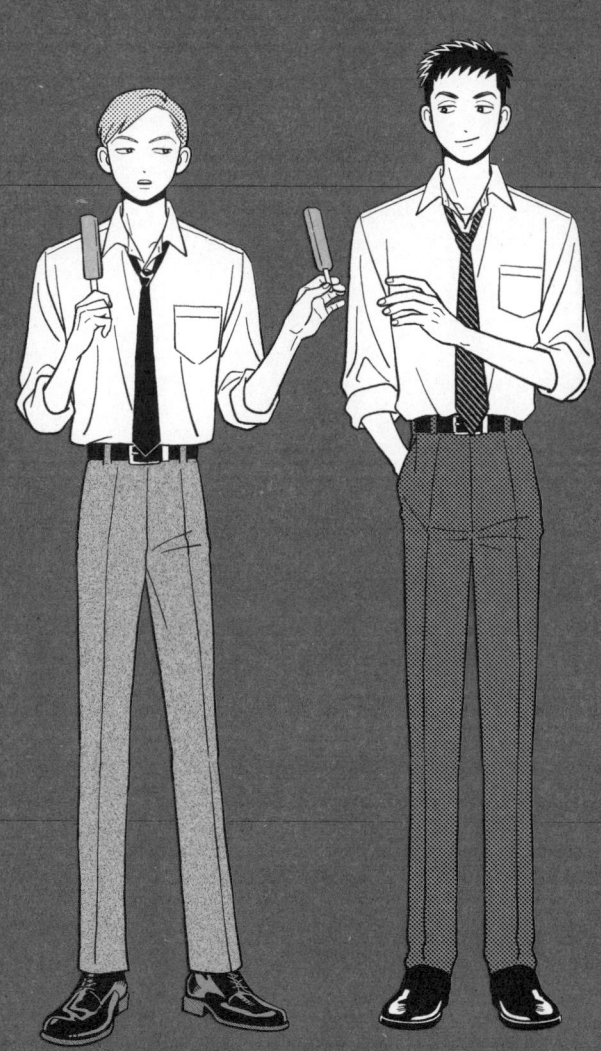

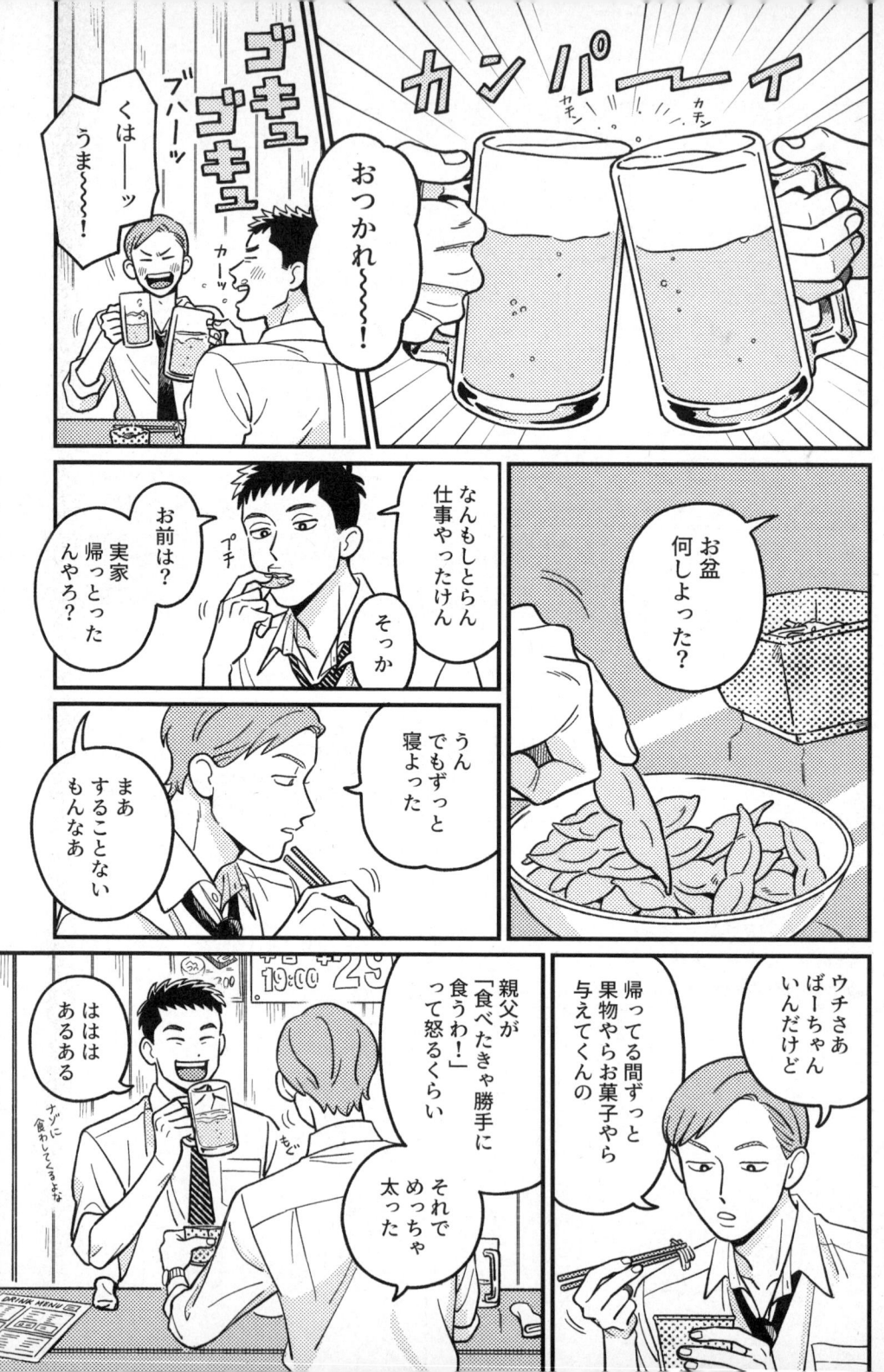

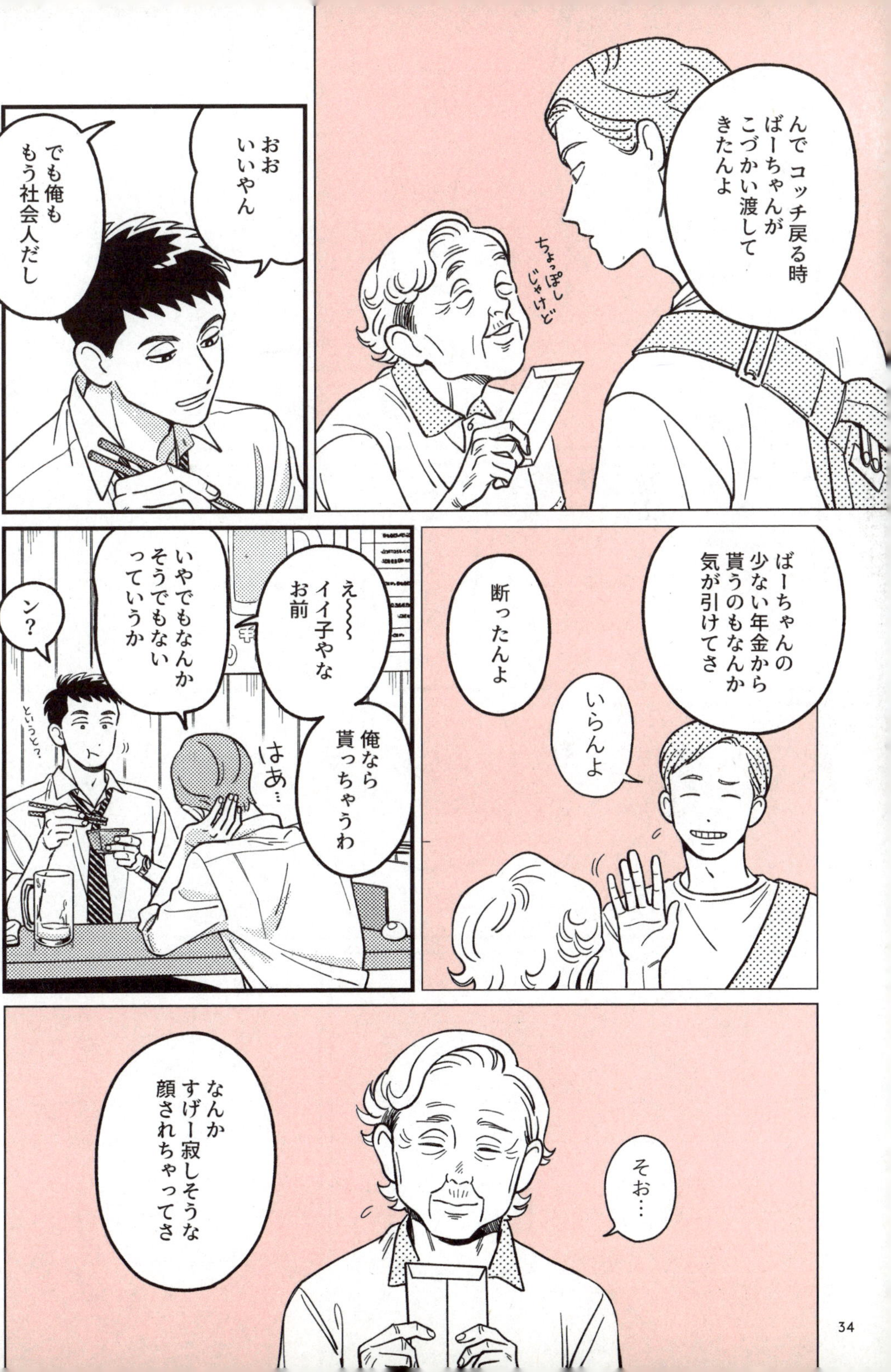

んでコッチ戻る時
ばーちゃんが
こづかい渡して
きたんよ

ちょっぽし
じゃけど

おお
いいやん

でも俺も
もう社会人だし

ばーちゃんの
少ない年金から
貰うのもなんか
気が引けてさ

断ったんよ

いらんよ

いやでもなんか
そうでもない
っていうか

ン？

え〜〜〜
イイ子やな
お前

俺なら
貰っちゃうわ

はあ…

というと？

そお…

なんか
すげー寂しそうな
顔されちゃってさ

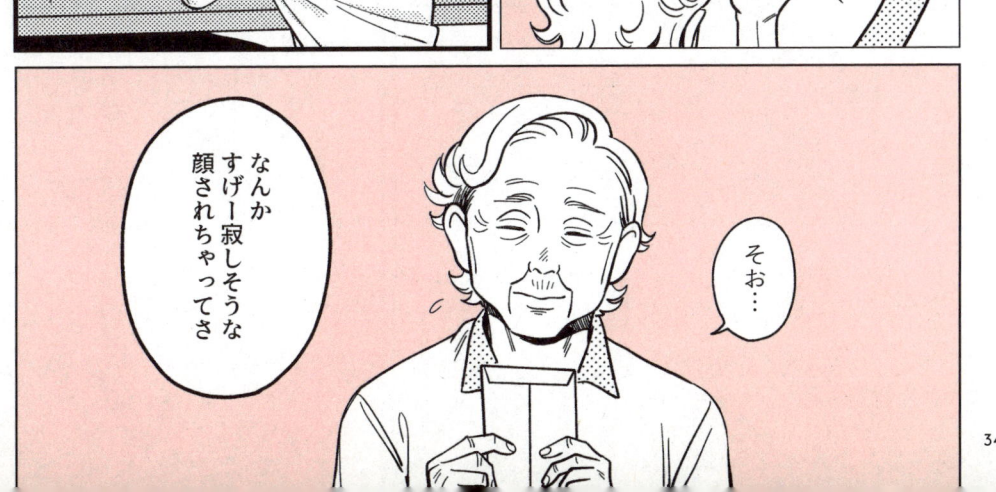

34

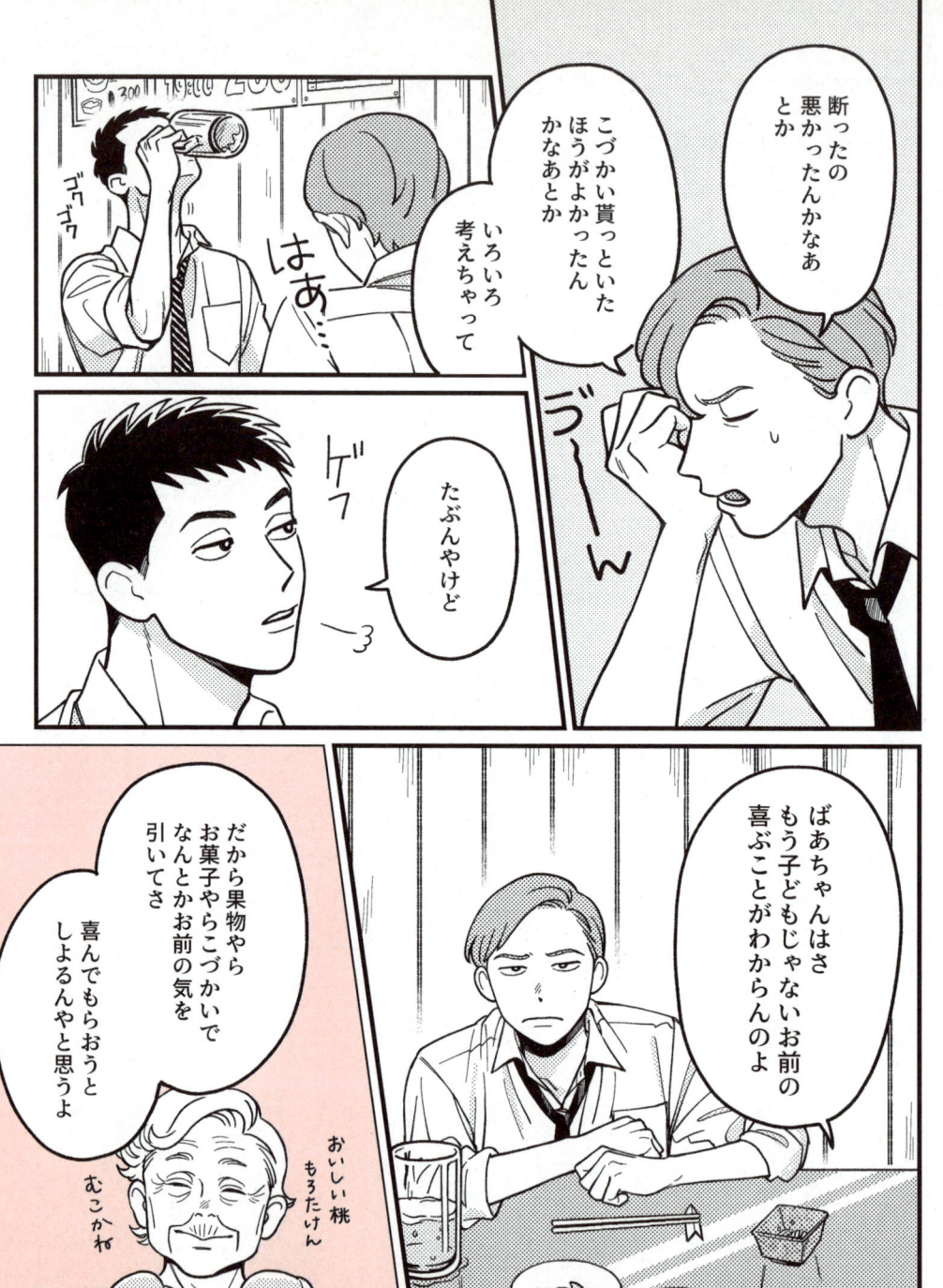

断ったの
悪かったんかなあ
とか

こづかい貰っといた
ほうがよかったん
かなあとか

いろいろ
考えちゃって

ゴクゴク

はぁ…

たぶんやけど

ゲフ

ばあちゃんはさ
もう子どもじゃないお前の
喜ぶことがわからんのよ

だから果物やら
お菓子やらこづかいで
なんとかお前の気を
引いてさ

喜んでもらおうと
しよるんやと思うよ

おいしい桃
もろたけん

むこかわ

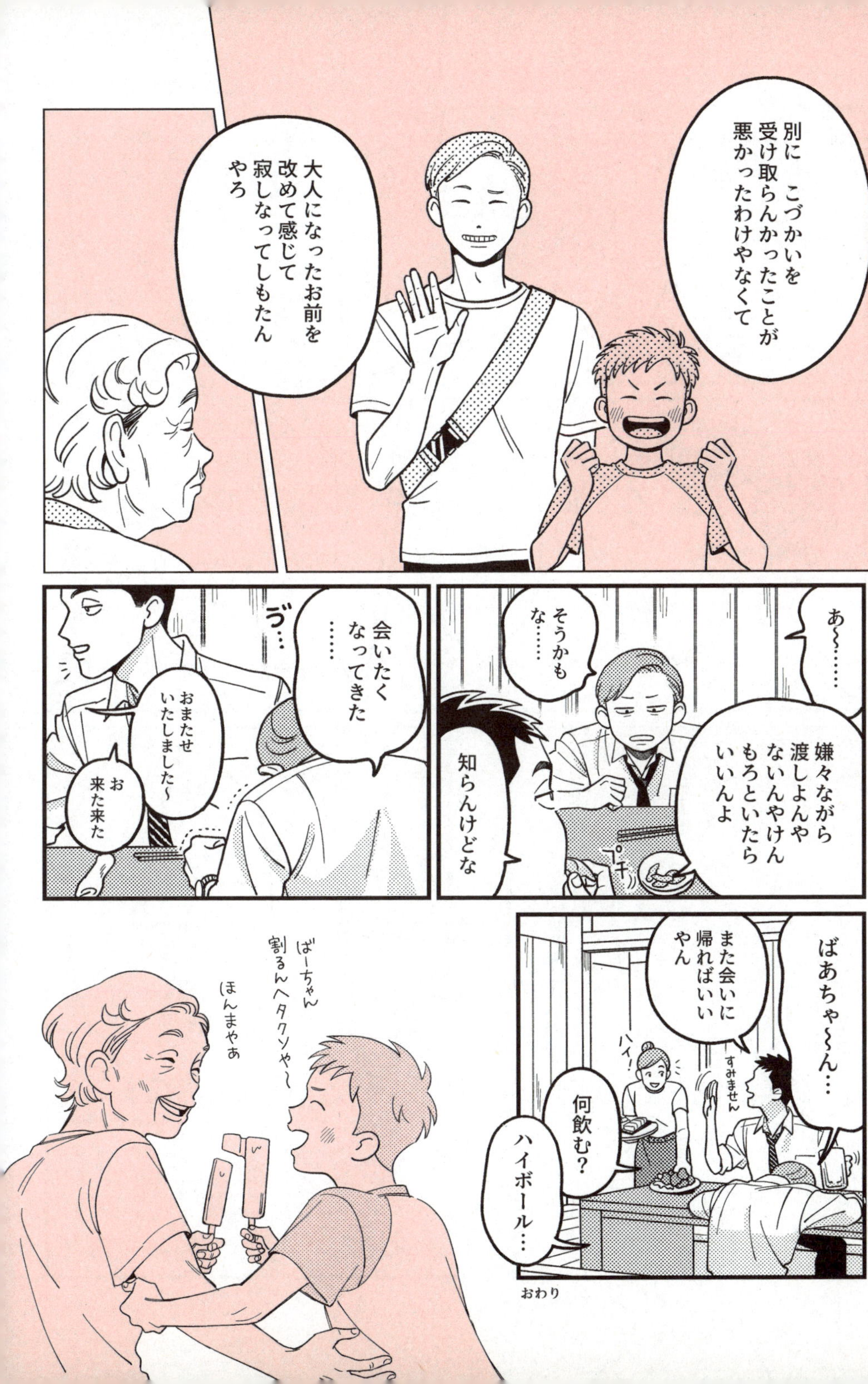

別に こづかいを 受け取らんかったことが 悪かったわけやなくて

大人になったお前を 改めて感じて 寂しなってしもたん やろ

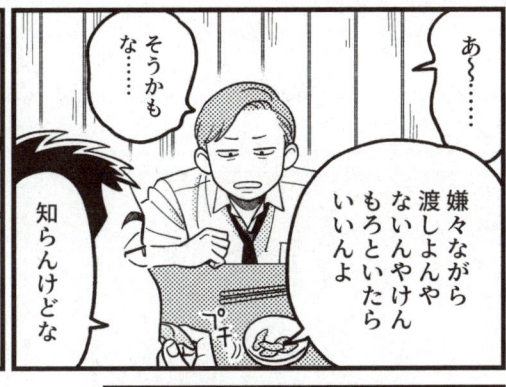

あ〜……

嫌々ながら 渡しよんや ないんやけん もろといたら いいんよ

そうかも な……

知らんけどな

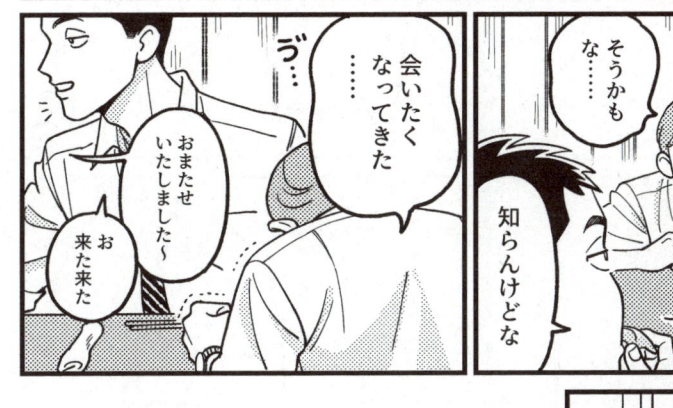

会いたく なってきた

……

づ…

おまたせ いたしました〜

お 来た来た

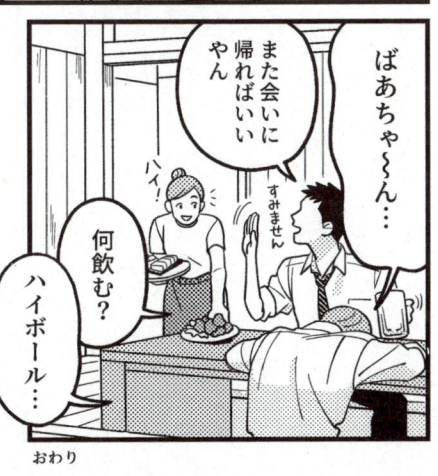

ばあちゃ〜ん…

また会いに 帰ればいい やん

ハイ!

すみません

何飲む?

ハイボール…

おわり

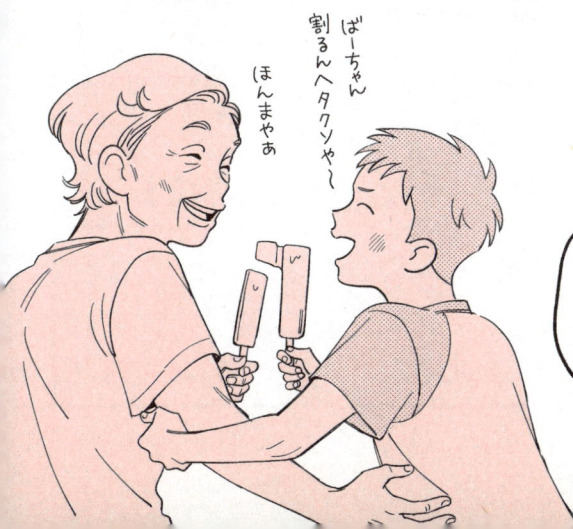

ばーちゃん 割るんヘタクソや〜

ほんまやぁ

36

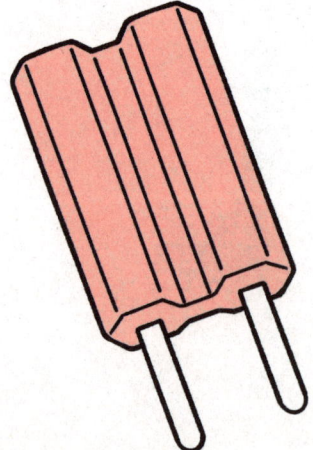

「NIGHT TOWN」
ヴァンパイアも人間も、
大して変わらないといいな。

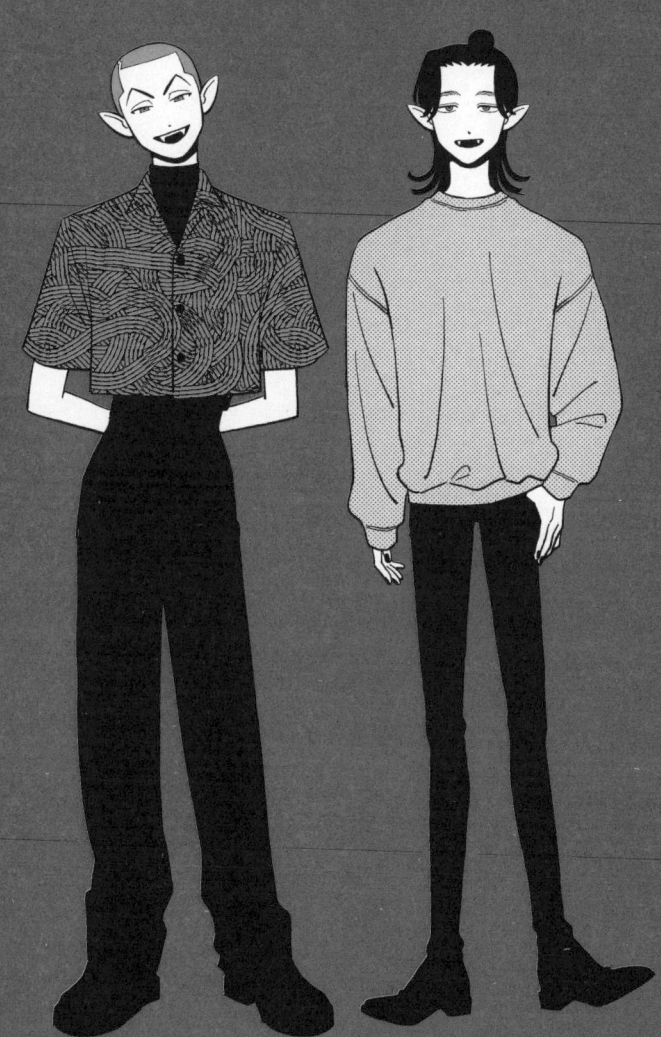

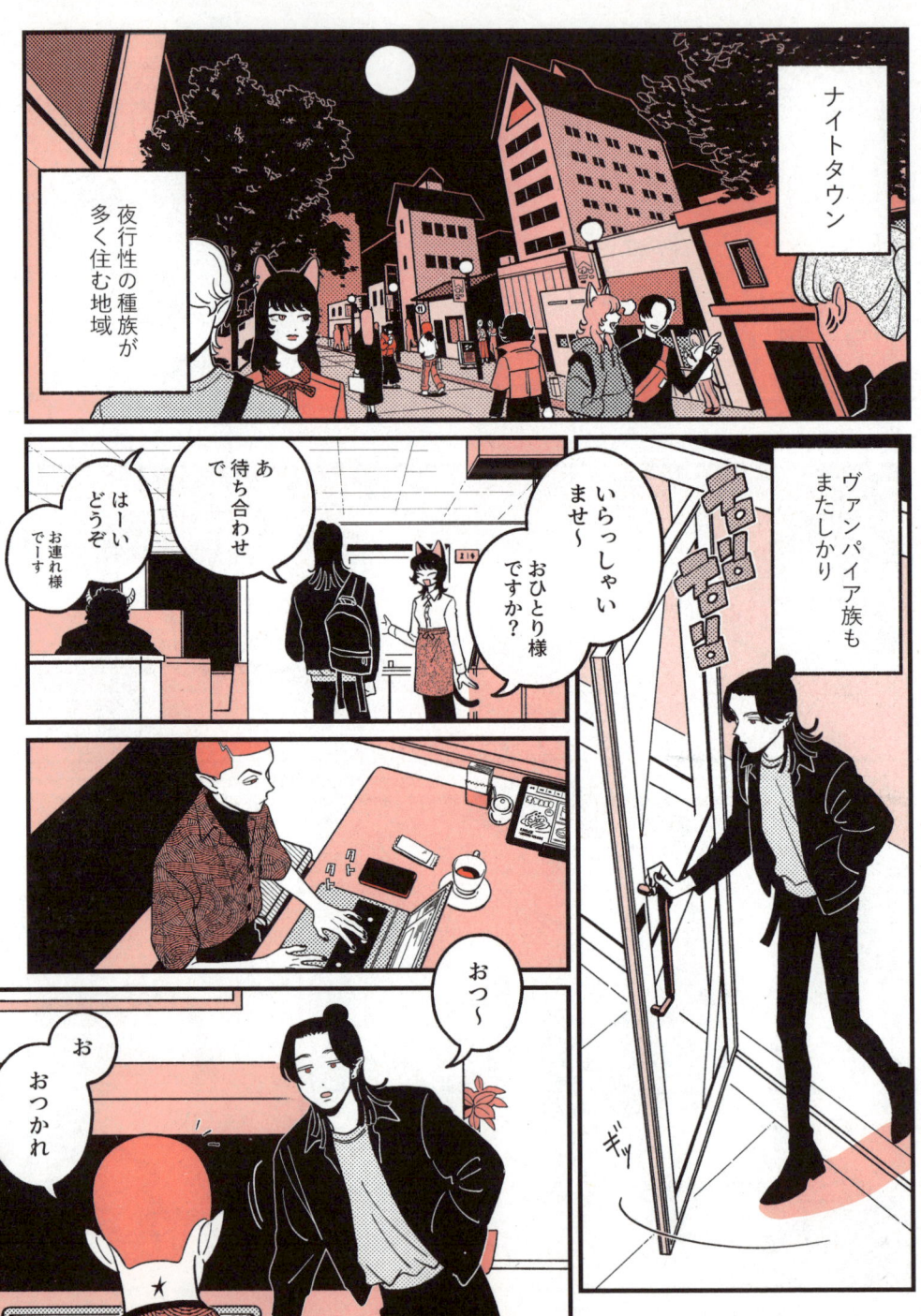

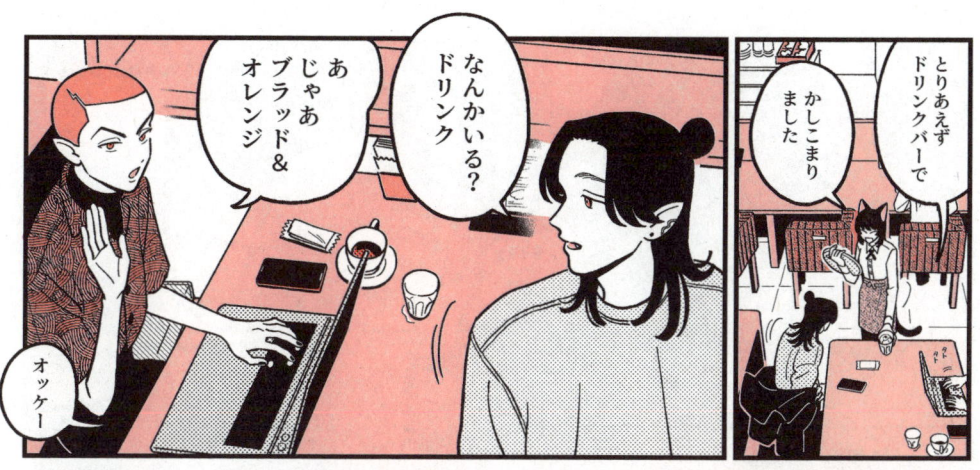

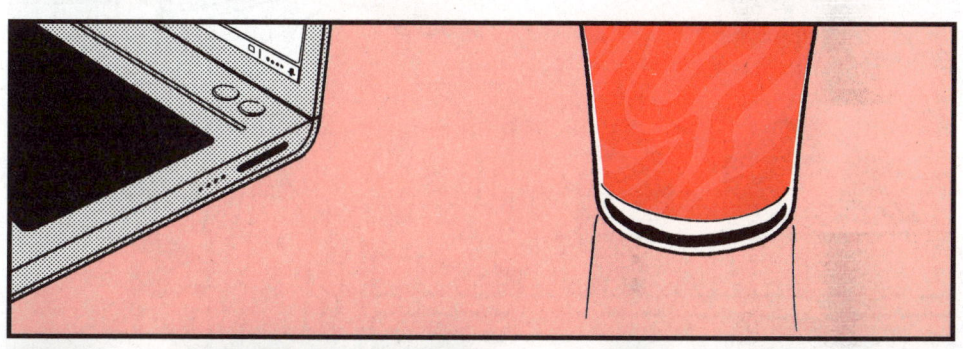

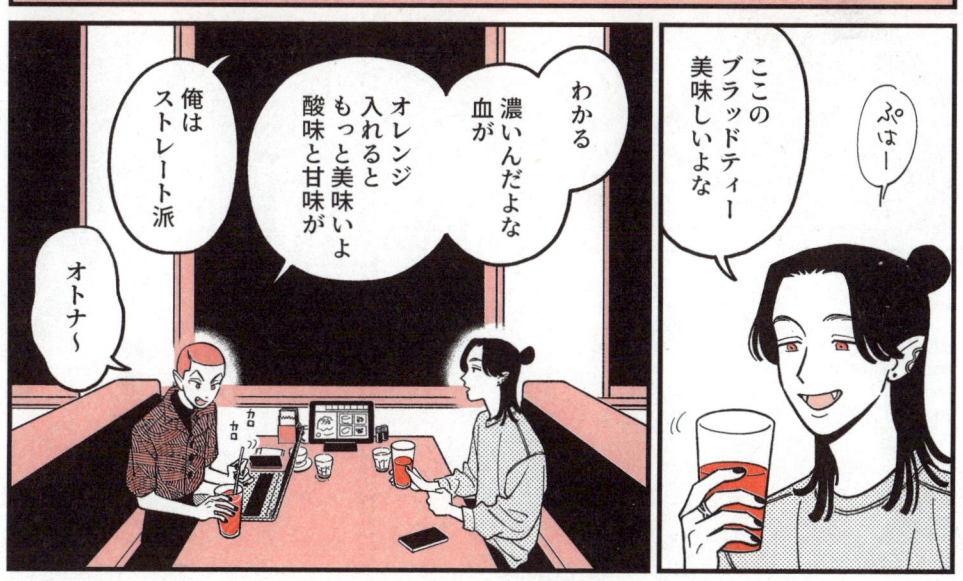

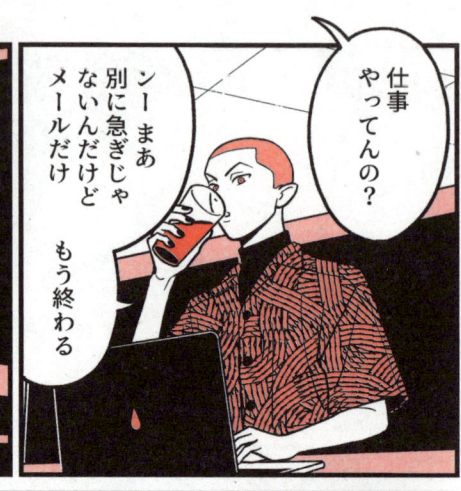

仕事やってんの？

シーまあ別に急ぎじゃないんだけどメールだけ　もう終わる

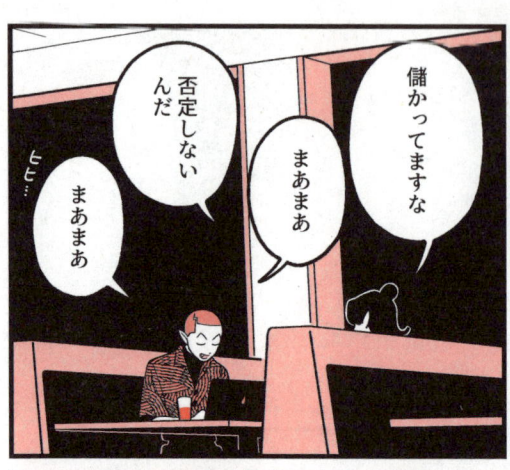

儲かってますな

まあまあ

まあまあ

否定しないんだ

ヒヒ…

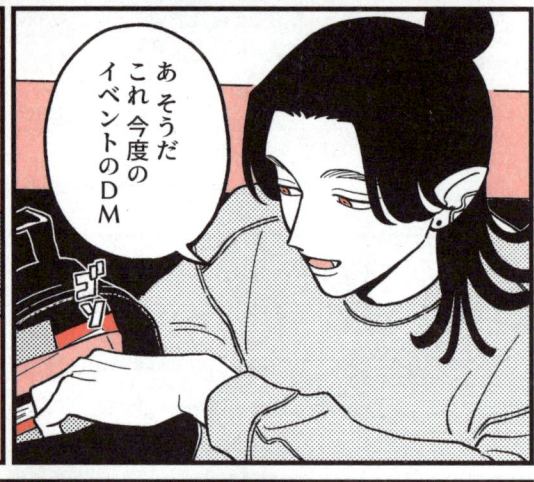

あそうだこれ今度のイベントのDM

ゴソ

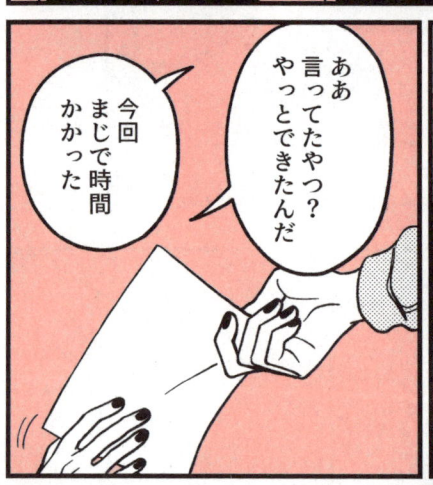

ああ言ってたやつ？やっとできたんだ

今回まじで時間かかった

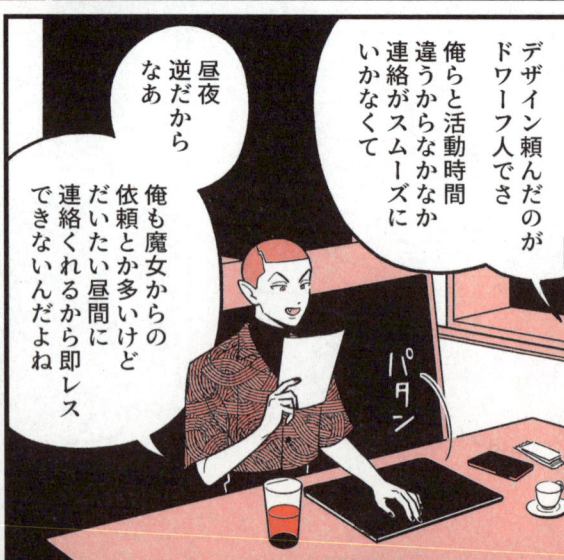

デザイン頼んだのがドワーフ人でさ

俺らと活動時間違うからなかなか連絡がスムーズにいかなくて

俺も魔女からの依頼とか多いけどだいたい昼間に連絡くれるから即レスできないんだよね

昼夜逆だからなあ

パタン

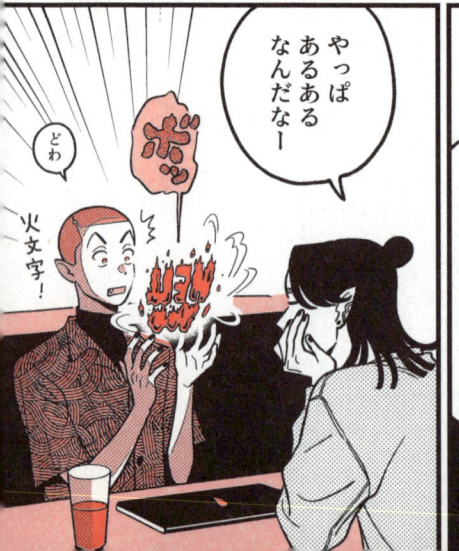

やっぱあるあるなんだなー

ボッ

どわ

火文字！

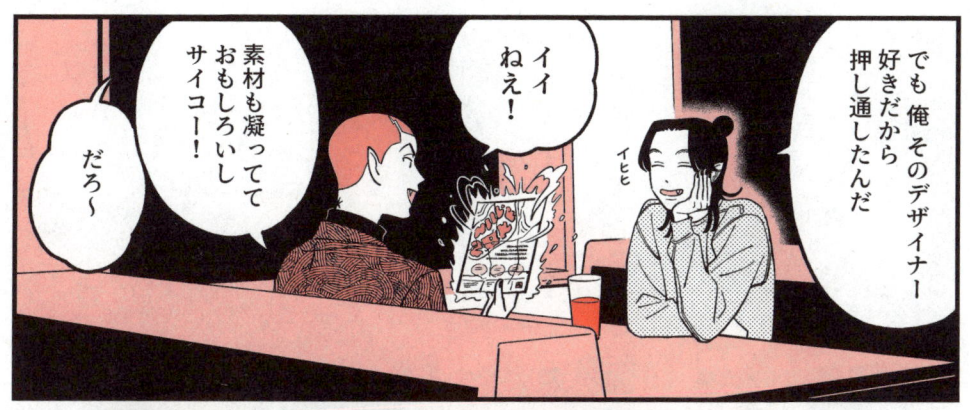

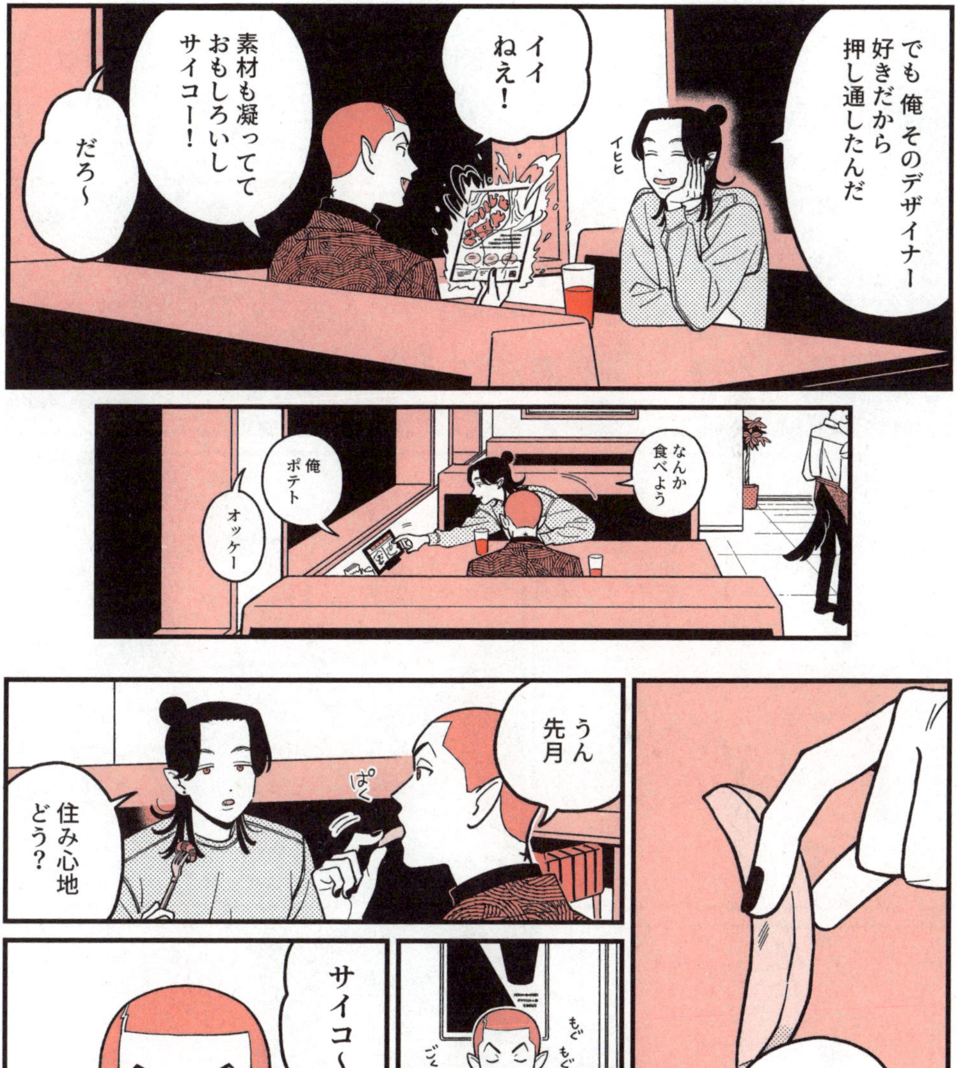

でも俺そのデザイナー好きだから押し通したんだ

イヒヒ

イイねえ！

素材も凝ってておもしろいしサイコー！

だろ〜

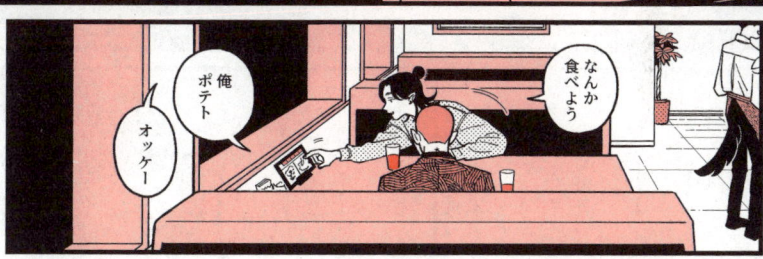

なんか食べよう

俺ポテト

オッケー

うん

先月

ぱく

住み心地どう？

サイコ〜

溜めるな

もぐもぐ

ごくん

そういえば引っ越ししたんだっけ？

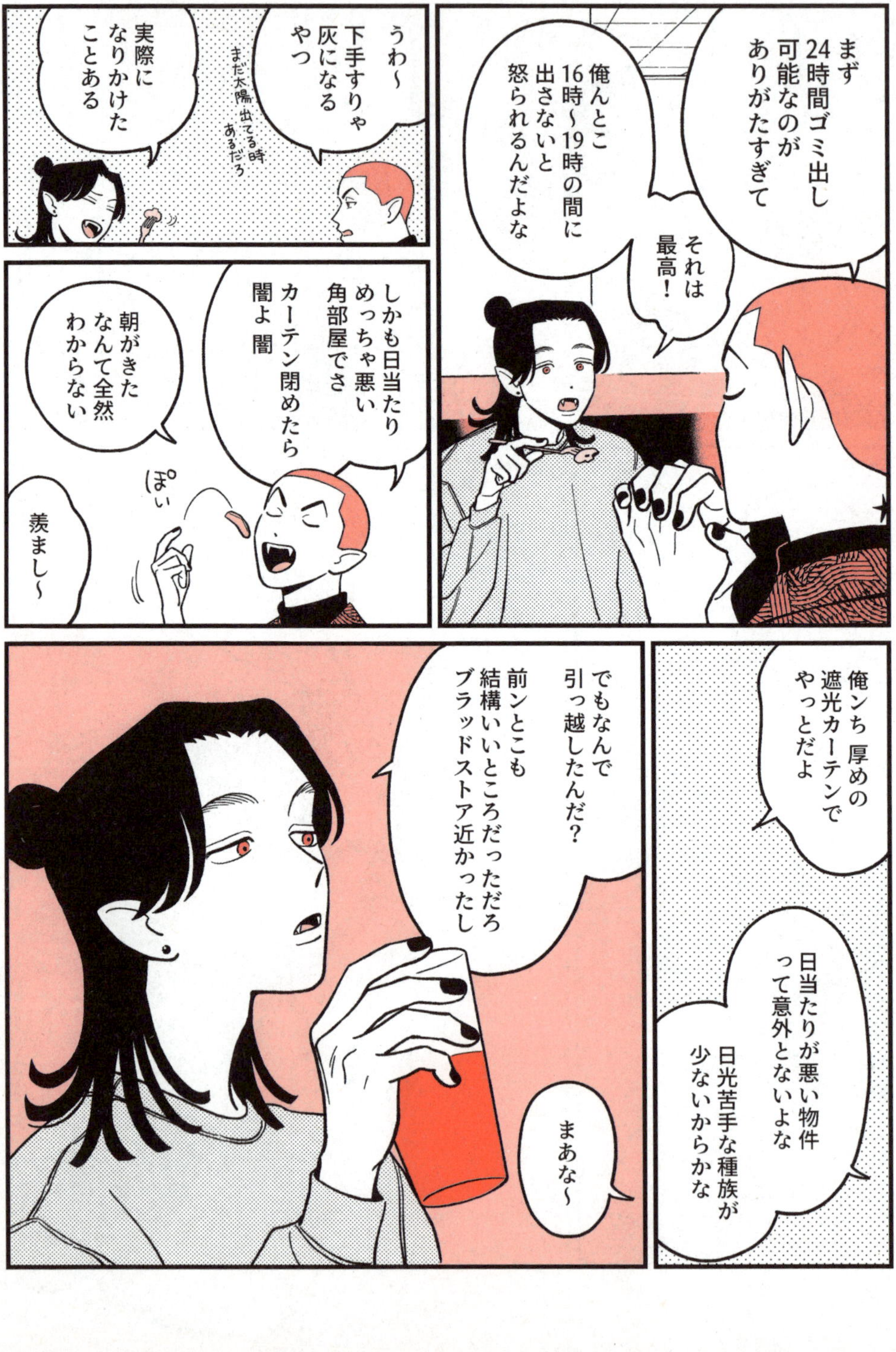

まず
24時間ゴミ出し
可能なのが
ありがたすぎて

それは
最高！

俺んとこ
16時〜19時の間に
出さないと
怒られるんだよな

うわ〜
下手すりゃ
灰になる
やつ

実際に
なりかけた
ことある

まだ太陽出てる時
あるだろ

しかも日当たり
めっちゃ悪い
角部屋でさ

カーテン閉めたら
闇よ闇

朝がきた
なんて全然
わからない

羨まし〜

ぽい

俺んち厚めの
遮光カーテンで
やっとだよ

日当たりが悪い物件
って意外と
ないよな

日光苦手な種族が
少ないからかな

でもなんで
引っ越したんだ？

前んとこも
結構いいところ
だっただろ
ブラッドストア近かったし

まあな〜

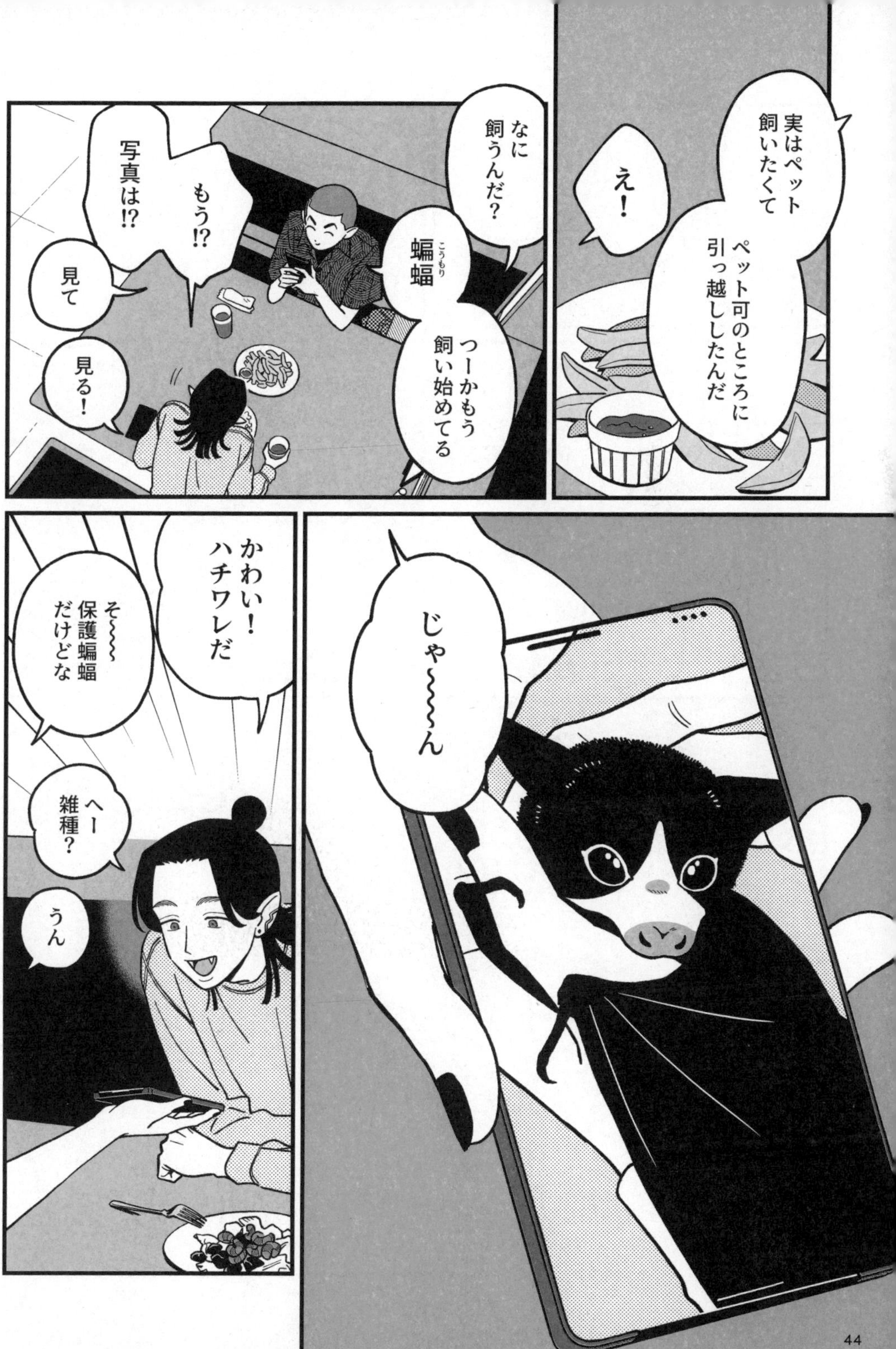

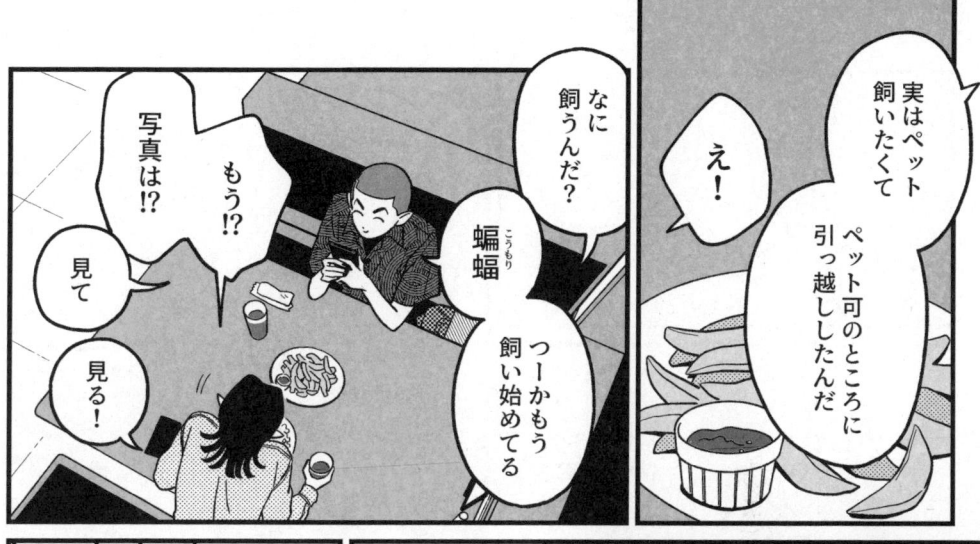

実はペット飼いたくて

ペット可のところに引っ越ししたんだ

え！

なに飼うんだ？

蝙蝠（こうもり）

もう！？

つーかもう飼い始めてる

写真は！？

見て

見る！

じゃ～～～ん

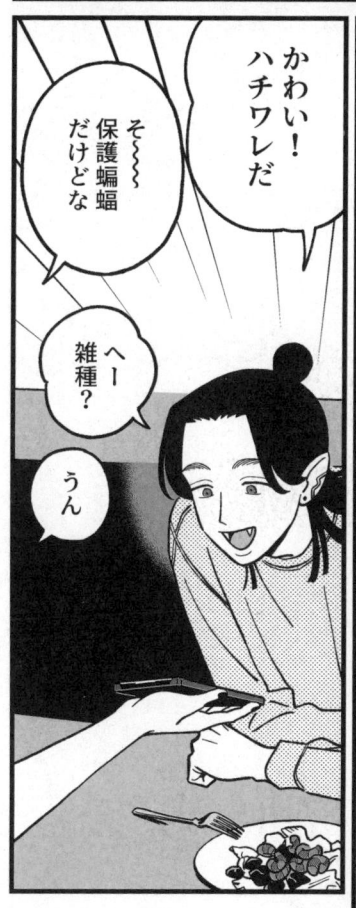

かわいい！

ハチワレだ

そ～～～保護蝙蝠だけどな

へー

雑種？

うん

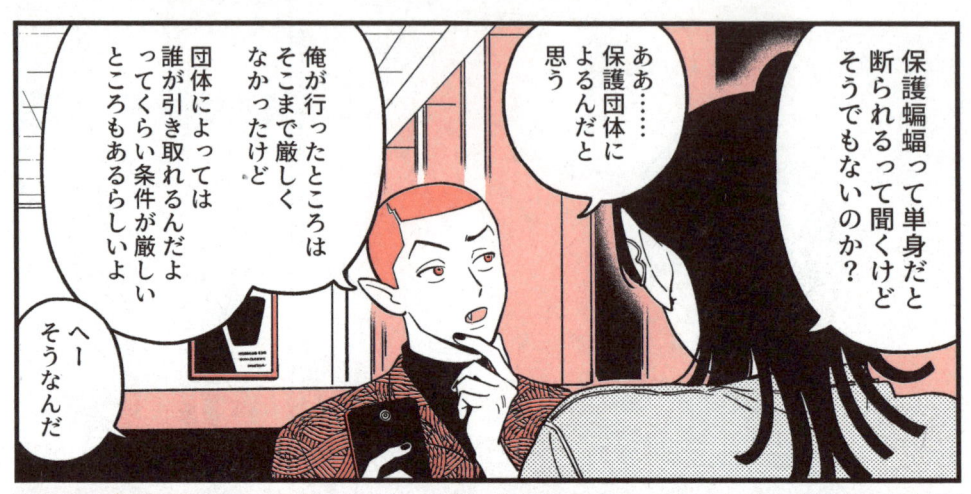

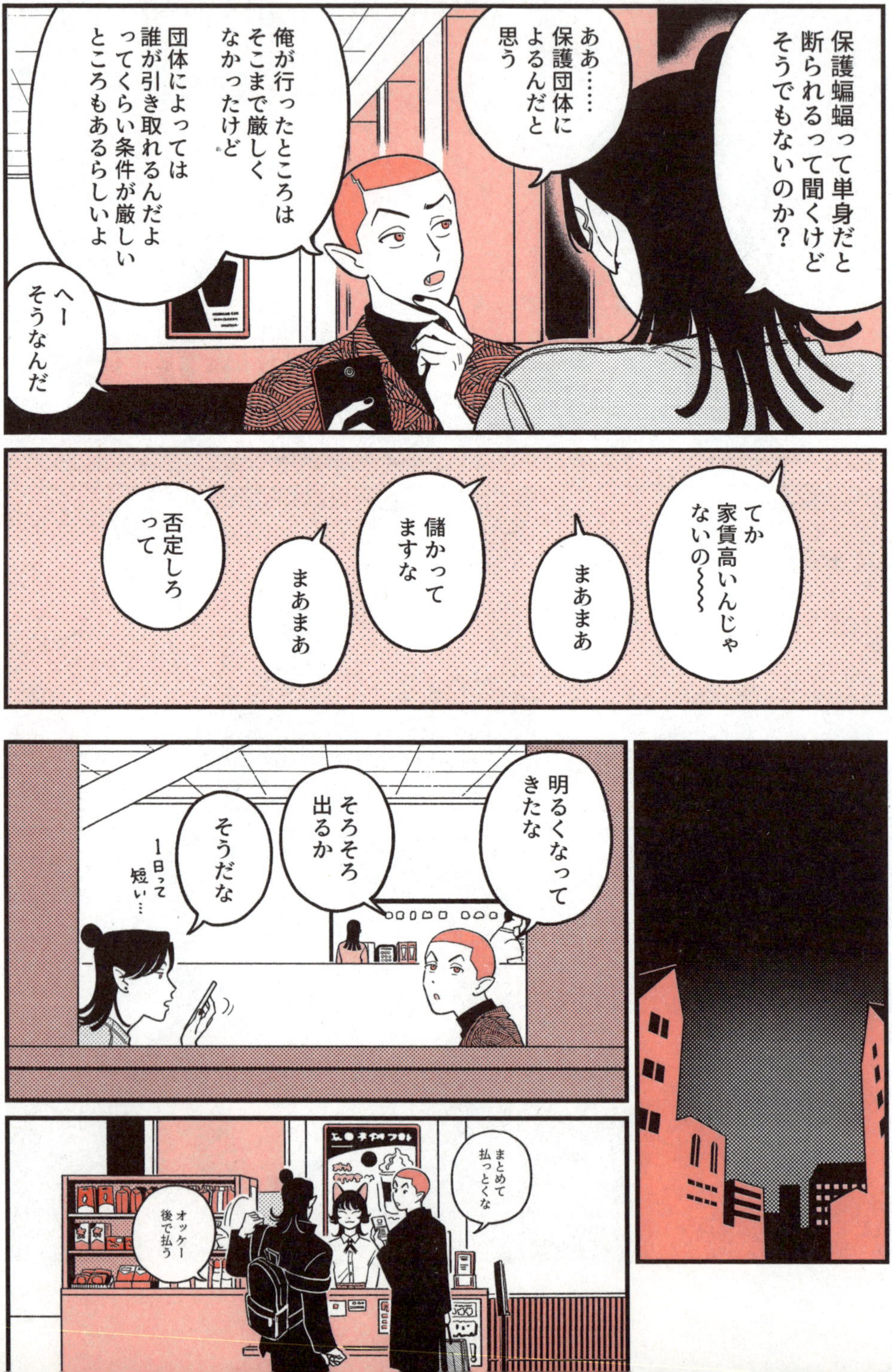

保護蝙蝠って単身だと断られるって聞くけどそうでもないのか？

あぁ……保護団体によるんだと思う

俺が行ったところはそこまで厳しくなかったけど

団体によっては誰が引き取れるんだよってくらい条件が厳しいところもあるらしいよ

へーそうなんだ

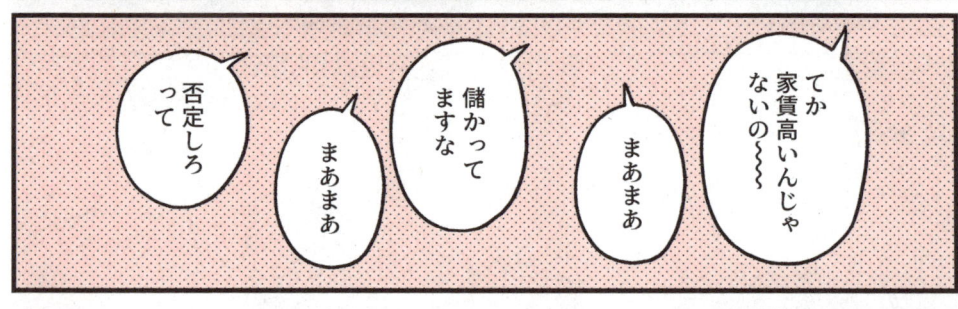

否定しろって

まぁまぁ

儲かってますな

まぁまぁ

てか家賃高いんじゃないの〜〜〜

明るくなってきたな

そろそろ出るか

そうだな

1日って短い…

まとめて払っとくな

オッケー後で払う

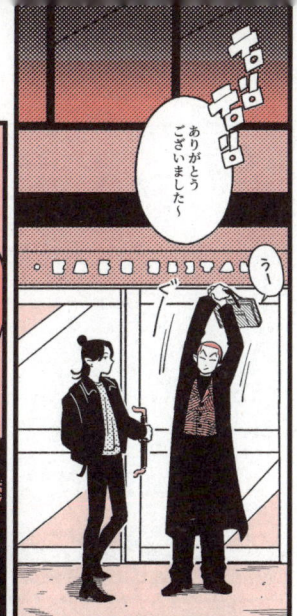

ありがとうございました〜

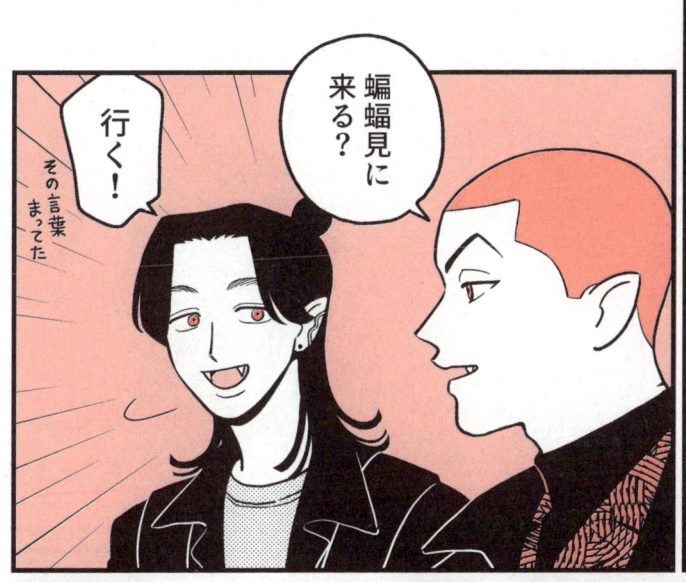

蝙蝠見に来る?

行く!

その言葉まってた

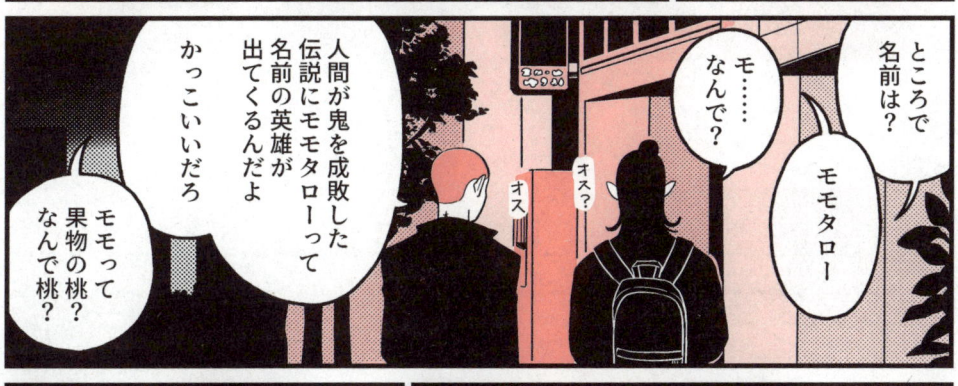

ところで名前は?

モモタロー

モ……なんで?

オス?

オス

オス

人間が鬼を成敗した伝説にモモタローって名前の英雄が出てくるんだよ

かっこいいだろ

モモって果物の桃?なんで桃?

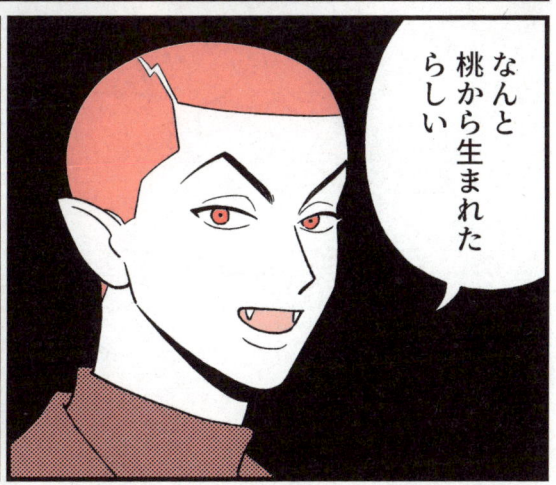

なんと桃から生まれたらしい

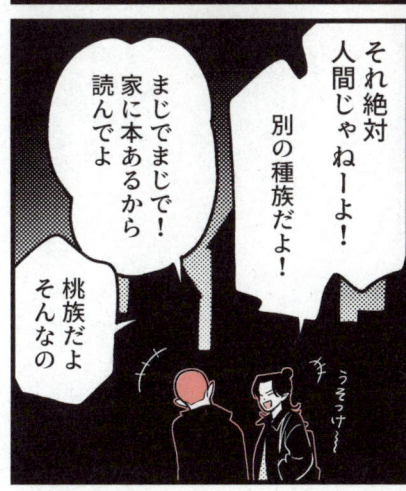

それ絶対人間じゃねーよ!

別の種族だよ!

まじでまじで!家に本あるから読んでよ

桃族だよそんなの

うっそ〜〜

おわり

46

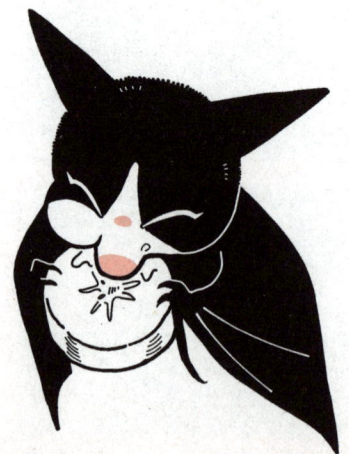

この先は新作・リメイクを含む
漫画作品を10本収録。
page.240からお読みください。

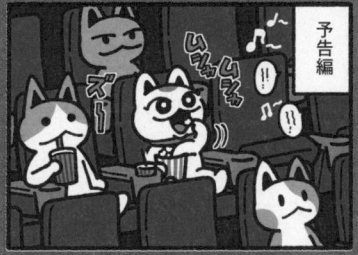

KAMUKAMU
BOOKS
CONTENTS

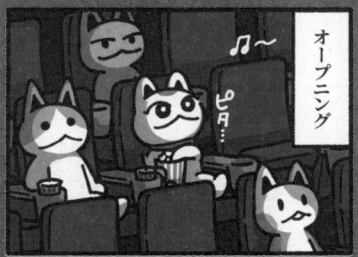

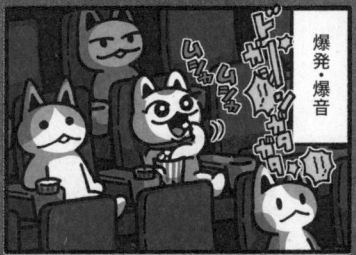

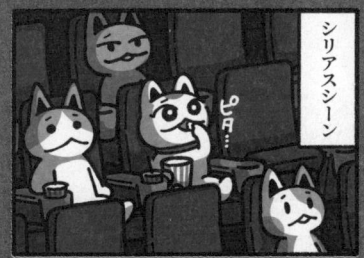

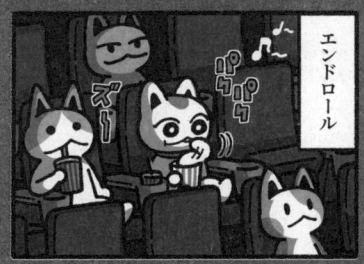

AFTERWORD

本当のことをいうと、作品集を出すことにはかなり消極的でした。数年に渡って渋り続けました。
もちろん、「作品集」を世に出すことはイラストレーターとして憧れのひとつではありましたが、自分にはまだ早い、もっと実績ができてから、このままでは黒歴史になってしまうのでは、と不安で踏み出せませんでした。
それからたくさんのお仕事をさせていただき、そこそこ自信がついた頃、改めて今回のお話をいただき、こうして自慢のできる作品集を出すことができました。
待っていてくださった編集の筒井さん、素敵な装丁をしてくださったデザイナーの野条さん、掲載の許可をくださった企業の皆さま、この本の制作に関わってくださった皆さま、そしていつも作品を見てくださる皆さま、本当にありがとうございました。
これからもどうぞよろしくお願いいたします。

ともわか

I was actually quite reluctant to put out a collection, and vacillated for a few years.
Obviously, releasing a "collection" was an aspiration for me as an illustrator, but I felt too unsure to embark on one, fearing it was too early for me, that I should wait until I'd notched up more of a career, that if I did it now, I'd wish I never had.
So I got a lot more work under my belt, and gained some confidence, and at that point, was approached again, and able to put out a collection like this one that I could be proud of.
A big thank you to the editor Tsutsui-san, who waited so patiently; to the designer, Nojo-san, for doing such a splendid job with the cover; to the companies that gave permission for their work to be included, to everyone else involved in the making of this book, and to those kind enough to follow my work.
Hopefully what I do will continue to be of service and interest to you all.

TOMOWAKA